소멸시효의 기산점과
소멸시효완성의 효과

서 종 희

정독
DEEP READING

머리말

본 연구서는 필자의 시효제도 연구의 두 번째 시리즈에 해당한다. 첫 번째 연구 결과물인 『불법행위손해배상청구와 소멸시효(도서출판 정독, 2023)』는 민법 제766조에 대한 연구이다. 두 번째 연구물인 본서는 '소멸시효의 기산점'과 '소멸시효완성의 효과'에 초점을 맞추었다. 특히 본서에서는 공간·미공간된 필자의 연구논문을 기초로 국내의 학설 및 판례를 분석하고 그러한 해석론의 연혁적 기원 및 한계를 살펴본 후, 비교법적인 고찰을 통해 입법적 개정 방향 등을 제시하고자 하였다. 제1장은 우리 판례와 학설의 기본적인 태도를 간단히 살펴보았다. 제2장에서는 소멸시효의 기산점에 대해서 제3장은 소멸시효완성의 효과에 대해서 상세히 다루었다. 본서에서 다루지 못하였지만 소멸시효에서 중요한 쟁점인 '소멸시효 중단(정지)' 및 '각 권리의 시효기간'에 대해서는 시효제도 연구의 세 번째 시리즈가 될 『시효제도의 연구: 소멸시효기간 및 소멸시효의 중단·정지(가제)』에서 다루고자 한다.

소멸시효제도 자체는 채무자에게 유리하고 채권자에게 불리하다. 따라서 시효제도의 운용은 궁극적으로 채권자의 권리를 어디까지 보호할 것인지로 귀결된다. 소멸시효제도에 의해 희생되는 권리자를 배려하기 위해 각국의 시효법은 시효의 진행시점을 늦추거나, 시효의 기간을 장기로 하거나 또는 시효의 정지·중단 및 시효이익의 포기 등을 인정한다. 이는 결국 시효제도와 권리자 보호를 적절하게 중용하고자 하는 입법자의 결단이라고 할 수 있다.

시효기간은 법관의 해석이 관여할 여지가 적지만, 시효의 기산점, 특히 "권리를 행사할 수 있을 때"를 판단함에 있어서는 법원에게 좀 더 넓은 판단 재량이 부여되었다고 볼 수 있다. 우리 민법 제166조 제1항에 의하면, "소멸시효는 권리를 행사할 수 있는 때로부터 진행한다"고 규정되어 있다. 따라서 시효의 기산점은 "권리를 행사할 수 있을 때"가 된다. 우리 판례는 권리를 행사할 수 있다는 것에 대한 판단의 기준으로 '법률상 장애'여부를 제시한다. 요컨대 우리 판례는 원칙상 "'권리를 행사할 수 있다'라고 함은 그 권리의 행사가 법률상의 장애, 예를 들면 기간의 미도래나 조건불성취 등이 없는 경우를 말하는 것이고(이하 '법률상 장애설'), 사실상 권리의 존재나 권리의 행사가 가능함을 알지 못하였고 알지 못함에 과실이 없다는 것과 같이 그 행사에 사실상의 장애가 있음에 불과한 경우에는 이에 해당하지 아니한다"고 본다. 즉 판례는 권리행사상의 장애를 법률상 장애와 사실상 장애로 나누고 법률상 장애를 전제로 소멸시효의 기산점을 판단하고 있다. 소멸시효제도 안에서의 이익관계의 균형추 역할을 담당하는 시효의 기산점을 권리자를 보호한다는 미명하에 완화하여 주관화 하는 것은 시효의 기간을 무기한 연장하여 시효제도 자체를 붕괴할 수 있다는 점에서 신중할 필요가 있다. 따라서 우리 판례가 시효의 기산점을 법률상 장애인지 사실상 장애인지를 구분하여, 전자의 경우에 한하여 시효의 진행을 인정하지 않은 것은 나름의 이유가 있다고 할 수 있다. 다만, 법률상 장애와 사실상 장애의 이분론 또한 명문의 규정이 아닌 해석에 불과하다는 점에서 실체적 정의실현을 위해 예외를 인정할 수 있으며, "호소할 수 없는 자에 대해 시효는 진행되지 않는다(Contra non valentem agere non currit praescriptio)"는 법언의 충실한 적용을 위해서는 사실상 장애 또한 경우에 따라서는 법률상 장애에 준하여 시효의 진행을 방해한다고 보아야 할 것이다. 궁극적으로 이 문제는 해석에 맡기기보다는 개정을 통해 해결해야 할 문제라고 할 수 있다.

한편 우리 민법은 제162조 이하에서 소멸시효에 관한 규정을 두면서 제167조에 "소멸시효는 그 기산일에 소급하여 효력이 생긴다"라고만 규정하고 있을 뿐 그 밖에 소멸시효 완성의 효과에 관하여 직접적인 규정을 두고 있지 않다. 이에 소멸시효가 완성하면 권리가 곧바로 소멸하는 것인지 아니면 권리의 소멸로 인하여 이익을 얻는 자가 소멸시효의 완성을 원용할 경우에 비로소 그 권리가 소멸하는 것인지에 대해서 학설은 절대적 소멸설과 상대적 소멸설로 견해가 나뉘나, 판례는 기본적으로 절대적 소멸설의 입장을 취한다. 그러나 위와 같이 우리 민법이 명시적으로 소멸시효완성의 효과를 규정하지 않아서 발생하는 해석 논쟁을 불러일으키는 것은 무익하면서도 공허하다고 할 수 있다. 입법적 개정을 통해 명확한 입법자의 의사를 밝혀야 할 것이다.

시효법리와 그 제도사는 모두 시간적 존재로서의 인간 생활의 전개를 법적 차원에서 규율하고 있다고 볼 수 있다. 최근 비교법적으로 많은 국가에서 시효법을 개정하면서 주관적 기산점을 전제로 하여 시효의 기간을 단기소멸시효로 통일하고 시효완성의 효과에 대해서도 권리소멸이 아닌 이행거절권을 부여하고 있다. 필자 또한 주관적 기산점을 전제로 하여 시효의 기간을 단기소멸시효로 통일하고, 최장기간의 제한을 통해 시효의 무기한 연장을 막고, 소멸시효완성의 효과로서 권리의 소멸이 아닌 권리의 마비(Lähmung)를 가져오는 것으로 이해하여, 채무자에게 이행거절의 항변권을 부여하는 것이 타당하다고 본다. 민법의 시효규정이 전면적으로 개정되기를 기대하며 본 연구서가 향후 개정에 있어 미약하나마 참고자료로서 도움이 되었으면 한다.

이번 학술서의 간행을 빌어 감사의 마음을 전한다. 먼저 부족한 필자를 언제나 믿고 응원해 주신 스승 박동진 교수님께 감사드린다. 그리고 선행연구를 통해 필자에게 높은 어깨를 빌려주셔서 더 높고 멀리 보게 해주신 훌륭한 논문의 저자들에게 감사드린다. 무엇보다도 타산성이 없는 연구서를 소중하게 여겨주시고 필자에게 연구동력을 주신 도서출판 정독의 김중용 대표님과 책의 교정에 힘써주셔서 책다운 책으로 만들어 주신 편집부 여러분과 관계자분들께 항상 감사드린다. 마지막으로 필자에게 과분한 사랑을 주신 부모님과 장모님, 그리고 필자가 연구에 집중할 수 있도록 헌신해 준 아내와 두 딸에게 사랑과 감사의 마음을 담아 이 연구서를 바치고 싶다.

2023년 7월 1일
서 종 희

“이 저서(논문·예술연구)는 연세대학교 학술연구비의 지원으로 이루어진 것임”

차 례

제1편 총 설

제 2 편 소멸시효의 기산점

제 1 장 소멸시효의 기산점에 관한 고찰

제 2 장 단기소멸시효와 진행개시장애사유

제 5 장 보험금청구권의 소멸시효 기산점

제 6 장 하자담보책임에 기한 매수인의 권리행사기간에 관한 비교법적 고찰과 입법제언

제 7 장 소멸시효 기간연장합의의 효력에 관한 비교법적 고찰

제 3 편 소멸시효완성의 효과

제 1 장 소멸시효완성의 효과와 부아소나드의 시효론

제 2 장 [번역] '시효에 관한 각서'에 관한 각서

제 3 장 시효원용권자의 범위 판단기준에 대한 재고

제 4 장 시효의 원용과 변론주의, 그리고 법원의 석명의무

제 5 장 소멸시효가 완성된 채권을 자동채권으로 하는 상계 및 소송상 상계재항변 인정 여부

제 1 편

총 설

제 1 장

소멸시효 기산점

Ⅰ. 들어가는 말

우리 민법 제166조 제1항에 의하면, “소멸시효는 권리를 행사할 수 있는 때로부터 진행한다”고 규정되어 있다. 따라서 시효의 기산점은 “권리를 행사할 수 있을 때”가 된다. 우리 판례는 소멸시효의 기산점은 소멸시효 주장 내지 항변의 법률요건을 구성하는 구체적인 사실에 해당하여 변론주의 적용대상인 주요사실로 보아 당사자가 주장하는 기산일과 다른 날짜를 기준으로 소멸시효를 계산할 수 없다고 한다.[1] 당사자가 본래의 기산일보다 뒤의 날짜를 기산일로 하여 주장하는 경우뿐만 아니라 특별한 사정이 없는 한 그 반대의 경우에 있어서도 마찬가지이다.[2] 당사자가 주장하는 기산일을 기준으로 심리·판단하여야만 상대방으로서도 법원이 임의의 날을 기산일로 인정하는 것에 의하여 예측하지 못한 불이익을 받음이 없이 이에 맞추어 권리를 행사할 수 있는 때에 해당하는지의 여부 및 소멸시효의 중단 사유가 있었는지의 여부 등에 관한 공격방어방법을 집중시킬 수 있을 것이다. 따라서 피고의 소멸시효 항변에 대한 원고의 시효중단

1) 대법원 1995. 8. 25. 선고 94다35886 판결; 대법원 2006. 9. 22. 선고 2006다22852, 22869 판결; 대법원 2017. 10. 26. 선고 2017다20111 판결. 이 점이 취득시효와 다르다.

2) 대법원 1995. 8. 25. 선고 94다35886 판결: “피고는 위 물품대금 채무에 대하여 거래 종료 시점인 1990. 9. 30.을 기산점으로 하여 소멸시효 완성의 항변을 하고 있음이 명백하다. 그런데도 원심은 그로부터 6개월 후인 1991. 3. 30.을 기산점으로 하여 소멸시효 기간을 산정하였는바, 위 양 기간 사이에 동일성이 있다고는 볼 수 없다 할 것이므로 이는 당사자가 주장하지 아니한 사실을 인정한 것이어서 변론주의에 위배되고 나아가 판결 결과에도 영향을 미쳤다.”

재항변이 이유 있는 경우에, 설령 시효중단 시점부터 기산하더라도 소멸시효가 완성되었다 하더라도, 피고가 그 점을 항변으로 다시 주장하지 않는 이상 법원은 시효중단 시점부터 기산하여 소멸시효가 완성하였다고 판단할 수 없다.[3)]

우리 판례는 권리를 행사할 수 있다는 것에 대한 판단의 기준으로 '법률상 장애'여부를 제시한다. 요컨대 우리 판례는 원칙상 "'권리를 행사할 수 있다'라고 함은 그 권리의 행사가 법률상의 장애, 예를 들면 기간의 미도래나 조건불성취 등이 없는 경우를 말하는 것이고(이하 '법률상 장애설'), 사실상 권리의 존재나 권리의 행사가 가능함을 알지 못하였고 알지 못함에 과실이 없다는 것과 같이 그 행사에 사실상의 장애가 있음에 불과한 경우에는 이에 해당하지 아니한다"고 본다.[4)] 즉 판례는 권리행사상의 장애를 법률상 장애와 사실상 장애로 나누고 법률상 장애를 전제로 소멸시효의 기산점을 판단하고 있다. 법률상 장애는 기간의 미도래 및 조건불성취가 이에 해당하나 이는 예시에 불과하고 사안에 따라서 법률상 장애의 모습은 매우 다양할 것이다. 예컨대 건물에 관한 소유권이전등기청구권에 있어서 그 목적물인 건물이 완공되지 아니하여 이를 행사할 수 없었다는 사유는 법률상의 장애사유에 해당한다.[5)] 또한 권리행사에 장애가 되는 하위의 법규범이 상위의 법규범에 위배되어 무효이어서 사실은 권리행사가 가능하였다고 하더라도 그 하위 법규범의 존재는 소멸시효의 진행을 막는 '법률상의 장애'에 해당한다.[6)]

II. 법률상 장애와 소멸시효의 기산점

1. 기한의 정함이 있는 채권

(1) 확정기한부 채권은 확정기한이 도래한 때, 불확정기한부 채권은 그 기한이 객관적으로 도래한 때가 소멸시효의 기산점이 된다. 한편 기한이익 상실

3) 대법원 2006. 9. 22. 선고 2006다22852, 22869 판결; 대법원 2009. 12. 24. 선고 2009다60244 판결; 대법원 2017. 10. 26. 선고 2017다20111 판결; 대법원 2020. 10. 29. 선고 2018다214241 판결.

4) 대법원 2007. 8. 23. 선고 2007다28024, 28031 판결.

5) 대법원 2007. 8. 23. 선고 2007다28024, 28031 판결.

6) 대법원 1970. 12. 20. 선고 69누148 판결; 대법원 1996. 7. 12. 선고 94다52195 판결 등 참조.

의 특약은 그 내용에 의하여 일정한 사유가 발생하면 채권자의 청구 등을 요함이 없이 당연히 기한의 이익이 상실되어 이행기가 도래하는 것으로 하는 정지조건부 기한이익 상실의 특약과 일정한 사유가 발생한 후 채권자의 통지나 청구 등 채권자의 의사행위를 기다려 비로소 이행기가 도래하는 것으로 하는 형성권적 기한이익 상실의 특약의 두 가지로 대별할 수 있고, 기한이익 상실의 특약이 위의 양자 중 어느 것에 해당하느냐는 당사자의 의사해석의 문제이지만 일반적으로 기한이익 상실의 특약이 채권자를 위하여 둔 것인 점에 비추어 명백히 정지조건부 기한이익 상실의 특약이라고 볼 만한 특별한 사정이 없는 이상 형성권적 기한이익 상실의 특약으로 추정하는 것이 타당하다. 그리고 이른바 형성권적 기한이익 상실의 특약이 있는 경우에는 그 특약은 채권자의 이익을 위한 것으로서 기한이익의 상실 사유가 발생하였다고 하더라도 채권자가 나머지 전액을 일시에 청구할 것인가 또는 종래대로 할부변제를 청구할 것인가를 자유로이 선택할 수 있으므로, 이와 같은 기한이익 상실의 특약이 있는 할부채무에 있어서는 1회의 불이행이 있더라도 각 할부금에 대해 그 각 변제기의 도래시마다 그 때부터 순차로 소멸시효가 진행하고 채권자가 특히 잔존 채무 전액의 변제를 구하는 취지의 의사를 표시한 경우에 한하여 전액에 대하여 그 때부터 소멸시효가 진행하는 것이다.[7)]

(2) 민법 제166조는 “소멸시효는 권리를 행사할 수 있는 때로부터 진행한다”라고 규정하고 있으므로, 기한이 있는 채권의 소멸시효는 이행기가 도래한 때부터 진행하지만, 이행기가 도래한 후 채권자와 채무자가 기한을 유예하기로 합의한 경우에는 유예된 때로 이행기가 변경되어 소멸시효는 변경된 이행기가 도래한 때부터 다시 진행한다.[8)] 이와 같은 기한 유예의 합의는 명시적으로뿐만 아니라 묵시적으로도 가능한데, 계약상의 채권관계에서 어떠한 경우에 기한 유예의 묵시적 합의가 있다고 볼 것인지는 계약의 체결경위와 내용 및 이행경과, 기한 유예가 채무자의 이익이나 추정적 의사에 반하는지 여부 등 제반 사정을 종합적으로 고려해서 판단하여야 한다.[9)]

7) 대법원 2002. 9. 4. 선고 2002다28340 판결
8) 대법원 2017. 4. 13. 선고 2016다274904 판결.
9) 대법원 2017. 4. 13. 선고 2016다274904 판결.

(3) 문제는 기한이 도래한 채권에 동시이행항변권이 붙어 있는 경우이다. 우리 판례는 대법원 1993. 12. 14. 선고 93다27314 판결 등에서 "점포의 임대차 청약을 하면서 청약금을 지급하고 점포에 입주하여 점유하였으나 임대차계약의 체결이 거절된 경우 점포임대차 청약금반환채권이 점포명도의무와 동시이행 관계에 있다 하더라도 청약금반환의무자는 청약자로부터 점포명도의무의 이행제공을 받을 때까지 청약금의 지급을 거절할 수 있는데 지나지 아니하므로 청약금반환채권은 청약에 대한 거절이 확정된 때 이후부터 소멸시효가 진행한다(밑줄은 필자가 첨가)"고 보아 동시이행항변권이 붙은 채권의 경우에도 기한이 도래하면 그 때부터 시효는 진행되는 것으로 본다.[10] 또한 대법원 1991. 3. 22. 선고 90다9797 판결에서도 "부동산에 대한 매매대금 채권이 소유권이전등기청구권과 동시이행의 관계에 있다고 할지라도 매도인은 매매대금의 지급기일 이후 언제라도 그 대금의 지급을 청구할 수 있는 것이며, 다만 매수인은 매도인으로부터 그 이전등기에 관한 이행의 제공을 받기까지 그 지급을 거절할 수 있는 데 지나지 아니하므로 매매대금 청구권은 그 지급기일 이후 시효의 진행에 걸린다"고 판단하였다. 반면에 최근 우리 판례는 대법원 2020. 7. 9. 선고 2016다244224(본소), 2016다244231(반소) 판결에서 "임대차가 종료함에 따라 발생한 임차인의 목적물반환의무와 임대인의 보증금반환의무는 동시이행관계에 있다. 임차인이 임대차 종료 후 동시이행항변권을 근거로 임차목적물을 계속 점유하는 것은 임대인에 대한 보증금반환채권에 기초한 권능을 행사한 것으로서 보증금을 반환받으려는 계속적인 권리행사의 모습이 분명하게 표시되었다고 볼 수 있다. 따라서 임대차 종료 후 임차인이 보증금을 반환받기 위해 목적물을 점유하는 경우 보증금반환채권에 대한 권리를 행사하는 것으로 보아야 하고, 임차인이 임대인에 대하여 직접적인 이행청구를 하지 않았다고 해서 권리의 불행사라는 상태가 계속되고 있다고 볼 수 없다(밑줄은 필자가 첨가)"고 본 후, "위와 같은 소멸시효

---

10) 시효의 중단이 문제된 사안이기는 하나 판례는 대법원 2019. 5. 16. 선고 2017다226629 판결에서 "임차권등기를 하더라도 임차권등기명령에 따른 임차권등기에는 민법 제168조 제2호에서 정하는 소멸시효 중단사유인 압류 또는 가압류, 가처분에 준하는 효력이 있다고 볼 수 없다"고 본다. 이 판결에 대한 평석으로는 조인영, "주택임대차보호법상 법정임대차관계와 임차권등기에 의한 소멸시효 중단 여부 – 대법원 2019. 5. 16. 선고 2017다226629 판결에 대한 비판적 관점에서 –", 연세법학 제39호, 2022, 299면 이하 참조.

제도의 존재 이유와 취지, 임대차기간이 끝난 후 보증금반환채권에 관계되는 당사자 사이의 이익형량, 주택임대차보호법 제4조 제2항의 입법 취지 등을 종합하면, 주택임대차보호법에 따른 임대차에서 그 기간이 끝난 후 임차인이 보증금을 반환받기 위해 목적물을 점유하고 있는 경우 보증금반환채권에 대한 소멸시효는 진행하지 않는다고 보아야 한다(밑줄은 필자가 첨가)"고 판단하였다.[11] 생각건대 대법원 2020. 7. 9. 선고 2016다244224(본소), 2016다244231(반소) 판결은 동시이행항변권을 '권리행사'적 측면에서 초점을 맞추고 '시효가 진행하지 않는다'는 설시를 하였기 때문에 기산점보다는 중단의 문제로 접근한 것으로 이해된다. 따라서 위 판결을 임차인이 동시이행항변권에 기하여 임차목적물을 점유하고 있는 것이 '법률상 장애'에 해당한다고 보기에는 무리이다.

2. 기한의 정함이 없는 채권

불법행위손해배상채무 및 부당이득반환채무는 이행의 기한이 없는 채무에 해당하는데, 이와 같이 기한의 정함이 없는 채권의 시효는 언제부터 진행되는지가 문제된다. 일반적으로 기한이 정해져 있지 않은 채권의 경우에 권리자가 언제든지 권리를 행사할 수 있다면, 채권발생시점에 소멸시효는 진행한다고 보아야 할 것이다. 먼저 부작위채권은 규정에 의해 위반행위를 한 때 시효가 진행한다(민법 제166조 제2항).

(1) 반환시기의 정함이 없는 소비대차의 경우 대주는 언제든지 반환을 청구할 수 있으므로(제603조 제2항), 소멸시효는 채권이 성립한 때부터 진행한다.

(2) 채무불이행으로 인한 손해배상청구권은 현실적으로 손해가 발생한 때에 성립하고 소멸시효는 그 때부터 진행한다.[12]

---

11) 판결에 대한 평석으로는 신동현, "임차인의 점유와 임대차보증금반환채권의 소멸시효 - 대법원 2020. 7. 9. 선고 2016다244224, 244231 판결 -", 서강법률논총 제10권 제3호, 2021, 183면 이하; 원종배, "주택임차인의 점유와 임대차보증금반환채권의 소멸시효 - 대법원 2020. 7. 9. 선고 2016다244224, 244231 판결 -", 민사법의 이론과 실무 제25권 제2호, 2022, 259면 이하; 성위석, "임대차보증금반환채권의 소멸시효 - 대법원 2020. 7. 9. 선고 2016다244224, 244231 판결의 검토를 중심으로 -", 법학논고 제78호, 2022,115면 이하 참조.

12) 현실적으로 손해가 발생하였는지 여부는 사회통념에 비추어 객관적이고 합리적으로 판단

(3) 부당이득반환청구권은 성립과 동시에 권리를 행사할 수 있으므로 청구권이 성립한 때부터 소멸시효가 진행한다.[13] 즉 법률행위가 당연무효인 경우에는 급부한 시점에, 법률행위가 취소된 경우에는 취소된 시점에 부당이득반환청구권의 시효는 진행한다. 예컨대 과세처분이 부존재하거나 당연무효인 경우에 이 과세처분에 의하여 납세의무자가 납부하거나 징수당한 오납금은 국가가 법률상 원인 없이 취득한 부당이득에 해당하고, 이러한 오납금에 대한 납세의무자의 부당이득반환청구권은 처음부터 법률상 원인이 없이 납부 또는 징수된 것이므로 납부 또는 징수시에 발생하여 확정된다.[14] 한편 부당이득반환청구로서의 반환을 받을 산업재해보상보험료 및 그 이자청구권은 그것이 반환받을 것으로 확정되었을 때 비로소 그 소멸시효가 진행된다 할 것인바, 산업재해보상보험금의 추징부과처분은 행정행위로서 공정력이 있어 이를 취소하는 행정소송의 판결이 확정됨으로써 위 추징부과처분은 그 효력을 잃고 그 반환청구채권이 발생하여 이때부터 그 소멸시효가 진행된다.[15]

하여야 한다. 대법원 2001. 7. 13. 선고 2001다22833 판결; 대법원 2011. 1. 27. 선고 2009다10249 판결; 대법원 2020. 6. 11. 선고 2020다201156 판결[甲 주식회사가 잠수함 건조계약에 따라 해군에 인도한 잠수함의 추진전동기에서 이상 소음이 발생하자, 이에 국가(해군)가 甲 회사를 상대로 계약의 불완전이행으로 인한 손해배상을 구한 사안에서, 甲 회사가 해군에 잠수함을 인도한 후 항해훈련 전에는 이상 소음이 발생하였다고 볼 자료가 없는 점, 추진전동기의 하자는 사단법인 한국선급과 국방기술품질원이 고장 원인에 대한 보고서를 작성하여 국방기술품질원장에게 제출함으로써 밝혀진 점 등에 비추어, 국가(해군)의 손해가 현실적으로 발생한 때는 추진전동기에서 이상 소음이 처음 발생한 때 또는 사단법인 한국선급과 국방기술품질원이 추진전동기의 고장 원인에 대한 보고서를 작성하여 제출한 때이고, 그때부터 소멸시효가 진행한다고 한 사례]

13) 대법원 2008. 12. 11. 선고 2008다47886 판결; 대법원 2017. 7. 18. 선고 2017다9039, 9046 판결(갑의 보험금 납부 등 보험관리업무를 맡은 을이 갑이 송금한 돈 중 일부를 사용하고 갑의 보험금을 담보로 대출을 받아 사용한 사안에서, 을의 사용 권한 범위, 갑의 허락 여부 등을 밝힘으로써 용도 외 사용 당시 부당이득반환청구권이 성립할 수 있는지 여부를 가리지 아니하고 을이 갑의 보험관리업무를 종료한 때부터 갑의 을에 대한 부당이득반환청구권의 소멸시효가 진행한다고 본 원심판단에 법리 오해의 위법이 있다고 한 사례).

14) 대법원 1992. 3. 31. 선고 91다32053 전원합의체 판결: 과세처분의 하자가 중대하고 명백하여 당연무효에 해당하는 여부를 당사자로서는 현실적으로 판단하기 어렵다거나, 당사자에게 처음부터 과세처분의 취소소송과 부당이득반환청구소송을 동시에 제기할 것을 기대할 수 없다고 하여도 이러한 사유는 법률상 장애사유가 아니라 사실상의 장애사유에 지나지 않는다.

15) 대법원 1986. 3. 25. 선고 85다카748 판결.

(4) 구상권 또한 기한 없는 채권으로서 채권이 성립한 때 시효는 진행한다. 예컨대 교통사고의 피해자들에게 손해배상을 한 공동불법행위자의 1인의 다른 공동불법행위자에 대한 구상금 채권은 일반채권과 같이 구상권자가 현실로 피해자에게 손해금을 지급한 때로부터 10년간 이를 행사하지 아니하면 시효소멸한다.[16] 한편 보증인의 주채무자에 대한 사후구상권과 사전구상권은 그 발생원인을 서로 달리하는 별개의 독립된 권리라 할 것이므로 그 소멸시효는 각각 그 권리가 발생되어 이를 행사할 수 있는 때부터 각별로 진행한다.[17]

(5) 채권자의 선택권 행사로 인한 채권의 소멸시효는, 채권자가 선택권을 행사할 수 있었던 때 즉 채무자가 선택권을 행사할 수 있음에도 선택하지 아니한 때부터 상당한 기간이 경과한 때부터 진행한다.[18] 예컨대 무권대리인에 대한 상대방의 대한 선택채권(계약이행 또는 손해배상청구권)은 대리권을 증명하지 못하고 본인이 추인을 거절한 때에 소멸시효가 진행된다.

3. 조건부 권리

정지조건부 권리의 경우에는 조건이 성취된 때에 법률상 장애가 소멸되므로, 소멸시효의 기산점은 조건이 성취된 때이다. 반면에 해제조건부 권리는 해제조건의 성취 전이라면 권리자가 언제든지 권리를 행사할 수 있기 때문에 조

---

16) 대법원 1979. 5. 15. 선고 78다528 판결.

17) 대법원 1981. 10. 6. 선고 80다2699 판결.

18) 대법원 2000. 5. 12. 선고 98다23195 판결: "이 사건에서 매립지 중 100평을 선택하는 권한이 누구에게 있는지에 관하여 당초 약정이 없었으므로 민법 제380조에 의하여 채무자인 피고에게 있다고 볼 것이고, 피고가 선택권을 행사하지 아니하는 경우에는 민법 제381조에 따라서 채권자인 김종택이 상당한 기간을 정하여 그 선택을 최고할 수 있고, 그래도 피고가 그 기간 내에 선택하지 아니할 때에 김종택이 선택할 수 있는 것이므로, 김종택의 소유권이전등기청구권의 기산점은 자신이 100평의 선택권을 행사할 수 있는 때, 즉 피고가 100평을 선택할 수 있음에도 선택하지 아니한 때로부터 상당한 기간이 경과한 때라고 보아야 할 것인바(대법원 1965. 8. 24. 선고 64다1156 판결 참조), 피고 명의의 소유권보존등기가 경료되고 도시계획결정 및 지적고시가 이루어져 피고가 소유할 토지의 위치와 면적이 확정되어 공부상 정리가 마쳐진 1987. 2. 26.에는 피고가 100평의 선택권을 행사할 수 있으므로 이때로부터 선택권을 행사하는 데 필요한 상당한 기간이 경과한 날로부터 김종택의 소유권이전등기청구권의 소멸시효가 진행한다고 볼 것이다."

건의 성취와 관계없이 시효의 기산점이 결정된다. 해제조건부 권리의 경우에 채권자가 권리를 행사한 후 해제조건이 성취되면 오히려 채무자는 급부한 것에 대한 부당이득반환청구권을 행사할 수 있다는 점에서 해제조건이 성취된 때에 부당이득반환청구권의 소멸시효는 진행된다.

Ⅲ. 사실상 장애와 소멸시효의 기산점

1. 원 칙

대법원 판례가 변경되어 현실적으로 권리행사가 가능하게 된 경우에 권리행사를 부정했던 종전 대법원 판례의 존재는 권리행사에 대한 법률상 장애사유에 해당하지 않는다.[19] 따라서 권리자가 권리의 존재를 몰랐다거나 질병 등으로 권리를 행사하지 못하였다는 등의 사유는 사실상의 장애에 불과하여 시효기간의 개시나 진행에 장애가 되지 않으며, 또한 권리자가 제한능력자인데 그에게 법정대리인이 없어서 권리를 행사할 수 없었다는 사정도 소멸시효 완성의 정지사유(민법 제179조 참조)로 고려될 수 있을 뿐 시효기간의 개시나 진행에 대한 법률상의 장애에 해당하지는 않는다.

2. 예외(사실상 장애임에도 불구하고 시효가 진행되지 않는 경우)

대법원은 근래 들어 정의와 형평의 관념에 입각하여 위와 같은 원칙에 대하여 일정한 예외를 인정한다.

(1) 건물신축공사에서 하수급인의 수급인에 대한 민법 제666조에 따른 저당권설정청구권(이하 '저당권설정청구권'이라 한다)[20]은 **수급인이 건물의 소유권을 취득하면 성립하고 특별한 사정이 없는 한 그때부터 권리를 행사할 수 있지**

19) 대법원 1993. 4. 13. 선고 93다3622 판결 및 대법원 2010. 9. 9. 선고 2008다15865 판결.

20) 대법원 2009. 11. 12. 선고 2008다41451 판결 등은"도급받은 공사의 공사대금채권은 민법 제163조 제3호에 따라 3년의 단기소멸시효가 적용되고, 공사에 부수되는 채권도 마찬가지인데, 민법 제666조에 따른 저당권설정청구권은 공사대금채권을 담보하기 위하여 저당권설정등기절차의 이행을 구하는 채권적 청구권으로서 공사에 부수되는 채권에 해당하므로 소멸시효기간 역시 3년이다"고 본다. 대법원 2016. 10. 27. 선고 2014다211978 판결.

만, 건물 소유권의 귀속주체는 하수급인의 관여 없이 도급인과 수급인 사이에 체결된 도급계약의 내용에 따라 결정되고, 더구나 건물이 완성된 이후 소유권 귀속에 관한 법적 분쟁이 계속되는 등으로 하수급인이 수급인을 상대로 저당권 설정청구권을 행사할 수 있는지를 객관적으로 알기 어려운 상황에 있어 과실 없이 이를 알지 못한 경우에도 청구권이 성립한 때부터 소멸시효가 진행한다고 보는 것은 정의와 형평에 맞지 않을 뿐만 아니라 소멸시효 제도의 존재이유에도 부합한다고 볼 수 없다. 그러므로 이러한 경우에는 객관적으로 하수급인이 저당권설정청구권을 행사할 수 있음을 알 수 있게 된 때부터 소멸시효가 진행한다.[21] 권리자에게는 소멸시효가 완성하기 전에 자기의 권리를 행사할 수 있는 합리적인 기회가 보장되어야 하므로, 위와 같이 '권리의 성립에 필요한 요건사실의 존부가 객관적으로 분명하지 아니하여' 권리를 행사하지 못한 기간이 있는 경우에는 사후적으로 확인된 권리발생시점부터 시효기간이 경과하였다는 사정만으로 곧바로 소멸시효의 완성을 인정하는 것은 정의와 형평에 부합하지 않을 것이다. 이러한 경우에 우리 **판례는 법률상 장애가 아닌 객관적 사실상 장애가 있는 경우임에도 불구하고** 예외적으로 시효의 진행을 인정하지 않는 것으로 판단된다.

(2) 법인의 이사회결의가 부존재함에 따라 발생하는 제3자의 부당이득반환청구권처럼 법인이나 회사의 내부적인 법률관계가 개입되어 있어 청구권자가 권리의 발생 여부를 객관적으로 알기 어려운 상황에 있고 청구권자가 과실 없이 이를 알지 못한 경우에는 이사회결의부존재확인판결의 확정과 같이 객관적으로 청구권의 발생을 알 수 있게 된 때부터 소멸시효가 진행된다.[22]

(3) 보험사고가 발생하였는지 여부가 객관적으로 분명하지 아니하여 보험금청구권자가 과실 없이 보험사고의 발생을 알 수 없었던 경우에는 보험금청구권자가 보험사고의 발생을 알았거나 알 수 있었던 때부터 보험금청구권의 소멸시효가 진행한다고 한다.[23]

---

21) 대법원 2016. 10. 27. 선고 2014다211978 판결.

22) 대법원 2003. 2. 11. 선고 99다66427,73371 판결 및 대법원 2003. 4. 8. 선고 2002다64957,64964 판결 등.

23) 대법원 2001. 4. 27. 선고 2000다31168 판결 등.

Ⅳ. 검 토

소멸시효제도에 의해 희생되는 권리자를 배려하기 위해 각국의 시효법은 시효의 진행시점을 늦추거나, 시효의 기간을 장기로 하거나 또는 시효의 정지·중단 및 시효이익의 포기 등을 인정한다. 이는 결국 시효제도와 권리자 보호를 적절하게 중용하고자 하는 입법자의 결단이라고 할 수 있다. 법률상 장애설로 볼 수 있는 우리 판례는 기산점을 판단함에 있어 채권자의 권리행사 가능성을 고려하지 않는다. 그러나 10년이라는 채권의 시효기간이 사실상 장애를 배려한 것으로 보기에는 단기라는 점, 시효의 존재이유를 고려하더라도 실질적으로 권리를 행사할 수 없었던 채권자는 보호되어야 한다는 점에서 법률상 장애설을 취하고 있는 판례는 타당하지 않다. 요컨대 '권리를 행사할 수 있을 때'라는 기산점은 권리행사 가능성을 반영할 수 있는 일반기준으로서 역할을 해야 한다. 최근 일본이나 우리의 판례가 법률상 장애설을 취하면서도 특정한 개별사건에서 객관적 기산점을 판단함에 있어 사실상 장애를 고려하여 완화된 기준을 적용하는 것도 같은 맥락으로 바라볼 수 있다. 향후 우리 판례가 소멸시효의 기산점과 관련하여 법률상 장애설을 취하면서 그 예외의 외연을 어디까지 확장할 것인지에 귀추가 주목된다. 사견으로는 법률상 장애설을 취하면서 그 예외를 인정하는 것보다는 그 예외를 포섭할 수 있는 권리행사가능성설을 취하면서, 법률상 장애를 당연히 그 권리행사가능성을 판단함에 있어 하나의 필요조건으로 고려하는 방법이 타당하다고 본다.

제 2 장

소멸시효완성의 효과

Ⅰ. 들어가는 말

민법은 제162조 이하에서 소멸시효에 관한 규정을 두면서 제167조에 "소멸시효는 그 기산일에 소급하여 효력이 생긴다"라고만 규정하고 있을 뿐 그 밖에 소멸시효 완성의 효과에 관하여 직접적인 규정을 두고 있지 않다. 이에 소멸시효가 완성하면 권리가 곧바로 소멸하는 것인지 아니면 권리의 소멸로 인하여 이익을 얻는 자가 소멸시효의 완성을 원용할 경우에 비로소 그 권리가 소멸하는 것인지에 대해서 학설은 절대적 소멸설과 상대적 소멸설로 견해가 나뉘나, 판례는 대법원 1966. 1. 31. 선고 65다2445 판결 등에서 "소외 갑의 본건 채무는 신 민법 시행 후에 소멸시효가 완성한 것임이 명백한바 신 민법 아래서는 당사자의 원용이 없어도 시효완성의 사실로서 채무는 당연히 소멸하는 것이며 본건에 있어서는 가압류의 신청 또는 그 결정 및 집행이 있기 전에 이미 소멸시효가 완성되어 있었으므로 피고에게 과실이 없었다고는 할 수 없는 것"이라고 판단하여 기본적으로 절대적 소멸설의 입장을 취한다.[1)]

1) 물론 일부 견해는 판례가 절대적 소멸설을 취했다고 보기 어렵다고 평가하기도 한다.

II. 시효완성으로 권리가 소멸하는 것인가 아니면 채무자가 원용권을 취득하는가

1. 견해의 대립

시효완성의 효과로 권리가 소멸되는 견해('절대적 소멸설')과 시효완성으로 채무자는 원용권을 취득할 뿐이다고 보는 견해('상대적 소멸설')로 견해가 나뉜다. 현행 민법의 문언으로는 절대적 소멸설과 상대적 소멸설 모두 입론이 가능하다. 현행 민법은 소멸시효의 원용에 관한 의용민법 제145조를 채택하지 아니하였지만 다른 한편 소멸시효 이익의 포기를 허용하고 있기 때문이다(민법 제184조 제1항의 반대해석). 이에 이하에서는 현행 민법의 해석으로 소멸시효 완성의 효과를 어떻게 구성하는 것이 가장 타당한지에 대해 검토해 보고자 한다.

(1) 학 설

1) 절대적 소멸설

이 견해는 소멸시효가 완성하면 곧바로 권리가 소멸한다는 견해이다. 이 견해는 첫째, 현행 민법 제정 과정에서 의도적으로 시효의 원용에 관한 의용민법 제145조의 규정을 삭제한 점, 둘째, 민법 제369조, 제766조 제1항, 부칙 제8조 제1항은 소멸시효 완성으로 인하여 권리가 곧바로 소멸하는 것처럼 표현하고 있는 점,[2] 셋째, 상대적 소멸설에 의하면 시효원용권자의 범위를 정하여야 하는 어려운 문제를 야기할 뿐만 아니라, 시효원용권을 가지고 이를 행사한 사람과 시효원용권이 없거나 이를 행사하지 아니한 사람 사이에서 권리소멸 여부가 균일하게 처리되지 않는 결과가 생겨 부당하다는 점 등을 근거로 한다. 이

---

2) 요컨대 이 견해는 민법 제369조는 "저당권으로 담보한 채권이 시효의 완성 기타 사유로 인하여 소멸한 때에는 저당권도 소멸한다"라고 규정하고 있고, 민법 제766조 제1항은 '손해배상청구권의 소멸시효'라는 제목으로 "불법행위로 인한 손해배상의 청구권은 피해자나 그 법정대리인이 그 손해 및 가해자를 안 날부터 3년 간 이를 행사하지 아니하면 소멸한다"라고 규정하고 있으며, 부칙 제8조 제1항 역시 "본법 시행 당시에 구법의 규정에 의한 시효기간을 경과한 권리는 본법의 규정에 의하여 취득 또는 소멸한 것으로 본다"라고 규정하고 있으므로, 우리 민법의 해석으로는 소멸시효가 완성하면 권리 그 자체가 소멸한다고 본다. 더 나아가 이 견해는 민법 제167조가 규정한 소멸시효의 소급효를 설명하기 위해서라도 소멸시효 완성에 의하여 권리가 소멸한다고 해석해야 한다고 본다.

견해는 소멸시효의 원용이라는 것은 소멸시효가 완성되어 권리가 소멸되었다는 사실을 주장하는 것에 불과한 것으로서, 누구나 필요하면 이를 주장할 수 있을 것이지만 '변론주의 원칙'상 당사자가 이를 주장하지 않으면 법원은 이에 기해 재판할 수 없을 뿐이라고 본다. 한편 이 견해에 의하면 소멸시효가 완성된 후 채무자가 채무를 변제한 경우에 대하여는, 채무자가 소멸시효 완성 사실을 알고 변제하였다면 시효이익을 포기한 것으로 되고(민법 제184조 제1항), 모르고 변제하였다면 도의관념에 적합한 비채변제에 해당하므로(민법 제744조), 어느 경우에나 채무자는 채권자에게 부당이득을 이유로 그 반환을 청구할 수 없다. 마지막으로 이 견해는 소멸시효 이익의 포기는 소멸시효 완성으로 인한 권리소멸의 이익을 받지 않겠다는 권리자의 의사에 대하여 법률(민법 제184조 제1항)이 특별히 일정한 효과를 부여한 것으로 이해한다.

2) 상대적 소멸실

소멸시효가 완성하더라도 곧바로 권리가 소멸하는 것이 아니라 시효원용권자가 이를 원용하는 경우에 비로소 권리가 소멸한다는 견해이다. 소멸시효의 이익을 받을 당사자의 의사를 존중하기 위한 견해라 할 수 있다. 이 견해는 첫째, 절대적 소멸설에 의하면 소멸시효 완성에 따라 곧바로 권리가 소멸하므로 그 논리를 일관하면 제척기간과 마찬가지로 의무자의 원용 또는 항변이 없더라도 법원이 직권으로 이를 고려할 수 있게 되는데, 이는 의무자의 의사에 반하여 권리소멸을 인정하는 부당한 결과를 가져오는 점, 둘째, 절대적 소멸설에 의하면 소멸시효 이익을 포기한 경우에 이로써 일단 소멸하였던 권리가 소급적으로 되살아나는 근거를 제대로 설명하기 어려운 점 등을 논거로 든다. 특히 이 견해는 개인의 재산권을 제한하는 소멸시효 제도는 헌법 제37조 제2항에 따른 기본권 제한의 제 원칙(특히 과잉금지원칙)을 준수하여야 한다고 보아, 소멸시효 완성의 효과를 제한적으로 해석할 필요가 있다고 보아 의무자의 의사결정(원용권 행사)에 의해 권리가 소멸되도록 하는 해석론이 바람직하다고 본다.

이 견해에 의하면, 소멸시효가 완성하면 권리의 소멸로 인하여 이익을 받을 자에게 이를 주장할 수 있는 시효원용권이 생기고, 시효원용권은 그 행사에 의해 권리를 소멸시킬 수 있으므로 실체법상 형성권에 해당하며, 그 당연한 귀결로서 법원은 소멸시효가 완성하였더라도 시효원용권자가 이를 행사하지 않는 한 소멸시효에 기해 재판할 수 없다. 한편, 시효원용권은 소송상 공격방어방법으로 행사할 수 있음은 물론이고 실체법상 형성권이므로 재판 외에서도 행사할 수 있다고 한다. 한편 소멸시효가 완성된 후 채무자가 채무를 변제한 경우, 이 견해는 채무자가 소멸시효 완성 사실을 알고 변제하였든지 모르고 변제하였든지 모두 유효한 변제가 되므로 어느 경우에나 채무자는 채권자에게 부당이득을 이유로 그 반환을 청구할 수 없다고 본다. 마지막으로, 이 견해에 의하면 소멸시효 이익의 포기는 시효원용권을 행사하지 않겠다는 의사에 불과하므로 민법 제184조 제1항은 확인적인 의미를 가질 뿐이다.

(2) 판 례

먼저 대법원 1991. 7. 26. 선고 91다5631 판결 등에서 "소멸시효에 있어서 그 시효기간이 만료되면 권리는 당연히 소멸하지만 그 시효의 이익을 받는 자가 소송에서 소멸시효의 주장을 하지 아니하면 그 의사에 반하여 재판할 수 없(다).[3]"고 하고 있어 기본적으로 우리 판례는 절대적 소멸설의 입장으로 이해된다. 그러나 대법원 1992. 11. 10. 선고 92다35899 판결 등에서는 "소멸시효를 원용할 수 있는 사람은 권리의 소멸에 의하여 직접 이익을 받는 자에 한정된다"라고 판시한다.[4] 이와 같이 대법원 판례가 소멸시효 완성을 주장할 수 있는 자의 범위를 권리의 시효소멸로 인하여 직접 이익을 받을 자로 한정하고 있는 점, 이에 따라 채권자대위소송에서 피보전채권의 소멸시효가 완성된 경우에 원칙적으로 제3채무자의 시효원용을 부정하고 있는 점,[5] 소멸시효 완성 주장도 채권자

3) 이하 본고의 밑줄은 특별한 언급이 없으면 필자가 첨부한 것이다.

4) 이에 채권자대위소송에서 제3채무자는 피보전채권의 시효완성의 이익을 직접받지 않기 때문에 시효를 주장할 수 없다고 보았다. 대법원 1997. 12. 26. 선고 97다22676 판결에서도 "일반채권자인 원고가 가등기담보권자인 피고를 상대로 피고의 피담보채권은 소멸시효가 완성되었다고 주장하며 배당이의의 소를 제기한 사안에서, "소멸시효가 완성된 경우 이를 주장할 수 있는 사람은 시효로 인하여 채무가 소멸되는 결과 직접적인 이익을 받는 사람에 한정되므로 채무자에 대한 일반 채권자는 자기의 채권을 보전하기 위하여 필요한 한도 내에서 채무자를 대위하여 소멸시효 주장을 할 수 있을 뿐 채권자의 지위에서 독자적으로 소멸시효의 주장을 할 수 없다(대법원 1979. 6. 26. 선고 79다407 판결; 대법원 1991. 3. 27. 선고 90다17552 판결; 대법원 1995. 7. 11. 선고 95다12446 판결 등 참조)"고 보았다.

5) 절대적 소멸설에 의하면 소멸시효 완성에 따라 권리가 소멸한 경우에 누구나 필요하면 소

대위권의 대상이 될 수 있다고 한 점,[6] 소송에서의 소멸시효 완성 주장이 권리남용에 해당할 수 있다고 한 점[7] 등은 절대적 소멸설로는 설명하기 어렵고, 이는 오히려 상대적 소멸설에 의할 때 논리적이고 자연스럽게 설명할 수 있다. 그렇다면, 대법원은 기본적으로 절대적 소멸설의 입장을 취하면서도 구체적인 문제의 해결에 있어서는 상대적 소멸설의 시각을 충분히 수용하고 있는 것으로 평가할 수 있다.

2. 시효완성의 주장과 변론주의: 실체법과 절차법의 교착(交着)

우리 판례는 절대적 소멸설을 취하면서도 변론주의에 의해 소멸시효의 주장을 하지 않으면 법원이 원고의 청구를 인용할 수밖에 없다는 입장을 취한다.

소멸시효완성의 효과를 어떻게 볼 것인지(상대적 소멸설로 볼 것인지 아니면 절대적 소멸설로 볼 것인지)에 대한 실체법적인 논의는 변론주의 및 법원이 석명을 통해 채무자의 시효원용을 유도할 수 있는지에 대한 절차법적인 논의와 교착(交着)된다.

먼저 절대적 소멸설을 취하면서 권리항변으로서 시효소멸의 항변을 바라보는 경우('피고의 소멸시효에 관한 진술'을 요건사실로 보는 경우 포함)에는 상대적

멸시효를 주장할 수 있어야 하므로 이는 절대적 소멸설로는 설명하기 어렵다.

6) 절대적 소멸설에 의하면 소멸시효가 완성되었다는 주장은 이미 권리가 소멸되었다는 사실을 재판 외에서 주장하는 것이거나 소송절차에서 이를 공격방어방법으로 행사하는 것에 불과하므로 채권자대위권의 객체가 될 수 없다. 대법원 판례도 소송절차상의 개개의 권리는 채권자대위권의 대상이 될 수 없다고 한다(가압류결정이 내려진 경우에 제3자가 채무자를 대위하여 가압류이의신청을 할 수 없다고 한 대법원 1967. 5. 2. 선고 67다267 판결 등). 뿐만 아니라, 절대적 소멸설에 의하면 누구나 필요하면 소멸시효 완성을 직접 주장할 수 있어야 하기 때문에 구태여 채권자대위권에 기초하여 이를 주장할 필요가 없다.

7) 절대적 소멸설에 의하면 소멸시효 항변은 소송상 공격방어방법에 불과하므로 그것이 신의칙에 위배되는 경우에 이를 권리남용이라고 표현하는 것은 어색하다. 또한, 절대적 소멸설에 의하면 실체적으로 권리가 이미 소멸하였음에도 소멸시효 항변이 신의칙에 위배되어 허용되지 않게 됨으로써 반사적으로 권리를 행사할 수 있게 되는 결과에 이르는바, 이는 실체와 절차의 괴리를 발생시키는 것으로서 바람직하지 않다. 이에 대하여, 권영준, "소멸시효와 신의칙", 재산법연구 26권 1호(2009. 6), 법문사, 32면은 민사소송법상 변론주의로 인하여 실체적 권리관계와 소송을 통하여 확정되는 권리관계 사이에 차이가 생길 수 있는 것은 불가피하다고 설명한다.

소멸설과 절차법적 측면에서는 차이가 잘 드러나지 않으며, 권리소멸이라는 실체적 효과가 시효기간의 경과만으로 발생한다고 설명하는 절대적 소멸설은 급부거절로서의 항변권을 전제로 하는 권리항변과 어울리지 않는다. 한편 절대적 소멸설을 취하면서 시효원용을 권리항변으로 보지 않는 견해('피고의 소멸시효에 관한 진술'을 요건사실로 보지 않은 견해 포함)에 의하면, 주장공통의 원칙에 의해 원고의 청구가 기각되게 된다. 이는 결과적으로 원고에게 불의의 타격을 주게 되므로 법원은 적극적인 석명을 통해 원고 측의 이익을 배려하는 조치(시효의 중단, 기산점, 시효이익의 포기 등)를 해야 할 것이다.

반면에 상대적 소멸설에 의하면 소송에서의 '원용'은 변론주의원칙상 당사자가 주장해야 할 요건사실에 해당하며, 시효의 원용은 시효소멸의 효과를 가져오는 형성권으로서 의미를 가진다. 그런데 법원이 석명을 통해 시효의 원용을 유도하는 것은 실체법적으로 아직 발생하지 않은 시효 완성에 의한 효과를 석명으로 발생시킨다는 점에서 문제가 있다. 즉 석명에 의해 사안의 실체법적 조건의 변경을 가해서는 안되기 때문에, 특별한 사정이 없는 한 법원이 석명으로 시효원용을 유도하는 것은 위법하며 법관의 기피사유에 해당할 수 있다.

생각건대 판례가 절대적 소멸설을 전제로 하면서도 변론주의를 이유로 시효완성을 주장한 경우에 한하여 시효완성을 검토하여 채권자의 권리행사를 기각하는 태도는 재고가 필요하다.

3. 시효원용권자의 범위

대법원 판례는 소멸시효를 원용할 수 있는 자는 '권리의 소멸에 의하여 직접 이익을 받을 자'에 한정된다고 판시하고 있다.[8] 이는 소멸시효의 대상이 되는 권리의 직접의무자만을 의미하는 것은 아니고, 그 밖에 제3자라 하더라도 권리의 시효소멸로 인하여 직접 이익을 받는 관계에 있으면 포함된다는 취지인데, 다른 말로 하면 '권리의 시효소멸로 인하여 자기의 의무나 법적 부담을 면할 자'를 의미한다고 볼 수 있다. 따라서 직접의무자 아닌 제3자라 하더라도 권리의 시효소멸로 인하여 직접 이익을 받을 자는 독자적으로 소멸시효를 원용할 수

8) 대법원 2007. 11. 29. 선고 2007다54849 판결 등 다수.

있고, 이는 특히 직접의무자가 시효이익을 포기하거나 시효원용권을 상실한 경우에 큰 의미가 있다.

우리 판례가 시효완성의 효과를 권리의 절대적 소멸로 보는지 상대적 소멸로 보는지와 무관하게 최소한 우리 판례는 시효원용권자의 범위를 무제한적으로 확장하고 있지 않다. 어느 범위까지 제한하는 것이 타당한지에 대한 일본에서의 논의는 우리에게도 시사하는 바가 클 것이다. 애당초 우리 판례가 시효에 의해 「직접이익을 얻는 자」에게만 원용권을 인정한 것(소위 '직접수익자설') 또한 일본판례의 영향을 많이 받은 것으로 이해된다. 그런데 직접수익자설이 채무자 및 승계인 이외의 「제3자」에게도 점차 그 범위를 넓혀 원용을 인정하는 이상, 원용권자를 구분하는 기준으로서 기능을 한다고 보기 어렵다. 판례에서 확인된 개별집합군을 구체적으로 확인하면 다음과 같다.

(1) 시효원용권자로 보는 경우

1) 채무자가 자기의 채무의 소멸시효를 원용할 수 있음은 당연하다.

2) 여러 명이 연대채무를 부담하는 경우에 항상 같은 시기에 소멸시효가 완성하는 것은 아니다. 예를 들어 연대채무자 1인에 대한 시효중단조치가 다른 연대채무자에게 절대적 효력을 가지는 경우는 민법 제168조 제1항 제1호의 청구에 해당하는 경우뿐이므로(민법 제416조 반대해석 및 민법 제421조), A와 B가 연대채무를 부담하는데 A는 채무를 승인하고 B는 채무를 승인하지 않은 경우에 연대채무자 사이에 승인에 의한 시효중단은 절대적 효력이 인정되지 않아 A의 채무는 시효가 중단되는데 B의 채무는 시효가 계속 진행하여 결국 B의 채무만 먼저 시효가 완성할 수 있다. 이 경우 B의 채무가 시효로 소멸하면 A의 채무도 B의 부담부분에 한하여 소멸하기 때문에(제421조), A는 B의 부담부분 범위에서 B의 채무의 소멸시효를 원용할 수 있다.

3) 주채무가 시효로 소멸하면 보증채무의 부종성에 따라 보증채무도 소멸하고, 이는 연대보증의 경우에도 마찬가지이기 때문에, 보증인이나 연대보증인은 주채무의 소멸시효를 원용할 수 있다.

4) 피담보채권이 시효로 소멸하면 담보권의 부종성(민법 제369조)에 따라 담보권도 소멸하기 때문에 물상보증인은 목적물에 관하여 담보권의 부담에서

벗어날 수 있다. 그럼에도 물상보증인이 피담보채권의 소멸시효를 원용할 수 없다고 하면 물상보증인은 담보권의 실행에 의하여 담보목적물의 소유권을 잃는 불이익을 받게 된다. 따라서 물상보증인은 피담보채권의 소멸시효를 원용할 수 있다.[9] 피담보채권이 시효로 소멸하면 담보권의 부종성(민법 제369조)에 따라 담보권도 소멸하기 때문에 담보목적물의 소유권을 취득한 제3자는 목적물에 관하여 담보권의 부담에서 벗어날 수 있다. 그럼에도 제3취득자가 피담보채권의 소멸시효를 원용할 수 없다고 하면 제3취득자는 담보권의 실행에 의하여 담보목적물의 소유권을 잃는 불이익을 받게 된다. 따라서 제3취득자는 피담보채권의 소멸시효를 원용할 수 있다.[10]

5) 채권자의 채무자에 대한 피보전채권이 시효로 소멸하면 채권자취소권의 요건이 결여되기 때문에 사해행위의 수익자나 전득자는 사해행위가 취소되어 채무자에게 원상회복을 해야 하는 법적 부담에서 완전히 벗어날 수 있다. 따라서 사해행위의 수익자나 전득자는 피보전채권의 소멸시효를 원용할 수 있다.[11]

6) 대법원 2007. 3. 30. 선고 2005다11312 판결은, 택지개발사업을 하는 피고가 미등기 토지에 관하여 수용재결을 받은 다음 그 소유자를 알 수 없어 보상금을 공탁하였는데(이른바 절대적 불확지 공탁), 그때부터 10년이 지난 뒤에 원고가 그 토지의 소유자라고 주장하며 피고를 상대로 공탁금출급청구권의 확인을 구하는 소를 제기한 사안에서,[12] 피고가 공탁금출급청구권의 소멸시효가 완성되었다고 항변한 데 대하여 "공탁금출급청구권은 피공탁자가 공탁소에 대하여 공

9) 대법원 2004. 1. 16. 선고 2003다30890 판결.

10) 대법원 2009. 9. 24. 선고 2009다39530 판결은 담보권 실행을 위한 경매절차에서 유치권의 목적물을 매각받은 자가 피담보채권인 공사대금채권의 시효소멸 등을 주장하며 유치권자를 상대로 유치권부존재확인을 구하는 소를 제기한 사안에서, "유치권이 성립된 부동산의 매수인은 피담보채권의 소멸시효가 완성되면 시효로 인하여 채무가 소멸되는 결과 직접적인 이익을 받는 자에 해당하므로 소멸시효의 완성을 원용할 수 있는 지위에 있다"라고 판시하여 시효원용권을 긍정하였다.

11) 대법원 2007. 11. 29. 선고 2007다54849 판결.

12) 공탁금출급청구권의 소멸시효기간은 민법 제162조 제1항에 따라 10년이고[공탁금지급청구권의 소멸시효와 국고귀속절차(대법원 행정예규 제560호) 1.가. 참조], 기업자가 절대적 불확지공탁을 한 경우 수용토지의 소유자가 기업자를 상대로 하는 공탁금출급청구권 확인의 소는 절대적 불확지공탁의 공탁금 출급을 둘러싼 법적 분쟁을 해결하는 유효적절한 수단이어서 그 확인의 이익이 있다(대법원 1997. 10. 16. 선고 96다11747 전원합의체 판결).

탁금의 지급, 인도를 구하는 청구권으로서 위 청구권이 시효로 소멸된 경우 공탁자에게 공탁금회수청구권이 인정되지 않는 한 그 공탁금은 국고에 귀속하게 되는 것이어서(공탁사무처리규칙 제55조 참조) 공탁금출급청구권의 종국적인 채무자로서 소멸시효를 원용할 수 있는 자는 국가라 할 것이고, 구 토지수용법(2002. 2. 4. 법률 제6656호로 폐지, 이하 같다) 제61조 제2항에 의하여 기업자가 하는 관할토지수용위원회가 토지수용재결에서 정한 손실보상금의 공탁은 같은 법 제65조에 의해 간접적으로 강제되는 것이고, 이와 같이 그 공탁이 자발적이 아닌 경우에는 민법 제489조의 적용은 배제되어 피공탁자가 공탁자에게 공탁금을 수령하지 아니한다는 의사를 표시하거나 피공탁자의 공탁금출급청구권의 소멸시효가 완성되었다 할지라도 기업자는 그 공탁금을 회수할 수 없는 것이어서(대법원 1988. 4. 8.자 88마201 결정 참조), 그러한 공탁자는 진정한 보상금수령권자에 대하여 그가 정당한 공탁금출급청구권자임을 확인하여 줄 의무를 부담한다고 하여도 공탁금출급청구권의 시효소멸로 인하여 직접적인 이익을 받지 아니할 뿐만 아니라 채무자인 국가에 대하여 아무런 채권도 가지지 아니하므로 독자적인 지위에서나 국가를 대위하여 공탁금출급청구권에 대한 소멸시효를 원용할 수 없다고 할 것이다"라고 판시하여 피고의 시효원용권을 부정하였다.[13] 다만, 위 판시내용에서 알 수 있듯이 이 판결도 공탁자가 공탁금회수청구권을 갖는 경우에는 국가를 대위하여 공탁금출급청구권의 소멸시효를 원용할 수 있

---

13) 한편, 공탁금지급청구권의 소멸시효와 국고귀속절차(대법원 행정예규 제560호) 2.가.(2)에 의하면 채권자의 수령불능을 원인으로 한 공탁과 절대적 불확지공탁의 경우, 공탁금출급청구권은 공탁서정정 등을 통한 공탁통지서의 수령 등에 의하여 '피공탁자가 공탁사실을 안 날(공탁통지서 수령일)'부터 기산하는바, 위 판례 사안의 경우에도 피고가 공탁한 때가 아닌 원고가 공탁사실을 안 날부터 10년의 소멸시효기간이 진행한다고 보면 소멸시효 자체가 아직 완성되지 않았다고 볼 여지가 있을 것이다. 김소영, "채권자 불확지 변제공탁과 소멸시효", 민사재판의 제 문제 16권(2007. 12), 한국사법행정학회, 508면 각주 31)에서도 "이 사건 환송전 원심인 춘천지방법원 강릉지원 2005. 2. 1. 선고 2004나2417 판결은 원고들의 공탁금출급청구권이 공탁시인 1992. 5. 22.로부터 기산하여 10년의 소멸시효가 완성하였음을 이유로 피고의 소멸시효 항변을 받아들여 원고들의 청구를 기각하였다. 그러나 이 사건 공탁은 피고 기업자가 피공탁자를 성명불명, 주소불명으로 한 절대적 불확지 공탁이어서 공탁통지서가 원고들에게 도달된 바가 없으므로 아직 소멸시효의 진행이 개시되지 않았다고 보아야 하므로 소멸시효가 완성되었다는 판단에도 문제가 있다고 할 수 있다"라고 지적하고 있다.

는 여지를 남겨두고 있다.

(2) 시효원용권자로 보지 않는 경우

1) 채권자의 채무자에 대한 피보전채권이 시효로 소멸하더라도 제3채무자가 채무자에 대하여 부담하는 의무에는 실체법상 아무런 영향이 없고, 제3채무자는 단지 이를 이유로 채권자의 당사자적격이 없다고 다투어 소송에서 유리한 지위를 차지할 수 있을 뿐이다. 그러나 이와 같이 권리의 시효소멸에 의하여 단지 소송상 이익을 받을 자에 불과한 자는 시효원용권자의 범위에 포함되지 않으므로 제3채무자는 피보전채권의 소멸시효를 원용할 수 없다.[14] 다만 채무자가 이미 소멸시효를 원용한 경우에는 피보전채권이 소멸하게 되므로 제3채무자가 그 '효과'를 원용하여 피보전채권의 부존재를 주장하는 것은 허용된다고 할 것이다.[15]

2) 우리 민법은 담보권에 관하여 순위확정의 원칙을 채택하고 있지 않기 때문에 선순위담보권의 피담보채권이 시효로 소멸하면 후순위담보권의 순위가 승진되고, 이에 따라 후순위담보권자의 배당액이 증가할 가능성이 있기는 하나, 이와 같이 권리의 시효소멸에 의하여 반사적으로 자기의 이익이 증대되는 이익을 받을 자는 시효원용권자의 범위에 포함되지 않으므로 후순위담보권자는 선순위담보권의 피담보채권의 소멸시효를 원용할 수 없다.[16] 최근 대법원도 "후

14) 대법원 1992. 11. 10. 선고 92다35899 판결 등.

15) 대법원 2008. 1. 31. 선고 2007다64471 판결은 "채권자가 채무자에 대한 채권을 보전하기 위하여 제3채무자를 상대로 채무자의 제3채무자에 대한 채권에 기한 이행청구의 소를 제기하는 한편, 채무자를 상대로 피보전채권에 기한 이행청구의 소를 제기한 경우, 채무자가 그 소송절차에서 소멸시효를 원용하는 항변을 하였고, 그러한 사유가 현출된 채권자대위소송에서 심리를 한 결과, 실제로 피보전채권의 소멸시효가 적법하게 완성된 것으로 판단되면, 채권자는 더 이상 채무자를 대위할 권한이 없게 된다고 할 것이다(대법원 2000. 5. 26. 선고 98다40695 판결 참조)"고 본다.

16) 일본 최고재판소 1999. 10. 21. 판결: 채무자 소유의 부동산에 관한 후순위저당권자가 선순위저당권의 피담보채권의 소멸시효를 원용하며 채무자를 대위하여 선순위저당권자를 상대로 저당권설정등기의 말소를 구한 사안에서, "민법 제145조 소정의 당사자로서 소멸시효를 원용할 수 있는 자는 권리의 소멸에 의해 직접 이익을 받는 자에 한정된다고 해석하여야 한다. 후순위저당권자는 목적부동산의 가격에서 선순위저당권에 의해 담보된 채권액을 공제한 가격에 관하여만 우선하여 변제를 받는 지위를 가지고 있다. 다만, 선순위저당권의 피담보채권이 소멸하면 후순위저당권자의 저당권의 순위가 상승하고 이에 의해

순위 담보권자는 선순위 담보권의 피담보채권이 소멸하면 담보권의 순위가 상승하고 이에 따라 피담보채권에 대한 배당액이 증가할 수 있지만, 이러한 배당액 증가에 대한 기대는 담보권의 순위 상승에 따른 반사적 이익에 지나지 않는다. 후순위 담보권자는 선순위 담보권의 피담보채권 소멸로 직접 이익을 받는 자에 해당하지 않아 선순위 담보권의 피담보채권에 관한 소멸시효가 완성되었다고 주장할 수 없다고 보아야 한다"라고 판시하였다.[17] 다만, 채권자대위권의 요건을 갖춘 경우에는 채무자 또는 담보목적물의 소유자를 대위하여 그 소멸시효를 원용할 수 있다.

3) 채무자의 다른 채권자에 대한 채무가 시효로 소멸하면 일반채권자는 책임재산 증가를 매개로 배당액이 증가할 가능성이 있기는 하나, 이와 같이 권리의 시효소멸에 의하여 반사적으로 자기의 이익이 증대되는 이익을 받을 자는 시효원용권자의 범위에 포함되지 않으므로 일반채권자는 채무자의 다른 채권자에 대한 채무의 소멸시효를 원용할 수 없다. 다만, 채권자대위권의 요건을 갖춘 경우에는 채무자를 대위하여 그 소멸시효를 원용할 수 있다.[18]

피담보채권에 대한 배당액이 증가할 수 있으나, 그 배당액의 증가에 대한 기대는 저당권의 순위상승에 의해 초래되는 반사적인 이익에 불과하다고 할 것이다. 그렇다면, 후순위저당권자는 선순위저당권의 피담보채권 소멸에 의해 직접 이익을 받는 자에 해당한다고 할 수 없으므로 선순위저당권의 피담보채권의 소멸시효를 원용할 수 없다고 해석하는 것이 상당하다. 논지는 저당권이 설정된 부동산을 양수한 제3취득자가 당해 저당권의 피담보채권의 소멸시효를 원용할 수 있다는 취지로 판시한 최고재판소 1973. 12. 14. 판결을 지적하며 제3취득자와 후순위저당권자를 마찬가지로 취급하여야 한다고 하나, 제3취득자는 피담보채권이 소멸하면 저당권이 소멸하여 이에 의해 소유권을 보전할 수 있는 관계에 있으므로 소멸시효를 원용할 수 없다고 하면 저당권 실행에 의해 부동산의 소유권을 잃게 되는 불이익을 받을 수 있음에 비하여, 후순위저당권자가 선순위저당권의 피담보채권의 소멸시효를 원용할 수 있다고 할 경우에 받는 이익은 앞서 설시한 것에 지나지 않고, 또한 소멸시효를 원용할 수 없다고 하여도 목적부동산의 가격에서 저당권의 종전의 순위에 상응하는 변제를 받는다고 하는 후순위저당권자의 지위가 침해되지는 않으므로, 후순위저당권자와 제3취득자는 그 놓인 지위가 다르다고 할 수 있다"라고 판시하여 후순위저당권자의 시효원용권을 부정하였다.

17) 대법원 2021. 2. 25. 선고 2016다232597 판결.

18) 대법원 1997. 12. 26. 선고 97다22676 판결: 일반채권자인 원고가 가등기담보권자인 피고를 상대로 피고의 피담보채권은 소멸시효가 완성되었다고 주장하며 배당이의의 소를 제기한 사안에서, "소멸시효가 완성된 경우 이를 주장할 수 있는 사람은 시효로 인하여 채무가 소멸되는 결과 직접적인 이익을 받는 사람에 한정되므로 채무자에 대한 일반 채권자는

Ⅲ. 시효완성의 효과가 미치는 범위: 시적범위와 인적범위

1. 시적범위

시적범위로서 소멸시효는 그 기산일에 소급하여 효력이 생긴다(민법 제167조). 다만 시효로 소멸하는 채권이 그 소멸시효가 완성되기 전에 상계할 수 있었던 것이면 그 채권자는 상계할 수 있다(민법 제495조).

2. 인적범위

물적범위로서 주된 권리의 소멸시효가 완성한 때에는 종속된 권리에 그 효력이 미친다(제183조). 따라서 주된 권리가 시효로 소멸하면 종된 권리도 기산일에 소급하여 소멸한다.[19] 예컨대 원본채권이 시효로 소멸하면 기본적 이자채권은 소멸한다. 다만 원본채권이 시효로 소멸한 경우에 기산일 이후의 지분적 이자채권도 원본채권과 함께 소멸하는지에 대해서는 견해가 나뉘나, 소멸하는 것으로 보는 것이 타당할 것이다. 한편 판례는 "이자 또는 지연손해금은 주된 채권인 원본의 존재를 전제로 그에 대응하여 일정한 비율로 발생하는 종된 권리라 할 것인데, 하나의 금전채권의 원금 중 일부가 변제로 소멸된 후 나머지 원금에 대하여 소멸시효가 완성된 경우, 가분채권인 금전채권의 성질상 변제로 소멸한 원금 부분과 소멸시효 완성으로 소멸한 원금 부분을 구분하는 것이 가능하고, 이 경우 원금에 종속된 권리인 이자 또는 지연손해금 역시 변제로 소멸한 원금 부분에서 발생한 것과 시효완성으로 소멸된 원금 부분에서 발생한 것으로 구분하는 것이 가능하므로, 위 소멸시효 완성의 효력은 소멸시효가 완성된 원금 부분으로부터 그 시효 완성 전에 발생한 이자 또는 지연손해금에는 미

자기의 채권을 보전하기 위하여 필요한 한도 내에서 채무자를 대위하여 소멸시효 주장을 할 수 있을 뿐 채권자의 지위에서 독자적으로 소멸시효의 주장을 할 수 없[다.]"라고 판시하여 일반채권자의 시효원용권을 부정하였다. 다만, 당해 사건에 관하여는 원고가 무자력인 채무자를 대위하여 피고에 대한 채무의 소멸시효를 원용할 수 있다고 판단하여 원고의 청구를 받아들였다.

19) 채무불이행으로 인한 손해배상채권은 본래의 채권이 확장된 것이거나 본래의 채권의 내용이 변경된 것이므로 본래의 채권과 동일성을 가진다. 따라서 본래의 채권이 시효로 소멸한 때에는 손해배상채권도 함께 소멸한다. 대법원 2018. 2. 28. 선고 2016다45779 판결.

치나, 변제로 소멸한 원금 부분으로부터 그 변제 전에 발생한 이자 또는 지연손해금에는 미치지 않는다"고 본다.[20]

Ⅳ. 검 토

시효원용권자의 범위와 관련하여 판례가 취하는 직접수익자설은 예측가능성을 제시할 수 없는 기준이라는 비판에서 자유로울 수 없다. 생각건대 원용권자의 범위를 정함에 있어 우선적으로 시효의 이익을 직접적으로 받는 자라는 기준은 원용권자의 범위를 축소하기 위한 기준인지 아니면 그 범위를 확장하기 위한 기준으로서 역할을 하는지를 먼저 정할 필요가 있다고 본다. 왜냐하면 전자는 원용권의 박탈인데 반하여 후자는 원용권의 취득이기 때문에 당사자 입장에서는 그 결과에 있어 관용할 수 있는 정도가 달라질 것이기 때문이다. 사견으로는 시효의 효과를 상대적 소멸설로 보고 원칙적으로 그 원용권자를 채무자 및 그 승계인으로 제한하는 것이 타당하다고 본다. 다만 예외적으로 그 원용권의 확장이 인정되어야만 채무자와의 관계에서 평가적 모순을 피하고 법률관계의 복잡성을 지양할 필요가 있는 경우에는 제3자에게도 원용권을 인정해야 할 것이다. 즉 원칙상 직접 상대방인 채무자 및 승계인이 시효의 원용권자가 되어야 하는데, 그렇게 되면 형평에 맞지 않는 결과가 발생하는 경우에는 원용권자를 제3자에게 인정해야 할 것이다. 「직접수익자는 권리가 시효에 의해 소멸하

20) 대법원 2008. 3. 14. 선고 2006다2940 판결. 예컨대 은행의 10억 원의 대출금채권(상사채권)의 변제기가 1997. 9. 26.인데 채무자는 1999. 11. 2. 7억 원을 원금에 충당하여 변제하였을 뿐인 상황에서 – 2002. 9. 26.이 경과함으로써 소멸시효 완성(편의상, 소멸시효 중단의 문제는 논외) – 은행이 2004. 10. 27. 채무자를 상대로 ① 나머지 원금 3억 원, ② 대출금 10억 원 전부에 대한 변제기 다음 날인 1997. 9. 27.부터 일부변제일인 1999. 11. 2.까지의 지연손해금, ③ 나머지 원금 3억 원에 대한 일부변제일 다음 날인 1999. 11. 3.부터 다 갚는 날까지의 지연손해금을 각 청구한 경우, ①과 ③은 전부 소멸시효 완성의 효력이 미치고, ②는 소멸시효로 소멸하는 원금 3억 원 부분에 대한 지연손해금에 관하여만 소멸시효 완성의 효력이 미친다. 그렇다면, ② 중 변제로 소멸한 원금 7억 원 부분에 대한 지연손해금에 관하여는 소멸시효 완성의 효력이 미치지 않고, 이에 대하여는 별도로 5년의 소멸시효(대출금채권이 상사채권이므로 그 지연손해금채권도 상사채권에 해당함)가 적용되므로, 결국 소제기일인 2004. 10. 27.로부터 역산하여 5년이 경과하기 전날인 1999. 10. 27.부터 일부변제일인 1999. 11. 2.까지의 지연손해금채권은 소멸시효가 완성되었다고 볼 수 없다.

면 자신의 현상(권리)이 유지되는 이익을 가지는 자」이며 이러한 자에게는 「시효의 원용에 의해 의무를 면하는 자」로서의 지위가 인정될 필요가 있다. 요컨대 제3자가 소멸시효를 원용할 수 없다고 하면, 시효가 완성된 권리가 실행되어 그 제3자가 보유하고 있던 권리가 직접 상실되는 경우에 그 제3자를 '직접수익자'로 인정할 수 있을 것이다. 한편 우리 민법은 이미 그러한 제3자가 될 수 있는 자를 예정하고 있는데(예: 보증인), 그러한 규정이 없는 제3자에게는 유추를 통해 원용권을 인정할 수는 있으나(물상보증인, 저당부동산의 제3취득자, 사해행위취소소송에서의 피고인 수익자) 이익상황이 유사하지 않는 자(후순위담보권자, 채권자대위소송에서의 피고인 제3채무자)에게는 유추적용의 요건의 불충족에 의해 원용권이 인정되지 않을 것이다.

제 2 편

소멸시효의 기산점

제 1 장

소멸시효의 기산점에 관한 고찰

- 2013년 민법개정안을 반영하여 -

Ⅰ. 들어가는 말

소멸시효 제도는 법적안정성의 달성, 증명곤란의 구제, 권리행사의 태만에 대한 제재를 그 이념으로 하고 있다. 다만 민법전에는 시효제도로 인하여 발생할 수 있는 실체적 정의의 현저한 훼손을 방지하기 위하여 균형추(conterbalance) 역할을 담당하는 조항들이 있는데, 그 중 대표적인 것이 시효의 기산점 조항이라고 할 수 있다.[1] 민법 제166조 제1항에 의하면, "소멸시효는 권리를 행사할 수 있는 때로부터 진행한다"고 규정되어 있다. 즉 소멸시효의 기산점은 '권리를 행사할 수 있는 때'인데, 그 의미를 어떻게 이해하는지에 따라 권리자와 채무자의 이해관계가 크게 달라진다. 이러한 이유에서 소멸시효의 기산점을 어떻게 입법화 할 것인지는 매우 중요한 문제라고 할 수 있다. 최근 독일 및 프랑스 등에서 소멸시효기산점과 관련된 개정이 있었으며, 일본 및 우리 또한 소멸시효의 기산점에 대한 개정작업이 이루어 졌다. 이에 본고에서는 현행민법 제166조 제1항의 연혁적 의의 및 판례와 통설의 해석상 문제점 등을 분석한 후(II), 독일, 프랑스, 일본의 개정방향을 비교법적으로 검토한 후(Ⅲ), 2013년 개정안을 평가하면서 글을 마무리 하고자 한다(Ⅳ).

1) 그 이외에도 시효의 중단, 시효의 정지 규정 등이 있다. 권영준, "소멸시효와 신의칙", 재산법연구 제26권 제1호, 2009, 12면 이하에서는 기산점과 기간의 설정, 소멸시효의 중단 및 정지, 시효이익의 포기 등을 소멸시효 제도 안의 '이익균형장치'로 이해한다.

II. 민법 제166조 제1항에 관한 해석에 있어 판례와 통설의 문제점

우리 통설[2]과 판례[3]는 민법 제166조 제1항[4]의 권리의 불행사를 '법률상의 장애'가 없음에도 불구하고 권리를 행사하지 않는 것으로 본다. 특히 판례는 '권리를 행사할 수 있다'라고 함은 그 권리의 행사가 법률상의 장애, 예를 들면 기간의 미도래나 조건불성취 등이 있는 경우를 말하는 것이고, 사실상 권리의 존재나 권리의 행사가 가능함을 알지 못하였고 알지 못함에 과실이 없다는 것과 같이 그 행사에 사실상의 장애가 있음에 불과한 경우에는 이에 해당하지 아니한다고 본다.[5] 판례가 어떠한 이유에서 제166조 제1항의 의미를 법률상 장애로 국한시키는 지에 대해서는 아무런 설시가 없다는 점에서 제166조 제1항의 입법이유 등을 살펴볼 필요가 있다. 그러나 우리 입법이유서 등에는 소멸시효 기산점과 관련하여 민법 제166조 제1항이 의용민법 제166조 제1항[6]을 그대로 차용하였다는 것 이외에 별다른 설시가 없다.[7] 이에 의용민법 제166조 제1항의 의미가 무엇인지를 확인하여 민법 제166조 제1항의 의미를 추단해 볼 수밖에 없다.

1. 제166조 제1항의 연혁

(1) 부아소나드(Boissonade) 민법초안

의용민법 제166조 제1항은 Boissonade 민법 초안 제1461조·구 민법 증거편 제125조를 기초로 하여 마련된 규정이다. 특기할 만한 부분은 Boissonade 민법 초안·구 민법 증거편의 '시효의 정지'에는 (i) 시효의 진행을 개시하지 않

2) 곽윤직/김재형, 민법총칙, 박영사, 2012, 412면; 남효순, "일제징용시 일본기업의 불법행위로 인한 손해배상청구권의 소멸시효남용에 관한 연구", 서울대학교 법학 제54권 제3호, 2013, 403면 등.

3) 대법원 2012. 4. 13. 선고 2009다33754 판결; 대법원 2008. 5. 29. 선고 2004다33469 판결; 대법원 1998. 7. 10. 선고 98다7001 판결 등.

4) 아래에서 법명의 지시 없이 인용되는 조문은 '우리 민법'이 조문이다.

5) 대법원 2010. 5. 27. 선고 2009다44327 판결; 대법원 1984. 12. 26. 선고 84누572 전원합의체 판결; 대법원 1992. 3. 31. 선고 91다32053 전원합의체 판결; 대법원 2004. 4. 27. 선고 2003두10763 판결 등.

6) 우리 민법 제166조 제1항과 동일하다.

7) 명순구, 실록 대한민국 민법, 법문사, 2008, 435면 이하.

는 것과 (ii) 일단 개시된 시효의 진행을 휴지하는 것이 포함되어 있었으며, 그 중 전자가 시효의 기산점과 관련되며, Boissonade 민법 초안 제1461조 및 구 민법 증거편 제125조가 이를 규율하였다는 점이다. 특히 Boissonade는 모든 '시효의 정지'의 근거를 "호소할 수 없는 자에 대해 시효는 진행되지 않는다(Contra non valentem agere non currit praescriptio)"는 법언에서 도출하였으며,[8] 이에 Boissonade는 시효의 기산점 또한 권리행사에 대한 장애가 있는 경우에는 시효가 진행되지 않는다는 입장이다. 다만 Boissonade는 사실상의 장애에 불과한 경우에 시효의 진행을 인정하지 않는다면, 시효제도를 형해화 시킬 수 있다는 우려에서 사실상의 장애 중 '교통의 단절 또는 재판사무의 정지', '육해군의 병역'만이 시효의 진행을 막는다고 제한하였다(Boissonade 민법 초안 제1472조).[9]

(2) 일본민법 기초자의 견해

일본 현행 민법전의 기초자인 우메 겐지로(梅謙次郎)는 Boissonade 민법 초안 및 구 민법 증거편에 규정된 '시효의 정지' 중 (i)에 해당하는 규정이 '시효의 기산점'에 해당한다고 판단하여, Boissonade 민법 초안 제1461조·구 민법 증거편 제125조를 '시효의 기산점'에 관한 일본 민법 제166조 제1항으로 그대로 이동시켰다.[10] 즉 우메(梅) 또한 시효의 기산점·정지의 근거를 '호소할 수 없는 자에 대해 시효는 진행되지 않는다'는 법언에서 찾았다고 볼 수 있다.

2. 판례와 통설의 문제점

(1) 기산점 완화의 필요성(?)

우리 통설과 판례가 사실적 장애를 기산점 산정시 고려하지 않은 이유는 객관적 기산점에 의한 이중의 구속 없이 일반 소멸시효의 기산점(제166조 제1항)을 주관적 기산점으로 인정하면 시효제도가 붕괴될 것이라는 우려 때문일 것이

8) Gustave BOISSONADE, Projet de code civil pour l'empire du japon accompagné d'un commentaire, t.4., nouv éd., 1891, p. 938., n° 313.

9) BOISSONADE, op. cit., pp. 956 et s., n°s 334 et s.

10) 우메(梅) 스스로도 이러한 변화는 형식적인 것이며, 실질적으로는 어떠한 변하도 없다고 설명한다. 法務大臣官房司法法制調査部監修, 日本近代立法資料叢書1:法典調査会 民法議事速記録一, 商事法務研究会, 1983, 531頁.

다.[11] 즉, 객관적 기산점에 의한 이중의 구속이 없는 이상, 무기한 시효기간의 연장을 막기 위하여 제166조 제1항을 객관적 기산점으로 관철시킬 수밖에 없다고 보았을 것이다.[12] 다만 최근 우리 판례는 제166조 제1항의 기산점을 '법률상 장애'를 기준으로 엄격하게 적용함으로 인하여 발생하는 불합리한 결과를 해결하기 위해서 일정한 사실상 장애를 법률상 장애에 준하는 것으로 보아 시효의 진행을 인정하지 않아 채권자 등을 보호하고 있다.[13] 예컨대 판례는 대법원 2008.11.13. 선고 2007다19624 판결에서 "보험금청구권은 보험사고가 발생하기 전에는 추상적인 권리에 지나지 않고 보험사고의 발생으로 인하여 구체적인 권리로 확정되어 그때부터 권리를 행사할 수 있게 되는 것이므로, <u>보험금청구권의 소멸시효는 특별한 다른 사정이 없는 한 보험사고가 발생한 때부터 진행하는 것이 원칙이지만, 보험사고가 발생하였는지 여부가 객관적으로 분명하지 아니하여 보험금청구권자가 과실 없이 보험사고의 발생을 알 수 없었던 경우</u>에도 보험사고가 발생한 때부터 보험금청구권의 소멸시효가 진행한다고 해석하는 것은 보험금청구권자에게 가혹한 결과를 초래하게 되어 정의와 형평의 이념에 반하고 소멸시효제도의 존재이유에도 부합하지 않는다. 따라서 <u>객관적으로 보아 보험사고가 발생한 사실을 확인할 수 없는 사정이 있는 경우에는 보험금청구권자가 보험사고의 발생을 알았거나 알 수 있었던 때부터 보험금청구권의 소멸시효가 진행한다</u>(밑줄은 필자가 첨가)"고 보아 법률상 장애가 아닌 사실상 장애에 불과한 경우에도 객관적으로도 그 권리를 행사할 것을 기대할 수 없는 경우에는 법률상 장애에 준하여 평가하였다.[14] 일부 학설 또한 민법 제166조의 '법률

---

11) 이주현, "채권자의 권리행사가 객관적으로 불가능한 사실상의 장애사유가 있음에 불과한 경우 채무자의 소멸시효항변이 신의칙에 반한다는 이유로 허용하지 않을 수 있는지 여부", 대법원판례해설 제42호, 2003, 557면.

12) 어떻게 보면 판례는 이중기간의 제한이 존재하지 않는다는 점을 고려하여 제166조 제1항의 기산점을 객관적 기산점으로 국한시키고 있다고 볼 수 있다. 민법주해 III 총칙(3)/윤진수, 462면에서도 이러한 사고를 추단해 볼 수 있다. 주석 민법(총칙 3)/이연갑, 제4판, 2010, 572면 이하.

13) 이러한 판례의 변화에 긍정적인 견해는 김학동, "소멸시효의 기산점에 관한 판례분석", 민법의 괴제와 현대법의 조명(경암 홍천룡박사화갑기념), 1997, 98면; 김제완, "국가권력에 의한 특수유형 불법행위에 있어서 손해배상청구권의 소멸시효", 인권과 정의 제368호, 2007, 61면 이하; 권영준, 앞의 논문, 17면 이하; 조용환, "역사의 희생자들과 법: 중대한 인권침해에 대한 소멸시효의 적용문제", 법학평론 제1호, 2010, 20면 이하 참조.

상 장애'의 범위를 확장하는 것에 대해 긍정적인 입장을 보인다.[15)]

(2) 기산점완화와 신의칙에 기한 소멸시효제한

피해자가 손해 및 가해자를 알 것을 시효 기산의 요건으로 삼으면(주관적 기산점), 피해자가 손해 및 가해자를 알지 못하면 시효의 완성이 무기한으로 연장되어 원칙적 시효보다 조기에 시효의 완성을 고려한 것과 달리 객관적 기산점으로부터 10년을 경과하여도 시효가 완성되지 않는 사례가 발생하게 된다. 그렇다면 판례처럼 법률상 장애와 사실상 장애 이분론을 완화하려는 태도는 타당한가? 이 경우에는 객관적 기산점의 엄격화로 인하여 인식조차 하지 못한 상태 또는 권리행사 가능성이 없는 상태에서도 시효가 완성되는 문제가 발생하기도 한다. 그러나 판례의 문제점을 해결하기 위해 기산점을 완화하기 위하여 법률상 장애 이외의 사실상 장애에도 예외적으로 시효의 진행을 인정하면 제166조 제1항의 예외로서 제766조 제1항을 인정한 것과 어울리지 않으며, 시효기간

---

14) 대법원 2003. 4. 8. 선고 2002다64957, 64964 판결에서도 "소멸시효의 진행은 당해 청구권이 성립한 때로부터 발생하고 원칙적으로 권리의 존재나 발생을 알지 못하였다고 하더라도 소멸시효의 진행에 장애가 되지 않는다고 할 것이지만, <u>법인의 이사회결의가 부존재함에 따라 발생하는 제3자의 부당이득반환청구권처럼 법인이나 회사의 내부적인 법률관계가 개입되어 있어 청구권자가 권리의 발생 여부를 객관적으로 알기 어려운 상황에 있고 청구권자가 과실 없이 이를 알지 못한 경우</u>에도 <u>청구권이 성립한 때부터 바로 소멸시효가 진행한다고 보는 것은 정의와 형평에 맞지 않을 뿐만 아니라 소멸시효제도의 존재이유에도 부합한다고 볼 수 없으므로</u>, 이러한 경우에는 <u>이사회결의부존재확인판결의 확정과 같이 객관적으로 청구권의 발생을 알 수 있게 된 때로부터 소멸시효가 진행된다</u>고 보는 것이 타당하다(밑줄은 필자가 첨가)"고 보고 있다. 同旨: 대법원 1993. 7. 13. 선고 92다39822 판결(가령 보험금청구권의 소멸시효에 관하여 원칙적으로 보험사고가 발생한 때로부터 진행하지만, 객관적으로 보아 보험사고가 발생한 사실을 확인할 수 없는 사정이 있는 경우에는 보험금액청구권자가 보험사고의 발생을 알았거나 알 수 있었던 때로부터 보험금액청구권의 소멸시효가 진행한다고 한다).

15) 김미리, "납북된 피랍자의 납북 피해에 대한 국가배상청구권의 소멸시효 기산점", 특별법연구 10권: 전수안대법관 퇴임기념, 2012, 580-581면; 권영준, 앞의 논문, 15면 이하; 김학동, 앞의 논문, 98면; 남효순, 앞의 논문, 407-408면; 김태봉, "국가기관의 인권침해행위에 기한 손해배상청구사례와 소멸시효항변의 제한법리", 법학논총 제35권 제3호, 2015, 226면. 특히 김제완, 앞의 논문, 61면 이하에서는 판례의 법률상 장애를 판단하는 기준은 "기간의 미도래나 조건불성취"인데, 이는 법률행위로 인한 채권의 시효의 기산점에 국한되므로 불법행위 손해배상채권의 경우에는 법률상 장애의 의미를 다르게 이해할 수 있음을 강조한다.

의 기산점이 불명확하게 되어 법적안정성에 문제가 발생할 수도 있다.[16] 즉 사실상 장애가 있음에도 불구하고 시효진행을 인정하지 않으면 당사자가 알지 못하는 한 영원히 시효에 의하여 소멸하지 아니하게 되어 부당하다는 비판을 받을 수 있다.[17] 그런데 우리 판례가 대법원 2012. 4. 13. 선고 2009다33754 판결 등에서 "제766조 제1항의 소멸시효의 기산점은 일반규정인 민법 제166조 제1항이 적용된다"고 보고 있다는 점에서 제766조 제1항은 제166조 제1항의 특칙일 수는 있으나 예외라고 보기 어려우며,[18] 또한 종래 판례와 학설이 객관적 기산점을 유지하기 위해 주장한 법률상 장애와 사실적 장애의 이분론은 해석에 불과하고 법률의 규정이 아니라는 점에서 법적안정성을 주장하는 것 또한 근거로서 약하다고 할 수 있다.[19] 오히려 기산점을 엄격하게 적용하는 견해가 실체적 정의를 훼손하고 불합리한 결과를 도출해낸다면, 법적안정성의 관점에서도 사실상장애와 법률상장애의 엄격한 이분법적 접근방법에 예외를 인정할 여지도 있을 것이다.[20] 즉 사안의 구체적 타당성을 실현하기 위해서 사실상의 장애 또한 권리행사의 장애로 보아 소멸시효의 진행을 막을 수 있을 것이다. 다만 사실상장애로 시효의 진행을 막는 것이 결과적으로 제166조 제1항의 기산점이 완전하게 주관화되는 경우라면, 기산점을 완화하는 방법보다는 신의칙에 의해 소멸시효완성의 원용을 제한하는 것이 타당할 것이다. 왜냐하면 제166조 제1항의 기산점을 주관화하면 소멸시효의 진행이 무한정 지연되게 되어 구조적으로 이중기간제한을 할 수 없는 우리 민법상 이러한 해석은 소멸시효제도를 형해화할 수 있기 때문이다. 판례 또한 대법원 2016. 9. 0. 선고 2016다218713, 218720 판결 등에서 "채무자의 소멸시효에 기한 항변권의 행사도 우리 민법의 대원칙인 신의성실의 원칙과 권리남용금지의 원칙의 지배를 받는 것이어서, 채무자가

16) 민법주해 III 총칙(3)/윤진수, 462면.
17) 이주현, 앞의 논문, 557면.
18) 특칙이라고 본다면, 일반규정과 충돌되지 않는 경우에는 일반규정의 적용을 받게 된다.
19) 김미리, 앞의 논문, 584면.
20) 김미리, 앞의 논문, 584면. 예컨대 법인 내부의 이사회결의가 부존재함에 따라 발생하는 제3자의 부당이득반환청구권이나 숨은 하자로 인한 손해배상청구권, 보험사고가 발생하였는지 여부가 객관적으로 분명하지 아니하여 권리자가 과실 없이 보험사고의 발생을 알 수 없었던 경우의 보험금청구권 등은 법률상 장애와 사실상 장애의 엄격한 이분론에 의해 부인되어서는 안될 것이다.

시효완성 전에 채권자의 권리행사나 시효중단을 불가능 또는 현저히 곤란하게 하였거나, 그러한 조치가 불필요하다고 믿게 하는 행동을 하였거나(제①요건), 객관적으로 채권자가 권리를 행사할 수 없는 장애사유가 있었거나(제②요건), 또는 일단 시효완성 후에 채무자가 시효를 원용하지 아니할 것 같은 태도를 보여 권리자로 하여금 그와 같이 신뢰하게 하였거나(제③요건), 채권자보호의 필요성이 크고, 같은 조건의 다른 채권자가 채무의 변제를 수령하는 등의 사정이 있어 채무이행의 거절을 인정함이 현저히 부당하거나 불공평하게 되는 등(제④요건)의 특별한 사정이 있는 경우에는 채무자가 소멸시효의 완성을 주장하는 것이 신의성실의 원칙에 반하여 권리남용으로서 허용될 수 없다(밑줄과 번호는 필자가 첨가한 것임)"고 보고 있다.[21] 더 나아가 우리 판례는 신의칙에 의하여 소멸시효완성의 원용을 제한하는 경우에도 권리자에게 일정기간 안에 권리를 행사하도록 하여 채무자의 기대가능성을 보호하고 있다는 점에서 법적안정성 측면에서는 기산점을 완화하는 방법보다는 신의칙에 의한 제한방법이 더 적합할 수 있다.[22]

---

21) 즉 판례는 대법원 2016. 9. 30. 선고 2016다218713, 218720 판결 등에서 엄격한 요건 하에 예외적으로 신의칙에 기하여 채무자의 소멸시효 원용을 제한하고 있는데, 그 요건 중 기산점 완화와 관계되는 요건은 제②요건이라고 할 수 있다. 우리 판례는 신의칙의 경우에도 '객관적으로 채권자가 권리를 행사할 수 없는 장애사유가 있었는지 여부'를 판단하는데, 이에 기산점과 신의칙의 관계정립이 필요하다고 할 수 있다. 아직까지 판례는 그 기준을 설시한 적이 없으며, 학설 또한 양자의 구별기준이 필요하다는 주장이 강하다(김미리, 앞의 논문, 588면). 생각건대 최소한 판례의 입장은 사실상 장애사유가 법률상 장애로 준할 수 있을 정도에 해당 경우에는 제166조 제1항의 기산점 문제로 해결하는 반면에 그에 미치지 못하는 사실상 장애의 경우에는 신의칙에 의해 채권자를 보호하고 있다고 판단된다. 즉 기타 사정을 참작하여 그 장애사유를 이유로 해당 권리의 시효진행이 개시되는 것 자체를 일반적으로 봉쇄하여 그 사유가 해소된 때로부터 시효가 진행된다고 보는 것이 타당한지 아니면 단지 문제되는 특수한 사안에 있어 그 장애사유가 소멸한 때로부터 상당한 기간 이내에 권리를 행사할 수 있도록 해주기만 하면 되는지에 따라 양자의 선택이 나뉘게 될 것이다. 기산점을 엄격하게 인정하면, 권리남용소송은 증가하는 반면에, 반대로 기산점을 권리행사가능시점으로 늦추면 권리남용소송은 감소하게 될 것이다.

22) 이에 대한 구체적인 검토는 권영준, 앞의 논문, 33면 이하; 김미리, 앞의 논문, 592면 이하 참조. 대법원 2013. 5. 16. 선고 2012다202819 전원합의체 판결 등에서 판례는 "채무자가 소멸시효의 이익을 원용하지 않을 것 같은 신뢰를 부여한 경우에도 채권자는 그러한 사정이 있은 때로부터 상당한 기간 내에 권리를 행사하여야만 채무자의 소멸시효의 항변을 저지할 수 있다 할 것인데, 여기에서 '상당한 기간' 내에 권리행사가 있었는지 여부는 채

Ⅲ. 시효의 기산점과 관련된 국제적 입법동향 – 일본, 독일, 프랑스 –

소멸시효법의 기산점과 관련하여 최근의 국제적 전개를 주목해보면 다음과 같은 특징을 발견할 수 있다.[23] 첫째, 비교적 단기인 일반적 소멸시효기간[24]의 기산점은 변제기, 청구권의 발생, 인도, 수령, (건축의)완성 등과 같은 객관적 기초와 결부되어서는 안 되며, 이는 오히려 채권자가 자신의 청구권을 발생시키는 사실 및 채무자를 알고 있는지(주관주의)에 의해 결정된다.[25] 둘째, 주관주의에 의하여 시효기간이 무기한 연장되는 문제점을 해결하기 위해 객관적 기준과 결부된 최장기간(long stop)이 만료되면 채권자의 인식과 상관없이 시효는 완성된다.[26]

권자와 채무자 사이의 관계, 신뢰를 부여하게 된 채무자의 행위 등의 내용과 동기 및 경위, 채무자가 그 행위 등에 의하여 달성하려고 한 목적과 진정한 의도, 채권자의 권리행사가 지연될 수밖에 없었던 특별한 사정이 있었는지 여부 등을 종합적으로 고려하여 판단할 것이다. 다만 위와 같이 신의성실의 원칙을 들어 시효 완성의 효력을 부정하는 것은 법적안정성의 달성, 증명(입증)곤란의 구제, 권리행사의 태만에 대한 제재를 그 이념으로 삼고 있는 소멸시효 제도에 대한 대단히 예외적인 제한에 그쳐야 할 것이므로, 위 권리행사의 '상당한 기간'은 특별한 사정이 없는 한 민법상 시효정지의 경우에 준하여 단기간으로 제한되어야 한다. 그러므로 개별 사건에서 매우 특수한 사정이 있어 그 기간을 연장하여 인정하는 것이 부득이한 경우에도 불법행위로 인한 손해배상청구의 경우 그 기간은 아무리 길어도 민법 제766조 제1항이 규정한 단기소멸시효기간인 3년을 넘을 수는 없다고 보아야 한다(밑줄은 필자가 첨가)"고 하여, 채권자의 행사기간을 제한하고 있다. 요컨대 판례는 구체적 사안에 따라 3년 범위 안에서 권리자의 행사기간을 제한하고 있다.

23) Reinhard Zimmermann, Comparative Foundations of a European Law of Set-Off and Prescription, Cambridge University Press, 2002, p.85 f.

24) 단기소멸시효는 채권자의 권리행사에 대한 인센티브(incentive)를 제공한다는 점에서 punitive default rule로 설명하기도 한다. Benjamin West Janke & François-Xavier Licari, "The French Rivision of Prescription: A Model for Louisiana?", Tulane Law Review Vol.85 No.1, Washington & Lee Law School, 2010, 8 f.

25) 주관주의는 "호소할 수 없는 자에 대해 시효는 진행되지 않는다(Contra non valentem agere non currit praescriptio)"는 법언을 근거로 한다. Zimmermann, op. cit., pp.106-107.

26) 이 long stop의 판단은 정책적인 측면이라고 할 수 있으나, 비교법적으로 10년과 30년 사이의 기간이 선택되고 있다고 한다. Zimmermann, op. cit., p.85.

1. 일본민법 개정

일본 또한 소멸시효 기산점에 관한 일본민법 제166조 제1항에 대한 통설과 판례의 해석상의 문제점을 지적하면서 해석으로 이를 극복하려는 움직임이 강하게 제기되었으며, 최종적으로 민법 개정을 통해 이 문제를 해결하였다.

(1) 일본의 통설 및 판례

일본의 통설[27] 및 판례[28] 또한 소멸시효의 기산점의 주관화를 지양하기 위해 법률상 장애와 사실상 장애의 이분론을 엄격하게 유지하고 있다. 그 이유는 객관적 기산점을 관철시킨 大判 昭和12(1937)年 9月 17日[29]에서 확인할 수 있다.[30]

> "'부당이득반환청구권은 권리의 발생과 동시에 소멸시효가 진행된다는 점이 일본민법 제166조 규정에 비추어 자명하다.' 그런데 '반환청구권의 발생시점에 채권자는 그 권리의 발생을 알 수 없어 이를 행사할 수 없었더라도 그것은 사실상의 권리를 행사할 수 없음(사실상 장애)에 그쳐 법률상 장애로 행사가 불가능하였다고 볼 수 없다.' 한편 일본민법 제166조의 '권리를 행사할 수 있는 때'란 법률상 장애가 없

---

27) 사실상 장애는 시효의 진행을 방해할 수 없다는 견해가 일본의 통설이다. 我妻栄, 新訂民法総則[民法講義 I], 岩波書店, 1965, 288頁; 幾代通, 民法総則[第2版], 青林書院, 1984, 503頁; 四宮和夫/能美善久, 民法総則[第6版], 弘文堂, 2002, 392頁 등.

28) 大判 大正4(1915)年 3月 2日, 民録 21輯 439頁 등 다수.

29) 民集 16巻 1435頁.

30) 일본의 판례는 계약상의 채권에 대해서도 마찬가지 입장을 취한다. 예컨대 大判 大正4(1915)年 3月 2日, 民録 21輯 439頁에서 "출세 후에 갚겠다는 등의 약속에 의한 채무의 반환청구에 대해 불확정기한으로 여겨지는 출세시점으로부터 시효를 기산하고", "채권의 소멸시효는 채권자가 권리를 행사할 수 있는 때로부터 그 진행을 개시하며, 불확정기한의 채무라고 할지라도 그 도래시점으로부터 채권자는 변제를 청구할 수 있으며, 그와 동시에 소멸시효는 당연 진행되어야 하며, <u>채권자가 기한의 도래를 알았는지의 여부, 또 그 과실의 유무를 불문한다</u>. 생각건대 채권이 시효에 의해 소멸하는 것은 채권자가 권리를 행사하여야 하나 이를 행사할 수 없음으로 인해 채권자의 권리행사에 과실이 있다는 사실을 요하지 않으며, <u>채권자의 과실 없이 기한의 도래를 알지 못하는 것 또한 시효의 진행을 방해하지 않는다</u>"고 판시하였다(밑줄은 필자가 첨부). 더 나아가 일본의 판례는 '금치산자가 소를 제기함에 있어서 대리인의 동의를 얻지 않았다는 사실은 권리행사에 대한 단순한 사실상의 장애일 뿐' 시효의 진행을 방해하지 않는다고 보고{最判 昭和49(1974)年 12月 20日, 民集 28巻 10号 2072頁}, 시효의 기산점 판단시 사실상의 장애를 고려하지 않는다.

어 이를 행사할 수 있는 때를 의미하므로 사실상 장애로 이를 행사할 수 없는 경우에는 시효가 진행된다고 할 수 있다. 물론 이로 인하여 권리자에게 가혹한 결과를 가져온다 할지라도 권리자는 권리발생 후 10년 안에 시효를 중단해야 한다. 그러한 장기간 동안에 권리발생의 사실을 인지하지 못한 것은 채권자가 '권리 위에 잠잔 것'이라고 보아야 하므로, 법률의 규정에 별도로 주관적 기산점에 의한 시효의 진행은 인정하지 않는 한(일본민법 제426조, 제724조, 제966조 등), 부당이득반환채권은 채권자의 인지여부와 관계없이 권리발생시부터 시효가 진행된다(밑줄은 필자가 첨부)."[31]

다만 공탁물의 반환청구권의 소멸시효 기산점에 관한 일본최고재판소 1970년 판결[32]은 "변제공탁에 있어서의 공탁물의 출급청구, 즉 공탁물회복의 청구에 대해 '권리를 행사할 수 있는 때'란, 단순히 권리의 행사에 대해 법률상의 장애가 없을 뿐만 아니라 권리의 성질상 그 권리의 행사를 현실적으로 기대할 수 있어야 한다고 해석하는 것이 상당하다"고 판단하였다.[33] 이 판결은 그 후의 판결에 지대한 영향을 주었으며, 일본최고재판소 1996년 판결[34] 등에서

31) 이러한 문제점을 고려하여 谷口知平, 不当利得の研究, 有斐閣, 1949, 591頁 이하에서는 이득자가 부당이득반환청구권의 존재를 알았거나 알 수 있었던 시점부터 시효가 진행된다는 해석론을 제안하고 있으며, 더 나아가 "안 때로부터 5년, 권리발생시점으로부터 20년의 제척기간에 걸린다는 입법론을 제시한다. 四宮和夫, 事務管理·不当利得·不法行為(上), 青林書院新社, 1981, 97頁 이하에서도 판례에 따른 불합리한 결과를 해결하기 위해 부당이득규정에 불법행위손해배상청구권의 시효규정인 일본민법 제724조(우리 민법 제766조에 해당)와 유사한 규정을 마련할 필요가 있다는 점을 강조한다. 특히 星野英一, "時効に関する覚書—その存在理由を中心として—", 民法論集 第4巻, 有斐閣, 1978, 310頁에서 星野(호시노)는 "법률적으로 권리의 발생 여부가 법원에 의해 처음으로 명확해지는 경우도 적지 않다는 점에서 그러한 판단의 위험을 채권자가 전적으로 부담하는 것은 타당하지 않다"고 보았다.

32) 最判 昭和45(1970)年 7月 15日, 民集 24巻 7号 771頁.

33) 예컨대 위 판결에서 일본 최고재판소는 임차인이 공탁금을 찾아오면 '상대방의 주장을 인정하여 자신의 주장을 철회한 것으로 해석될 우려가 있으므로, 다툼이 해결될 때까지 임차인에게 공탁금지급청구권의 행사를 당사자에게 기대하는 것은 사실상 불가능에 가깝다'고 할 수 있으므로, '공탁의 기초가 된 채무에 대한 분쟁이 해결된 때'를 기산점으로 삼는다.

34) 最判 平成8(1996)年 3月 5日, 民集 50巻 3号 383頁. 이 판결은 피해자가 가해자로 판단되는 자에게 자동차손해배상보상법 제3조에 의거하여 손해배상을 청구하였으나, 피해자의 패소판결이 확정되어 피해자가 국가에 대해 자동차손해배상보상법 제72조 제1항 전단에 의거한 손해전보를 청구한 사안이다.

"민법 제166조의 '권리를 행사할 수 있는 때'란, 단순히 그 권리의 행사에 대해 법률상의 장애가 없을 뿐만 아니라, 나아가 권리의 성질상 그 권리의 행사를 현실적으로 기대할 수 있어야 한다고 해석하는 것이 상당하다"고 하였다.[35] 더 나아가 피보험자가 행방불명된 후 약 3년 반 후에 피보험자의 시체가 발견되어 행방불명되었던 시기에 사망하였음이 판명된 사안에서, 最判 平成15(2003)年 12月 11日(民集 57巻 11号 2196頁)은 "당시의 객관적 상황 등에 비추어 피보험자의 사망시점으로부터의 보험금청구권의 행사를 현실적으로 기대할 수 없는 특단의 사정이 존재하는 경우에는, 그 권리행사를 현실적으로 기대할 수 있게 된 시점 이후에 소멸시효가 진행된다고 하였으며, 피보험자의 사망이 확인된 시점으로부터 보험금채권의 소멸시효가 진행된다"고 하여 소멸시효의 기산점에 관한 법리가 현실적 기대가능성에 초점을 맞추는 듯한 인상을 주고 있다.[36] 즉 일본 판례는 오래전부터 일반 소멸시효의 기산점과 관련하여 '권리를 행사할 수 있는 때'를 법률상 장애뿐만 아니라 사실상 장애가 있는 경우에도 법률상 장애로 보아 시효의 진행을 인정하지 않고 있다.[37]

(2) 기산점 완화와 이중기간제한의 필요성

일본의 학설 중 일부는 제166조 제1항의 기산점 판단의 완화로 인하여 발생하는 문제점(기간 지연으로 인하여 시효가 무기한으로 연장될 수 있다는 우려)을

---

35) 이 판결은 소멸시효의 기산점에 있어 최초로 현실적 기대가능성을 고려한 판결로 평가받기도 한다. 松久三四彦, "判批", 宮原守男他編『交通事故判例百選[第4版](別冊ジュリ152号)』, 有斐閣, 1999, 181頁.

36) 이러한 일본의 판례에 대해서 일본 학설은 대체적으로 찬성한다. 松久三四彦, 時効制度の構造と解釈, 有斐閣, 2011, 397頁. 더 나아가 일부 학설은 이 판결을 기초로 소멸시효 기산점에 관한 최근 판례법리는 현실적 기대가능성설이라고 보는 것이 적절하다고 평가하기도 한다. 潮見佳男, 民法総則講義, 有斐閣, 2005, 304頁; 香川崇, "わが国における消滅時効の起算点·停止(3·完)", 富山経済論集 57巻 2号, 2011, 59頁 이하; 平野裕之, "消滅時効の起算点の緩和と二重の時効期間の可能性", 慶應法学 第28号, 2014, 304頁 이하 참조.

37) 이에 대해 松本克美, 時効と正義, 日本評論社, 2002, 206頁에서는 일본민법 제166조 제1항의 권리행사 가능성에 ① 기산점의 의미에서의 권리행사 가능성(법률상의 장해가 없을 것)과 ② 시효 진행의 차원에서의 권리행사 가능성(사실상의 장해가 없을 것)을 모두 포함하는 것으로 이해하고(후자는 그 존재를 객관적으로 판단되어야 할 기산점의 문제가 아닌 진행정지사유라 한다), 채권자의 개별적인 주관적 인식의 문제는 소멸시효완성의 원용의 신의칙위반이나 권리남용에 의해 대처되어야 할 문제라고 본다.

잠식시키기 위해 해석으로 이중시효기간론을 제기하고 있다. 즉, 이 견해는 제166조 제1항의 기산점은 객관적 기산점을 의미하는데 만약 사실상 장애를 법률상 장애에 준하여 인정하게 되면 실질적으로 제166조 제1항의 기산점이 주관적 기산점으로 바뀌는 것을 대비해야 한다는 것이다.[38)]

1) 제1설

香川崇(가가와 다카시)은 일본민법 제166조 제1항의 기산점을 사실상의 권리행사 기대 가능성으로 보고,[39)] 이로 인하여 발생할 수 있는 시효의 무기한 연장을 해석으로 제한할 필요성이 있음을 강조한다.[40)] 먼저 香川(가가와)은 일본민법 기초자들이 시효기간의 원칙규정을 일본민법 제167조 제1항이 아닌 제167조 제2항으로 보았다는 점을 강조하면서, 제167조 제2항의 20년 장기소멸시효의 기산점은 법률상 장애가 없으면 진행되는 객관적 기산점으로 이해한다. 반면에 香川(가가와)은 제167조 제1항의 10년의 소멸시효는 권리행사 기대가능성을 기준으로 시효의 진행여부를 판단해야 한다고 본다.

> "메이지 민법전의 입법 담당자는 보통소멸시효의 시효기간이 20년이라고 하며, 채권에도 보통소멸시효가 적용된다고 하였다. 그러나 채권의 소멸시효의 시효기간은 제국의회에 있어서 10년으로 수정되었다. 이로 인해 일본민법 제167조 제2항이 보통소멸시효를, 동조 제1항이 그 특칙인 단기소멸시효를 규정하게 되었다. 채권은 일본민법 제167조 제1항이 규정하는 소멸시효뿐만 아니라 일본민법 제167조 제2항의 유추적용에 의해 20년의 시효에도 걸리게 된다. 일본민법 제166조 제1항이 채권의 소멸시효에 적용되는 경우의 기산점 확정법리는 현실적 기대가능성설이라고 할 수 있다. 앞서 살펴본 바와 같이 현실적 기대가능성설은 사실상의 장애도 시효의 진행개시장애사유로 보므로, 시효완성시기가 명확하지 않다. 따라서 보통소멸시효(일본민법 제167조 제2항의 20년의 시효기간)의 기산점은 10년의 시효와 달리 법률상 장애여부를 기준으로 판단해야 한다."

---

38) 조문상 이중시효기간을 두고 있지 않는 일본 현행민법의 체계 구조상 이러한 해석이 '해석의 한계'를 넘을 수 있다는 비판을 받는 것은 당연하다고 할 수 있다.

39) 그는 "일본민법 제166조 제1항이 소멸시효법의 통칙이며, 단기소멸시효에도 적용된다는 점을 간과해서는 안 된다"는 점을 강조한다. 예컨대 그는 단기소멸시효의 경우(참고로 香川는 20년을 장기로 10년 이하를 단기로 본다)의 기산점을 채권자의 현실적인 권리행사의 기회가 확보된 시점으로 본다.

40) 香川崇, 前掲論文, 59-60頁.

요컨대 香川(가가와)은 채권은 10년의 단기시효와 20년의 장기시효에 모두 걸리게 된다고 보며, 후자는 법률상 장애여부를 기준으로 시효의 기산점을 판단하여 전자의 객관적 기대가능성에 의해 시효의 기산점을 판단하여 발생하는 시효의 무기한 연장을 방지할 수 있다고 본다.

2) 제2설

平野裕之(히라노 히로유키)는 일본민법 제166조 제1항의 시효의 기산점에 주관적 기산점까지 포함시키는 것을 인정한다.[41] 먼저 平野(히라노)는 제167조 제2항의 20년의 시효기간의 기산점은 객관적 기산점으로 국한되지만 제167조 제1항의 10년의 시효기간은 주관적 기산점을 전제로 한다고 본다. 한편 平野(히라노)는 주관적 기산점이 채권자의 인식까지는 필요하지 않고 인식가능성으로도 충분하다고 보고 있어,[42] 결론적으로 권리행사 가능성설과 유사하다고 할 수 있으나 平野(히라노)는 본인의 입장은 권리행사 가능성설과는 다르다는 점을 강조한다. 왜냐하면 그는 권리를 인식하였음에도 그 행사를 기대할 수 없는 사안의 경우, 권리가능성설은 이 또한 시효의 기산점문제로 해결하지만, 본인의 입장은 이는 시효의 기산점이 아니라, 시효의 정지 등을 통해서 권리자를 보호할 수밖에 없다고 본다.[43] 10년의 시효기간의 기산점을 주관적 기산점으로 보게 되어 발생하는 문제(기간지연)에 대해 平野(히라노)는 해석으로 제한할 수 있다고 본다. 즉 平野(히라노)는 "일본민법 제167조 제2항을 10년의 주관적 시효기간을 제한하는 역할을 담당하는 것으로 전용(轉用)할 수 있을 것이다"라고 하여[44] 일본민법 제167조 제2항으로 10년의 시효기간의 기간연장을 제한한다.[45]

41) 平野裕之, "消滅時効の起算点の緩和と二重の時効期間の可能性", 315頁 이하.
42) 平野裕之, "消滅時効の起算点の緩和と二重の時効期間の可能性", 320頁.
43) 平野裕之, "消滅時効の起算点の緩和と二重の時効期間の可能性", 320-321頁; 平野裕之, "不法行為債権の消滅時効をめぐる立法論的考察(1)", 慶應法学 12号, 2009, 182頁.
44) 平野裕之, "消滅時効の起算点の緩和と二重の時効期間の可能性", 318-319頁.
45) 참고로 内池는 일본 민법 제167조 1항은 계약채권만을 의미하고 법정채권은 일본민법 제724조 후단 및 일본민법 제167조 제2항을 고려하여 20년의 시효가 적용된다고 보기도 한다. 内池慶四郎, 不法行為責任の消滅時効, 成文堂, 1993, 141頁, 172頁 이하; 柳沢秀吉, "売買代金の消滅時効", 名城法学 35巻 3号, 1985, 53頁(平野裕之, "消滅時効の起算点の緩和と二重の時効期間の可能性", 317頁에서 재인용).

3) 소 결

일본민법 제166조 제1항의 기산점 완화는 채권자의 실질적인 권리보호를 위한 해석상 조치라고 할 수 있다. 그런데 이로 인하여 객관적 기산점을 전제로 한 제166조 제1항이 주관화 될 수 있다는 우려에서 일본의 학설은 일본민법 제167조 제2항을 통한 이중기간제한을 시도하고 있다. 반면에 국내에서는 아직까지 해석으로 이중기간제한을 시도하고 있지 않다. 오히려 국내학설은 판례와 마찬가지로 극히 좁은 범위에서 사실상의 장애를 법률상 장애로 준하여 기산점을 판단하고,[46] 그 이외의 사유로 인하여 채권자에게 발생하는 불합리한 결과는 신의칙에 의해 소멸시효의 완성의 항변을 제한하는 방법을 고수하고 있다고 할 수 있다.

(3) 2017년 일본의 민법개정

일본 또한 국제적인 시효법의 동향을 인식하고, 이를 기초로 시효법 개정작업을 진행하였다. 일본민법 개정의 중간시안은 원칙적인 시효기간과 기산점에 대해, 【甲안】은 현행법의 민법 176조 1항의 10년을 5년으로 단축시킬 뿐이나, 【乙안】은 ① '권리를 행사할 수 있는 때'로부터 10년, ② '채권자가 채권 발생의 원인 및 채무자를 안 때(채권자가 권리를 행사할 수 있는 때보다 이전에 채권 발생의 원인 및 채무자를 안 때는 권리를 행사할 수 있는 때)'로부터 [3년/4년/5년]이라는 시효기간을 새로이 마련하고, 어느 한쪽의 시효기간이 만료된 때에 소멸시효가 완성된다고 하였다.[47] 최종적으로 2014년 일본 법무성은 일본민법 제170조~제174조에 규정되어 있는 단기소멸시효에 관한 규정을 삭제하고, 소멸시효의 단기소멸시효기간에 대하여 5년으로 통일하도록 개정하였고 10년의 이중기간을 통해 시효의 무기한 연장을 막았다.[48] 이 개정안은 2017년 5월 26일

---

46) 기산점 또한 단순히 知·不知로 판단하지 않고 장애사유의 해소사실을 알았거나 알 수 있었을 때로 판단하여 기산점의 주관화를 지양하고 있다. 김미리, 앞의 논문, 585면.

47) 平野裕之, "消滅時効の起算点の緩和と二重の時効期間の可能性", 315頁. 입법배경 및 전개과정 등에 대해서는 平野裕之, "時効期間―起算点との関係も考慮して」", 金山直樹編 消滅時効法の現状と改正提言 (別册NBL 122号) , 商事法務, 2008, 23頁 이하 참조.

48) 法務省, 「民法 (債権関係) の改正に関する要綱仮案」(平成26(2014)年 8月 26日 決定), http://www.moj.go.jp/shingi1/shingi04900227.html

일본 참의원을 통과하여 개정이 확정되었다. 즉 개정된 일본민법에 의하면, 채권의 시효는 인식(채권자가 권리를 행사할 수 있는 것을 알았을 때부터)시점으로부터 5년의 시효기간이 적용되나, 인식여부와 관계없이 객관적 기산점으로 10년에 경과하면 시효로 소멸한다.

2. 2002년 독일의 민법개정

독일은 2002년 민법을 개정하면서 장기(30년)의 시효기간을 단기(3년)시효기간으로 단축하였다(독일민법 제195조). 한편 그 기산점은 채권자가 청구권을 발생시키는 사정 및 채무자의 신원을 알았거나 중대한 과실 없이 알았어야 하였던 연도가 끝나는 시점으로 하여(독일민법 제199조 제1항), 종래의 객관적 기산점 체계[49]를 포기하고 주관적 기산점 체계로 전환하였다.[50] 다만 주관적 기산점에 의해 무기한으로 시효기간이 연장될 수 있다는 점을 고려하여, 독일민법은 객관적 체계에 따르는 규정을 두어(독일민법 제199조 제2항 내지 제4항),[51] 이 문제를 해결하였다.[52]

---

49) 개정전 독일민법 제198조는 소멸시효의 기산점을 "청구권의 발생시"로 규정하였다.

50) 유럽계약법원칙(PECL) 또한 일반소멸시효기간을 3년으로 하였으며(PECL 14:201), 채무자의 신원 및 권리를 발생시키는 사실에 대한 인식을 결여한 경우에는 시효를 정지시키고 있어(PECL 14:301), 독일법과 매우 유사하다. 이는 Reinhard Zimmermann 교수의 노력의 부산물이라는 평가가 일반적이다. Mansel, "Die Neuregelung des Verjährungsrecht", NJW 2002, 89 ff; Mansel, Die Reform des Verjährungsrecht, in: Zivilrechtswissenschaft und Schuldrechtsreform, Tübingen 2001, S. 333 ff. 유럽사법을 위한 공통참조기준초안(DCFR)안에서는 3년을 시효기간으로 하고(DCFR III. - 7:201), 최대 10년을 초과할 수 없다고 하여(DCFR III. - 7:307), 이중기간제한을 하고 있다. von Bar, Christian and Clive, Eric(eds.), Definitions and Model Rules of European Private Law: Draft Common Frame of Reference (DCFR) Full Edition, Vol. 2, Oxford University Press, 2010, p.1139ff.

51) 예컨대 생명, 신체, 건강 또는 자유의 침해를 이유로 한 손해배상청구권은 인식 또는 중대한 과실로 인한 불인식에 관계없이 사건의 발생시부터 30년의 소멸시효에 걸리게 되며(독일민법 제199조 제2항), 기타의 손해배상청구권은 인식 또는 중대한 과실로 인한 불인식에 관계없이 그 성립시로부터 10년 또는 사건발생시로부터 30년의 시효에 걸리게 된다(독일민법 제199조 제3항).

52) 이러한 개정방향은 Zimmermann 등이 1981년경 제출한 소멸시효법에 관한 기본의향서(Gutachten und Vorschläge zur Überarbeitung des Schuldrechts, 이하 '시효초안'으로 인용하기로 함)과 궤를 같이 한다. 즉 Zimmermann의 시효초안에 의하면 2년의 원칙적 시효(시

3. 2008년 프랑스의 민법개정

최근 개정된 2008년 프랑스 민법은 소멸시효가 법적안정(sécurité juridique)을 위해 절대적으로 필요하다는 전제 하에 장기의 시효기간이 초래하는 법적불안정 상태를 해소하기 위해 시효기간을 5년으로 단축하였다(프랑스 민법전 제2224조).[53] 반면에 일반 채권의 소멸시효 기산점은 '권리의 행사를 가능케 하는 사실을 알거나 알았어야 하는 때'로 보아(프랑스 민법전 제2224조),[54] 사실상의 권리행사 가능성을 시효의 기산점으로 삼았다고 할 수 있다. 이는 법적안정성을 실현하기 위해서 시효기간을 단기간으로 하면서도 그로 인하여 발생할 수 있는 불합리한 점을 감안하여 형평의 법리에 의해 시효의 기산점을 '권리의 행사를 가능케 하는 사실을 알거나 알았어야 하는 때'로 본 것이라 할 수 있다.[55]

효초안 제195조)는 청구권 성립시를 기산으로 하여 진행된다(시효초안 제196조). 권리자(채권자 등)가 중과실 없이 의무자, 권리내용, 권리의 원인을 몰랐던 기간에는 시효의 진행은 정지되고(시효초안 제199조), 정지에 의한 기간연장은 최대한 10년으로 한다(시효초안 제208조). Frank Peters/Reinhard Zimmermann, "veriähungsfristen, Der Einfluß von Fristen auf Schuldverhältnisse; Möglichkeiten der Vereinheitlichung von Verjährungsfristen, in Gutachten und Vorschläge zur Überarbeitung des Schuldrechts", in: Bundesrninister der Justiz(Hrsg.), Gutachten und Vorschläge zur Überarbeitung des Schuldrechts, Bd. I, Köln, 1981, S. 315 ff. 참고로 유럽계약법원칙은 권리발생일로부터 10년이 경과하면 시효가 소멸한다고 규정하고 있다(PECL 14:307).

53) Rapport fait au nom de la commission des Lois constitutionnelles, de législation, du suffrage universel, du Réglement et d'administration générale sur la proposition de loi de M. Jean-Jacques HYESTportant réforme de la prescription en matiére civile, Par M. Laurent BÉTEILLE, Sénateur, N° 83, Sénat, Session extraordinaire de 2007-2008, Annexe au procés-verbal de la séance du 14 novembre 2007〈http://www.senat.fr/rap/107-083/107-083mono.html#fn1〉(이하에서는 "Projet"로 인용하기로 함), pp.34-35.

54) 즉 프랑스개정민법은 '알았어야 할 때'라는 규범적인 인식시점을 시효의 기산점으로 삼아, 단순히 부지한 것만으로 시효의 진행을 막을 수 없도록 하였다. Proiet, op. cit., p.34; Rapport fait au nom de la comission des lois constitutionnelles, de législation et de l'admission général de la république sur la proposition de loi(N° 433), adoptée par le Sénat portant réforme de la prescription en matière civil, par M. Émile BLESSIG, p.36. 이는 주관적 기산점에 의해 발생할 수 있는 불합리한 결과(무기한 연장 등)를 회피할 수 있는 하나의 입법기술이라 할 수 있다. Reinhard Zimmermann, "Die Verjährung", JuS 1984, 409 ff., 415.

55) Proiet, op. cit., p.43 f. 이는 "호소할 수 없는 자에 대해 시효는 진행되지 않는다(Contra non valentem agere non currit praescriptio)"는 법언의 적용을 긍정한 지배적인 학설의 태도를 일부 수용한 것으로 평가된다. Jean CARBONNIER, La régle contra non valentem agere

그러나 채권자가 권리의 행사가능성을 인식하지 못함으로 인하여 기산점이 무기한 연장되는 문제점을 감안하여, 프랑스 민법전 제2232조 제1항은 “시효의 기산점의 연기, 정지, 중단은 그 효과로서 권리의 발생시점부터 20년을 뛰어넘어 소멸시효기간을 연장할 수 없다”고 규정하고 있다.56)

IV. 2013년 민법 개정안 평가 – 맺음말에 갈음하여 –

1. 2013년 민법 개정안

2013년 민법 개정안은 현행민법 제166조의 소멸시효의 기산점으로 인하여 발생하는 불합리한 점을 인정하여 주관적 기산점을 전제로 하여 소멸시효의 진행을 인정하였고, 이로 인하여 발생할 수 있는 시효의 무기한 연장의 우려는 10년이라는 2중 기간제한을 통해 극복하고 있다(이하 <표 1-1> 참소). 즉 개정안은 민법 제166조의 소멸시효의 기산점 규정을 삭제하였고, 개정안 제162조 제1항은 ‘채권자가 권리를 행사할 수 있다는 사실과 채무자를 안 때’라는 주관적 기산점을 기준으로 5년의 시효가 적용되고, 개정안 제162조 제3항에서 ‘권리를 행사할 수 있는 때’로부터 10년의 소멸시효에 걸린다고 하여 이중기간제한을 규정하고 있다. 물론 결과적으로 10년의 시효에 걸리는 채권은 개정안 제162조 제3항에 의해 종래와 같은 문제점이 발생할 수 있으나, 종래 1년 및 3년의 단기 소멸시효에 걸리는 채권을 가진 권리자는 주관적 기산점을 기초로 한 개정안에 의해 보호받게 된다.57)

---

non currit praescriptio, Rev. crit. de législation et de jurisprudence, 1937, p. 155; Gabriel MARTY, Pierre RAYNAUD et Philippe JESTAZ, Les Obligations t., 2, Le régime, 2e éd., 1989, p.301., n° 338.

56) Proiet, op. cit., p.41 f. 한편 인신손해로부터 발생한 손해의 배상에 관한 민사책임소권의 ‘발생시점’이 손해발생시점이라는 점을 명확히 하기 위해, 프랑스 민법전 제2226조 제1항은 이 소권의 소멸시효 기산점을 ‘손해가 확정된 때’로 규정하였다. 즉 손해가 확정되기 전에 20년이 도과하였다 하더라더 시효는 완성되지 않는다(프랑스 민법전 제2232조 제2항). Proiet, op. cit., p.64 f.

57) 개정안 제162조 제3항의 “권리를 행사할 수 있는 때”의 의미에 대해서는 논쟁이 지속될 것으로 판단된다. 다만 동 규정이 이중기간으로서의 역할을 해야 한다는 측면을 고려하면 해석으로 이를 완화하기에는 어려움을 있을 것으로 판단된다. 종래 판례에서 시효의 기산

〈표 1-1〉 현행민법 및 2013년 민법 개정안 조문 비교

현 행	개정안
제162조(채권, 재산권의 소멸시효) ① 채권은 10년간 행사하지 아니하면 소멸시효가 완성한다. ② 채권 및 소유권 이외의 재산권은 20년간 행사하지 아니하면 소멸시효가 완성한다.	제162조(채권의 소멸시효 기간) ① 채권은 채권자가 권리를 행사할 수 있다는 사실과 채무자를 안 때로부터 5년 동안 행사하지 아니하면 소멸시효가 완성된다. ② 부작위를 목적으로 하는 채권의 소멸시효는 채권자가 위반행위와 채무자를 안 때로부터 진행된다. ③ 권리를 행사할 수 있는 때 또는 위반행위를 한 때부터 10년이 지나면 제1항·제2항에도 불구하고 소멸시효가 완성된다.
제166조(소멸시효의 기산점) ① 소멸시효는 권리를 행사할 수 있는 때로부터 진행한다. ② 부작위를 목적으로 하는 채권의 소멸시효는 위반행위를 한 때로부터 진행한다.	제162조의2(그 밖의 재산권의 소멸시효 기간)

2. 검 토

소멸시효 제도는 법률관계의 주장에 일정한 시간적 한계를 설정함으로써 그에 관한 당사자 사이의 다툼을 종식시켜 법적안정성을 실현한다고 할 수 있다. 그러나 시효의 완성을 통해 발생할 수 있는 지극히 불합리한 결과를 최소화하기 위해 우리 판례는 소멸시효의 기산점을 늦추거나 채무자의 소멸시효완성의 항변을 권리남용으로 보아 이러한 불합리한 결과를 피하고 있다고 할 수 있다. 그러나 권리자 보호를 위한다는 미명하에 시효기간의 기산점을 주관화 하는 경우에는 무기한 시효기간이 연장될 수 있어 시효제도를 형해화 할 수 있다는 점에서 기산점을 완화하는 것은 신중할 필요가 있다. 즉 판례의 기본입장과

점을 완화한 사안이 대부분 단기 소멸시효가 적용된 사안이었던 점을 고려하면 충분히 예상할 수 있을 것이다.

달리 예외로서 법률상 장애가 아닌 사실상 장애가 있는 경우에도 민법 제166조 제1항의 소멸시효가 진행되지 않는다고 본다면 시효기간은 무기한 연장될 수 있게 되어 문제가 될 수 있다. 결론적으로 이 문제는 해석에 맡기기보다는 개정을 통해 해결해야 할 문제라고 할 수 있다. 최근 시효법의 국제적 동향 및 일본 개정안을 고려하면, 우리 또한 주관적 기산점을 전제로 하여 시효의 기간을 단기소멸시효로 통일하고, 최장기간의 제한을 통해 시효의 무기한 연장을 막는 구조를 취하는 것이 타당할 것이다. 이런 의미에서 2013년 민법 개정안을 참고하여 신속한 개정이 이루어지기를 기대해 본다.

〈참고문헌〉

1. 단행본

곽윤직/김재형, 민법총칙, 박영사, 2012.

곽윤직(편집대표), 민법주해 제3권, 박영사, 2010.

김용담(편집대표), 주석민법 제3권, 한국사법행정학회, 2010.

명순구, 실록 대한민국 민법, 법문사, 2008.

谷口知平, 不当利得の研究, 有斐閣, 1949.

幾代通, 民法総則[第2版], 青林書院, 1984.

内池慶四郎, 不法行為責任の消滅時効, 成文堂, 1993.

法務大臣官房司法法制調査部監修, 日本近代立法資料叢書1:法典調査会 民法議事速記録一, 商事法務研究会, 1983.

四宮和夫/能美善久, 民法総則[第6版], 弘文堂, 2002.

四宮和夫, 事務管理·不当利得·不法行為(上), 青林書院新社, 1981.

松久三四彦, 時効制度の構造と解釈, 有斐閣, 2011.

松本克美, 時効と正義, 日本評論社, 2002.

我妻栄, 신정민법총칙[民法講義 I], 岩波書店, 1965.

潮見佳男, 民法総則講義, 有斐間, 2005.

Frank Peters/Reinhard Zimmermann, Bundesrninister der Justiz(Hrsg.), Gutachten und Vorschläge zur Überarbeitung des Schuldrechts, Bd. I, Köln, 1981.

Gabriel MARTY, Pierre RAYNAUD et Philippe JESTAZ, Les Obligations t., 2, Le régime, 2e éd., 1989.

Gustave BOISSONADE, Projet de code civil pour l'empire du japon accompagné d'un commentaire, t.4., nouv éd., 1891.

Jean CARBONNIER, La régle contra non valentem agere non currit praescriptio, Rev. crit. de législation et de jurisprudence, 1937.

Mansel, Zivilrechtswissenschaft und Schuldrechtsreform, Tübingen 2001.

Reinhard Zimmermann, Comparative Foundations of a European Law of Set−Off and Prescription, Cambridge University Press, 2002.

2. 학술지

권영준, “소멸시효와 신의칙”, 재산법연구 제26권 제1호, 2009.

김미리, “납북된 피랍자의 납북 피해에 대한 국가배상청구권의 소멸시효 기산점”, 특별법연구 10권: 전수안대법관 퇴임기념, 2012.

김제완, “국가권력에 의한 특수유형 불법행위에 있어서 손해배상청구권의 소멸시효”, 인권과 정의 제368호, 2007.

김태봉, “국가기관의 인권침해행위에 기한 손해배상청구사례와 소멸시효항변의 제한 법리”, 법학논총 제35권 제3호, 2015.

김학동, “소멸시효의 기산점에 관한 판례분석”, 민법의 괴제와 현대법의 조명(경암 홍천룡박사화갑기념), 1997.

남효순, “일제징용시 일본기업의 불법행위로 인한 손해배상청구권의 소멸시효남용에 관한 연구”, 서울대학교 법학 제54권 제3호, 2013.

이주현, “채권자의 권리행사가 객관적으로 불가능한 사실상의 장애사유가 있음에 불과한 경우 채무자의 소멸시효항변이 신의칙에 반한다는 이유로 허용하지 않을 수 있는지 여부”, 대법원판례해설 제42호, 2003.

조용환, “역사의 희생자들과 법: 중대한 인권침해에 대한 소멸시효의 적용문제”, 법학평론 제1호, 2010.

星野英一, “時効に関する覚書 —その存在理由を中心として—”, 民法論集 第4巻, 有斐閣, 1978.

松久三四彦, “判批”, 宮原守男他編 『交通事故判例百選〔第4版〕(別冊ジュリ152号)』, 有斐閣, 1999.

平野裕之, “消滅時効の起算点の緩和と二重の時効期間の可能性”, 慶應法学 第28号, 2014.

平野裕之, “不法行為債権の消滅時効をめぐる立法論的考察(1)”, 慶應法学 12号, 2009.

香川崇, "わが国における消滅時効の起算点·停止(3·完)", 富山経済論集 57巻 2号, 2011.

Benjamin West Janke & François－Xavier Licari, "The French Rivision of Prescription: A Model for Louisiana?", 85(3) Tulane Law Review 1(2010).

Mansel, "Die Neuregelung des Verjährungsrecht", NJW 2002, 89 ff.

Rapport fait au nom de la commission des Lois constitutionnelles, de législation, du suffrage universel, du Réglement et d'administration générale sur la proposition de loi de M. Jean－Jacques HYESTportant réforme de la prescription en matiére civile, Par M. Laurent BÉTEILLE, Sénateur, No 83, Sénat, Session extraordinaire de 2007－2008, Annexe au procés－verbal de la séance du 14 novembre 2007, <http://www.senat.fr/rap/107－083/107－083mono.html#fn1>

Reinhard Zimmermann, "Die Verjährung", JuS 1984, 409 ff.

제 2 장

단기소멸시효와 진행개시장애사유

- Boissonade 민법초안 및 일본舊민법으로부터의 시사 -

Ⅰ. 들어가는 말

우리 민법[1]은 제162조에서 일반(보통)소멸시효기간을 정하고 있으며, 제163조 이하에서 단기소멸시효를 규정하고 있다. 그런데 보통소멸시효기간이 적용되는 권리와 단기소멸시효가 적용되는 권리에 대한 기산점 판단 기준(제166조) 및 시효의 중단사유(제168조 이하)와 정지사유(제179조 이하)는 공통된다. 즉, 단기소멸시효가 적용되는 채권 또한 제166조 제1항에 의해 '권리를 행사할 수 있을 때'부터 시효가 진행된다는 점에서 일반소멸시효와 마찬가지로 '권리를 행사할 수 있을 때'부터 소멸시효가 진행되며, 양자의 중단사유 및 정지사유 또한 차이가 없다. 물론 해석을 통해 그 기준 등을 다르게 접근할 수도 있으나, 그것은 명문으로 그 기산점 등을 다르게 한 것과는 다른 차원의 문제이다. 한편 소멸시효법의 국제적 전개를 주목해보면 두 가지 특징적 경향을 발견할 수 있는데,[2] 하나는 '비교적 단기인 소멸시효기간의 기산점은 변제기, 청구권의 발생, 인도, 수령 등과 같은 객관적 기초와 결부되어서는 안 되며, 오히려 채권자가 자신의 청구권을 발생시키는 사실 및 채무자를 알고 있는지에 의해 결정한다'는 것이고, 나머지 하나는 기산점이 주관화됨으로 인하여 소멸시효의 완성이 무한

1) 이하 조문만을 명시하는 경우에는 우리 민법을 의미한다.

2) R. Zimmermann, Comparative Foundations of a European Law of Set-Off and Prescription, 2002, pp.85 ff.

히 연장되어서는 안 된다는 사고에서, '객관적 기준과 결부된 최장기간(「long stop」)에 의해 권리의 행사기간이 제한된다(이중시효기간)'는 것이다.[3] 반면에 우리민법은 보통소멸시효기간이 적용되는 권리와 단기소멸시효기간에 걸리는 권리를 구분하지 않고 있어, 모두 '권리를 행사할 수 있을 때'라는 일원적 기준만을 가지고 기산점을 판단해야 한다. 한편 우리 판례[4]는 "'권리를 행사할 수 있다'라고 함은 그 권리의 행사가 법률상의 장애, 예를 들면 기한의 미도래나 조건불성취 등이 없는 경우를 말하는 것이고, 사실상 권리의 존재나 권리의 행사가 가능함을 알지 못하였고 알지 못함에 과실이 없다는 것과 같이 그 행사에 사실상의 장애가 있음에 불과한 경우에는 이에 해당하지 아니한다"고 본다(밑줄은 필자가 첨가). 요컨대 판례는 권리행사상의 장애를 법률상 장애와 사실상 장애로 나누고 법률상 장애를 전제로 소멸시효의 기산점을 판단하고 있다(이하 '법률상 장애설').[5] 이러한 판례의 기산점 판단법리는 단기소멸시효에 걸리는 채권에도 그대로 적용된다.[6] 그러나 단기소멸시효를 위와 같이 법률상 장애설로 판단하게 되면, 보통소멸시효에 비하여 「호소할 수 없는 자에 대해 시효는 진행되지 않는다(Contra non valentem agere non currit praescriptio)」는 법언(이하 'Contra non valentem 법언'으로 칭하기로 함)과 더 멀어지는 결과를 가져올 수 있다. 왜냐하면 보통소멸시효는 그 기간을 장기로 하여 권리자가 권리를 행사할 수 없을 가능성 즉, 사실상 장애를 배려했다고 볼 여지가 있기 때문이다.[7] 반면에 단기

---

3) 일반적으로 long stop에 대해서는 10년과 30년 사이의 기간으로 정해진다. Zimmermann, op. cit., p.85.

4) 대법원 1992. 3. 31. 선고 91다32053 전원합의체 판결 및 대법원 2004. 4. 27. 선고 2003두10763 판결 등 참조.

5) 통설 또한 이러한 입장이다. 대표적으로 곽윤직/김재형, 민법총칙, 박영사, 2012, 412면. 한편 사실상 장애는 권리자의 인식을 기초로 하는 주관적 사정을 전제로 하는 주관적 사실상 장애와 법률상 장애에는 해당하지 않으나, 권리자의 인식여부와 무관한 객관적 사정에 기하여 권리행사를 할 수 없었던 객관적 사실상 장애로 구분된다. 서종희, "신의칙에 기한 소멸시효항변의 제한 및 그 한계", 법학논총 제25집 제1호, 2018, 9면 이하.

6) 대법원 1997. 11. 11. 선고 97다36521 판결 등.

7) 최근에 보통소멸시효가 사실상 장애를 배려한 것으로 볼 수 있는지에 대한 재평가과 함께 현재 우리 통설과 판례의 '법률상 장애설'의 문제점을 지적하고 있는 견해로는 서종희, "소멸시효기산점(민법 제166조 제1항) 판단기준에 대한 고찰-종래 통설 및 판례에 대한 비판적 입장에서-", 재산법연구 제37권 제1호, 2020, 69면 이하 참조.

소멸시효는 그러한 사실상 장애를 고려하지 않고 기간을 단기로 하였다는 점에서 특별한 사정이 없는 한, 보통소멸시효의 기산점 판단보다는 더 완화된 기준을 적용할 여지가 크다. 실제로 우리 판례는 일부 단기소멸시효가 문제되는 특별한 사안(특히 보험금청구권)에서 법률상 장애설을 적용하지 않고 권리자의 권리행사 가능성을 고려하여 기산점을 판단하기도 한다.[8] 이는 단기소멸시효에 관한 법원의 배려라고 할 수 있다. 본고는 이러한 사고를 가지고 우리 민법에 많은 영향을 미친 개정 전 일본민법(이하 '메이지민법'으로 칭함),[9] Boissonade 민법초안(이하 'Boissonade 초안'으로 칭함) 및 일본舊민법에서의 '단기소멸시효'의 규정방식을 확인하고(II), 이를 기초로 단기소멸시효의 기산점을 일반소멸시효와 차별화시킬 수 있는 해석의 단초를 찾은 후(III), 글을 마치고자 한다(IV).

II. Boissonade 초안(일본舊민법) 및 메이지민법상 단기소멸시효의 취급

명문의 규정상 메이지민법은 단기소멸시효도 제166조 제1항의 '권리를 행사할 수 있을 때'라는 기산점의 제약을 받도록 규정하였으며, 또한 보통소멸시효와 동일한 규정에 의해 시효정지를 인정하고 있다. 그런데 보통소멸시효에 비하여 단기소멸시효는 Contra non valentem 법언을 적용함에 있어 그 외연을 넓힐 수 있는 여지가 있다. 왜냐하면 보통소멸시효는 이미 10년이라는 장기의 시효기간을 보장하여 사실상의 장애를 배려한 것이라 할 수 있는 반면에 단기소멸시효는 그러한 전제가 없기 때문이다. 일본의 판례가 10년의 시효에 걸리는 채권에 비하여 단기소멸시효에 걸리는 채권에 대해서 '권리행사가능성'을 더 고려한다면, 이는 단기소멸시효라는 점을 감안한 것으로 이해할 여지도 있다. 물론 시효의 기간의 장기여부가 시효의 기산점 및 시효의 정지규정을 적용하는 것의 차별화를 가능하게 하는 정당화 사유가 된다고 할 수 있을지는 의문이다. 그러나 만약 우리 민법의 제정에 지대한 영향을 미친 메이지민법의 입법과정에서 그러한 여지를 찾아낼 수 있다면, 양자를 다르게 접근하려는 시도가 무리한

8) 대법원 2008. 11. 13. 선고 2007다19624 판결.
9) 개정된 일본민법은 2020년 4월 1일부터 시행중이다.

해석이라는 비난으로부터 조금은 자유로울 수 있을 것이다. 이에 이하에서는 같은 조문의 적용을 받는 보통소멸시효와 단기소멸시효를 다르게 해석할 수 있는 [역사적 해석의 차원에서의]가능성을 위해 Boissonade 초안·일본舊민법의 제정과정에서 단기소멸시효를 바라보는 좀 더 특별한 시각을 찾아내고자 한다.

1. Boissonade 초안·일본舊민법상 단기소멸시효

일본舊민법에서는 재산편, 재산취득편, 증거편에서 단기소멸시효를 규정한다.[10] 즉 일본舊민법상 단기소멸시효는 (1) 재산편에 있어서의 소제(銷除)소권(우리의 취소권에 해당하는 권리)과 폐파(廢罷)소권(우리의 채권자 취소권에 해당)의 소멸시효, (2) 재산취득편에 있어서의 매매, 청부(도급)에 관한 소멸시효, (3) 증거편에 있어서의 소멸시효로 나눌 수 있다.

(1) 일본舊민법 재산편에 있어서의 단기소멸시효

행위무능력·사기·강박 등에 의한 소제소권은 5년으로 시효가 완성된다(Boissonade 초안 제566조, 일본舊민법 재산편 제544조). 먼저 Boissonade는 권리를 쉽게 상실케 하게 되므로, 시효기간을 단축해서는 안 된다는 기본입장을 취하고 있다. 다만 Boissonade는 계약의 내용을 이행시키는 것이 문제가 되는 경우에 그 시효기간은 길어도 무방하나, 계약의 취소나 해제에 대해서는 시효기간을 단기로 설정해야 한다고 논한다.[11] 이러한 이유에서 취소권을 규정하고 있는 Boissonade 초안 제566조는 프랑스舊민법과 비교하여 단기의 소멸시효기간을 인정하고 있다.

먼저 강박의 경우에는 그것이 제거된 때, 착오의 경우에 착오를 인식한 때, 사기의 경우에 사기당한 사실을 깨달은 때, 무능력의 경우에 무능력사유가 제거된 때까지 시효의 진행이 정지된다(Boissonade 초안 제567조 제1항, 일본舊민법

10) 본고에서는 G. BOISSONARDE, Projet de code civil pour l'empire du japon accompagné d'un commentaire(1巻 내지 5巻), 1890~1891를 기초로, Boissonade의 견해를 검토한다(이하 인용은 권수만으로 인용하기로 한다).

11) BOISSONARDE 3巻, pp.280-281., n° 222. 특히 Boissonade는 "프랑스법은 해제 등에 대한 권리에 대해서도 현저히 긴 소멸시효기간을 설정하는 것이 있는데, 이는 권리관계를 장기간 동안 불확실 상태에 이르게 한다"고 비판한다.

재산편 제545조). Boissonade는 사실상의 장애에 의거한 정지를 인정하기 위해서는 법률의 규정에 의해야 한다는 일반원칙을 주장하며, 행위무능력이나 강박 등의 사실상의 장애가 제거되는 시점까지 시효의 정지를 규정한 명문을 두었다.12)

다음으로 Boissonade 초안 및 일본舊민법은 폐파소권의 소멸시효기간을 채권자가 채무자의 사기를 깨달은 때로부터 2년, 사기행위시로부터 30년으로 규정하였다(Boissonade 초안 제364조 제1항, 일본舊민법 재산편 제344조 제1항). 참고로 Boissonade는 사기발견시로부터 5년 또는 1년이라는 단일의 기간을 설정하는 입법도 가능하다고 논하면서도, 여러 권리를 현저히 오랜 기간 불확실한 상태에 두는 것은 불합리하다는 이유에서 본조에서는 최장기간을 규정하였다(이중시효기간)고 논한다.13)

생각건대 Boissonade는 시효의 기산점으로 볼 수 있는 사유를 시효의 정지사유로 규정하였다는 점에서 Boissonade에 있어서 단기소멸시효의 정지는 예외적인 경우를 제외하면 단기소멸시효의 기산점으로 바꿔 읽어도 무방하다고 판단된다.

(2) 일본舊민법 재산취득편에 있어서의 단기소멸시효

1) 매매계약상 담보책임과 관련된 권리

Boissonade 초안은 매매계약상 담보책임규정과 관련하여 매매목적물의 (가) 일부멸실, (나) 수량부족 또는 초과, (다) 숨겨진 하자로 인하여 인정되는 각 소권에 대해 단기소멸시효와 특별한 정지사유를 인정한다.

가. 일부멸실에 의한 해제소권·대금감액소권

Boissonade 초안 및 일본舊민법에 의하면, 매매목적물이 전부멸실한 경우 그 계약은 무효가 되나(Boissonade 초안 제680조 제1항, 일본舊민법 재산취득편 제43조 제1항), 일부가 멸실한 경우에는 매수인에게는 해제소권과 대금감액소권이 인정된다(Boissonade 초안 제680조 제2항, 일본舊민법 재산취득편 제43조 제2항). Boissonade는 각 소권의 시효기간을 30년의 보통시효기간으로 삼는 것은 지나

12) BOISSONARDE 2巻, pp.819-820., n° 654.

13) BOISSONARDE 2巻, p.201., n° 167.

치게 길다고 판단하여, 해제소권은 매수인이 일부멸실을 안 때로부터 6개월, 대금감액소권은 매수인이 매매계약상의 매수인이 일부멸실을 안 때로부터 2년이 도과하면 시효가 완성한다고 규정하였다(Boissonade 초안 제680조 제3항, 일본舊민법 재산취득편 제43조 제3항).[14]

나. 수량부족 또는 초과에 의한 대금개정소권·손해배상소권·해제소권

Boissonade는 수량부족 또는 초과에 의해 인정되는 대금개정소권은 대금이라는 계약 내용을 변경하므로, 짧은 시효기간이 적합하다고 논한다. 그 때문에 매매목적물의 수량부족 또는 초과에 의한 대금개정소권, 손해배상소권, 해제소권은 매매의 목적물이 부동산의 경우 1년, 동산의 경우 1개월의 도과로 시효가 완성한다(Boissonade 초안 제691조 제1항, 일본舊민법 재산취득편 제54조 제1항). 매수인의 권리는 계약 시부터, 매도인의 권리는 인도 시에 또는 인도 전에 대금의 전액이 변제된 경우에는 그때로부터 시효가 진행된다(Boissonade 초안 제691조 제2항, 일본舊민법 재산취득편 제54조 제2항). 시효의 진행개시시기가 매수인과 매도인 간에 각각 상이한 것에 대해서 Boissonade는 통상적으로 인도 시 또는 대금지급 시까지 매수인이 목적물을 검사할 수 없다는 것을 고려한 결과라고 한다.[15]

다. 숨겨진 하자에 의한 해제소권·대금감액소권·손해배상소권

하자담보책임에 의해 발생하는 소권, 즉 매매계약해제소권과 대금감액소권과 손해배상소권은 부동산은 6개월, 동물 이외의 동산은 3개월, 동물은 1개월이 도과되면 시효가 완성한다(Boissonade 초안 제746조 제1항, 일본舊민법 재산취득편 제99조 제1항).[16] 이 경우에 하자는 물건을 점유하여야만 비로소 매수인이 매매목적물의 하자를 인식할 수 있다는 점에서 하자담보책임에 관한 소권의 소멸시효는 매매계약시가 아닌 인도 시로부터 진행된다(Boissonade 초안 제746조 제2항, 일본舊민법 재산취득편 제99조 제2항).[17] 또한 매수인이 홍수 등의 불가항력

14) 해제소권의 시효기간을 대금감액소권의 4분의 1의 기간으로 설정한 것은 해제소권이 제3자의 권리를 상실시키기 때문이다. BOISSONARDE 3巻, p.250, n° 198.

15) BOISSONARDE 3巻, pp.280-281, n° 222.

16) BOISSONARDE 3巻, pp.439-440, n° 343.

17) 매수인이 악의인 경우에는 시효기간이 절반이 된다(BOISSONARDE 3巻, pp.439-440, n° 343).

으로 인해 숨겨진 하자를 시효기간 중에 발견할 수 없었던 경우, 시효의 진행은 정지한다(Boissonade 초안 제746조 제4항, 일본舊민법 재산취득편 제99조 제4항). Boissonade는 시효의 정지는 일반법에 대한 예외이며, 그 예외의 정당화 사유는 입법자가 정책적으로 짧은 시효기간을 배려한 것에 불과하므로 명문으로 정지사유로 열거된 이외의 사유를 이유로 한 시효의 정지를 인정하는 것에 대해 소극적이다.[18] 예컨대 개인적인 사정으로 매수인이 권리를 행사할 수 없는 경우에는 매수인이 대리인을 준비하여 그 대리인에 의해 권리를 행사할 수 있다는 점에서 시효의 정지를 인정하지 않는다.

2) 청부(도급)에 관한 단기소멸시효

Boissonade 초안·일본舊민법 재산취득편의 도급계약은 주된 재료를 도급인이 제공하는 「노무임대차계약(contrat du louage d'ouvrage ou l'industrie)」과, 주된 재료를 수급인이 조달하는 「조건부 매매계약」으로 구분된다(Boissonade 초안 제981조, 일본舊민법 재산취득편 제275조). Boissonade 초안·일본舊민법에 의하면, 노무임대차계약에 있어서 공작물에 숨겨진 하자가 있는 경우에 도급인이 가지는 대금감액소권·대금반환소권은 3개월의 소멸시효에 걸린다(Boissonade 초안 제984조 제2항, 일본舊민법 재산취득편 제278조 제2항).[19] 조건부 매매계약에 있어서 목적물에 숨겨진 하자가 있는 경우에는, 앞서 서술한 매매에 관한 규정이 준용된다(Boissonade 초안 제984조 제3항, 일본舊민법 재산취득편 제278조 제3항). 위 단기소멸시효는 원칙적으로 「수취(réception)」시로부터 시효가 진행한다.[20]

한편 도급계약에서 건물 기타 토지의 공작물의 수급인의 담보책임은 토지

---

18) BOISSONARDE 3巻, pp.440-441, n° 344.

19) Boissonade는 이러한 소권의 시효기간은 매우 짧은 기간이어야 하며, 매매계약에 있어서의 하자담보책임과 동일한 기간을 규정하는 것이 자연스럽다고 한다. 또한 사기에 의한 계약의 경우에는 Boissonade 초안 제566조 및 일본舊민법 재산편 제554조에 의해 5년의 시효에 걸린다. BOISSONARDE 3巻, pp.1072-1073, n° 841.

20) 참고로 프랑스민법에서도 도급목적물의 숨겨진 하자에 관한 담보소권의 소멸시효는 그 수취시로부터 진행을 개시한다. Gabriel BAUDRY-LACANTINERIE, Précis de droit civil, t.3., 3^{e}éd., 1889, p.443 et s., n° 703 et s.; Marcel PLANIOL et Georges RIPER, Traité pratique de droit civil français., t.11., 2^{e}éd., 1954, pp. 169 et s., n° 931., et p.203, n° 958. 더 나아가 Boissonade는 인수를 지체에 빠뜨림으로써 수급인이 시효의 진행을 개시시킬 수 있다고 한다. BOISSONARDE 3巻, pp.1025-1026, n° 843; BOISSONARDE 3巻, p.1076, n° 843.

그 외에 나무, 돌, 기와를 활용하여 만든 공작물에 대해서는 2년, 목조건물에 대해서는 5년, 석조 등의 견고한 건물에 대해서는 10년의 소멸시효가 적용된다(이하 '담보책임기간', Boissonade 초안 제985조, 일본舊민법 재산취득편 제279조).[21] 위 담보책임기간 중에 발생한 수급인에 대한 손해배상소권은 전부멸실의 경우는 1년, 일부멸실 또는 중대한 훼손의 경우에는 6개월의 소멸시효가 적용된다(Boissonade 초안 제986조, 일본舊민법 재산취득편 제280조). 전부멸실의 경우에는 손해가 명확하며 그 모든 범위를 청구할 수 있으므로, 목적물의 전부멸실시로부터 소멸시효가 진행한다고 보아도 무방하다. 그러나 일부멸실 및 훼손의 경우에는 발생한 손해가 최종적인 것이 아니며 계속적 손해를 산출하는 것이 곤란하다는 이유에서, Boissonade는 일부멸실 또는 훼손으로 인정되는 담보책임상의 권리는 위 담보책임기간 만료시로부터 소멸시효가 진행되도록 하였다.[22]

(3) 일본舊민법 증거편에 있어서의 단기소멸시효와 진행개시장애

증거편에 규정된 단기소멸시효는 특별한 진행개시 정지사유가 인정되는지 여부에 따라 구분된다.

1) 시효의 기산점(진행개시정지)에 관한 특별한 규정이 없는 단기소멸시효

특별한 정지가 규정되지 않은 단기소멸시효에는 (a) 정기금채권에 관한 것과 (b) 그 외의 채권에 관한 것이 있다.

가. 정기금채권에 관한 단기소멸시효

이자, 종신정기금의 지분금, 부양정기금의 지분금, 임료 및 정기소작료, 과실 및 일용품의 정기적 급부, 교사·사용인의 급료 기타 1년 단위로 규정되는 채무로 1년보다 짧은 기간에 정기적으로 변제해야 하는 채권은 5년간 행사하지 아니하면 시효가 완성한다(Boissonade 초안 제1493조, 일본舊민법 증거편 제156조). 5년 이상의 정기채무가 집적하도록 하여 채권자가 집적한 채권을 청구할 수 있도록 하면 채무자가 파산할 수 있다는 우려에서 시효를 5년으로 한

---

21) Boissonade는 프랑스와 달리, 일본에서는 건축물이 통상의 형상을 유지해야 하는 기간에 맞추어 시효기간을 나누어야 한다고 논한다(BOISSONARDE 3巻, p.1076, n° 843).

22) BOISSONARDE 3巻, pp.1078-1079, n° 845.

것이다.[23)]

나. 정기금채권 이외의 단기소멸시효

일용품 등의 공급에 관한 채권은 시효기간이 1년이다(Boissonade 초안 제1496조, 일본舊민법 증거편 제159조). 여관이나 요리점의 숙박료나 음식료에 관한 채권의 시효기간은 6개월이다(Boissonade 초안 제1497조, 일본舊민법 증거편 제160조). Boissonade는 이러한 채권이 가지는 성질이나 발생원인, 당사자 간의 상태 등에 비추어 보면 그들 간에는 장기의 신용이 필요하지 않으므로 시효기간을 단기로 규정하였다고 한다.[24)]

의사나 기사(ingénieur)의 채권, 교사·사용인 등의 급료로 그 급료가 1개월 이상 1년 미만의 기간별로 규정되는 채권의 시효기간은 3년이다(Boissonade 초안 제1494조, 일본舊민법 증거편 제157조). Boissonade는 의사의 채권 등에 대한 권리행사기간을 3년보다 짧게 규정하면, 채권자에게 신속한 권리행사의 의무를 부담시키는 것이지만 결과적으로 이는 채무자에게도 바람직하지 않다고 본다.[25)] 한편 Boissonade는 교사·사용인 등의 급료로 그 급료가 1개월 이상 1년 미만의 기간별로 규정되는 채권의 경우에 그 채권은 5년의 시효에 걸리는 정기금채권(Boissonade 초안 제1497조, 일본舊민법 증거편 제160조)으로서의 실질을 가지나, 발생하는 채무가 소액이라는 점에서 5년이 아닌 3년의 시효에 걸리는 채권으로 보아야 한다고 논한다.[26)]

참고로 Boissonade 초안 제1498조는 위의 채권 중 3년의 단기소멸시효만이 채무자의 자백 또는 재판상의 심문에 의해 추정이 복멸된다고 하였으나,[27)] 일본舊민법 증거편 제161조는 3년, 5년의 단기소멸시효에 걸리는 권리 모두 채무

23) BOISSONARDE 4巻, p.1006, n° 379.

24) BOISSONARDE 4巻, p.1007, n° 383.

25) BOISSONARDE 4巻, p.1006, n° 380.

26) BOISSONARDE 4巻, p.1006, n° 380.

27) Boissonade는 정기금채권의 시효기간 단축의 취지에 비추어, 정기금채권에 대해 Boissonade 초안 제1498조를 적용할 수 없다고 보았다. 한편 Boissonade는 자백과 더불어 재판상의 심문(interrogation en justice)에 의해 재판소는 채무자에게 「양심에 따라(de bonne foi), 채무가 존재하지 않는다」는 선언을 요구할 수 있으며, 이를 선언하지 않는 자는 그 시효를 원용할 수 없다고 하였다. BOISSONARDE 4巻, p.1006, n° 379.

자의 자백에 의해 추정이 복멸된다고 하였다.[28)]

2) 시효의 기산점(진행개시정지)에 관한 특별한 규정이 있는 단기소멸시효

가. 공증인, 변호사, 집행사 등의 직무에 관한 소권

공증인·변호사 등의 그 직무에 관한 보수채권이나 체당지급금지급채권은 '증서의 작성 또는 재판'이 종결한 때로부터 2년의 소멸시효가 적용된다(Boissonade 초안 제1495조 제1항 및 제2항, 일본舊민법 증거편 제158조 제1항 및 제2항). Boissonade는 '증서의 작성 또는 재판'이 종결한 때까지 시효의 진행을 정지한 이유에 대해 일절 언급하지 않는다. 생각건대 수임인의 위임인에 대한 보수채권에 대해서는 수임인이 수임한 사무를 완전히 이행하여야 비로소 위임자가 보수지급의무를 진다고 여겨지므로(Boissonade 초안 제943조 제1항, 일본舊민법 재산취득편 제247조 제1항), '증서 작성 또는 소송' 계속을 법률상의 장애로 볼 수도 있다. 그러나 체당지급금지급채권에 대해서는 그와 같은 규정이 없으므로, '증서 작성 또는 소송' 계속은 객관적 사실상의 장애에 해당한다고 이해할 수밖에 없다. 따라서 Boissonade 초안 및 일본舊민법상 단기소멸시효 중 일부는 법률상 장애가 아닌 객관적 사실상 장애에 불과한 사유에 대해서도 시효의 진행개시 장애사유로 인정한 것으로 볼 수 있다.

Boissonade 초안 및 일본舊민법은 이중시효기간을 두어서 '증서 작성이나 재판'의 종결에 이르지 않더라도 권리 발생으로부터 5년이 경과하면 시효가 완성한다고 규정한다(Boissonade 초안 제1495조 제3항 및 제4항, 일본舊민법 증거편 제158조 제3항 및 제4항).

나. 재판소, 변호사, 재판소 서기, 공증인 등에 대한 서류의 반환소권

재판소, 변호사, 재판소 서기, 공증인, 집행사가 원고 또는 의뢰자로부터 직무상 맡은 서류에 관한 반환소권은, 재판관·재판소 서기·변호사에 대해서는 판결시로부터 3년, 공증인에 대해서는 증서의 작성으로부터 2년, 집행사에 대해서는 직무 집행시로부터 1년이 경과하면 시효가 완성된다(Boissonade 초안 제1499조, 일본舊민법 증거편 제162조). Boissonade는 지나치게 긴 기간 동안, 수취한 서

---

28) 참고로 법률취조위원회는 Boissonade 초안 제1498조에서「재판상의 심문」부분을 삭제하였다.『法律取調委員会·民法証拠編再調査案議事筆記 11巻 (日本近代立法資料叢書〈11〉)』, 商事法務, 1988, 156頁.

류의 반환의무를 재판소나 변호사 등에게 부담케 하는 것이 불합리하다고 보아 위 반환소권의 시효기간을 단기로 설정하였다.[29] 다만 Boissonade는 그 시효의 기산점을 판결, 증서 작성 또는 송달시로 한 것에 대해서는 아무런 이유를 적시하지 않고 있다.

Boissonade 초안 및 일본舊민법은 기탁자(寄託者)가 반환을 청구한 때에 수기자(受寄者)가 기탁물의 반환의무를 진다고 규정한다(Boissonade 초안 제901조, 일본舊민법 재산취득편 제206조 제1항). 또한 묵시적으로 기간이 규정되었다고 해석한다고 하더라도, 기탁자로부터의 청구가 있었다면 수기자는 기탁물을 반환해야 한다.[30] 따라서 기탁자의 기탁물반환소권의 행사에 대해 법률상의 장애가 없다는 점에서 시효의 기산점을 늦출 필요가 없다. 그럼에도 불구하고 본조는 증서 작성 또는 소송 계속이라는 객관적 사실상의 장애가 소멸된 시점을 시효의 기산점으로 규정하여 객관적 사실상의 장애를 시효의 진행의 장애사유로서 인정한다.

(4) 시효기간의 단기화와 contra non valentem 법언과의 관계

1) 보통소멸시효와 사실상 장애

시효의 존재이유를 거래관계의 안정으로 보는 견해(이하 '공익설(법적안정성설')는 ① 권리관계의 조기의 확정과, ② 시효완성시기의 명확화와 예측 가능성의 확보를 요구한다.[31] 이 관점에서 보면, 권리 행사에 관한 사실상의 장애에 대해서는 고려할 필요가 없다. 즉 공익설의 입장에서 보면 ① 시효기간을 단기로 설정하고, ② 진행개시장애·정지를 최대한 제한하는 것이 요구된다. 그럼에도 불구하고 Boissonade 초안 및 일본舊민법은 보통소멸시효기간을 30년이라는 장기로 설정하였다. 이러한 이유에서 Boissonade 초안 및 일본舊민법은 보통소멸시효의 경우에 사실상의 장애를 고려하지 않는 방법으로 contra non valentem 법언의 적용을 좁은 범위로 제한하였다고 볼 수 있다. 즉 Boissonade 초안 및 일본舊민법은 사실상의 장애의 발생 가능성을 사전에 상정하여 시효기간을 30

---

29) BOISSONARDE 4巻, pp.1010-1011, n° 387.

30) BOISSONARDE 3巻, pp.902-903, n° 712.

31) 김진우, "소멸시효와 제척기간", 재산법연구 제25권 제3호, 2009, 173면 이하; Zimmermann, op. cit., p.63 ff.

년이라는 장기간으로 규정한 이상, 실제로 발생한 사실상의 장애를 더욱 고려하는 것은 사실상의 장애의 존부에 대해 이중의 평가(배려)를 한 것으로 볼 수 있기 때문에 사실상 장애를 기산점 판단에 있어 고려하지 않았다. 한편 공익설의 입장에서 보면, 보통시효기간인 30년이라는 기간은 ① 권리관계의 조기 확정이라는 요청을 후퇴시킨다. 즉 사실상의 장애는 그 종류가 무한하므로, 사실상의 장애에 의한 시효의 정지를 쉽게 인정하면 시효완성시기가 현저히 늦어져 ①의 요청은 더욱 후퇴하게 된다. 또한 사실상의 장애는 그 발생에서 소멸까지의 기간이 다양하므로, 사실상의 장애에 의한 정지를 포괄적으로 인정하는 것은, 공익설의 ② 시효완성시기의 명확화의 요청에도 반한다. 요컨대 Boissonade 초안 및 일본舊민법은 이러한 공익설의 요청을 수용하고자 사실상의 장애에 대한 contra non valentem 법언의 적용을 제한한 것으로 이해할 수 있다.

2) 단기소멸시효와 소멸시효의 기산점

일본舊민법 단기소멸시효에는 특별한 시효의 기산점 규정이 있는 것과 규정이 없는 것으로 구분된다. 전자에는 재산편의 소제소권, 폐파소권, 재산취득편의 매매나 도급의 담보책임, 증거편의 재판소 등에 대한 서류의 반환소권에 관한 소멸시효가 이에 해당하며(이하 '제1유형'), 후자에는 정기금채권 등의 소멸시효가 이에 해당한다(이하 '제2유형').

가. 제1유형과 contra non valentem 법언

단기소멸시효는 공익설의 권리관계의 조기 확정이라는 요청에 적합하다. 그러나 단기의 시간에는 사실상의 장애의 발생 가능성이 충분히 고려되어 있다고 볼 수 없다. 따라서 단기소멸시효의 경우에는 사실상 장애가 제거될 때까지 시효가 진행되지 않는다고 하더라도, 최소한 '사실상의 장애의 이중 고려(배려)'라는 비판을 면할 수 있다. 이러한 이유 때문에 일본舊민법은 제1유형에서 사실상의 장애를 고려한 개별적인 기산점 규정을 두고 있다. 반면에 사실상 장애의 이러한 배려는 공익설이 주장하는 시효완성시기의 명확화라는 요청과는 긴장관계에 놓인다. 이에 폐파소권에서는 30년이라는 이중의 시효기간규정을 둠으로써 이 문제를 해결하나, 그 이외의 권리에는 명문규정을 두지 않아 해석으로 30년의 보통소멸시효가 단기소멸시효에도 적용되는지가 문제될 뿐이다.

먼저 제1유형에 있어서는, contra non valentem 법언이 권리발생시의 주관적 사실상의 장애에 대해서도 적용되는 것이 인정된다. 다만 그 시효의 진행정지의 효과가 언제까지 존속하는지에 대해서, 일본舊민법은 (가) 권리자가 권리발생을 인식한 시점(소제소권, 폐파소권, 매매목적물의 일부멸실에 의해 인정되는 소권), (나) 권리자가 권리 발생을 인식할 수 있게 된 시점(매매목적물의 수량부족에 의해 인정되는 소권은 인도시, 도급 목적물의 전부멸실에 의거한 손해배상소권손해는 멸실시), (다) 수취시(도급의 담보책임상 인정되는 소권) 등 다양하게 규정한다. 그런데 매매계약에 관한 담보책임에 의거한 소권 중, 매매목적물의 일부멸실에 의해 인정되는 소권과 매매목적물의 수량부족에 의해 인정되는 소권의 기산점은 다르다. 즉 전자는 인식시점이, 후자는 인식가능시점이 시효의 기산점이 된다. Boissonade는 이러한 구별의 이유에 대해서 아무런 언급을 하고 있지 않다. 생각건대 매매목적물이 전부멸실의 경우에는 원시적불능계약으로서 매매계약이 무효가 되는 점을 감안하여 Boissonade가 매매목적물의 일부멸실을 일부무효와 동일하다고 판단하여, 소제소권이나 폐파소권과 같이 인식시점을 시효의 기산점으로 규정한 것으로 판단된다. 한편 도급계약에 관한 담보책임에 대해서는 수취시를 시효의 기산점으로 하고 있는데, 이는 도급의 하자담보책임에서는 매매계약의 그것과 비교하여 조기의 시효 완성에 의한 담보책임으로부터의 해방을 의도한 결과라고 볼 수 있다. 즉, 시간의 경과에 따라 목적물의 하자가 수급인의 과실에 의거한 것인지를 판단하기 어려워지는 도급계약의 특수성을 고려한 것이다.

다음으로 제1유형은 contra non valentem 법언을 고려하여 객관적 사실상의 장애사유에 대해서도 시효의 진행을 방해하는 것으로 인정한다. 예컨대 공증인·변호사 등의 그 직무에 관한 보수채권은 '증서 작성 또는 재판' 종결시로부터 시효가 진행되는데, '증서 작성이나 재판'의 종결시점은 법률상 장애 및 주관적 사실상 장애가 아닌 객관적 사실상 장애사유가 해소된 시점으로 볼 수 있다.

요컨대 Boissonade 초안 및 일본舊민법은 제1유형에 있어, 보통시효기간에 비해 시효기간이 단축되었다는 점을 감안하여 contra non valentem 법언에 의거하여 사실상 장애를 시효의 진행장애사유로 인정한다. 다만 그 진행이 정지하는 기간에 대해서는 권리의 발생 원인인 계약의 특징 등을 감안하여 다양한 모습으로 규율하고 있다.

나. 제2유형과 contra non valentem 법언

제2유형은 정기금채권에 관한 5년의 단기소멸시효와 그 밖에 3년 이하의 단기소멸시효로 나눌 수 있는데, 양자 모두 contra non valentem 법언을 고려하지 않은 채 특별한 진행개시 정지사유를 인정하고 있지 않다. 그런데 Boissonade 초안 및 일본舊민법이 제1유형과 달리 제2유형에 있어서 사실상의 장애를 진행개시 정지사유로 인정하지 않은 이유는 시효기간 단축의 취지에서 찾을 수 있다. 먼저 전자(정기금채권)에 있어서의 시효기간 단축의 취지는 채무자를 파산으로부터 보호하고자 함에 있다. 이 취지에 비추어 보면, 조기에 시효를 완성시켜 채무자를 파산의 위험으로부터 해방시키는 것이 바람직하므로 Boissonade 초안 및 일본舊민법은 조기의 시효 완성을 방해하는 특별한 진행개시 정지사유를 인정하지 않았다. 반면에 후자는 채권사와 채무자사이에 장기에 걸쳐 쌓은 신용관계가 없으며 채권액이 소액이라는 점에서, 장기간의 법적 보호를 부여할 필요가 없어 시효기간이 3년 이하로 단축되었다고 할 수 있다.[32] 즉 이러한 채권에 장기간의 법적 보호를 부여해서는 안 된다는 취지에서, Boissonade 초안 및 일본舊민법은 후자의 경우에도 특별한 진행개시 정지사유를 인정하지 않았다.

2. 메이지민법상 단기소멸시효와 진행개시장애사유

메이지민법 기초담당자는 권리행사의 기간 제한에 대해, '시효에 의해 소멸한다'고 기재된 경우는 소멸시효로, 기재되지 않은 경우는 「불변기간」(이른바 제척기간)이라고 하였다.[33] 이 기준에 따르면, 메이지민법상 총칙 이외에서 규정된 20년 미만의 기간 제한 중, 취소권, 사해행위취소권, 불법행위에 의거한 손해배상채권, 상속회복청구권, 유류분감쇄청구권에 관한 기간 제한은 소멸시효에 해당하며, 매매계약의 담보책임에 의거한 각종 권리(메이지민법 제564조 이하), 도급계약의 담보책임에 관한 각종 권리(메이지 민법 제637조 이하) 등에 관한 기간 제한은 제척기간에 해당한다. 이에 본고에서는 이 기준에 의해 소멸시효로

32) 이러한 분석은 金山直樹, 「真実の推定と既判力」, 『時効における理論と解釈』, 2009, 56頁.
33) 金山直樹, 前揭論文, 210頁.

분류되는 것에 대해 특별히 살펴보고자 한다. 다만 법전조사회에 있어서, 기초담당자가 도급계약의 담보책임에 관한 권리행사기간을 소멸시효로 설명하는 부분도 있으므로,[34] 이에 대해서도 함께 검토해 보고자 한다.

논의의 편의를 위해 이하에서는 (1) 일본舊민법 재산편에 규정되었던 단기소멸시효, (2) 일본舊민법 재산취득편에 규정되었던 단기소멸시효, (3) 일본舊민법 증거편에 규정되었던 단기소멸시효, (4) 메이지 민법에 있어서 상속법에 가해진 단기소멸시효의 순으로 검토한다.

(1) 일본舊민법 재산편에 규정되었던 단기소멸시효

일본舊민법은 취소권, 사해행위취소권, 불법행위에 의거한 손해배상청구권에 관한 단기소멸시효에는 특별한 진행개시장애를 규정하였다.

취소권의 소멸시효의 기초담당자인 우메 겐지로(梅謙次郎)는 시효의 진행개시장애와 시효기간에 대해, 일본舊민법의 규정에서 특별한 변경을 가하지 않았다고 한다.[35] 다만 취소권이 5년의 특별한 단기소멸시효뿐만 아니라, 보통소멸시효가 적용된다는 점을 명확히 하기 위해, 「취소할 수 있어야 하는 행위를 행한 날로부터 보통의 소멸시효완성에 필요한 기간이 경과」함으로써 취소권이 소멸함을 명문으로 규정하였다고 논한다.[36] 그 후 정리회에서 보통소멸시효기간이 30년에서 20년이 된 영향을 받아, 취소권 또한 「보통의 소멸시효에 필요한 기간」이라는 문구에서 「20년」으로 수정되었다(메이지민법 초안 제127조, 메이지민법 제126조).[37]

사해행위취소권의 소멸시효에 관한 기초담당자인 우메(梅)는 메이지민법 제426조가 일본舊민법 재산편 제344조와 실질에 있어 다름이 없으며, 보통시효기간이 20년이 되었으므로 「30년」을 「20년」으로 변경하였다고 한다(메이지민법 초안 제422조).

Boissonade 초안 · 일본舊민법에 의해 30년의 보통소멸시효에 걸리는 불법

---

34) 金山直樹, 前揭論文, 50頁.

35) 『法典調査会民法議事速記録 〈1〉 (日本近代立法資料叢書 · 〈1〉』, 商事法務, 1983(이하 '議事録 1'로 인용함), 231頁, 238頁.

36) 議事録 1, 239頁.

37) 金山直樹, 前揭論文, 52頁.

행위에 의거한 손해배상채권[38]에 대해서, 메이지민법 기초자는 원칙상 위 채권은 손해 및 가해자를 안 때로부터 3년의 소멸시효에 걸린다고 하면서도, 「알지 못 하면 100년 후에도 200년 후에도 권리를 행사할 수 있게 된다」는 점을 고려하여, 위 채권에도 20년의 보통소멸시효기간이 적용됨을 규정하였다(메이지민법 초안 제732조, 메이지민법 제724조).[39]

(2) 일본舊민법 재산취득편에 규정되었던 단기소멸시효

메이지민법에서는 도급계약에서 도급인은 수급인에 대한 하자수보청구권과 손해배상청구권과 해제권이 인정된다. 이 권리는 단기소멸시효에 걸리며, 인도시로부터 시효의 진행이 개시한다(메이지민법 초안 제644조, 메이지민법 제637조). 메이지민법 제637조의 기초담당자인 호즈미 노부시게(穂積陳重)는 (a) 매매에 관한 제565조를 본뜬 점,[40] (b) 일반적으로 '인도'라고 하는 것이 확실하다는 점[41]에서 그와 같이 규정하였다고 한다. 한편 Boissonade 초안·일본舊민법이 장벽 등과 건물·창고를 구별한 데 반해, 메이지 민법은 이 구별을 폐지하고, 석조·연와조·토조의 공작물에 관한 시효기간을 10년으로 일원화하였다(메이지민법 초안 제645조 제1항, 메이지민법 제638조 제1항).[42] 그런데 공작물이 전항의 하자로 인하여 멸실 또는 훼손된 경우, 도급인이 가지는 담보책임에 기한 손해배상채권 등은 멸실 또는 훼손시로부터 1년 내에 행사되어야 한다(메이지민법 제638조 제2항). 즉 Boissonade 초안·일본舊민법은 '전부멸실'과 '일부멸실 및 훼손'을 구분하여 각각의 시효기간 및 기산점을 다르게 규정하였지만, 메이지민법

38) Boissonade 초안·일본舊민법은 불법행위에 의거한 채권은 30년의 보통시효기간이 적용되나, 범죄행위와 관련하는 것은 형사소송법상의 시효기간이 적용된다고 보았다. Boissonade 초안·일본舊민법에 있어서의 불법행위책임의 시효기간에 대해서는 内池慶四郎, 「不法行為による損害賠償請求権の時効起算点」, 『不法行為責任の消滅時効』, 1993, 3頁 이하.

39) 内池慶四郎, 前掲論文, 4頁 이하.

40) 메이지민법 제564조의 기초담당자인 우메(梅)는, 이 변경에 대해 "① 일본舊민법 재산취득편 제54조 제2항의 기산점으로는 시효기간이 너무 짧다(『法典調査会民法議事速記録 〈4〉 (日本近代立法資料叢書 〈4〉』, 商事法務, 1984(이하 '議事録 4'로 인용함), 15頁), ② 인도로 보는 편이 조기의 처리가 가능하여 편리하나, 일부멸실의 경우와 비교하여 기산점에 차이를 둘 정도의 이유를 발견할 수 없다"고 설명한다. 議事録 4, 25頁.

41) 議事録 4, 562頁.

42) 장벽이라 하더라도 큰 제방 등은 연와조의 건물보다 하자에 의한 영향이 커지는 경우도 있기 때문이다. 議事録 4, 566頁.

은 양자를 구분하지 않고 동일하게 '멸실 또는 훼손된 때'로부터 시효가 진행된다고 규정하였다. 이는 메이지민법이 Boissonade 초안 및 일본舊민법과 달리, 담보책임의 효과로서 도급인의 하자보수청구권을 인정한 결과라고 할 수 있다. 공작물에 훼손이 나타나면 도급인이 하자보수청구권을 빨리 행사함으로써 여타 부분이 훼손될 우려가 감소하였기 때문에, Boissonade 초안 및 일본舊민법과 같이 '담보책임기간 만료시'까지 시효가 진행되지 않는다고 인정할 필요가 없었다.[43]

(3) 일본舊민법 증거편에 규정되었던 단기소멸시효

1) 특별한 진행개시장애가 규정되어 있는 것

메이지민법 제170조(메이지민법 초안 제171조)[44]는 Boissonade초안·일본舊민법 증거편 제157조를 수정한 것이나, 본조에서는 Boissonade초안·舊민법에 없었던 특별한 진행개시장애가 규정되었다.[45] 즉 메이지민법 제170조 제2호에 의해 공사의 설계, 시공 또는 감리를 업으로 하는 자의 공사에 관한 채권은 '공사가 종료한 때'로부터 시효가 진행된다. 동조의 기초담당자인 우메(梅)는 공사에 관한 채권은 공사가 완료된 후부터 계산하여 청구하는 것이 「매우 많을 것」이라는 점, 공사에는 수년이 걸리는 것이 있으므로 공사가 완료되기 전에 청구해야 한다면 매우 불편하다는 점에서, 이탈리아민법을 참고하여 「공사의 종료시」까지 시효가 진행하지 않는다고 하였다.[46] 후자의 관점에서 보면 질병 또한 완치까지 수년이 걸리는 것이 있으므로 의사의 환자에 대한 채권에 대해서도 질병의 계속을 진행개시장애사유로 볼 수 있을 것이나, 이에 대해 우메(梅)는

---

43) 議事録 4, 567頁.

44) 메이지민법 제170조(3년의 단기소멸시효): 다음에 적은 채권은 3년간 행사하지 아니한 때에는 소멸한다. 다만, 제2호에 적은 채권의 시효는 같은 호의 공사가 종료한 때부터 기산한다.

1. 의사, 조산사 또는 약사의 진료, 조산 또는 조제에 관한 채권
2. 공사의 설계, 시공 또는 감리를 업으로 하는 자의 공사에 관한 채권

45) 참고로 Boissonade 초안 제1494조, 일본舊민법 증거편 제157조에 규정되어 있던 「교사·사용인 등의 급료로 그 급료가 1개월 이상 1년 미만의 기간별로 규정되는 것」은 삭제되었다. 기초담당자들은 "이를 세부적으로 구별하는 것이 매우 번거로우며, 일본에서는 연별로 규정하는 경우가 많고 월별은 적기 때문에 이를 구별할 실익이 별로 없다"고 보았다. 法典調査会 1, 550頁.

46) 議事録 1, 551頁.

"의사는 「이기적(합리적)」이므로, 어느 때이든지 간에 진료비의 지급을 환자에게 구할 것"이라고 보아, 질병의 계속을 진행개시장애사유로 삼지 않았다.[47] 요컨대 공사의 계속도 질병의 계속도 객관적 사실상의 장애이나 이것이 진행장애사유가 되기 위해서는 장애의 계속성뿐만 아니라, 채권자가 속한 인적 집단의 평균인의 관점에서 종료되기 전까지 권리행사를 기대할 수 없어야 한다. 변호사·공증인에 대한 서류반환채권의 소멸시효(메이지민법 초안 제172조, 메이지민법 제171조)와 변호사·공증인의 직무에 관한 채권의 소멸시효(메이지민법 초안 제173조, 메이지민법 제172조)에는 Boissonade초안·일본舊민법과 마찬가지로, 특별한 진행개시장애가 규정되었다. 메이지민법 제171조 및 제172조의 기초담당자인 우메(梅)는 "양조문은 일본舊민법 증거편 제158조 및 제162조와 동일한 의미를 가지며, 문언에 약간의 변경을 가하였을 뿐"이라고 한다.[48]

2) 특별한 진행개시장애가 규정되어 있지 않은 것

정기금채권의 단기소멸시효(메이지민법 초안 제170조, 메이지민법 제169조), 일본舊민법 증거편 제159조에 상당하는 2년의 소멸시효(메이지민법 초안 제174조, 메이지민법 제173조), 일본舊민법 증거편 제160조에 상당하는 1년의 소멸시효(메이지민법 초안 제175조, 메이지민법 제174조)에는 특별한 진행개시장애가 규정되어 있지 않다. 위 조문들의 기초당당자인 우메(梅)는 "정기금채권의 단기소멸시효에 관한 초안 제170조는, 일본舊민법 증거편 제156조와 대략 동일하며 일본舊민법과 같이 정기금채권을 열거하지 않고 원칙을 규정하였다"고 한다.[49] 한편 메이지민법 초안 제174조는 일본舊민법 증거편 제159조의 1년의 시효기간을 2년으로 연장하였다. 이에 대해 우메(梅)는 "법률관계를 이른 시점에 확정할 필요는 있으나, 시효기간을 1년으로 하면 신용이 있는 자에 대해서도 소를 제기해야 하는 바람직하지 않은 사태가 발생하며, 이는 오히려 채권자와 채무자 사이의 신뢰 및 신용형성을 저해하므로 2년이 적당하다"고 한다.[50] 메이지민법 초안 제175조도 초안 제174조와 동일한 이유에 의거하여 일본舊민법 증거편 제

47) 議事録 1, 551頁.
48) 議事録 1, 554頁, 559頁.
49) 議事録 1, 548頁.
50) 議事録 1, 561頁.

160조의 6개월의 시효기간을 1년으로 연장하였다.[51] 더 나아가 일본舊민법 증거편에 없었던 「운송료에 관한 채권」과 「동산의 손료(損料)에 관한 채권」도 동조의 적용대상이 되었다. 특히 우메(梅)는 「동산의 손료」가 장기간 빌려주는 성질의 것이 아니며, 신용이 없는 자에게 빌려준 경우에는 채권자가 곧바로 돌려받으러 갈 것이므로, 「동산의 손료에 관한 채권」을 단기소멸시효의 대상으로 포함시키지 않은 것은 일본舊민법의 결점이라고 평가한다.[52]

메이지민법 초안 제170조, 제174조, 제175조에 있어서의 시효기간 이외의 변경사항은, 채무자가 변제하지 않았음을 자백한 경우에 관한 일본舊민법 증거편 제161조를 삭제한 점이다. 우메(梅)는 일본舊민법 증거편 제161조가 시효를 법률상의 추정으로 보는 관점에서 규정된 것으로 보아, 시효를 법률상 추정으로 보지 않는 메이지민법에서는 동조를 채용하지 않았다고 한다.[53]

(4) 상속법상 단기소멸시효

상속회복청구권의 소멸시효에 대해 규정한 메이지민법 초안 제974조(메이지민법 제884조)에 관하여, 동조의 기초담당자인 호즈미(穂積)는 "상속회복청구권은 상속권의 다양한 권리의무를 포함하므로 그 시효기간은 통상의 시효기간의 최장이어야 한다"고 논하며, 시효기간을 20년으로 정한다. 다만 호즈미(穂積)는 가독상속 등은 조기에 확정해야 한다고 논하면서, 「상속권 침해의 사실은 안 때」로부터 5년의 단기소멸시효가 적용된다고 규정을 두었다.[54]

한편 유류분감쇄청구권의 소멸시효에 대해 규정한 메이지민법 초안 제1055조(메이지민법 제1042조)에 관하여, 동조의 기초담당자인 도미이 마사아키(富井政章)는 "프랑스와 같이 위 채권의 시효기간을 30년으로 설정하면 지나치게 길기 때문에 최장기간을 10년으로 하고, 유류분권리자가 그 권리를 안 때로부터 1년의 시효에 걸리는 것으로 정하였다"고 한다.[55]

---

51) 議事録 1, 565頁.

52) 議事録 1, 566頁.

53) 議事録 1, 411頁.

54) 『法典調査会民法議事速記録 〈7〉(日本近代立法資料叢書 〈7〉)』, 商事法務, 1984(이하 '議事録 7'로 인용함), 250頁.

55) 議事録 7, 883頁.

(5) 메이지민법상 단기소멸시효와 contra non valentem 법언의 관계

메이지민법상 단기소멸시효는 (a) 객관적 사실상의 장애에 관한 특별한 진행개시장애를 규정한 것(공사에 관한 채권 등), (b) 주관적 사실상의 장애에 관한 특별한 진행개시장애를 규정한 것(취소권 등), (c) 특별한 진행개시장애의 규정이 없는 것으로 나눌 수 있다.

먼저, 사실상의 장애에 대한 특별한 진행개시장애사유가 인정된 (a) (b)에 대해 살펴본다. 이는 시효기간 단축에 수반하여 사실상의 장애를 진행개시장애사유로 인정한 것이다.[56] 다만 특별한 진행개시장애사유의 승인은 시효완성시기의 명확화라는 시효제도의 존재이유와 긴장관계에 놓인다. 또한 주관적 사실상 장애를 고려하게 되면 단기소멸시효가 보통시효기간 이상으로 연장할 가능성이 있어 권리관계의 조기 확정이라는 단기소멸시효제도의 존재이유를 후퇴시키는 결과를 가져올 수 있다. 이러한 이유 때문에 단기소멸시효에 있어서의 특별한 진행개시장애사유를 인정하더라도, 시효제도의 존재이유를 어떻게 고려할 것인지가 문제된다.

먼저 객관적 사실상의 장애에 대해 특별한 진행개시장애를 규정하는 (a) 중, 공사에 관한 채권은 공사의 미완료를 진행개시장애사유로 인정하고 있다. 공사에 관한 채권에 대해서만 '공사의 계속'이라는 객관적 사실상의 장애가 진행개시장사유로 인정된 이유는 공사에 관한 채권을 가지는 권리자가 속하는 인적 집단의 평균인에게 공사의 계속 중에는 권리행사를 기대할 수 없기 때문이다. 변호사 등에 관한 시효에 있어서, 소송 계속이나 직무 집행이 진행개시장애사유가 되는 것 또한 위와 동일한 이유일 것이다. 요컨대 권리자 개인을 기준으로 하면, 무엇이 객관적 사실상의 장애에 해당하는지를 판단하기가 곤란해져 시효완성시기가 불명확해진다. 반면에 권리지가 속하는 인적 집단의 평균인을 기준으로 권리행사가능성을 고려하면 개개의 권리자를 기준으로 하는 것보다 시효완성시기가 더 명확해질 것이다. 생각건대 '권리자가 속하는 인적 집단의 평균인'을 기준으로 권리행사의 가능성을 판단한 것은 시효제도의 존재이유와

56) 위에서 확인한 것처럼 시효기간 단축과 진행개시장애사유의 확대라는 관계성은 Boissonade 초안·일본舊민법에서도 찾아볼 수 있다.

contra non valentem 법언을 적절하게 중용한 결과라 할 수 있다.

한편 (b)의 주관적 사실상의 장애에 있어서, 법전조사회의 기초담당자는 취소권에 단기소멸시효뿐만 아니라 보통시효도 적용된다고 명언한다. 이러한 방법은 사해행위취소권이나 불법행위에 의거한 손해배상채권에서도 확인된다는 점에서, 기초담당자는 단기소멸시효가 규정되어 있는 권리는 일반적으로 보통시효도 적용된다고 판단하였다고 볼 수 있다. 그 결과 특별한 진행개시장애 사유로 인하여 단기소멸시효기간은 보통시효기간 이상으로 연장되지 않는다. 이는 명문으로 이중시효기간을 두어 시효제도의 목적을 달성하는 방법이라는 점에서 해석으로 확장할 수 있을 것인지가 문제되나 입법자가 개별규정에만 이중시효기간을 둔 이상, 유추 등을 통해 특별한 진행개시장애사유를 확장해서는 안 될 것이다.[57)]

반면에 (c)에는 특별한 진행개시장애가 규정되어 있지 않다. 정기금채권에 관한 메이지민법 초안 제170조는 Boissonade초안·일본舊민법과 동일한 취지로 입법된 것으로 판단된다. 즉 동조에서 특별한 진행개시장애가 규정되지 않은 이유는, Boissonade초안·일본舊민법과 마찬가지로, 단기소멸시효로 인정한 취지에서 찾을 수 있다. 메이지민법 초안 제175조에 「운송료에 관한 채권」과 「동산의 손료에 관한 채권」이 추가된 이유에 비추어볼 때, 메이지민법 초안 제175조는 채무자에게 신용이 없는 채권에 관한 시효를 규정한 것이라 할 수 있다. '최단기의 시효기간은 오히려 채권자와 채무자의 신뢰 및 신용형성을 저해한다'는 메이지민법 초안 제174조에 관한 기초담당자의 발언을 고려해 보면, 채권자와 채무자의 신뢰 및 신용형성을 저해하지 않는 채권에 대해서는 극히 짧은 소멸시효기간을 두는 것도 무방하며, 그 경우에는 특별한 진행개시장애를 규정하지 않는다 하더라도 contra non valentem 법언을 고려하지 않았다는 비판에서

57) 참고로 6개월의 단기의 제척기간에 걸리는 담보책임상의 권리가 '하자를 안 날'을 기산점으로 하는 결과(제582조) 매매 이후에 10년이 넘은 후에도 담보책임의 문제가 발생하자, 우리 판례는 소멸시효와의 경합을 인정하여 법률관계의 신속한 확정을 도모하였다(대법원 2011. 10. 13. 선고 2011다10266 판결). 이에 대한 상세한 설명은 서종희, "하자담보책임상의 매수인의 손해배상청구권과 소멸시효와의 관계", 동아법학 제72호, 2016, 78면 이하 참조. 그런데 본고에서는 객관적 기산점에 의한 단기소멸시효로 인하여 권리자의 진정한 보호에 미흡하게 되는 것에 대한 문제를 해결하고자 하는 것이라는 점에서 정반대되는 결과에 대한 해결책 모색이라는 점에서 특징이 있다.

자유로울 수 있을 것이다.

Ⅲ. 우리 민법상 단기소멸시효의 기산점 판단법리

우리 민법은 단기소멸시효에만 적용되는 기산점 규정 및 특별한 시효정지 규정 등을 두고 있지 않다. 이에 단기소멸시효에 걸리는 권리 또한 원칙상 법률상 장애여부에 따라 시효의 진행여부를 판단해야 한다. 즉 민법상 단기소멸시효가 적용되는 경우뿐만 아니라 상법 등에 의해 단기소멸시효가 적용되는 권리 또한 민법 제166조 제1항에 의해 기산점을 판단하게 되는 경우에는 '법률상 장애설'에 입각하여 시효의 완성여부를 판단한다.[58] 예컨대 보험계약상 보험금청구권의 소멸시효기간은 3년인데(2014. 3. 11. 법률 제12397호로 상법이 개정되기 전까지 2년), 판례는 "보험약관에 보험금청구권의 행사요건에 관한 별다른 요건을 두지 않은 경우에 민법 제166조 제1항의 기산점 판단법리에 따라 보험사고가 발생하면 그 즉시 법률상 보험금청구권이 성립하므로 원칙적으로 그 소멸시효 역시 그 때로부터 기산하여야 한다"고 본다.[59] 다만 예외적으로 판례는 피보험자의 실질적인 권리행사가능성을 고려하여, 법률상 장애가 아닌 객관적 사실상 장애사유가 보험청구권자 측에 존재하는 경우에도 시효가 진행되지 않는다고 보기도 한다.[60] 더 나아가 우리 판례는 3년의 소멸시효기간을 둔 하수급인의 수급인에 대한 저당권설정청구권(민법 제666조)에 대해서도 객관적 사실상의 장애를 고려하여 시효의 진행여부를 판단하기도 한다. 이에 이하에서는 어떠한 이유에서 위와 같은 단기소멸시효에 걸리는 권리에 대해서 법률상 장애 이외의 사유를 전제로 기산점을 판단하는지에 대해 검토해 보고자 한다.

---

58) 학설대립에 대해서는 한기정, 보험법, 박영사, 2017, 314면 이하 참조.

59) 대법원 1997. 11. 11. 선고 97다36521 판결 등 참조. 다만 보험금청구권의 행사에 대하여 약관상 특별한 요건 내지 절차가 부가되어 있다면 이를 마친 때 소멸시효가 진행한다(대법원 2014. 7. 24. 선고 2013다27978 판결).

60) 대법원 1993. 7. 13. 선고 92다39822 판결 및 대법원 2002. 9. 6. 선고 2002다30206 판결 등 다수. 판례들에 대한 상세한 소개는 홍성균, "소멸시효 기산점에 관한 객관적 체계의 완화", 비교사법 제25권 제4호, 2018, 1383면 이하 참조.

1. 보험금청구권과 소멸시효의 기산점

자동차운행 중 사고와 관련하여 피보험자가 아닌 제3자를 운전자로 보고 공소가 제기되었다가 제1심법원에서 그에 대한 무죄판결이 선고되면서 그 운전자가 피보험자이던 망인임이 드러난 사안에서, 대법원 1993. 7. 13. 선고 92다39822 판결은 "보험사고가 발생한 것인지의 여부가 객관적으로 분명하지 아니하여 보험금액청구권자가 과실없이 보험사고의 발생을 알 수 없었던 경우에도 보험사고가 발생한 때로부터 보험금액청구권의 소멸시효가 진행한다고 해석하는 것은, 보험금액청구권자에게 너무 가혹하여 사회정의와 형평의 이념에 반할 뿐만 아니라 소멸시효제도의 존재이유에 부합된다고 볼 수도 없으므로, 이와 같이 객관적으로 보아 보험사고가 발생한 사실을 확인할 수 없는 사정이 있는 경우에는, 보험금액청구권자가 보험사고의 발생을 알았거나 알 수 있었던 때로부터 보험금액청구권의 소멸시효가 진행한다고 해석하는 것이 타당하다(밑줄은 필자가 첨가)"고 본다. 즉 대법원은 위 사안에서 제3자가 제1심 무죄판결이 선고되었을 때 비로소 피보험자인 망인이 자동차를 운전하다가 교통사고를 일으켜 사망하여 보험사고가 발생하였던 사실이 객관적으로 확인될 수 있게 되었으므로 그 전까지는 소멸시효가 기산하지 않는다고 본 것이다. 이는 채권자가 보험금청구권을 현실적으로 행사할 수 있는지에 대한 기대가능성을 고려하였다는 점에서 '객관적 사실상 장애'가 있는 경우에는 시효가 진행되지 않는다고 본 판결로 볼 수 있다. 한편 판례는 대법원 2015. 3. 26. 선고 2012다25432 판결에서 보험금청구권과 그 실질이 유사하다고 볼 수 있는 하자보수보증금청구권에서도 객관적 사실상 장애가 존재하는 경우에도 현실적으로 권리를 행사할 수 있는지에 대한 기대가능성을 고려하여 기산점을 판단하였다.[61]

2. 하수급인의 수급인에 대한 저당권설정청구권과 소멸시효기산점

민법 제666조에 의하면, 부동산공사의 수급인은 공사대금채권 등을 담보하

---

61) 대법원 2015. 3. 26. 선고 2012다25432 판결. 즉, 동 판결은 한국공인중개사협회와 중개업자 사이의 공제계약에 기한 공제금청구권의 소멸시효는 건물주로부터 인도청구를 받는 등 공제사고 발생을 알 수 있었던 때로부터 진행한다고 보아 현실적 권리행사의 기대가능성을 고려하였다.

기 위하여 그 부동산을 목적으로 한 저당권의 설정을 청구할 수 있다. 더 나아가 수급인으로부터 건물신축공사 중 일부를 도급받은 하수급인 또한 수급인에 대하여 민법 제666조에 따른 저당권설정청구권을 행사할 수 있다.[62] 그런데 명문에는 수급인의 도급인에 대한 저당권설정청구권의 시효기간 및 시효의 기산점에 대해서 규정하고 있지 않고 있다.

먼저 그 행사기간에 대해서 대법원 2009. 11. 12. 선고 2008다41451 판결은 "도급받은 공사의 공사대금채권은 민법 제163조 제3호에 따라 3년의 단기소멸시효가 적용되고, 공사에 부수되는 채권도 마찬가지인데, 민법 제666조에 따른 저당권설정청구권은 공사대금채권을 담보하기 위하여 저당권설정등기절차의 이행을 구하는 채권적 청구권으로서 공사에 부수되는 채권에 해당하므로 소멸시효기간 역시 3년이다"고 본다.[63]

다음으로 소멸시효의 기산점은 개별규정이 없으므로 일반규정인 민법 제166조 제1항에 의해 '권리를 행사할 수 있을 때'에 진행된다고 할 수 있다. 판례의 기본적인 입장인 법률상 장애설에 의하면, 객관적 사실상 장애는 시효의 진행을 막지 못한다. 그런데 우리 판례는 하수급인의 수급인에 대한 저당권설정청구권의 경우는 '권리의 행사가능성'에 관한 인식가능성을 전제로 하여 시효의 진행여부를 판단한다. 예컨대 대법원 2016. 10. 27. 선고 2014다211978 판결은 "건물신축공사에서 하수급인의 수급인에 대한 민법 제666조에 따른 저당권설정청구권(이하 '저당권설정청구권'이라 한다)은 수급인이 건물의 소유권을 취득하면 성립하고 특별한 사정이 없는 한 그때부터 권리를 행사할 수 있지만, 건물 소유권의 귀속주체는 하수급인의 관여 없이 도급인과 수급인 사이에 체결된 도급계약의 내용에 따라 결정되고, 더구나 건물이 완성된 이후 소유권 귀속에 관한 법적 분쟁이 계속되는 등으로 하수급인이 수급인을 상대로 저당권설정청구권을 행사할 수 있는지를 객관적으로 알기 어려운 상황에 있어 과실 없이 이를 알지 못한 경우에도 청구권이 성립한 때부터 소멸시효가 진행한다고 보는 것은 정의와 형평에 맞지 않을 뿐만 아니라 소멸시효 제도의 존재이유에도 부합한다고 볼 수 없다. 그러므로 이러한 경우에는 객관적으로 하수급인이 저당권설정청구

62) 대법원 2016. 10. 27. 선고 2014다211978 판결.
63) 대법원 2016. 10. 27. 선고 2014다211978 판결.

권을 행사할 수 있음을 알 수 있게 된 때부터 소멸시효가 진행한다(밑줄은 필자가 첨가)"고 보아, 법률상 장애가 아닌 객관적 사실상 장애가 있는 경우임에도 불구하고 시효의 진행을 인정하지 않아 '법률상 장애설'의 취하는 종래 판례의 입장과는 다른 결론을 도출하였다. 이는 하수급인의 수급인에 대한 저당권설정청구는 신축건물의 소유권이 원시적으로 도급인이 아닌 수급인에게 귀속되는 것을 전제로 하기 때문에 하수급인은 자신이 저당권설정청구권을 가지는지 여부 자체를 알기 어렵다는 점을 고려한 결과라고 볼 수 있다. 부동산에 관한 공사도급의 경우에 수급인의 노력과 출재로 완성된 목적물의 소유권은 원칙적으로 수급인에게 귀속되지만 도급인과 수급인 사이의 특약에 의하여 달리 정하거나 기타 특별한 사정이 있으면 도급인이 원시취득하게 되므로,[64] 하수급인 입장에서는 도급인과 수급인 사이의 소유권 귀속에 관한 합의 등에 대해서 알기 어렵다. 즉 신축건물 소유권의 귀속은 하수급인의 판단영역을 벗어나 도급인과 수급인 사이의 도급계약에 따라 결정되기 때문에 이를 알기 어려우며, 도급인과 수급인 사이에서도 신축건물의 소유권 귀속에 관한 분쟁을 하는 경우가 많다는 점에서 제3자인 하수급인 입장에서는 자신이 저당권설정청구를 행사할 수 있는지가 애매한 경우가 많다. 판례는 이런 현실적인 행사의 기대가능성을 고려하여 "건물이 완성된 이후에도 소유권 귀속에 관한 법적 분쟁이 계속되는 등으로 하수급인이 수급인을 상대로 그 권리를 행사할 수 있는지를 객관적으로 알기 어려운 상황에 있었다면 그 저당권설정청구권은 하수급인이 이를 행사할 수 있음을 알 수 있게 된 때로부터 3년의 소멸시효가 진행한다"고 보았다고 평가할 수 있다.

3. 검 토

권리의 행사기간을 단기로 하였으면서도 법률상 장애설을 전제로 하는 경직된 해석으로 그 권리의 소멸시효의 기산점을 지나치게 객관화시키는 것은, 경우에 따라서는 채권자에게 지나치게 불리한 결과를 가져온다. 이러한 이유 때문에 Boissonade 초안이나 일본舊민법은 보통소멸시효기간보다 단기로 정한

64) 대법원 2010. 1. 28. 선고 2009다66990 판결 등.

일부 권리에 대해서는 'contra non valentem 법언'을 고려하여 그 시효의 기산점에 관한 개별규정을 두었다. 그런데 메이지민법 제정시, Boissonade 초안이나 일본 舊민법에서 개별규정을 두었던 권리 중 일부만이 유지되었을 뿐, 일부는 제척기간에 걸리는 권리로 변경되었으며 일부는 개별규정 자체를 두지 않았다. 그런데 우리민법은 메이지민법보다도 더 단순하게 단기소멸시효의 기산점을 대부분 민법 제166조 제1항의 적용을 받도록 규정하였다. 더욱이 상법 등에 의해 단기소멸시효가 적용되는 경우에도 특별한 약정이나 규정이 없는 한, 제166조 제1항에 의해 '권리를 행사할 수 있을 때'를 기준으로 하여 시효의 기산점을 판단한다.[65] 그러나 계수사적으로 보더라도 단기소멸시효에 대해서는 시효의 기산점을 보통소멸시효와는 다르게 규정한 경우가 있었다는 점을 감안하면, 단기소멸시효의 경우에는 보통소멸시효에 비하여 더 완화된 기준으로 시효의 기산점을 판단할 여지는 있다. 이런 이유에서 우리 판례가 단기소멸시효에 걸리는 보험금청구권 및 하수급인의 수급인에 대한 저당권설정청구권에 대해서 '현실적인 권리행사의 기대가능성'을 고려하여 시효의 기산점을 판단한 것은 타당하다.[66]

Ⅳ. 맺음말

본고는 단기소멸시효의 경우에는 보통소멸시효와 다른 관점에서 기산점을 판단할 수 있을 것인지, 있다면 그 근거를 어디에서 찾을 수 있을 것인지를 검토하고자 하였다. 특히 본고는 Boissonade 초안·일본舊민법 및 메이지민법의 제정과정에서의 논의를 통해 단기소멸시효의 취급을 보통소멸시효와 다르게 할 수 있는 논거를 찾고자 하였다.

65) 책임보험의 경우 상법 제723조 제3항에 비추어, 보험사고 발생 시점이 아니라 법원의 판결 등에 의해 피보험자에게 변상책임이 있음이 확정된 때에 소멸시효가 진행된다. 대법원 2002. 9. 6. 선고 2002다30206 판결.

66) 판례에 대한 긍정적인 평가로는 김미리, "납북된 피랍자의 납북 피해에 대한 국가배상청구권의 소멸시효 기산점", 특별법연구 10권: 전수안대법관 퇴임기념, 2012, 580-581면; 권영준, "소멸시효와 신의칙", 재산법연구 제26권 제1호, 2009, 15면 이하; 서종희, "소멸시효의 기산점에 관한 고찰 - 2013년 민법개정안을 반영하여", 일감법학 제37호, 2017, 128면 이하; 홍성균, 앞의 논문, 1382면 이하, 1409면 이하.

먼저 Boissonade 초안 및 일본舊민법은, 사실상의 장애의 발생 가능성을 사전에 상정하여 시효기간을 30년이라는 장기간으로 규정한 이상, 실제로 발생한 사실상의 장애를 더욱 고려하는 것은 사실상의 장애의 존부에 대해 이중의 평가(배려)를 한 것으로 보았다. 이런 이유에서 Boissonade 초안 및 일본舊민법은 사실상 장애에 대해서는 contra non valentem 법언의 적용을 좁은 범위로 제한하였다고 볼 수 있다. 반면에 단기소멸시효는 장기간의 권리행사기간을 통해 사실상 장애를 배려하지 못하였다는 점을 감안하여 단기소멸시효에 걸리는 일부 권리에 대해서는 소멸시효의 기산점에 관한 개별규정을 두었다. 그러나 Boissonade 초안 및 일본舊민법을 기초로 제정된 메이지민법은 Boissonade 초안 및 일본舊민법보다도 단기소멸시효와 관련된 개별규정을 두는 것에 대해 소극적이었으며, 이에 일본 최고재판소는 contra non valentem 법언을 고려하여, 일부 단기소멸시효에 걸리는 권리에 대해서는 보통소멸시효의 기산점에 대한 해석의 기준보다도 더 완화된 기준으로 판단한다.[67)]

요컨대 Boissonade 초안·일본舊민법 및 메이지민법은 보통소멸시효가 장기의 시효기간(30년 내지 10년)을 인정하여 사실상의 장애를 고려한 반면에 단기소멸시효의 경우에는 사실상의 장애를 별도로 배려하지 못하였다는 점을 고려하여, 단기소멸시효의 기산점에 관한 특별규정을 둔 것이라 할 수 있다. 그런데 우리 민법은, 메이지민법을 계수하면서도 그러한 단기소멸시효의 기산점에 관한 개별규정을 두고 있지 않아, 제166조 제1항에 의거하여 소멸시효의 기산점을 판단할 수밖에 없다. 종래 우리 판례는 단기소멸시효가 가지는 특수성에 대한 진지한 고민 없이 시효에 대한 기산점 판단법리를 시효가 장기인지 단기인지를 구분하지 않고 '법률상 장애설'로 판단하였다. 그러나 단기소멸시효에 대해서도 엄격하게 법률상 장애설을 취하게 되면, 객관적으로 그러한 권리행사의 발생사실을 인지할 수 없었던 경우에도 시효가 완성되어 정의와 형평에 맞지 않을 뿐만 아니라 소멸시효 제도의 존재이유에도 부합하지 않을 수 있다. 요컨대 공익을 위해 존재하는 시효제도라 할지라도, 「호소할 수 없는 자에 대해 시효는 진행되지 않는다」는 법언을 고려한다면, 단기소멸시효의 기산점을 판단

67) 最判 平成17(2005)年 11月 21日, 民集 59巻 9号 2558頁; 最判 平成15(2003)年 12月 11日, 民集 57巻 11号 2196頁.

함에 있어 경직된 법률상 장애설을 취할 필요는 없다. 이러한 이유에서 최근 우리 판례가 단기소멸시효에 걸리는 보험금청구권 및 하수급인의 수급인에 대한 저당권설정청구권에 대해서 '현실적인 권리행사의 기대가능성'을 고려하여 완화된 기준으로 기산점을 판단하고 있는 것은 타당하다.

〈참고문헌〉

1. 국내문헌

곽윤직/김재형, 민법총칙, 박영사, 2012.

김미리, "납북된 피랍자의 납북 피해에 대한 국가배상청구권의 소멸시효 기산점", 특별법연구 10권: 전수안대법관 퇴임기념, 2012.

김진우, "소멸시효와 제척기간", 재산법연구 제25권 제3호, 2009.

서종희, "소멸시효기산점(민법 제166조 제1항) 판단기준에 대한 고찰 - 종래 통설 및 판례에 대한 비판적 입장에서 -", 재산법연구 제37권 제1호, 2020.

______, "신의칙에 기한 소멸시효항변의 제한 및 그 한계", 법학논총 제25집 제1호, 2018.

______, "소멸시효의 기산점에 관한 고찰 - 2013년 민법개정안을 반영하여", 일감법학 제37호, 2017.

______, "하자담보책임상의 매수인의 손해배상청구권과 소멸시효와의 관계", 동아법학 제72호, 2016.

한기정, 보험법, 박영사, 2017.

홍성균, "소멸시효 기산점에 관한 객관적 체계의 완화", 비교사법 제25권 제4호, 2018.

2. 해외문헌

Gabriel BAUDRY－LACANTINERIE, Précis de droit civil, t.3., 3eéd., 1889.

G. BOISSONARDE, Projet de code civil pour l'empire du japon accompagné d'un commentaire(1巻 내지 5巻), 1890~1891.

MIOL earcel PLANt Georges RIPER, Traité pratique de droit civil français., t.11., 2eéd., 1954.

R. Zimmermann, Comparative Foundations of a European Law of Set－Off and Prescription, 2002.

金山直樹,「真実の推定と既判力」,『時効における理論と解釈』, 2009.
内池慶四郎,「不法行為による損害賠償請求権の時効起算点」,『不法行為責任の消滅時効』, 1993.
『法典調査会民法議事速記録 <1>(日本近代立法資料叢書 <1>)』, 商事法務, 1983.
『法典調査会民法議事速記録 <4>(日本近代立法資料叢書 <4>)』, 商事法務, 1984.
『法典調査会民法議事速記録 <7>(日本近代立法資料叢書 <7>)』, 商事法務, 1984.
『法律取調委員会·民法草案財産取得編議事筆記 9巻(日本近代立法資料叢書 <9>)』, 商事法務, 1987.
『法律取調委員民法証拠編再調査案議事筆記 11巻(日本近代立法資料叢書·<11>)』, 商事法務, 1988.

제 3 장

일반소멸시효의 기산점 판단법리의 기원
- Boissonade 민법초안부터 메이지민법 제정까지 -

Ⅰ. 들어가는 말

우리 민법[1] 제166조 제1항에 의하면, "소멸시효는 권리를 행사할 수 있는 때로부터 진행한다"고 규정되어 있다. 이와 관련하여 우리 판례는 "'권리를 행사할 수 있다'라고 함은 그 권리의 행사가 법률상의 장애, 예를 들면 기간의 미도래나 조건불성취 등이 있는 경우를 말하는 것이고, 사실상 권리의 존재나 권리의 행사가 가능함을 알지 못하였고 알지 못함에 과실이 없다는 것과 같이 그 행사에 사실상의 장애가 있음에 불과한 경우에는 이에 해당하지 아니한다"고 본다.[2] 요컨대 판례는 법률상 장애와 사실상 장애로 나누고 법률상 장애를 전제로 소멸시효의 기산점을 판단하고 있다.[3] 판례가 어떠한 이유에서 제166조 제1항의 의미를 법률상 장애로 국한시키는지에 대해서는 아무런 설시가 없으며, 학설 또한 이러한 판례의 이해에 문제점을 지적할 뿐,[4] 그러한 해석의 기원

1) 이하 조문만을 명시하는 경우에는 우리 민법을 의미한다.

2) 통설 또한 이러한 입장이다. 대표적으로 곽윤직/김재형, 민법총칙, 박영사, 2012, 412면; 이주현, "채권자의 권리행사가 객관적으로 불가능한 사실상의 장애사유가 있음에 불과한 경우 채무자의 소멸시효항변이 신의칙에 반한다는 이유로 허용하지 않을 수 있는지 여부", 대법원판례해설 제42호, 2003, 557면.

3) 대법원 1984. 12. 26. 선고 84누572 전원합의체 판결; 대법원 1992. 3. 31. 선고 91다32053 전원합의체 판결; 대법원 2004. 4. 27. 선고 2003두10763 판결 등.

4) 권영준, "소멸시효와 신의칙", 재산법연구 제26권 제1호, 2009; 김미리, "납북된 피랍자의

에 대해서는 별다른 언급이 없다.[5] 이러한 문제의식을 가지고 본고에서는 법률상 장애와 사실상 장애의 이분론을 취하고 있는 판례의 해석상 기원을 찾고자 한다.[6] 이에 이하에서는 먼저 제166조 제1항의 모법이라고 할 수 있는 메이지민법[7] 제166조 제1항[8]에 대한 일본의 통설 및 판례를 간단히 살펴보고자 한다(II).[9] 다음으로 메이지민법 제정에 지대한 영향을 준 Boissonade 민법초안(이하 'Boissonade 초안'으로 칭함)과 일본舊민법 및 Boissonade가 참조한 1804년 제정된 프랑스 민법(이하 '프랑스舊민법'으로 칭함)을 검토해 보고(III),[10] 메이지민법 제166조의 입법과정을 살펴보고자 한다(IV). 마지막으로 맺음말에 갈음하여 위의 분석을 토대로 제166조 제1항의 의미와 해석의 한계를 고찰해 보고자 한다(V).

II. 메이지민법 제166조 제1항의 의미

메이지민법 제166조 제1항은 소멸시효의 기산점을 규정한다. 한편 시효정지를 인정하고 있으나, 시효 완성을 유예하는 「완성정지」만이 인정될 뿐 장애가 존재하는 기간의 시효의 진행을 정지시키는 「진행정지」는 인정되지 않는다.[11] 특히 일본민법 제166조 제1항의 '권리를 행사할 수 있을 때'를 이해하는 입장은 학설과 판례의 견해가 나뉜다.

납북 피해에 대한 국가배상청구권의 소멸시효 기산점", 특별법연구 10권: 전수안대법관퇴임기념, 2012; 서종희, "신의칙에 기한 소멸시효항변의 제한 및 그 한계", 법학논총 제25집 제1호, 2018.

5) 서종희, "소멸시효의 기산점에 관한 고찰", 일감법학 제37호, 2017, 127-128면; 서종희/나강, "불법행위 손해배상청구권의 단기소멸시효의 기산점", 서울법학 제26권 제2호, 2018, 201면 이하에서 이에 대해 약간 고찰하고 있을 뿐이다.

6) 우리 민법의 입법이유서 등에는 이에 대해서 별다른 언급이 없다. 명순구, 실록 대한민국 민법, 법문사, 2008, 435면 이하.

7) 2020년 4월 1일부터 개정된 일본민법이 시행되고 있어 본고에서는 개정 전 일본민법을 '메이지민법'이라 칭하여 구분하고자 한다.

8) 조문의 내용은 우리 민법 제166조 제1항과 동일하다.

9) 이에 대한 간단한 분석은 서종희, 앞의 논문(주 5), 133-135면에서도 확인 가능하다.

10) 서종희, 앞의 논문(주 5), 127면에서는 법률상 장애를 기준으로 소멸시효의 기산점을 이해하는 판례의 태도를 Boissonade(부아소나드) 민법에 영향을 받은 것으로 이해한다.

11) 상세한 설명은 五十嵐清|川島武宜編, 『注釈民法(5)』, 有斐閣, 1967, 139頁 이하. 우리민법 또한 제179조 내지 제182조에서 완성정지만을 인정하고 있을 뿐이다.

1. 일본의 학설

먼저 '법률상 장애설'로 불리는 일본의 통설은 소멸시효의 기산점이 주관화되면 시효제도를 통한 거래의 안전을 도모할 수 없다는 이유에서 채권자의 주관적 사정 등은 사실상 장애에 불과하다고 보아 조문에 특별한 규정이 없다면 시효의 진행에 영향을 미치지 않는다고 본다.[12] 요컨대 이 견해는 법률상 장애가 없다면, 채권자의 개인적 사정은 시효의 진행과 무관하다고 본다. 반면에 현실적 기대가능성설로 불리는 견해는 메이지민법 제166조 제1항의 '권리를 행사할 수 있는 때'로부터 시효가 진행된다는 것은 '권리를 행사할 수 없는 때로부터는 진행하지 않는다'는 소극적 의미를 가질 뿐이라고 본다.[13] 따라서 이 견해는 '권리를 행사할 수 있는 때'란 '권리를 행사할 수 있음을 안 시기', 즉 채권자의 직업·지위·교육 등의 요인으로 권리를 행사할 수 있다고 기대 내지 요구할 수 있는 시기로 해석해야 한다고 주장한다. 한편 '이원설'로 불리는 또 다른 견해는 제166조 제1항의 권리행사 가능성은 법률상 장애가 없는 경우와 사실상 장애가 없는 경우를 모두 고려해야 하나 전자는 기산점의 문제로 후자는 시효정지사유의 의미로 접근한다.[14]

2. 일본의 판례

초기 일본의 판례는 주류적으로 법률상 장애설에 입각하여 시효의 기산점을 판단하였다. 대표적으로 大判 昭和12(1937)年 9月 17日[15]에서 "권리자가 부당이득반환청구권의 발생을 알지 못하였다고 하더라도 이는 단순한 사실상의 장애일 뿐으로 시효진행개시의 장애가 될 수 없다"고 본 이후로 일본의 판례로 자리를 잡았다. 그런데 근래의 판례 중에는 현실적인 기대가능설의 입장에서

12) 我妻栄, 『新訂民法総則〔民法講義 I〕』, 岩波書店, 1965, 288頁; 幾代通, 『民法総則〔第2版〕』, 青林書院, 1984, 503頁; 四宮和夫/能美善久, 『民法総則〔第6版〕』, 弘文堂, 2002, 392頁; 山本敬三, 『民法講義 I 総則〔第2版〕』, 有斐閣, 2005, 474頁 등.

13) 星野英一, 「時効に関する覚書―その存在理由を中心として」, 『民法論集』 4巻, 有斐閣, 1978, 309頁; 松久三四彦, 「判批」, 判時 1108号, 1984, 36頁.

14) 松本克美, 『時効と正義―消滅時効·除斥期間論の新たな胎動―』, 日本評論社, 2002, 167頁, 206頁.

15) 民集 16巻 1435頁.

시효의 진행여부를 판단한 경우도 있다.[16)] 예컨대 最判 平成8(1996)年 3月 5日[17)]에서는 “민법 제166조의 ‘권리를 행사할 수 있는 때’란, 단순히 그 권리의 행사에 대해 법률상의 장애가 없을 뿐만 아니라, 나아가 권리의 성질상 그 권리의 행사를 현실적으로 기대할 수 있어야 한다고 해석하는 것이 상당하다”고 보아 권리자의 행사 가능성을 고려한다.[18)]

3. 검 토

메이지민법 제166조 제1항의 ‘권리를 행사할 수 있는 때’를 바라보는 관점이 다른 이유는 시효의 존재의의를 어떻게 볼 것인지와 관계된다. 특히 일본의 통설 및 초기 판례가 ‘법률상 장애’개념에 얽매이는 것은 ‘시효의 정지’라는 포괄적 개념 하에 ‘개시정지’와 ‘완성정지’로 나누어 이해하였던 Boissonade 초안과 메이지민법 기초자의 의사와 밀접한 연관성을 가진다(후술하는 III. 참조). 우리 판례 또한 대법원 1984. 12. 26. 선고 84누572 전원합의체 판결에서 법률상 장애를 중심으로 시효의 기산점을 이해하였는데, 그 구체적인 이유를 설시하고 있지 않다는 점에서 명확하지 않으나 일반적으로 그 당시 일본의 통설 및 판례에 영향을 받았을 것이라고 추측할 수 있다.[19)] 이에 Boissonade 초안 등을 확인

16) 판례에 대한 상세한 소개는 서종희, 앞의 논문(주 5), 134면 이하 참조.

17) 民集 50巻 3号 383頁.

18) 이러한 입장은 最判 平成15(2003)年 12月 11日, 民集 57巻 11号 2196頁에서도 유지된다. 이에 平野裕之, 「消滅時効の起算点の緩和と二重の時効期間の可能性」, 慶應法学 第28号, 2014, 304頁에서는 판례의 입장을 현실적 기대가능설의 입장으로 이해한다.

19) 제166조 제1항이 의용민법을 그대로 받아들였다는 점, 다른 나라의 소멸시효의 기산점과는 큰 차이가 있다는 점 등을 고려하면, 일본과의 관계를 고려하여 의식적으로 이를 거부하는 것은 차치하더라도, 일본판례의 영향을 받았다는 추측 또한 가능하다고 본다. 이러한 추측은 김미리, 앞의 논문, 581면 이하 등에서도 확인된다. 우리 판례 및 학설과 일본의 학설 및 판례에 대한 상세한 분석은 서종희, “소멸시효의 기산점(민법 제166조 제1항) 판단기준에 대한 고찰”, 재산법연구 제37권 제1호, 2020, 70면 이하 참조. 물론 우리 판례 또한 대법원 2008. 11. 13. 선고 2007다19624 판결 등에서 “보험금청구권은 보험사고가 발생하기 전에는 추상적인 권리에 지나지 않고 보험사고의 발생으로 인하여 구체적인 권리로 확정되어 그때부터 권리를 행사할 수 있게 되는 것이므로, 보험금청구권의 소멸시효는 특별한 다른 사정이 없는 한 보험사고가 발생한 때부터 진행하는 것이 원칙이지만, 보험사고가 발생하였는지 여부가 객관적으로 분명하지 아니하여 보험금청구권자가 과실 없이 보험사고의 발생을 알 수 없었던 경우에도 보험사고가 발생한 때부터 보험금청구권의 소

하는 작업은 우리에게도 많은 시사점을 제공할 것이다.

Ⅲ. Boissonade 초안상 시효의 기산점 및 시효정지사유

1. 프랑스舊민법상 시효의 기산점과 시효정지

시효와 관련된 Boissonade 초안은 그 당시의 프랑스舊민법의 영향을 받아 마련된 것이다.[20] 이에 당시의 프랑스舊민법과 프랑스 내에서의 학설 및 판례 등을 확인하는 것은 Boissonade 초안을 이해하기 위해 필요한 작업이다.

먼저 프랑스舊민법은 시효의 기산점을 '소권의 발생시'로 보았으며, 일반채권의 소멸시효의 시효기간은 30년으로 규정하였고(제2262조), '시효의 정지사유[21]'를 열거하고 있었다(제2252조 이하). 한편 프랑스舊민법은 시효의 정지를 (i) 본래 시효의 진행을 개시시키지 않는 경우(진행정지)와 (ii) 한 번 진행을 개시한 시효가 진행을 휴지하는 경우(완성정지)로 나누어서 규정하였다.[22] 프랑스舊민법은 시효의 주된 정지사유로서 미성년자인 경우(제2252조), 부부사이인 경우(제2253조), 조건 및 기한부 권리를 가진 경우(제2257조)[23] 등을 규정하였다. 특기할 만한 점은 채권자가 시효완성시점까지 주소지를 벗어난 사실(이하 「부재

멸시효가 진행한다고 해석하는 것은 보험금청구권자에게 가혹한 결과를 초래하게 되어 정의와 형평의 이념에 반하고 소멸시효제도의 존재이유에도 부합하지 않는다. 따라서 객관적으로 보아 보험사고가 발생한 사실을 확인할 수 없는 사정이 있는 경우에는 보험금청구권자가 보험사고의 발생을 알았거나 알 수 있었던 때부터 보험금청구권의 소멸시효가 진행한다"고 보아 권리행사의 기대가능성을 고려하고는 있으나 이는 예외적인 판결로서 이해되고 있을 뿐이다.

20) 内池慶四郎, 「出訴規則期限略史ー明治時効法の一系譜ー」, 慶應義塾大学法学研究会, 1968, 76頁 이하.

21) 다만 프랑스舊민법에서 규정되었던 「시효의 정지」란, 우리 민법에 규정된 시효의 정지와 달리 장애사유가 존속하는 기간에 시효의 진행을 막는 것을 지칭한 것이라는 점에 주의해야 한다. 즉 프랑스舊민법상 시효의 정지라는 개념은 시효의 진행을 개시하지 않는 것과 일단 개시된 시효의 진행을 휴지하는 것을 포함한 것이다.

22) 참고로 우리와 일본의 경우 전자는 시효의 기산점으로 규율하여 진행개시장애의 문제로 판단하고 있는 문제이며, 후자만이 시효의 정지로 규율한다.

23) 즉 동조에서는 '조건이 붙어있는 경우에는 조건이 성취될 때, 담보책임에 관한 소송에 있어서는 추탈이 발생한 때, 확정기한이 있는 채권에 있어서는 그 날이 도래한 때'에 시효가 진행된다고 규정한다.

(不在)」라 한다), 채권의 발생을 알지 못한 사실(이하 「부지(不知)」라 한다), 혹은 불가항력에 의해 권리를 행사할 수 없었던 사실(사실상 장애)은 시효의 정지사유로서 규정되지 않았다는 것이다. 이러한 입법은 프랑스舊민법 제정 전의 고등법원 판결 및 학설을 반영한 결과이다.

(1) 프랑스舊민법 제정 이전의 고등법원 판결과 학설

1) 프랑스 고등법원 판결

프랑스 민법전 제정 전의 고등법원판결은 시효에 의한 권리소멸로부터 권리자를 구제하기 위해 다양한 법언을 활용하였다. 대표적으로 고등법원은 「호소할 수 없는 자에 대해 시효는 진행되지 않는다(Contra non valentem agere non currit praescriptio)」는 법언(이하 'Contra non valentem 법언'으로 칭하기로 함)을 적용하여 혼인기간 중에는 시효가 완성되지 않는다고 판단하였다.[24] 더 나아가 「발생하지 않은 소권은 시효가 성립되지 않는다(Actioni non natae non praescribitur)」는 법언(이하 'Actioni non natae 법언'으로 칭하기로 함)을 적용하여 조건성취 및 기한도래까지 시효가 진행되지 않는다고 판단하였다.[25] 왜냐하면 조건부나 기한부 채권을 가진 자는 시효소송의 중단을 위한 소를 제기할 수 있었으므로 호소할 수 없는 자가 아니므로 「호소할 수 없는 자에 대해 시효는 진행되지 않는다」는 법언을 적용할 수 없었기 때문이다.

한편 고등법원은 채권자가 부재(不在)이거나 부지(不知)인 경우에는 시효의 진행을 인정하면서도 시효가 완성된 채권을 가진 자를 로마법상의 원상회복명령(restitutio in integrum)을 통해 보호하였다.[26] 즉 고등법원은 로마법상의 법무관이 시효완성 후에도 권리자 보호가 필요한 경우에는 원상회복명령을 통해 권리행사를 할 수 있도록 한 것처럼 부재나 부지를 고려하여 정당한 이유가 있는 경우에는 시효가 완성된 채권자의 원상회복을 인정하여 그자를 보호하였다.[27]

---

24) Henri GONDARD, De la suspension et de la régle "Contra non valentem agere non currit praescriptio", thèse Paris, 1904, pp.22 et s.

25) 이에 대해서는 Joseph CLEMENT, De la régle Contra non valentem agere non currit praescriptio en matière civile, thèse Dijion, 1902, p.77. 즉, 프랑스 고등법원은 발생하지 않은 소권에는 Contra non valentem가 적용되지 않는다고 본 것이다.

26) GONDARD, op. cit., pp.36, 39.

27) 그러나 부재와 달리 부지의 경우에는 지극히 예외적으로 원상회복명령을 통해 채권자를

요컨대 고등법원은 **부지 등의 사실상 장애는 시효의 진행을 정지시키는 사유는 될 수 없다고 보았지만 정당한 사유가 있는 경우에는 예외적으로 원상회복명령을 통해 채권자를 보호하였다.**[28)]

2) Dunod의 학설

프랑스舊민법 제정 전의 학설은 '시효의 정지'를 어느 경우에 인정할 것인지와 관련하여 시효제도의 존재이유를 어떻게 볼 것인지에 따라 결론을 달리하였다. 일반적으로 시효의 존재이유와 관련하여 학설은 시효의 존재 이유와 법적 안정성의 확보라는 공익을 위한 제도라고 해석하는 「공익설」, 권리자가 권리 행사를 태만하였음을 벌하는 제도라고 해석하는 「나태벌설」, 채무가 이미 변제되었다는 추정에 의거한 제도라고 해석하는 「추정설」로 나뉜다.[29)] 이하에서는 프랑스舊민법 제정에 지대한 영향을 끼친 Dunod의 견해를 중심으로 서술하고자 한다.[30)]

먼저 Dunod는 채무를 변제하지 않은 사실이 증거상 명백한 채무자는 추정설에 의해 보호되지 않는다는 점에서 시효제도의 존재이유를 나태에 대한 제재

보호하였다고 한다. CLEMENT, op. cit., pp.100 et s.

28) 결과적으로는 프랑스 고등법원에 의해 일부의 사실상 장애가 시효의 정지로 인정된 것으로 볼 수 있으나(松本克美, 前揭書, 52頁 이하), 정확한 의미로는 시효의 정지를 인정한 것이 아니라 형평의 원칙에 의거한 원상회복명령(restitutio in integrum)에 의해 채권자를 보호한 것이다.

29) 그 당시 프랑스 내 학설 또한 시효제도의 존재이유를 채무자가 채무를 변제한 것을 추정해 주는 것으로 보는 견해(소위 추정설), 소송을 제기하기 위해 충분한 시간을 법률이 부여하였음에도 불구하고 그 시간을 무위하게 보낸 채권자를 제재하기 위한 것으로 보는 견해(소위 나태벌설), 사회의 안정·평온의 확보라는 법익을 실현시키기 위한 것이라고 보는 견해(소위 공익설)로 나뉜다. 이에 대해서는 金山直樹, 『時効理論展開の軌跡』, 信山社, 1994, 77頁 이하 및 香川崇, 「消滅時効の起算点·停止に関する基礎的考察—フランス法における『訴えることのできない者に対して時効は進行しない(Contra non valentem agere non currit praescriptio)』の意義(一)」, 富大経済論集 54巻 1号, 2008, 80頁 이하에서 상세히 분석하고 있다. 각 학설에 대한 상세한 설명은 김진우, "소멸시효와 제척기간", 재산법연구 제25권 제3호, 2009, 173면 이하; Reinhard Zimmermann, Comparative Foundations of a European Law of Set-Off and Prescription, 2002, p.63 f. 참조.

30) François Ignace DUNOD de Charnage, Traités des prescriptions, de l'aliénation de biens d'église et de dixmes, 3e éd., 1753. 참고로 본고는 香川崇, 前揭論文(주 29), 81頁 이하를 참조하여 Dunod의 학설을 정리한 것이다.

(나태벌설)와 공익실현(공익설)에서 찾는다. 이를 전제로 그는 권리자가 권리행사를 태만히 하였다면 그에 따라 권리를 주장할 수 없다고 하는 것이 타당하다고 보았다. 특히 Dunod는 구체적으로 시효 기간이 30년 이상은 되어야 채권자의 태만을 제재할 수 있다고 보았으며, Contra non valentem 법언을 통해 시효의 진행을 휴지시킬 수 있으나 **이는 법률상의 장애에 의해 권리를 행사할 수 없는 자에 대해서만 적용된다고 하였다.** 또한 이 견해는 Contra non valentem 법언과 별개로 「시효의 정지」 개념을 인정할 수 있지만, 이는 법률상 명시되어 있는 경우로 한정되어야 한다고 보았다. 그는 권리자가 권리를 행사하는 것이 곤란한 상황에 처한 경우(사실상 장애가 있는 경우)에는 권리자가 권리행사를 태만하였다고 보기 어려우므로, 시효기간을 현저히 긴 기간(30년 이상)으로 상정하여 자신의 견해를 정당화하였다.

이와 같이 Dunod가 시효의 정지 사유를 한정적으로만 인정한 것은 법적 안정·평온의 확보와 같은 공익을 중시하였기 때문이다. 즉 그는 개개인의 채권자의 권리행사 가능성을 고려하여 시효의 완성을 부정하는 것은 시효의 성부를 판단하기 곤란하게 하며 사회의 안정성을 해할 우려가 있다고 보았다. 요컨대 Dunod는 시효의 주된 존재이유를 공익설에서 찾고 있으며, 공익설을 형해화하지 않는 범위에서 나태벌설에 기한 시효의 존재이유를 인정하고 있다고 평가할 수 있다.[31)]

(2) 프랑스舊민법 제정

프랑스舊민법 입법담당자 중 한 명인 Bigot Préameneu는 「시효의 정지」 개념과 법언 Contra non valentem 법언을 결부하고 이 법언이 시효정지의 근거라고 하였다. 다만 시효의 정지사유는 법률상 명시된 사유만이 인정된다고 하였다.[32)] 또한 그는 Dunod의 영향을 받아 권리자가 권리를 행사함에 있어 충분하며 또 여유가 있는 기간(30년)이 시효기간으로서 사전에 설정되어 있기 때문에, 열거되지 않은 사유에 대해서는 시효의 정지를 인정할 필요가 없다고 보

31) 이러한 평가는 香川崇, 前揭論文(주 29), 84頁 이하 참조.

32) 프랑스舊민법 제2251조는 "시효는 법률에 의하여 정한 예외에 해당하는 자를 제외하고는 모든 자에 대하여 진행한다"라고 하고 있는데, 이는 제정 당시 시효의 정지사유를 가급적 엄격히 해석하도록 하여 공익을 실현하려는 시효의 존재이유를 고려한 것이라 할 수 있다.

았다.[33)]

1) 파기원 판결

프랑스 파기원은 채권자가 권리를 행사할 수 없는 경우, 그 상황이 법이 정한 시효정지사유에 해당하지 않더라도 일정한 요건이 충족되면 소멸시효진행의 일시적 휴지를 인정하였다.[34)] 즉 파기원은 법률의 규정에 의해 발생한 장애,[35)] 약정이나 합의에 의해 발생한 장애,[36)] 불가항력에 기인하는 장애[37)]로 인하여 소송을 제기하는 것이 불가능한 경우에는 시효가 진행되지 않는다고 보아 법률에서 정하지 않은 사유에 기해서도 시효의 일시적 정지를 인정하였다.[38)]

2) 파기원 판결에 대한 학설의 평가

프랑스舊민법 제정 이후의 19세기 학설은 다수가 시효제도의 존재이유와 관련하여 공익설의 입장을 취하고 있으며, 이를 전제로 시효의 정지사유의 외연을 어디까지 확장할 것인지를 평가한다.[39)] 이 견해는 Contra non valentem 법

33) 香川崇, 前揭論文(주 29), 87頁. 특히 시효의 정지사유로서 채권자의 부재나 채권자의 부지, 불가항력 등을 배제한 것은 프랑스 고등법원 판결에도 많은 영향을 받은 것으로 볼 수 있다. 프랑스의 판례가 논하는 시효와 관련된 「불가항력」은 법률·약정 이외의 사실상의 장애를 의미할 뿐이라는 점에서 민사책임에서의 「불가항력」과 상이하다고 볼 수 있다. 이러한 설명은 Philippe MALAURIE, Laurent AYNES et Philippe STOFFEL-MUNCK, Les obligations, 3e éd., 2007, pp.513 et s., n° 954.

34) Cass. req., 31 déc 1866, S., 1867, 1, p.153; Cass. req., 19 juill 1869, D., 1870, 1, p.75 등 다수.

35) 먼저 계약의 무효에 기한 금전반환채권의 소멸시효가 문제가 된 사안에서 파기원은 계약이 무효라는 법원의 판결이 확정될 때까지 소멸시효는 진행되지 않는다고 보았다. Cass. req., 21 mai 1900, S., 1902, 1, p.133.

36) 프랑스 파기원은 "소멸시효의 진행개시 후에 일정한 기간까지 시효의 진행을 정지하는 취지에 당사자가 합의한 사안에서 그 합의로 결정한 시점까지 시효가 진행되지 않는다"고 판단하였다. Cass. req., 28 nov 1865, D., 1867, 1, p.224.

37) 프랑스 파기원은 불가항력에 기하여 권리자가 권리를 행사할 수 없다고 판단된 경우에도 시효의 진행을 정지시켰다. Cass. req., 5 aout 1817, S., 1818, 1, p.358 등 다수.

38) 이에 다수의 판결에서 파기원은 "법률, 합의, 또는 불가항력의 결과로 나타나는 장애사유로 인하여 권리의 행사가 불가능한 상태에 있는 자에 대하여는 시효가 진행되지 않는다"는 원칙을 제시하고 있다. Cass. civ. 1re. 4 févr 1986, Bull. civ., Ⅰ, n° 16.

39) François LAURENT, Principes de droi civil français, t.32., 3ᵉ éd., 1878, pp.13 et s., n° 6; G. BAUDRY-LACANTINERIE et Albert TISSIER, Traité théorique et pratique de droit civil, De la prescription, 4ᵉ éd., 1924, pp.23 et s., n° 29. 참고로 파기원 판결에 대한 프랑스 학설에 대해서는 香川崇, 「消滅時効の起算点·停止に関する基礎的考察—フランス法における『訴え

언의 본질을 실정법(즉 소멸시효제도)의 엄격성에 대한 수정원리인 「형평」으로 본 후, 형평에 의한 수정을 인정하는 것은 법의 엄격성을 훼손하고 사회의 기초를 저해하여 사회의 안정 등 공익을 위해 마련된 시효제도의 존재이유를 몰각시킨다고 본다. 이를 이유로 이 견해는 Contra non valentem 법언을 기초로 시효의 정지를 확장하여 인정한 파기원의 입장을 비판한다.40)

반면에 Carbonnier는 파기원의 판결이 법률상 장애와 사실상 장애를 구분하여 접근한 것으로 이해한 후, 파기원이 형식적으로는 Contra non valentem 법언을 적용하는 것처럼 보이지만, 실질에 있어서는 더 구체적인 규범을 적용한 것이라고 보았다. 즉 그는 법률상 장애에 대해서는 Actioni non natae 법언이 적용된 것으로, 사실상 장애에 대해서는 프랑스 민법전 제정 이전의 고등법원판결에서 활용된 원상회복명령의 실현이라고 보았다.41) 다만 그는 사실상 장애에 관한 파기원 판결이 Contra non valentem 법언을 적용하였는지, 아니면 더 세부적인 Actioni non natae 법언을 적용하였는지에 관계없이 그것은 형평에 의한 시효제도에 대한 수정이라고 평가할 수 있다고 보았으며, 이는 시효제도로 인하여 발생한 정의롭지 못한 결과를 최소한으로 방지하였다는 점에서 긍정적이라고 평가하였다.42) 그 이후 Carbonnier의 영향을 받은 학자들은 Contra non

---

ることのできない者に対して時効は進行しない(Contra non valentem agere non currit praescriptio)』の意義(二·完)」, 富大経済論集 54巻 3号, 2009, 57頁 이하를 참조하여 원문을 찾아 참조하였다.

40) LAURENT, op. cit., pp.57 et s., n° 42; BAUDRY-LACANTINERIE et Albert TISSIER, op. cit., p.286, n° 368.

41) 이러한 평가에 대해서는 Jean CARBONNIER, La régle Contra non valentem agere non currit praescriptio, Rev. crit. de législation et de jurisprudence, 1937, pp.164 et s.

42) 이는 Aubry/Rau의 견해에 영향을 받은 것으로 이해한다. Aubry/Rau는 “권리자의 권리 행사에 관한 장애를, 권리 행사가 법률상 허용되지 않는 「법률상의 장애」와 어떠한 사실의 발생에 의해 권리를 행사할 수 없게 되는 「사실상의 장애」로 나누고, 각각 Contra non valentem 법언의 적용을 위한 요건과 그 효과에 차이를 두어야 한다고 주장한다. 즉 법률상의 장애에 대해 Contra non valentem 법언이 적용되는 경우, 법률이 만들어낸 장애를 법률이 고려하지 않는 것은 모순이므로, 그 장애가 존재하는 기간 동안 시효의 진행이 정지한다. 그러나 사실상의 장애에 대해서는, 형평의 관점에서, 시효기간 만료시의 장애에만 Contra non valentem 법언이 적용되고, 그 효과도 시효 완성의 일시적 유예에 지나지 않는다고 한다”고 주장한다. Charles AUBRY et Frédéric-Charles RAU, Cours de droit civil français d'après la méthode de Zachariae, t.8., 4e éd., 1902, pp.344 et s., n° 214. 이러한 이유에서

valentem 법언의 효과는 시효의 진행정지가 아닌 시효가 완성되어야 할 시점에 단기의 유예기간(완성정지)을 채권자에게 부여한 것뿐이라고 평가하기도 한다.43)

(3) 검 토

프랑스舊민법 제정 이전과 이후의 논의를 확인하여 시효의 진행장애 및 정지와 관련하여 얻을 수 있는 시사점은 두 가지이다.

첫째, 시효의 존재이유와 시효와의 관계이다. 특히 프랑스 민법전 제정 이전부터 시효의 존재 이유로 여겨져 왔던 공익설·추정설·나태벌설의 상호관계를 주목할 필요가 있다. 공익설은 공익만을 추구하며 윤리적인 정당화 근거를 결여하는 것으로 보이나,44) 나태벌설과 추정설은 모두 「권리자가 권리를 행사하지 않았다」는 권리자의 소극적 양태에 착목한다.45) 즉 나태벌설은 권리자의 소극적 태도를 권리 행사의 태만으로 평가하여 권리자의 태도에 대한 윤리적 비난에 의거하여 권리를 상실케 하는 제도가 시효라고 해석함으로써 시효를 윤리적으로 정당화한다. 또한 추정설은 권리자의 그 소극적 태도에서, 채무자의 변제 등의 정당한 원인에 의거한 채권자의 권리 상실의 개연성이 크다고 보아, 소멸시효를 변제를 행한 채무자를 보호하는 제도라고 해석함으로써 시효를 윤리적으로 정당화한다. 요컨대 추정설과 나태벌설은 권리자의 소극적 양태에 착목하고, 그것으로부터 시효제도의 윤리성을 도출한다는 점에서 공통점을 가진다.46) 프랑스나 일본 및 우리나라의 다수의 학설이 공익설과 더불어 나태벌설 또는 추정설을 존재 이유로서 병기하였던 것은, 시효 제도에 '제도 윤리'를 부여하기 위해서였다고 볼 수 있다. 또한 공익설은 ① 권리관계의 조기의 확정과,

---

Carbonnier 또한 사실상 장애의 경우에는 그 효과로서 시효의 정지를 인정하지 않고 더 세부적이고 구체적인 방법을 통한 권리구제가 필요하다고 보았다. Carbonnier, op. cit., p.155.

43) Gabriel MARTY, Pierre RAYNAUD et Philippe JESTAZ, Les Obligations t., 2, Le régime, 2e éd., 1989, p.301, n° 338.

44) G. Cornu, Droit civil, Introduction, Les personnes, Les biens, 1991, n° 1558. 일본에서 시효제도의 비윤리성을 강조하고 있는 견해로는 遠 藤浩, 「時効の援用権者の範囲と債権者代位権による時効の援用」, 手形研究 319号, 1981, 61頁 이하 참조.

45) 金山直樹, 前揭書, 137頁.

46) 内池慶四郎, 「時効の制度倫理と援用の問題―梅謙次郎とボアソナードを結ぶもの―」, 『消滅時効法の原理と歴史的課題』, 成文堂, 1993, 205頁 이하.

② 시효완성시기의 명확화와 예측 가능성의 확보를 요구한다. 이 관점에서 보면, 권리 행사에 관한 사실상의 장애에 대해서는 고려할 필요가 없다. 즉 공익설의 입장에서 보면 ① 시효기간을 단기로 설정하고, ② 진행개시장애·정지를 최대한 제한하는 것이 요구된다. 그러나 나태벌설의 입장에서는 사실상의 장애에 빠진 권리자는 권리 행사가 불가능해지므로, 그 자가 권리 행사를 태만하였다고는 할 수 없다. 또한 추정설의 입장에서도 권리자의 소극적 양태의 원인이 사실상의 장애에 있으므로, 변제 등에 의한 채권자의 권리 상실의 개연성이 크다고 보기 어렵다. 그러한 이유 때문에 나태벌설이나 추정설은 공익설과 반대로, 권리자의 권리 행사에 대한 사실상의 장애의 발생을 사전에 상정하여 시효기간을 장기로 설정할 것, 혹은 실제로 발생한 사실상의 장애에 빠진 권리자에 대해 Contra non valentem 법언에 의거한 진행개시장애·정지를 인정할 것을 요청한다. 그 맥락에서 보면, 프랑스舊민법에서 30년이라는 (장기)보통시효기간을 둔 것은 나태벌설과 추정설에 의거한 것으로 볼 수 있다. 요컨대 나태벌설과 추정설은 사실상의 장애에 빠진 권리자를 보호하는 규범을 연역하고, 공익설로부터 연역되는 규범(권리관계의 조기의 확정 등)을 수정하는 역할을 한다고 볼 수 있다.

둘째, 시효기간과 Contra non valentem 법언의 관계이다. Contra non valentem 법언을 기초로 한 (시효)진행개시장애사유 및 정지사유의 (광협)정도는 시효기간과의 상관관계에 의해 결정된다. 프랑스舊민법은 사실상의 장애가 발생할 가능성을 사전에 상정하고, 보통시효기간을 30년이라는 장기의 기간으로 삼고 정지사유를 한정적으로 이해하였다. 그런데 이는 최근 유럽 등에서 보통시효기간을 단기의 기간으로 삼고, 현실적으로 사실상의 장애에 빠진 권리자를 Contra non valentem 법언에 의거한 진행개시장애나 정지로 폭넓게 보호하는 것과 매우 대조적이다.[47] 향후 우리 민법 개정에 있어 보통시효기간을 장기로 할지 단기로 할지는 종국적으로 Contra non valentem 법언에 의거한 진행개시장애나 정지사유와 연결될 수밖에 없다는 점을 간과해서는 안 될 것이다.

---

47) 국제적인 동향에 대해서는 서종희, 앞의 논문(주 5), 132면 이하 참조.

2. Boissonade 초안 및 일본舊민법

이하에서는 이상의 프랑스舊민법의 시사에 의거하여, 먼저 Boissonade 초안·일본舊민법에 있어서의 보통시효기간의 입법 이유를 명확히 확인하고, 시효의 정지가 Contra non valentem 법언을 기초로 어떠한 형태로 조문화되었는지를 검토하고자 한다. 다만 Boissonade 초안과 일본舊민법이 매우 유사하므로 주로 Boissonade의 견해에 따라 각 조문의 입법 취지에 대해 검토하고,[48] Boissonade 초안이 일본舊민법에서 수정된 경우에는 그 취지를 적절히 언급하고자 한다.

Boissonade 초안 및 일본舊민법은 시효의 정지를 규정하면서, (ㄱ) 시효의 진행을 개시시키지 않는 것(진행정지)과 (ㄴ) 일단 진행이 개시된 시효의 진행을 휴지시키는 것(완성정지)으로 나누었다. (ㄱ)은 본래 진행개시장애의 문제이나, Boissonade 초안 및 일본舊민법은 (ㄱ), (ㄴ) 모두를 시효의 정지문제로 보았다. 한편 Boissonade 초안 및 일본舊민법은 소멸시효의 보통시효기간을 권리발생시로부터 30년(Boissonade 초안 제1487조, 일본舊민법 증거편 제150조)으로 규정하면서도, 몇몇 단기소멸시효를 규정한다. 또한 Boissonade 초안 및 일본舊민법은 시효의 정지에 관한 일반적 규정을 정하면서도 단기소멸시효에 관한 특별한 정지규정을 둔다. 본고에서는 보통시효기간으로서 30년의 시효기간이 설정된 이유를 대략적으로 살펴본 다음, 시효의 정지에 관한 일반적인 규정만을 언급하고자 한다.[49]

(1) 30년의 보통시효기간과 사실상 장애

Boissonade 초안 및 일본舊민법은 그 법적 효과를 채무 소멸의 법률상의 추정[50]이라고 논하며(Boissonade 초안 제1426조, 일본舊민법 증거편 제89조),[51] 소

48) G. BOISSONARDE, Projet de code civil pour l'empire du japon accompagné d'un commentaire(1卷 내지 5卷), 1890~1891를 기초로, Boissonade의 견해를 검토한다(이하 인용은 권수만으로 인용하기로 한다).

49) 단기소멸시효와 단기소멸시효에만 적용되는 특별한 시효정지 규정에 대해서는 추후 연구과제로 남기고자 한다.

50) Boissonade 초안 및 일본舊민법상 법률상의 추정에는 「공익에 관한 완전한 법률상의 추정」, 「사익에 관한 완전한 법률상의 추정」, 「경이輕易한 법률상의 추정」, 이 세 가지가 있다.

멸시효의 존재 이유를 추정설에서 찾는다. 즉 Boissonade는 "권리자가 30년간 그 권리를 행사하지 하지 않았다는 점에 비추어, 그 기간 내에 채권의 만족을 얻었다"고 추정한다.[52] 한편 Boissonade는 소멸시효는 기판력과 더불어 「공익에 관한 완전한 법률상의 추정」이라고 보아, 법률에 특별한 규정이 없는 한 원칙적으로 추정에 대해 어떠한 반대 증거도 인정하지 않는다.[53] 이는 소멸시효 제도를 사익이 아닌 공익을 위한 제도로 해석하였기 때문이며,[54] 이런 이유에서 Boissonade 초안 및 일본舊민법은 시효의 존재이유를 추정설 이외에 공익설에서도 찾은 것으로 볼 수 있다.

그런데 추정설의 입장에서는, 권리자에게 사실상의 장애가 있는 경우 권리상실의 개연성이 크다고 할 수 없다. 이러한 이유 때문에 Boissonade는 어떠한 권리를 단기소멸시효로 할 것인지 보통시효기간으로 할 것인지의 결정 단계에 있어서 사실상의 장애의 발생 가능성을 고려한다. 먼저 상속인이 상속의 개시나 자기의 상속권이나 포괄유증의 존재를 모를 수 있는 개연성이 있다는 이유에서, Boissonade는 상속회복소권의 소멸시효기간을 30년으로 정하였다(Boissonade 초안 제1492조, 일본舊민법 증거편 제155조).[55] 또한 (현재의 사해행위취소권에 상당하는 권리인)폐파소권의 소멸시효의 시효기간도, 채권자가 사해를 입었다는 것을 알기 위해서는 충분한 시간이 필요하다는 이유에서,[56] 30년이라는 보통시효시간이 적용된다고 보았다(Boissonade 초안 제364조 제1항, 일본舊민법 재산편 제344조 제1항).[57] 요컨대 Boissonade 초안 및 일본舊민법에 있어서의 보통시효기간

51) 이에 의하면 보통소멸시효기간과 단기소멸시효기간의 차이는 변제의 개연성의 정도의 차이에서 비롯된 것으로 볼 수 있다.

52) 松久三四彦, 「時効制度の根拠と中断(1)」, 北法 31巻 1号, 1980, 239頁 이하. 기판력이 동일한 분쟁이 끝없이 새로이 발생하여, 동일한 당사자가 몇 번이고 동일한 절차를 진행하게 된다는 것을 막기 위하여 인정된 것이라는 점을 고려하면 될 것이다. 金山直樹, 「真実の推定と既判力」, 『時効における理論と解釈』, 2009, 240頁.

53) BOISSONARDE 4巻, p.814., n° 219.

54) 金山直樹, 前揭論文, 241頁.

55) BOISSONARDE 4巻, p.1005, n° 378.

56) BOISSONARDE 2巻, p.201, n° 167.

57) BOISSONARDE 4巻, p.992, n° 368. 보통시효가 성립되는 권리로는 부동산매매대금채권, 부당이득반환채권, 형법상의 범죄에 해당하지 않는 민사책임에 관한 손해배상채권 등이 상정된다. 이러한 권리는 가장 빈번하게 발생하는 것이며, 그 총액(montant)도 막대하다는 특징

은 사실상의 장애가 발생하고 제거되기까지 필요하다고 판단되는 기간을 사전에 고려하여 결정되었다고 할 수 있다.

(2) Contra non valentem 법언과 시효정지규정

Boissonade는 Contra non valentem 법언을 소멸시효의 일반원칙으로 보고, 시효의 정지를 Contra non valentem 법언을 적용한 결과로 이해한다.[58] 특히 Boissonade는 위 Contra non valentem 법언이 적용되는 사안의 경우에는 권리가 행사에 의해 소멸하였다는 추정이 결여되어 있으므로 시효의 정지가 인정된다고 본다.[59] 즉 Boissonade는 시효의 정지는, 법률이나 법률행위의 부관(附款)에 의한 것(법률상 장애) 또는 권리자의 상황에 관한 것(사실상 장애)으로, 채권자에 의한 소의 제기가 명백히 불가능하였거나 또는 법률에 의해 불가능하였던 경우에 인정된다고 본다. 다만 Boissonade는 Contra non valentem 법언이 법률상의 장애와 사실상의 장애에 적용됨을 인정하면서, 그 적용의 요건 및 그 정지가 인정되는 기간은 장애별로 상이하다고 본다.

1) 법률상 장애와 시효의 정지

Boissonade는 법률상 장애의 경우에는 사실상 장애와 달리 법률의 규정이 없는 경우에도 Contra non valentem 법언에 의해 시효가 정지된다고 본다.[60] 다만 무엇이 법률상 장애에 해당하는지에 대해서 Boissonade는 구체적인 예시를 통해서 법률상 장애에 해당하는 사안을 적시하고 있다. 먼저 Boissonade는 조건성취 전에 있어서 소멸시효의 대상이 되는 권리가 발생하지 않는다는 점, 기한도래 전에는 권리 그 자체의 행사가 방해를 받는다는 점에서, 조건의 불성취·기한의 미도래를 법률상 장애로서 정지사유로 삼고, 그 성취 또는 도래까지의

이 있다. 이에 대한 설명은 BOISSONARDE 4巻, p.992, n° 368. 공익설은 권리관계의 조기 확정이 요청되므로, 30년이라는 매우 긴 기간 동안 권리관계가 확정되지 않는 것은 문제가 있다는 비판을 가하자, Boissonade는 30년이라는 기간이 다소 길지는 않은지 자문한다. 그러나 30년이 유럽의 전통이라는 점, 부동산의 취득시효에 대해 시효기간을 30년으로 규정한다는 점에서, 소멸시효의 보통시효기간을 30년으로 설정하였다고 부연설명한다. BOISSONARDE 4巻, p.992, n° 368.

58) BOISSONARDE 4巻, p.819, n° 654.

59) BOISSONARDE 4巻, pp.936-938, n°s 312 et s.

60) BOISSONARDE 2巻, p.819, n° 654.

시효의 정지를 인정한다(Boissonade 초안 제1471조, 일본舊민법 증거편 제125조).[61]

2) 사실상 장애와 시효의 정지

Boissonade 초안 및 일본舊민법은 사실상의 장애에 Contra non valentem 법언을 적용하기 위해서는 법률상의 명문이 필요하다는 전제 하에 사실상 장애에 의한 시효의 정지사유를 한정 열거로 본다(Boissonade 초안 제1466조, 일본舊민법 증거편 제130조). 특히 Boissonade는 사실상의 장애의 종류가 무한하므로 Contra non valentem 법언의 적용을 사실상의 장애에까지 무한히 확장하게 되면, 이 법언이 자의적으로 이용되거나 남용될 우려가 있다고 설명하면서 사실상 장애는 법률에 규정된 경우에 한하여 시효의 정지를 인정해야 한다고 논한다.[62] 요컨대 Boissonade는 시효의 정지로 규정되지 않은 사실상 장애는 시효의 정지를 인정할 필요가 없는 경우라고 할 수 있으며, 이러한 사실상 장애는 30년이라는 장기소멸시효 기간을 규정함으로 고려(배려)하였다고 본다.[63]

가. 미성년자·금치산자

프랑스의舊민법은 권리자가 미성년 또는 금치산자인 경우에 그 기간 내에는 시효가 진행되지 않는다고 규정하였으나(진행정지), Boissonade는 그렇게 되면 법률관계를 장기간 불확실한 상태에 두게 된다고 보아 미성년자·금치산자에 대한 시효에 대해, 그 시효기간이 5년을 초과하는 경우에는 최후의 1년간 시효의 진행이 정지한다고 규정하였다(완성정지, Boissonade 초안 제1467조 제2항, 일본舊민법 증거편 제131조 제2항).[64] 반면에 시효기간이 5년 이하인 경우에는 시효의 진행을 정지시키지 않았다(Boissonade 초안 제1467조 제1항, 일본舊민법 증거

61) BOISSONARDE 4巻, p.937, n° 313; BOISSONARDE 2巻, p.819, no 654. 구체적으로 유증받은 자(수유자)의 권리나 생명보험금지급채무와 같이, 권리의 성립, 범위, 행사가 상속개시와 관련하는 것은 그 상속의 개시까지 시효가 진행되지 않는다(Boissonade 초안 제1462조, 일본舊민법 증거편 제126조). 본조는 상속이라는 법률상의 장애에 의거한 정지를 인정하는 것이라고 할 수 있다. BOISSONARDE 4巻, p.940, n° 316.

62) BOISSONARDE 4巻, pp.956-957, n° 334.

63) 그런데 Boissonade 초안 및 일본舊민법에서의 사실상 장애는 프랑스舊민법과 달리 대부분이 진행정지가 아닌 완성정지로 인정되었다.

64) BOISSONARDE 4巻, pp.947-948, n°s 322-324. Boissonade는 미성년자나 금치산자에게 법정대리인이 있는 경우, 그 자에 의한 소의 제기가 가능하므로, 미성년자이거나 금치산자인 것 자체는 권리 행사에 관한 사실상의 장애에 지나지 않는다고 이해한다.

편 제131조 제1항).[65)]

나. 혼 인

Boissonade 초안 및 일본舊민법은 혼인 중의 「처(妻)의 권리」에 관한 정지는 그 권리가 (a) 부(夫) 이외의 제3자에 대한 경우와 (b) 부(夫)에 대한 경우로 분류하여 규율한다. 원칙상 부(夫) 이외의 제3자에 대한 처(妻)의 권리는 혼인 중이더라도 처(妻)가 보존행위로서의 소를 제기할 수 있으므로, 혼인기간 중에도 시효가 진행된다(Boissonade 초안 제1468조 제1항, 일본舊민법 증거편 제132조 제1항). 다만 처(妻)는 제3자에게 반환을 구하는 소를 직접 제기할 수 없으므로 (일본舊민법 인사편 제68조), 미성년자 등과 마찬가지로, 혼인기간의 최후 1년간은 시효가 진행하지 않는다고 규정하였다(Boissonade 초안 제1468조 제2항 제1호, 일본舊민법 증거편 제132조 제2항).[66)] 또한 제3자에 대한 처(妻)의 권리가 부(夫)에게 담보책임 등의 의무를 부과하는 경우에는 혼인기간의 최후 1년간은 시효가 진행하지 않는다고 규정하였다(Boissonade 초안 제1468조 제2항 제2호, 일본舊민법 증거편 제132조 제2항). 이 경우의 처(妻)는 법률상 제3자에 대한 소를 제기할 수 있으나, 그 소에 의해 부(夫)가 담보책임을 진다는 심리적인 장애로 인해 소의 제기가 곤란하므로 시효의 정지를 인정한 것이다.[67)]

한편 처(妻)의 부(夫)에 대한 권리 또한 원칙적으로 혼인 중에도 시효가 진행하나(Boissonade 초안 제1470조 제1항, 일본舊민법 증거편 제134조 제1항), 혼인기간의 최후 1년간은 시효가 정지된다고 규정하였다(Boissonade 초안 제1470조 제2항 전단, 일본舊민법 증거편 제134조 제2항 전단).[68)] Boissonade는 이 경우에도 처(妻)에게 심리적인 장애가 있으므로 미성년자나 금치산자와 동일하게 시효의 완성정지를 인정해야 한다고 본다.[69)]

다. 한정상속을 위한 재산조서작성기간, 숙려기간

프랑스舊민법은 한정상속을 위한 재산조서작성기간이나 상속을 위한 숙려

---

65) BOISSONARDE 4巻, p.948, n° 324.

66) BOISSONARDE 4巻, pp.948-950, n° 325.

67) BOISSONARDE 4巻, p.950, n° 325.

68) BOISSONARDE 4巻, p.950, n° 325.

69) BOISSONARDE 4巻, pp.951-952, n° 328.

기간 중에도 시효가 진행한다고 규정하였다. 그러나 Boissonade는 그 기간 동안 시효의 진행이 정지된다고 규정하였다(Boissonade 초안 제1471조, 일본舊민법 증거편 제135조). Boissonade는 (a) 최종적인 대리인이나 상속인이 없는 상태에서 상속재산으로의 시효의 진행을 인정하는 것은 상속인 등에게 매우 가혹하며, (b) 상속인이 결정되었다고 하더라도 상속인이 중단을 위해 소를 제기하기 위해서는 상속재산을 구성하는 것에 대해 알 필요가 있으며, 그것은 상속재산조서의 작성에 의해서만 명백해진다는 이유에서, 그 기간 동안의 시효의 정지가 필요하다고 보았다.[70] 또한 그는 재산조서작성기간이나 숙려기간 등은 길어도 수개월에 지나지 않기 때문에 재산조서작성기간과 숙려기간 중의 진행정지를 인정하더라도 크게 문제되지 않는다고 보았다.[71]

라. 불가항력

Boissonade 초안 및 일본舊민법은 불가항력도 시효의 정지사유로 규정하였다(Boissonade 초안 제1472조, 일본舊민법 증거편 제136조). '불가항력'을 어떻게 해석하는지에 따라 시효정지사유가 열거조항인지 예시조항인지가 달라진다는 점에서, 이 조항은 매우 중요한 위치를 차지한다. 우선 Boissonade 초안 제1472조 제1항은 "위에 규정되어 있지 않은 경우에도 시효기간 만료의 시점에 (a) 교통의 단절 또는 (b) 재판사무의 정지에 의해 권리자가 그 권리의 행사를 위해 또는 시효의 중단을 위해 소를 제기하는 것이 절대적으로 불가능한 경우, 권리자가 장애가 제거된 후 곧바로 소를 제기하면 그 자는 실권을 면할 수 있다."고 하여, 교통의 단절 등에 의한 사유를 불가항력의 사유로 적시하고 있다. Boissonade는 (a), (b)에 의거한 시효의 정지를 인정하더라도 이 정지가 일시적이며, 시효의 정지에 의해 야기되는 손해도 미비하다고 본다.[72] 또한 동조 제2항에서는 "(c)내전시 또는 외국과의 전쟁시 혹은 예측하지 못한 임시병역에 의해 육해군의 병사가 권리의 행사에 방해를 받은 경우도 전항의 규정을 적용할 수 있다."고 하여, 내전 등을 불가항력 사유로 제시하고 있다. 육해군의 병사에 관해서는 (c)의 경우에만 시효의 정지를 인정하므로, 예상할 수 있는 임시병역

70) BOISSONARDE 4巻, pp.954-955, n° 331.

71) BOISSONARDE 4巻, p.955, n° 331.

72) BOISSONARDE 4巻, pp.957-958, n° 335.

인 경우에는 일정기간 병역이 계속되는 것이 사전에 예측되어 충분히 권리를 보전하는 조치를 강구할 수 있었는데 이를 하지 않은 것에 대해 권리자의 과실이 있다고 볼 수 있으므로 시효가 정지되지 않는다.[73] 다만 본조에 의해 시효가 정지되기 위해서는 (a), (b), (c)의 요건 이외에 ① 절대적으로 소의 제기가 불가능한 장애가 ② 시효기간 만료 시에 존재하며, 또한 ③ 권리자가 그 장애가 제거된 후 곧바로 소를 제기해야 한다.[74]

(3) 검 토

공익설의 입장에서는 ① 권리관계의 조기 확정과 ② 시효완성시기의 명확화가 요청된다. 이러한 요청에 입각하면, 권리자의 사실상의 장애를 고려해서는 안 된다. 반면에 추정설은 권리 상실의 개연성을 기초로 하므로, 권리자의 사실상의 장애를 고려해야 한다. Boissonade는 시효의 존재 이유로 공익설과 추정설을 적절하게 중용하였으며, 특히 Boissonade 초안 및 일본舊민법은 공익설의 수정을 도출하는 근거로서 추정설을 채택한 것으로 볼 수 있다. 요컨대 Boissonade 초안 및 일본舊민법은 사실상의 장애의 제거까지 필요하다고 판단되는 기간을 사전에 상정하여 보통시효기간을 30년이라는 장기의 시효기간으로 설정하는 방법을 채택하였다.[75]

한편 Boissonade 또한 시효의 정지의 기초적 근거를 Contra non valentem 법언에서 찾는다. 즉 Boissonade는 기본적으로 권리를 행사할 수 없는 장애가 권리자에게 있는 경우에는 그 장애가 어떠한 것이든지 간에 Contra non valentem 법언이 적용되어 시효의 정지가 인정되어야 한다고 본다. 그러나 Boissonade는 권리 행사의 장애를 법률상 장애와 사실상 장애로 분류하고, 사실상의 장애는 명문의 규정이 있는 경우에 한하여 Contra non valentem 법언이 적용된다고 본

---

73) BOISSONARDE 4巻, pp.957-958, n° 335.

74) BOISSONARDE 4巻, pp.958-959, n° 336. 참고로 법률취조위원회 단계에서는 내전과 외국과의 전쟁을 구별하였으나(『法律取調委員会・民法証拠編再調査案議事筆記 11巻(日本近代立法資料叢書 〈11〉)』, 商事法務研究会, 1988, 95頁), 일본舊민법 증거편 제136조 제2항에서는 내전과 외국과의 전쟁을 구별하지 않았다.

75) 다른 방법으로 사실상의 장애의 발생을 사전에 상정하지 않지 않고, 실제로 사실상의 장애가 발생한 경우에 Contra non valentem 법언에 의거하여 진행 장애・정지를 폭넓게 인정하는 방법을 생각해 볼 수 있을 것이다.

다. 또한 Boissonade는 법률상 장애와 사실상 장애를 시효의 정지효과에 있어 다르게 본다. 즉, 원칙적으로 법률상 장애의 경우에는 진행을 정지시키는 것을 인정하고(진행정지), 사실상 장애는 시효의 완성을 정지시키는 것(완성정지)으로 이해한다.

보통시효기간에 관한 사실상의 장애에 대해, Boissonade 초안 및 일본舊민법이 Contra non valentem 법언의 적용을 좁은 범위로 제한하고 진행정지가 아닌 완성정지만을 인정하여 정지되는 기간을 단기에 그치게 하는 이유로는 두 가지를 생각해 볼 수 있다. 첫째, 보통시효기간의 결정에 있어 사실상의 장애의 발생 가능성이 이미 고려되었다는 점이다. 즉 사실상의 장애의 발생 가능성을 사전에 상정하여 시효기간을 30년이라는 장기간으로 규정한 이상, 실제로 발생한 사실상의 장애를 더욱 고려하는 것은 사실상의 장애의 존부에 대해 이중의 평가(배려)를 한 것으로 볼 수 있다. 둘째, 공익설의 요청을 수용한 것이다. 공익설의 입장에서 보면, 보통시효기간인 30년이라는 기간은 ① 권리관계의 조기 확정이라는 요청을 후퇴시킨다. 즉 사실상의 장애는 그 종류가 무한하므로, 사실상의 장애에 의한 정지를 쉽게 인정하면 시효완성시기가 현저히 늦어져 ①의 요청은 더욱 후퇴하게 된다. 또한 사실상의 장애는 그 발생에서 소멸까지의 기간이 다양하므로, 사실상의 장애에 의한 정지를 포괄적으로 인정하는 것은, 공익설의 ② 시효완성시기의 명확화의 요청에도 반한다.

Ⅳ. 메이지민법과 시효의 기산점

시효와 관련된 Boissonade 초안 및 일본舊민법은 메이지민법에 그대로 수용되지 않았고 법전조사회와 제국의회의 논의를 거치면서 큰 변화가 발생한다. 이러한 변화를 이해하는 것은 메이지민법에 많은 영향을 받은 우리 민법의 해석 및 개정방향에 중대한 지표가 될 수 있다는 점에서 이하에서 그 변화를 상세하게 분석해 보고자 한다.

1. '법전조사회'에서의 변화

(1) 보통시효기간의 단축

메이지민법 초안 제168조는 보통시효기간을 Boissonade 초안 및 일본舊민법과 달리 30년에서 20년으로 변경한다. 즉 메이지민법 초안 제168조(메이지민법 제167조)는 소유권 이외의 재산권이 20년의 도과로 소멸한다고 규정하였다.[76] 동조의 기초담당자인 우메 겐지로(梅謙次郎)는 (a) 문명개화에 따라 교통이 발달하여 원격지에 있는 자라도 자신의 본국에 있는 재산이 어떠한 상황에 있는지를 파악하는 것이 곤란하지 않다는 점, (b) 거래가 빈번해지면서 그 거래에 의해 발생하는 권리가 이른 시기에 확정되지 않으면 수십 년 전의 거래에 대해서도 분쟁이 발생하여 자신이 정당하게 취득하였다고 생각했던 권리가 상실되는 문제가 발생할 수 있다는 점 등을 그 이유로 든다.[77]

(2) 진행정지사유를 시효기산(개시)장애사유로 전환

Boissonade 초안 및 일본舊민법이 규정하는 정지에는 (a) 시효의 진행을 개시시키지 않는 것과 (b) 일단 개시한 시효의 진행을 휴지시키는 것이 포함되어 있었다. 그러나 메이지민법 초안은 (a)를 정지가 아닌 진행개시장애의 문제로 판단하였다(메이지민법 초안 제167조 제1항, 메이지민법 제166조 제1항). 예컨대 Boissonade 초안 및 일본舊민법은 상속과 관련하는 권리에 대해서 상속을 법률상의 장애로 보아 정지를 인정하였는데(Boissonade 초안 제1462조, 일본舊민법 증거편 제126조), 우메(梅)는 그러한 권리에 대해서 메이지민법 초안 제167조 제1항(메이지민법 제166조 제1항)의 시효의 기산점의 문제로 이해하였다.[78] 즉 메이지민법 초안은 Boissonade 초안 및 일본舊민법에 있어서 진행정지와 완성정지가 혼재하였던 시효의 정지의 효과를 완성정지로 일원화하였다. 동조의 기초담당자인 우메(梅)는 시효의 존재이유로 나태벌설을 언급하며,[79] 아직 행사할 수

---

76) 法典調査会議事速記録一,『日本近代立法資料叢書 1』(이하 '議事録 1'로 인용하기로 함), 商事法務, 1983, 543頁.

77) 議事録 1, 514頁: 인도의 출소기간법과 벨기에 민법 초안도 보통시효기간을 20년으로 두고 있는데, 메이지민법 제정시 이를 참고하였다고 한다.

78) 議事録 1, 491頁.

79) Boissonade 초안 및 일본舊민법은 주로 공익설과 추정설에서 시효의 존재 이유를 찾았다.

없는 권리에 시효가 진행하는 일은 있을 수 없으므로 본조와 같이 규정하였다고 논한다. 다만 이 변경은 Boissonade 초안 및 일본舊민법과 비교하여 「실제 달라진 부분이 전혀 없다」고 기술한다.[80] 이를 전제로 하여 우메(梅)는 "메이지민법 초안 제167조 제1항(메이지민법 제166조 제1항)의 「권리를 행사할 수 있는 때」란 통상 권리발생시를 의미하나 권리에 기한이나 조건이 설정되어 있는 경우에는 기한의 도래 또는 조건의 성취시를 의미한다."고 본다.[81] 결론적으로 메이지민법상 시효의 정지를 인정하는 사실상 장애의 범위는 Boissonade 초안 및 일본舊민법보다 더 좁아졌다고 할 수 있다.[82]

1) 미성년자·금치산자, 혼인

우메(梅)는 Boissonade 초안 및 일본舊민법의 미성년자·금치산자에 관한 규정이, 미성년·금치산의 전기간의 정지를 인정하지 않음을 유의미하게도 평가하면서도, 법정대리인이 존재하는 경우에도 최후의 1년간의 정지를 인정한다는 점에서 「다소 용기가 부족」한 입법이었다고 논한다. 오히려 오스트리아 민법, 독일 민법 제1초안을 참고하여, 법정대리인이 없는 경우에만 정지를 인정하면 되었을 것이라고 논한다(메이지민법 초안 제158조, 메이지민법 제158조[83] 제1항).[84] 이를 전제로 메이지민법 초안 제159조는 법정대리인이 있는 경우에는 시효의 정지를 인정하지 않은 채 「미성년자와 금치산자의 부모 또는 후견인에 대한 권리(메이지민법 제158조 제2항)」와, 「妻의 夫에 대한 권리(메이지민법 제159조)」에

이에 반해 메이지민법의 기초담당자는 주로 공익설과 나태벌설에서 시효의 존재 이유를 찾은 것으로 판단된다. 나태벌설에 있어서도 권리자가 사실상의 장애로 인하여 권리행사 가능성이 없다면 권리자에게 나태나 태만이 있었다고 보기 어려우므로 사실상의 장애를 고려할 필요가 있다.

80) 議事録 1, 531頁.

81) 議事録 1, 248頁.

82) 즉 법전조사회의 초안에는 시효의 정지사유를 한정 열거로 규정하는 Boissonade 초안 제1466조, 일본舊민법 증거편 제130조에 상당하는 규정이 없다. 이는 메이지민법 초안 제161조의 논의에 있어서의 정지사유를 극히 제한하고자 하는 기초담당자의 태도에서 추찰할 때, 법전조사회의 기초담당자는 시효의 정지가 한정 열거라는 사실이 자명하여 조문으로 규정할 필요도 없다고 판단한 것으로 보인다.

83) 현행 일본민법은 우리와 마찬가지로 성년후견제도를 도입하여 금치산 등의 용어는 삭제되고 피성년후견인 등으로 변경되었다.

84) 議事録 1, 473頁 이하.

관한 정지를 규정하였다. 동조의 기초담당자인 우메(梅)는 당시 일본의 상황에 입각하여, 이러한 권리에는 사실상의 장애가 있다고 판단하였다:

> "즉 父로부터 母, 母로부터 子, 관리인으로부터 피관리인의 권리 행사가 꺼려지는 경우는 없으나, 금치산자는 자기의 권리를 알지 못하거나 알더라도 부모나 후견인에게 자신의 권리를 주장할 수 없다. 또한 많은 부부에 있어서 夫가 妻의 재산을 관리하므로 금치산자와 동일한 문제가 발생한다."

이러한 이유 때문에 미성년자가 능력자가 된 때 또는 법정대리인이 취임한 때 혹은 혼인 해소 시로부터 6개월간의 시효정지를 인정하였다(메이지민법 초안 제159조, 메이지민법 제158조 제2항 및 제159조).[85]

2) 상속인·상속재산관재인의 부존재

상속에 관한 정지에 대해서는 일본舊민법 증거편 제135조를 대신하여 독일민법 제1초안을 본뜬 메이지민법 초안 제160조(메이지민법 제160조)가 규정되었다. 본조는 상속재산상의 권리·의무에 대해, 상속인이 확정된 때 또는 상속재산관재인이 선임된 때로부터 6개월 동안의 시효의 완성을 정지하였다. 동조의 기초담당자인 우메(梅)는, 시효는 권리자의 태만에 의거하여 권리를 소멸시키는 것이므로 권리자가 권리를 행사할 수 있음에도 행사하지 않았음이 전제가 되어야 하는데 상속인에게 상속재산관재인이 없어 권리를 행사할 수 있었다고 볼 수 없으므로 본조에 의해 시효의 정지가 인정된다고 본다.[86]

3) 천재지변 등의 사유

메이지민법 초안 제161조의 원안은 「시효의 기간 만료의 때에 즈음하여 전란으로 인해 교통의 마비 또는 재판사무정지로 인해 권리를 행사하거나 시효를 중단할 수 없는 경우에는 그 방해가 제거된 후 곧바로 청구를 행함으로 인해 권리자는 시효로 인한 권리소멸을 면할 수 있다」였다. 동조의 기초담당자인 우메(梅)는 원안이 일본舊민법 증거편 제136조와 거의 동일한 규정이며, 동조 1항에 전란에 의한 정지가 규정되어 있지 않았기 때문에 이를 부가하였을 뿐이라고 설명한다.[87] 법전조사회에 서는, 「전란으로 인해 교통의 마비 또는 재판사무정

85) 議事録 1, 482頁 이하.

86) 議事録 1, 490頁.

지로 인해」를 「불가항력에 의해」로 변경하는 제안과, 정지기간을 「1개월」로 변경하는 제안을 제출하였다. 한편 우메(梅)는 "시효는 공익에 의거하며, 시효의 요건만 갖추면 조기에 완성을 인정하는 것이 바람직하다. 시효제도의 의미를 잃지 않기 위해서라도 시효의 정지사유를 명백히 규정하고 그 이외의 사유에 의한 정지를 인정하지 않아야 한다"는 점을 강조하여 본조와 같은 정지규정의 삭제를 희망하였다. 그러나 우메(梅)는 일본舊민법 증거편 제136조에 서술된 경우는 부득이한 경우로 판단되므로, 가장 좁은 범위 내에서 예외적으로 시효의 정지를 인정하겠다는 일본舊민법 증거편 제136조와 동일한 정신에 입각하여 메이지민법 초안 제161조를 규정하였다고 한다.[88] 이러한 사고에 입각하였기 때문에 우메(梅)는 「불가항력」이라는 문언으로 수정하면 정지가 인정되는 범위가 매우 넓어지며, 정지기간을 「1개월」로 수정하면 태만한 권리자까지 보호를 받게 된다고 하며 수정제안에 부정적인 입장을 피력하였다.[89] 결국 우메(梅)의 반대견해를 고려하여 「천재지변 등 그 외의 피할 수 없는 사변」으로 수정하는 안과 정지기간을 「2주간」으로 수정하는 안이 제출되었으며 이것이 가결되었다.[90]

2. '제국의회'에서의 변화

제국의회의 중의원의 「민법중수정안위원회」에서는 보통시효기간을 더욱 단축하는 수정제안이 제출되었다.[91] 수정에 찬성하는 의원은, "(a) 출소기한규칙 등으로 구축되어온 관습의 기본이 5년임에도 그 네 배인 20년으로 설정하는 것은 인정할 수 없다, (b) 사회의 진보와 더불어 시효기간이 짧아지는 경향에 있다"고 주장하였다. 이에 대해 우메(梅)는 "(a) 출소기한규칙은 금전소비대차계약에 의거한 채권 중, 기한의 정함이 있는 채권의 시효기간이 5년으로 규정되어 있으나, 기한이 없는 것에 대해 시효기간을 규정하지 않았으므로 전자에서는 시효기간이 네 배가 된 것처럼 보일 수 있으나 후자에서는 시효기간이 없는 것

87) 議事録 1, 498頁 이하.
88) 議事録 1, 498頁 이하.
89) 議事録 1, 502頁 이하.
90) 議事録 1, 507頁.
91) 金山直樹, 前揭論文, 37頁 이하 참조.

을 20년으로 설정한 것이라는 점, (b) 일본이 남북으로 긴 나라라는 점에서 20년이 적당하다"고 주장한다. 다만 우메(梅)는 금전소비대차계약상의 채권과 비교하여 시효가 지나치게 길다면, 채권만의 시효를 단축하는 데에는 다소의 이유가 있을 것이라고 서술한다. 이러한 우메(梅)의 주장을 고려하여 결국 10년으로 단축하는 수정동의는 부결되었으나, 15년으로 하는 수정동의가 제출되어 가결되었다.[92] 이러한 논의의 결과 보통시효기간이 15년으로 설정되었으나, 중의원의 위원회 최종일에 소멸시효의 시효기간에 대해 '채권을 10년, 소유권 또는 채권 이외의 재산권을 20년'으로 하는 재수정동의가 제출되어 가결되었다. 이에 대해 중의원 위원장인 호시 도오루(星亨)는, 원안이 관습이나 출소기한규칙과 크게 상이하다는 이유에서 시효기간을 10년으로 설정하였다고 한다.[93] 그 결과, 채권의 소멸시효는 법전조사회의 기초담당자가 예상하지 못한 10년의 단기(?)소멸시효로 변모되었다.[94]

3. 검 토

먼저 Boissonade 초안 및 일본舊민법은 사실상의 장애의 발생을 사전에 상정하고, 보통시효기간을 30년으로 설정하였다는데 법전조사회에 제출된 초안에 있어서의 보통시효기간은 권리발생시로부터 20년이었다. 보통시효기간의 설명에 있어서, 권리 발생에 대한 권리자의 부지라는 사실상의 장애를 법전조사회의 기초담당자가 언급하였다는 점에 비추어, 이 보통시효기간도 Boissonade 초안 및 일본舊민법 마찬가지로 사실상의 장애의 발생과 그 제거와 관련한 시간을 사전에 상정하여 규정된 것이라고 할 수 있다. 그러나 그 기초담당자는 (a) 문명개화에 의해 재산의 상황을 아는 것이 곤란하지 않다고 논한다. 이 설명을 통해, 법전조사회의 기초담당자가 사실상의 장애의 발생의 가능성을 상정하면서도 문명의 진전에 의해 그 장애 제거를 위해 필요한 시간이 당시까지보다 짧

92) 이에 대한 상세한 설명은 広中俊雄, 『第9回帝國議會の民法審議』, 有斐閣, 1986, 114頁 이하.
93) 広中俊雄, 前揭書, 60頁 이하; 金山直樹, 前揭論文, 39頁.
94) 그러나 일본 내에서도 Boissonade 초안 및 일본舊민법의 30년이 우메(梅)에 의해 20년, 그리고 15년, 최종적으로 메이지민법에서 10년으로 줄어든 그 일련의 과정이 충분한 논의를 거쳐 합리적인 판단을 전제로 입법화된 것이 아니라는 강한 비판이 제기되었다. 香川崇, 「消滅時効の起算点·停止(一)」, 富大経済論集 56巻 2号, 2010, 84頁 이하.

아질 것이라 전망하였음을 짐작할 수 있다. 또한 공익설의 입장에서는, Boissonade 초안 및 일본舊민법의 30년이라는 보통시효기간은, 공익설의 ① 권리관계의 조기 확정의 요청을 후퇴시키는 것이기도 하였다. 법전조사회의 기초담당자가 (b) 권리가 조기에 확정되어야 한다고 논하는 것은, 그야말로 공익설의 ①의 요청을 고려한 것이다. 기초담당자가 Boissonade 초안 및 일본舊민법과 비교하여, 공익설의 ①의 요청을 중시해 시효기간이 20년으로 단축된 것으로 추인된다. 정리하면, Boissonade 초안 및 일본舊민법과 마찬가지로 법전조사회는 사실상의 장애의 발생 가능성을 사전에 상정하여 보통시효기간을 장기로 규정하였으나, 사실상의 장애의 발생 가능성과 그 제거에 필요한 시간 및 공익설의 요청에 관한 인식의 차이로 인하여 보통시효기간을 30년에서 20년으로 변경하였다고 볼 수 있다.

한편 Boissonade 초안 및 일본舊민법은, Contra non valentem 법언이 시효의 정지의 기초라고 이해한 반면에 법전조사회의 기초담당자는 "Boissonade 초안 및 일본舊민법에 있어서의 정지규정을 진행개시장애규정과 정지규정으로 나누었으나, 이는 Boissonade 초안 및 일본舊민법과 조금도 다르지 않다"고 설명한다. 이에 Contra non valentem 법언이 메이지민법상 진행개시장애와 시효의 정지의 기초가 되었다는 점은 자명하다.[95] 즉 법전조사회에서도 진행개시장애사유 및 시효의 정지사유의 결정에 있어, Boissonade 초안 및 일본舊민법의 Contra non valentem 법언에 대한 이해를 기본전제로 하였다. 구체적으로 법전조사회의 기초담당자는 Boissonade 초안 및 일본舊민법에 있어서 법률상의 장애로 여겨졌던 조건·기한을 진행개시장애사유의 예로 삼는다. Boissonade 초안 및 일본舊민법상의 조건·기한 이외의 법률상의 장애에 관한 규정을 정리하고, 조건·기한에 관한 조문의 문언을 「권리를 행사할 수 있는 때」라는 추상적인 문언으로 변경한 것은, 법률상의 장애가 일률적으로 진행개시장애사유가 되는 것을 명확히 하기 위해서였다고 추찰된다. 이 점은 법률상의 장애에 의거한 정지를 규정여부와 관계없이 폭넓게 인정한 Boissonade 초안 및 일본舊민법과 동일하다고 할 수 있다. 다만 법전조사회의 기초담당자는 사실상의 장애에 관한 정

95) 梅謙次郎, 『民法要義巻之一』, 有斐閣, 1911, 396頁에서도 Contra non valentem 법언이 진행개시장애의 기초라고 본다.

지사유를 정리하고, 사실상의 장애에 관한 정지사유 중 미성년자·금치산자와 법정대리인의 관계, 혼인관계, 천재지변 등의 불가항력만을 정지사유로 인정하고 정지의 효과도 완성정지로 일원화하였다. 따라서 법전조사회는 Boissonade 초안 및 일본舊민법 이상으로, 사실상의 장애에 관한 정지사유와 그 효과를 제한한다고 할 수 있다. 그런데 제국의회에서 시효의 정지에 대해서는 별다른 변화 없이 채권의 시효기간만을 20년에서 10년으로 단축하였다. 생각건대 이러한 메이지민법상의 변화는 사실상 장애를 고려하여 시효기간을 30년이라는 장기로 설정한 Boissonade 초안 및 일본舊민법의 사고와 부합하지 않다고 판단된다. 따라서 이러한 메이지민법 제정과정에서의 변화는 시효의 기산점에 관한 메이지민법 제166조 제1항의 해석상 한계를 설정할 수 있는 기준이 될 것이며, 이는 우리민법 제166조 제1항의 해석에도 시사하는 바가 클 것이다.

V. 우리 민법 제166조 제1항의 계수적 의미 – 맺음말에 갈음하여 –

Boissonade 초안 및 일본舊민법상 30년이라는 보통시효기간이나 메이지민법 초안의 20년의 보통시효기간은 장기간의 소멸시효기간을 통해, 사실상의 장애의 발생 가능성을 사전에 상정(배려)한 것이라 할 수 있다. Boissonade 초안 및 일본舊민법과 달리 제국의회에서 채권에 대한 시효기간의 단축의 필요성을 인정한 우메(梅)는, 금전소비대차계약에 의해 발생하는 채권을 염두에 두고 시효기간의 단축을 허용한 것으로 보인다. 분명 계약상의 채권에 대해서는 통상 주관적 사실상의 장애가 발생하는 경우가 별로 없을 것이다. 그러나 채권 일반이라고 한다면, 부당이득이나 사무관리를 원인으로 하는 채권도 이에 포함되며 이 경우에는 주관적 사실상의 장애의 발생 가능성이 높다는 것은 쉽게 상정할 수 있다. 그럼에도 불구하고 일본의 제국의회는 채권의 시효기간을 30년에서 (20년, 15년의 논의를 거쳐) 10년으로 단축하였는데, 이는 오로지 관습에 기초를 구할 뿐, 채권 일반에 있어서의 사실상의 장애의 발생 가능성을 상정하였는지에 대해 명확하지 않을 뿐만 아니라 회의적으로 볼 수도 있다. 즉, 시효의 기산점과 관련하여 메이지민법 법전조사회의 기초담당자인 우메(梅)조차도 메이지민법 제166조 제1항의 진행개시장애사유를, 보통시효기간(15년 이상)을 전제로 하여, 법률상의 장애로 국한하였다는 점을 간과해서는 안 된다. 최소한 Boissonade 초안, 일본舊민법 및 메이지민법 기초담당자의 의사는 보통소멸시효의 기간을 장기로 설정한 것을 전제로 소멸시효의 기산점 등을 판단한 것으로 보아야 한다. 따라서 메이지민법이 사실상 장애에 대한 추가적인 배려 없이 채권의 시효를 10년으로만 단축한 것은 타당하지 않다.

메이지민법상 채권 일반에 관한 10년의 소멸시효는 Boissonade나 우메(梅)의 관점에서 보면 보통시효가 아닌 단기소멸시효로 볼 수 있다. 즉 채권 이외의 재산권에 관한 시효인 20년은 보통시효기간으로 보아야 할 것이며 채권 일반에 관한 10년의 소멸시효를 단기소멸시효로 볼 여지도 있다. 그러나 우리 민법이나 메이지민법은 10년의 시효가 적용되는 채권에 관하여 특별한 진행개시장애가 규정되어 있지 않으므로, 채권 일반의 소멸시효에도 제166조 제1항 및 일본민법 제166조 제1항이 적용될 수밖에 없다. 이러한 이유에서 우리 통설·판례 및 일본의 통설·판례는 10년의 시효기간을 보통시효기간으로 보고 그 기산점을 '권리를 행사할 수 있을 때'로 본다. 그런데 본고에서 검토한 것과 같이 프랑스舊민법, Boissonade 초안(일본舊민법) 및 메이지민법 초안 등을 감안하면 '권리를 행사할 수 있을 때'를 엄격하게 해석할 유인은 채권의 시효기간을 10년으로 단기화하면서 제거되었다고도 볼 수 있다. 요컨대 채권 일반에 관한 10년의 소멸시효기간은, 사실상의 장애의 발생 가능성이 충분히 고려되지 않은 단기(?) 소멸시효이므로(최소한 장기소멸시효라고 볼 수 없다), 이 시효에 있어서의 우리 민법 제166조 제1항이나 일본민법 제166조 제1항의 해석에 있어 진행개시장애사유를 Boissonade 초안 및 일본舊민법, 메이지민법 초안보다는 폭넓게 인정할 수 있다. 요컨대 본고에서 검토한 일본민법의 제정과정의 경위를 고려해 본다면, 제166조 제1항의 '권리를 행사할 수 있을 때'를 '법률상 장애'여부만으로 판단하는 현재 통설과 판례는 그 입법과정의 전체적 취지를 간과한 채, 일부분에 대한 해석만을 무비판적으로 수용한 결과라 할 수 있다.[96] 이에 제166조 제1항

96) 이는 마치 정육면체 큐브(cube)의 한 면의 색깔만을 맞추고 마치 큐브를 완성한 것처럼 행동하는 것과 같다고 볼 여지가 있다. 일본 내에서도 메이지민법 제166조 제1항의 시효의 기산점 판단은 Boissonade 초안 및 일본舊민법의 영향을 받아 '법률상 장애'만으로 이를 판단하게 된 이유가 보통소멸시효의 시효기간을 30년이라는 장기로 설정하여 사실상 장애를 배려하였기 때문이라고 판단하고 있으며, 구체적인 이유 없이 입법과정에서 30년이

의 해석론 및 입법론에 대한 전면적인 재검토가 필요하며,97) 본고가 그러한 논의의 단초를 제공하길 기대해 본다.

〈참고문헌〉

곽윤직/김재형, 민법총칙, 박영사, 2012.

권영준, "소멸시효와 신의칙", 재산법연구 제26권 제1호, 2009.

김미리, "납북된 피랍자의 납북 피해에 대한 국가배상청구권의 소멸시효 기산점", 특별법연구 10권: 전수안대법관 퇴임기념, 2012.

김진우, "소멸시효와 제척기간", 재산법연구 제25권 제3호, 2009.

명순구, 실록 대한민국 민법, 법문사, 2008.

서종희, "소멸시효의 기산점(민법 제166조 제1항) 판단기준에 대한 고찰", 재산법연구 제37권 제1호, 2020.

서종희, "신의칙에 기한 소멸시효항변의 제한 및 그 한계", 법학논총 제25집 제1호, 2018.

______, "소멸시효의 기산점에 관한 고찰", 일감법학 제37호, 2017.

서종희/나강, "불법행위 손해배상청구권의 단기소멸시효의 기산점", 서울법학 제26권 제2호, 2018.

이주현, "채권자의 권리행사가 객관적으로 불가능한 사실상의 장애사유가 있음에 불과한 경우 채무자의 소멸시효항변이 신의칙에 반한다는 이유로 허용하지 않을 수 있는지 여부", 대법원판례해설 제42호, 2003.

広中俊雄, 『第9回帝國議會の民法審議』, 有斐閣, 1986.

10년으로 줄어들었다는 점에서 기산점을 '법률상 장애'만으로 판단해서는 안 된다는 주장이 강하게 주장되고 있다. 이를 전제로 하여 일부 견해는 20년을 보통소멸시효로 보고 그 20년을 판단하는 기산점을 법률상 장애에 의해 판단해야 한다고 보기도 한다. 香川崇, "わが国における消滅時効の起算点·停止(3·完)", 富山経済論集 57巻 2号, 2011, 59頁 이하; 平野裕之, 前揭論文, 315頁 이하 참조. 시효기간 및 그 기산점에 있어 의용민법을 계수한 우리민법 또한 이러한 비판을 경청할 필요가 있다고 보며, 필자 또한 시효의 기산점에 대한 판단법리와 보통소멸시효의 기간은 같이 고려해야 할 대상이라고 보며, 초기 일본의 판례 및 학설에 영향을 받아 '법률상 장애설'을 채택한 것으로 볼 수 있는 우리 판례 및 통설 또한 재고가 필요하다고 본다.

97) 이러한 사고를 기초로 하여 우리 판례와 통설의 문제점을 지적하고 있는 문헌으로는 서종희, 앞의 논문(주19), 80면 이하 참조.

金山直樹,『時効理論展開の軌跡』, 信山社, 1994.

金山直樹,「真実の推定と既判力」,『時効における理論と解釈』, 2009.

幾代通,『民法総則〔第2版〕』, 青林書院, 1984.

内池慶四郎,「出訴規則期限略史ー明治時効法の一系譜ー」, 慶應義塾大学法学研究会, 1968.

内池慶四郎,「時効の制度倫理と援用の問題—梅謙次郎とボアソナードを結ぶもの—」,『消滅時効法の原理と歴史的課題』, 成文堂, 1993.

梅謙次郎,『民法要義巻之一』, 有斐閣, 1911.

法律取調委員会·民法証拠編再調査案議事筆記,『日本近代立法資料叢書 第11巻』, 商事法務研究会, 1988.

法典調査会議事速記録一,『日本近代立法資料叢書 1』, 商事法務, 1983.

四宮和夫/能美善久,『民法総則[第6版]』, 弘文堂, 2002.

山本敬三,『民法講義Ⅰ総則[第2版]』, 有斐閣, 2005.

星野英一,「時効に関する覚書一その存在理由を中心として」,『民法論集』 4巻, 有斐閣, 1978.

松久三四彦,「判批」, 判時 1108号, 1984.

松久三四彦,「時効制度の根拠と中断(1)」, 北法 31巻 1号, 1980.

松本克美,『時効と正義—消滅時効·除斥期間論の新たな胎動—』, 日本評論社, 2002.

我妻栄,『新訂民法総則[民法講義Ⅰ]』, 岩波書店, 1965.

五十嵐清[川島武宜編],『注釈民法(5)』, 有斐閣, 1967.

遠 藤浩,「時効の援用権者の範囲と債権者代位権による時効の援用」, 手形研究 319号, 1981.

平野裕之,「消滅時効の起算点の緩和と二重の時効期間の可能性」, 慶應法学 第28号, 2014.

香川崇, 「消滅時効の起算点·停止に関する基礎的考察—フランス法における『訴えることのできない者に対して時効は進行しない(Contra non valentem agere non currit praescriptio)』の意義(一)」, 富大経済論集 54巻 1号, 2008.

香川崇, 「消滅時効の起算点·停止に関する基礎的考察—フランス法における『訴えることのできない者に対して時効は進行しない(Contra non valentem agere non currit praescriptio)』の意義(二·完)」, 富大経済論集 54巻 3号, 2009.

香川崇,「消滅時効の起算点·停止(一)」, 富大経済論集 56巻 2号, 2010.

香川崇,「わが国における消滅時効の起算点·停止(3·完)」, 富山経済論集 57巻 2号, 2011.

Charles AUBRY et Frédéric−Charles RAU, Cours de droit civil français d'après la méthode de Zachariae, t.8., 4e éd., 1902.

G. BAUDRY－LACANTINERIE et Albert TISSIER, Traité théorique et pratique de droit civil, De la prescription, 4e éd., 1924.

G. BOISSONARDE, Projet de code civil pour l'empire du japon accompagné d'un commentaire(1巻 내지 5巻), 1890~1891.

Jean CARBONNIER, La régle Contra non valentem agere non currit praescriptio, Rev. crit. de législation et de jurisprudence, 1937.

Joseph CLEMENT, De la régle Contra non valentem agere non currit praescriptio en matière civile, thèse Dijion, 1902.

Henri GONDARD, De la suspension et de la régle "Contra non valentem agere non currit praescriptio", thèse Paris, 1904.

G. Cornu, Droit civil, Introduction, Les personnes, Les biens, 1991.

François LAURENT, Principes de droi civil français, t.32., 3e éd., 1878.

Philippe MALAURIE, Laurent AYNES et Philippe STOFFEL－MUNCK, Les obligations, 3e éd., 2007.

Gabriel MARTY, Pierre RAYNAUD et Philippe JESTAZ, Les Obligations t., 2, Le régime, 2e éd., 1989.

Reinhard Zimmermann, Comparative Foundations of a European Law of Set－Off and Prescription, 2002.

제 4 장

소멸시효의 기산점(민법 제166조 제1항) 판단기준에 대한 고찰

-종래 통설 및 판례에 대한 비판적 입장에서-

Ⅰ. 들어가는 말

개정 전 일본민법 제166조 제1항(이하 '일본민법 제166조 제1항')[1] 을 계수했다고 볼 수 있는 우리 민법[2] 제166조 제1항에 의하면, "소멸시효는 권리를 행사할 수 있는 때로부터 진행한다"고 규정되어 있다. 이와 관련하여 우리 판례와 통설은 "'권리를 행사할 수 있다'라고 함은 그 권리의 행사가 법률상의 장애, 예를 들면 기한의 미도래나 조건불성취 등이 없는 경우를 말하는 것이고, 사실상 권리의 존재나 권리의 행사가 가능함을 알지 못하였고 알지 못함에 과실이 없다는 것과 같이 그 행사에 사실상의 장애가 있음에 불과한 경우에는 이에 해당하지 아니한다"고 본다.[3] 요컨대 판례는 권리행사상의 장애를 법률상 장애와 사실상 장애로 나누고 법률상 장애를 전제로 소멸시효의 기산점을 판단하고 있

1) 참고로 개정 일본민법은 2020. 4. 1.부터 시행되고 있으나 본고에서 언급하는 판례 및 학설이 모두 개정 전 일본민법 제166조 제1항을 전제로 하고 있다는 점에서 이하에서는 개정 전 일본민법 제166조 제1항을 '일본민법 제166조 제1항'으로 칭하고자 한다.

2) 이하 조문만을 명시하는 경우에는 우리 민법을 의미한다.

3) 대법원 1984. 12. 26. 선고 84누572 전원합의체 판결; 대법원 1992. 3. 31. 선고 91다32053 전원합의체 판결; 대법원 2004. 4. 27. 선고 2003두10763 판결 등. 통설 또한 이러한 입장이다. 대표적으로 곽윤직/김재형, 민법총칙, 박영사, 2012, 412면.

다(이하 '법률상 장애설'). 그런데 최근 학설 중 일부는 제166조 제1항의 '권리를 행사할 수 있을 때'의 의미를 통설 및 판례와 다르게 보려는 시도가 있으며,[4] 종국적으로 이 견해는 제166조 제1항을 개정하자는 주장으로까지 이어지고 있다.[5] 한편 최근 우리 판례 또한 법률상 장애설을 유지하는 것을 원칙으로 하면서도 예외를 인정하고 있어 사실상 일부 유형에서는 판례의 입장이 변경되었다고 볼 여지가 있다. 이에 본고는 오랫동안 판례로서 자리를 잡았던 '법률상 장애설'이 어떠한 문제점이 있는지, 있다면 이를 해결하기 위한 방안이 있는지에 대한 진지한 검토를 해보고자 한다. 더 나아가 이러한 우리 판례의 입장은 일본 최고재판소 판례와 매우 유사하다는 점에서 일본 내에서의 학설과 판례를 확인하는 것은 우리 판례의 동향을 파악하고 전망하는 데에도 기여할 것이라고 판단된다. 따라서 이하에서는 소멸시효의 기산점과 관련된 문제에 대해 일찍부터 고민해왔던 일본의 학설과 판례의 입장을 상세히 소개하고(II) 우리의 학설과 판례의 변화를 검토해 본 후(Ⅲ), 글을 마치고자 한다(Ⅳ).

II. 일본민법 제166조 제1항에 대한 해석논쟁

일본민법 제166조 제1항의 "권리를 행사할 수 있는 때"의 해석과 관련하여 일본 내에서는 오래전부터 견해가 대립되고 있다.[6] 먼저, Boissonade나 메이지 민법의 입법담당자는, 보통소멸시효의 기산점 법리에 있어서 기한의 미도래 등의 법률상의 장애만이 시효의 진행개시장애사유가 된다고 보았다.[7] 법률상 장

4) 권영준, "소멸시효와 신의칙", 재산법연구 제26권 제1호, 2009, 15면 이하; 김미리, "납북된 피랍자의 납북 피해에 대한 국가배상청구권의 소멸시효 기산점", 특별법연구 10권: 전수안 대법관 퇴임기념, 2012, 580면 이하; 서종희, "신의칙에 기한 소멸시효항변의 제한 및 그 한계", 법학논총 제25집 제1호, 2018, 11면 이하; 홍성균, "소멸시효 기산점에 관한 객관적 체계의 완화", 비교사법 제25권 제4호, 2018, 1409면 이하.

5) 서종희, "소멸시효의 기산점에 관한 고찰 -2013년 민법개정안을 반영하여", 일감법학 제37호, 2017, 125면 이하.

6) 일본의 시효제도는, Boissonade초안 및 일본 舊민법(1890년 공포) 증거편 제2부를 수정한 메이지민법(1896년 공포, 1898년 시행) 제1편 총칙 제6장의 여러 규정을 주된 법원으로 한다. 松久三四彦, 「時効制度」, 星野英一代表編集: 『民法講座1民法総則』, 有斐閣, 2012, 541頁.

7) 香川崇, 「わが国における消滅時効の起算点·停止(三)」, 富山大学経済論集 57巻 2号, 2011, 58頁.

애설을 취하는 일본의 통설 또한 「권리를 행사할 수 있는 때」란, 권리를 행사함에 있어 법률상의 장애가 사라진 때를 뜻하며, 권리자의 일신상의 사정으로 권리를 행사할 수 없는 점이나 권리행사에 사실상의 장애가 있는 점은 영향을 주지 않는다고 한다. 반면에 현실적 기대 가능성설로 불리는 일부 학설은 「권리를 행사할 수 있는 때」를 권리의 행사를 실제로 기대할 수 있었던 때라고 본다.[8) 일본의 판례는 통설인 법률상 장애설에 의거한다고 할 수 있다.[9) 다만 最判 昭和45(1970)年 7月 15日, 民集 24巻 7号 771頁(이하 「昭和45年 判決」)가, 법률상의 장애에 국한되지 않고 권리행사 기대 가능성을 고려하여 사실상의 장애도 소멸시효의 기산점을 방해할 수 있다는 해석을 판시한 이후, 일본의 판례에 있어서는 권리행사 기대 가능성을 고려하는 판례가 잇달아 등장하여, 판례가 현실적 기대 가능성설을 취한다고 보는 학설도 존재한다.[10) 이에 이하에서는 일본판례의 변화를 확인하고 이에 대한 학설의 평가를 검토해 보고자 한다.

1. 일본의 판례

(1) 법률상의 장애만이 시효의 진행장애사유에 해당한다고 본 판례

부당이득반환청구권에 대해 채권자가 그 청구권의 성립을 알지 못하더라도 소멸시효가 기산되는지가 다투어진 사안에서 大判 昭和12(1937)年 9月 17日, 民集 16巻 1435頁(이하 「昭和12年 判決」이라 한다)은 이하와 같이 판시하며 권리행사 가능성은 전혀 고려하지 않고 법률상의 장애여부만으로 시효의 기산점을 판단해야 한다는 입장을 설시하였다.

> "부당이득반환청구권의 소멸시효는 권리의 발생과 동시에 진행된다는 것이 일본 민법 제166조의 규정에 비추어 자명하다. 채권자가 그 권리의 발생을 알 방법이 없어 이를 행사할 수 없더라도, 그것은 단지 사실상 권리를 행사할 수 없는 것에 불과하여 법률상 행사가 불능하다고 말하기 어렵다. 한편 상기 민법 제166조의 소위 '권리를 행사할 수 있는 때'는 법률상 이를 행사할 수 있어야 하는 때를 의미하며, 사실상의 행사 여부는 시효의 진행과 어떠한 관계도 없다. 따라서 본 사안에 있어

8) 山本敬三, 『民法講義 I 総則[第3版]』, 有斐閣, 2011, 564頁.

9) 大判 昭12.9.17, 民集 16巻 1435頁 등 다수.

10) 平野裕之, 『民法総則[第3版]』, 日本評論社, 2011, 564頁.

서도 부당이득 반환청구권이 발생한 때로부터 시효가 진행한다고 보아야 한다(밑줄은 필자가 첨가).”

이와 같이 昭和12年 判決은 일본민법 제166조의 “권리를 행사할 수 있는 때”를 법률상의 장애가 없는 때로 이해하며, 사실상의 장애는 소멸시효의 기산을 방해하지 않는다고 본다. 더 나아가 昭和12年 判決은 다음과 같이 서술한다.

> “채권자가 장기간 동안에 권리 발생사실을 인지하지 못하는 것은 그 자를 권리 위에 잠자는 자라고 볼 수 없다. 그 일면에서 일정한 사실을 인지한 때를 시효기간의 기산점으로 삼는 특별한 규정을 둔 경우(일본민법 제426조, 제724조 및 제966조)에는 인지한 시점부터 시효가 진행된다. 그러나 비채변제로 인한 부당이득반환청구권은 인지시점부터 시효가 진행된다는 특별규정을 두고 있지 않으므로 인지여부와 관계없이 시효는 진행된다고 보아야 한다.”

이러한 판례의 입장에 대해서 히라노 히로유키(平野裕之)는 “객관적 기산점에 의한 속박 없이 주관적 기산점을 인정하면 시효 제도가 붕괴된다. 따라서 이중의 속박이 없는 이상 주관적 기산점을 인정할 수 없으며, 객관적 기산점을 관철할 수밖에 없다.”11)고 논하면서 판례의 입장을 이러한 태도로 이해한다. 즉 昭和12年 判決이 지적하는 것처럼 객관적 기산점에 의한 제한 없이 주관적 기산점을 인정하는 데 의한 불합리성은 이중의 시효기간을 채용함으로써 방지할 수 있다. 그런데 부당이득반환청구권과 같은 채권의 경우에는 일본민법상 이중의 시효기간을 두고 있지 않으므로 일본의 판례는 객관적 기산점으로 시효의 진행을 판단한 것으로 이해된다. 요컨대 일본 판례는, 이중시효기간을 규정하고 있지 않는 한 일본민법 제166조 제1항의 기산점은 객관적 기산점을 규정한 것으로 보아야 하므로 권리행사 기대 가능성을 지나치게 고려하면 시간이 아무리 경과하여도 시효가 완성되지 않아 시효제도가 형해화 될 수 있다는 우려에서, 시효의 기산점을 법률상 장애여부로 판단한다.

(2) 객관적 사실상의 장애를 시효의 진행장애사유에 해당한다고 본 판례

1) 昭和45年 判決

昭和12年 判決이 주류적 판례로 자리 잡은 이후에 昭和45年 判決은 소멸시

11) 平野裕之, 「消滅時効の起算点の緩和と二重の時効期間の可能性」, 慶應法学 28号, 2014, 306頁.

효의 기산점의 해석에 있어서 사실상 최초로 권리행사 가능성을 고려하였다. 이 판례는 X가 소외 A와 토지임차권에 대해 다툼이 있어 X가 임료상당액을 Y(법무국)에 공탁하였는데, 그 이후 X가 공탁금원의 회수를 Y에게 청구한 사안을 다루고 있다. 위 사안에서 Y는 X의 변제공탁의 공탁물회수청구권은 공탁개시시를 기산점으로 하여 소멸시효가 완성되어 그 권리가 소멸하였다고 주장하였다.[12] 이에 대해 일본 최고재판소는 다음과 같은 이유에서 공탁물회수청구권의 소멸시효의 기산점을 공탁시점으로 보아서는 안 된다고 보았다.

> "'권리를 행사할 수 있다'란, 단순히 그 권리의 행사에 있어 법률상의 장애가 없는 것뿐만 아니라 권리의 성질상 그 권리행사를 실제로 기대할 수 있어야 한다. 일반적으로 본래 변제금 공탁에 있어서 공탁의 기초가 된 사실을 둘러싸고 공탁자와 비공탁자 간에 다툼이 있는 경우가 많으며, 이와 같은 경우 그 다툼이 계속되고 있는 동안에 위 당사자 중 누군가가 공탁물의 지급을 받는 것은 상대방의 주장을 인정하고 자기의 주장을 철회하는 것으로 해석될 우려가 있으므로, 다툼이 해결될 때까지 공탁지급청구권의 행사를 당사자에게 기대하는 것은 법이 당사자의 이익 보호를 위해 인정한 변제금공탁 제도의 취지에 반하는 결과를 낳는다."

즉 昭和45年 判決은 "변제공탁에 있어서의 공탁물의 회수청구권의 소멸시효의 기산점은, 공탁의 기초가 된 채무에 대한 분쟁의 해결 등을 통해 그 부존재가 확정되는 등, 공탁자가 면책의 효과를 받을 필요가 소멸한 때로 해석하는 것이 상당하다(밑줄은 필자가 첨가)"고 판시하였다. 생각건대 공탁물의 회수에 의한 면책효과의 상실이라는 사정은 객관적 사실상의 장애에 지나지 않으나,[13] 昭和45年 判決은 권리행사 기대 가능성을 고려하여 사실상의 장애임에도 불구하고 그 사유를 소멸시효의 진행장애사유로 인정한 것이다. 물론 昭和45年 判決이 가지는 의미를 「변제공탁에 있어서의 공탁물의 지급청구, 즉 공탁물의 회수의 청구」라는 한정된 개별사안에 적용된 사례판결로서 의미를 가지는 것으로 제한할 수도 있으나,[14] 最判 平成8(1996)年 3月 5日, 民集 50巻 3号 383頁 및 最

12) 법률상 장애설의 기준에서 보면, 공탁물의 반환은 언제든 가능하므로(일본민법 제496조 제1항), 공탁물회수청구권의 소멸시효는 공탁시로부터 진행한다.

13) 香川崇, 「わが国における消滅時効の起算点·停止(二)」, 富山大学経済論集 57巻 1号, 2011, 76頁.

14) 平野裕之, 前揭論文, 309頁.

判 平成19(2007)年 4月 24日, 民集 61巻 3号 1073頁 이하에 昭和45年 判決의 인용이 반복되고 있다는 점을 감안하면 그 의미를 사례판결로서 한정하기도 어렵다.[15]

2) 最判 平成21(2009)年 1月 22日, 民集 63巻 1号 247頁(이하 「平成21年 判決」)

「平成21年 判決」은 하나의 기본적 계약에 의거한 계속적인 금전소비대차거래와 관련하는 변제금 중 이자제한법 소정의 제한을 초과하는 이자로 지급된 부분(이하 '과불금')이 있는 경우에는 그 후에 발생하는 새로운 차입금채무에 충당한다는 취지의 합의를 하였는데, 이후 차주 X가 대금업자 Y에게 부당이득반환청구권에 의거하여 당해 과불금의 반환을 구한 사안을 다룬다. 부당이득반환청구권은 기한의 정함이 없는 채권이므로 권리발생시로부터 권리행사가 가능하다.[16] 본건과 같이 과불금 충당의 합의가 있었다고 하더라도, 채권자가 계속적인 금전소비대차거래를 스스로 종료하여 부당이득의 반환을 청구할 수도 있으므로, 이 장애는 법률상의 장애가 아닌 객관적 사실상의 장애라고 볼 수 있다.[17] 이와 같은 사실 하에서 부당이득반환청구권의 소멸시효의 기산점이 문제되었다. 동 판결은 다음과 같은 이유로 과불금 충당의 합의를 법률상 장애로 인정하였다.

> "일반적으로 과불금 충당의 합의에는, 차주는 기본계약에 의거한 새로운 차입금채무의 발생을 전망할 수 없게 된 시점, 즉 기본계약에 의거한 계속적인 금전소비대차계약이 종료한 시점에 과불금이 존재하면 그 반환청구권을 행사하도록 하고 당시까지는 과불금이 발생하더라도 그때마다 그 반환을 청구하지 않고, 이를 그대로 그 후에 발생하는 새로운 차입금채무로의 충당의 용도로 제공한다는 취지가 포함되어 있어, 과불금 충당의 합의를 포함한 기본계약에 의거한 계속적인 금전소비대차거래에 있어서는 同거래가 계속 되는 한 <u>과불금 충당의 합의는 법률상의 장애가 된다</u>(밑줄은 필자가 첨가)."

---

15) 이러한 이해는 香川崇, 前掲論文(주 13), 76-78頁; 戸田久, 『最高裁判所判例説 民事篇(平成19年度)』, 法曹会, 2010, 352頁 참조.

16) 과불금에 대한 부당이득반환청구권도 채권자가 스스로 금전소비대차계약을 종료하면 언제든 행사할 수 있다. 따라서 과불금의 발생시로부터 부당이득반환청구권의 장기소멸시효는 진행한다.

17) 香川崇, 前掲論文(주 13), 79頁.

그리고 「平成21年 判決」은 "과불금발생시로부터 그 반환청구권의 소멸시효가 진행한다고 해석하는 것은, 차주에 대해 과불금이 발생하면 그 반환청구권의 소멸시효가 경과하기 전에 청구하게 하여 대주와의 계속적인 금전소비대차거래의 종료를 구하는 것과 결과를 도출할 수 있는데, 이는 과불금 충당의 합의를 포함한 기본계약의 취지에 반하기 때문에 계속적인 금전소비대차거래가 종료한 시점으로부터 과불금반환청구권의 소멸시효가 진행한다(밑줄은 필자가 첨가)"고 설시하였다. 채권자가 금전소비대차거래를 종료시키면 언제든지 과불금에 대한 부당이득반환청구권을 행사할 수 있으므로, 본건 합의는 객관적 사실상의 장애라고 할 수 있다. 그렇다고 한다면, 「平成21年 判決」도 기산점 법리에 있어서 권리행사 가능성을 고려하였다고 할 수 있다. 물론 「平成21年 判決」은 명시적으로 본건 합의의 존재를 '법률상 장애'라고 논하고 있으나, 이는 기산점을 늦추기 위해 동 판례가 객관적 사실상 장애를 우회적으로 법률상 장애로 준하여 취급한 것일 뿐이지 '과불금 충당의 합의 자체를 법률상 장애'로 판단한 것으로 보기 어렵다.

(3) 주관적 사실상의 장애를 시효의 진행장애사유에 해당한다고 본 판례

1) 最判 平成15(2003)年 12月 11日, 民集 57巻 11号 2196頁(이하 「平成15年 判決」)

「平成15年 判決」은 생명보험계약에 있어서, 피보험자의 사망일의 다음 날을 생명보험금청구권의 소멸시효의 기산점으로 규정하는 약관의 해석이 다투어진 사안이다. 이 사안에서는 피보험자가 3년 넘게 행방불명된 후에야 그 시신이 발견되어 뒤늦게 상속인이 보험자에 보험금을 청구되었는데, 동판결은 昭和45年 判決을 인용하며 상기 약관의 해석에 대해, "민법 제166조 제1항이 소멸시효의 기산점을 『권리를 행사할 수 있는 때』로 규정하고 있으며, 단순히 그 권리의 행사에 대해 법률상의 장애가 없는 것뿐만 아니라 권리의 성질상 그 권리행사를 실제로 기대할 수 있게 된 때로부터 소멸시효가 진행한다는 것이 동항의 규정의 취지"라고 하며, "본건 각 보험계약에 의거한 보험금청구권은, 지급사유(피보험자의 사망)가 발생하면 통상 그때로부터 권리행사를 기대할 수 있다고 해석되는 데 의하는 것으로,[18] 당시의 객관적 상황 등에 비추어, 그때로부터의 권리

18) 平成15年 判決에 있어서의 보험금청구권은 피보험자가 사망시로부터 청구할 수 있으므로,

행사를 실제로 기대할 수 없는 특단의 사정이 존재하는 경우에 대해서까지도 상기 지급사유발생시로써 본건 소멸시효의 기산점으로 삼는다는 취지가 아니라고 해석하는 것이 상당하다"고 보았다. 이를 전제로 하여 동판결은 행방불명된 후 약 3년 반이 경과한 후에 사체가 발견된 본 사안의 경우에는「특단의 사정」이 있으므로 사체발견시를 소멸시효의 기산점으로 삼을 수 있다고 보았다.

2) 最判 平成17(2005)年 11月 21日, 民集 59巻 9号 2558頁(이하「平成17年 判決」)

「平成17年 判決」는, 선박사고가 발생하였고 피해자 X가 가해자가 누구인지 모르다가 추후에 해상보안청의 수사에 의해 Y가 가해자로 특정된 후 Y에게 손해배상을 청구하여, 상법 제798조의 1년의 소멸시효의 완성여부가 문제된 사안을 다룬다.[19] 물론 본 판결에서 가장 주목해야 할 부분은 시효의 기산점과 관련하여 민법 제166조 제1항과 민법 제724조 전단(필자 주: 우리 민법 제766조 제1항에 해당) 중 어느 조문이 적용될 것인지가 문제된 사안이지만, 부수적으로 시효의 기산점이 가지는 의미를 재확인할 수 있다. 먼저「平成17年 判決」의 제1심은 민법 제166조 제1항을 적용하여 Y가 가해자가 아닌지 의심하기에 충분한 객관적 정보를 X가 얻은 시점을 기산점으로 보았다. 반면에「平成17年 判決」의 원심은 민법 제724조 전단을 적용하여 X가 가해자가 Y임을 안 날을 소멸시효의 기산점으로 보았다. 결과적으로 1심과 원심은 적용한 조문이 상이함에도 불구하고 구체적인 기산점에 있어서 차이가 없다. 그리고「平成17年 判決」은 "민법 제724조 전단이 소멸시효의 기산점을『손해 및 가해자를 안 때』라고 규정한 것은, 불법행위의 피해자가 손해 및 가해자를 실제로 인식하지 못 하는 경우가 있다는 점에서, 피해자가 가해자에 대해 손해배상청구에 이르는 것을 기대할 수 없는 동안에 소멸시효가 진행하여 그 청구권이 소멸하지 않도록 하기 위함(밑줄은 필자가 첨가)"이라고 하며, 민법 제724조 전단을 적용하였다.

일본 민법 제724조 전단의 기초가 되는 기산점 확정 법리와 昭和45年 判決에 있어서의 민법 제166조 제1항의 기산점 확정 법리를 비교하면, 위 판결의 사안을 어떻게 구성하든지 관계없이 손해배상청구권의 소멸시효의 기산점에 차이

同채권의 장기소멸시효의 소멸시효는 원칙상 피보험자의 사망시로부터 진행한다.

19) 시효기간은 1년으로 명확하나 소멸시효의 기산점은 명확하지 않아 결국 일본민법 제166조 제1항 및 제724조 전단에 의한 기산점을 적용할 것인지가 문제된 사안이다.

는 없다.[20] 그렇다면 어떠한 이유에서 「平成17年 判決」이 본 사안에서 일본민법 제166조 제1항이 아닌 일본민법 제724조 전단의 구성에 의하였는가 하는 의문이 드는데, 「平成17年 判決」의 조사관은 다음과 같이 설명한다.

> "권리행사 가능성을 고려하는 「昭和45年 判決」을 전제로 민법 제166조 제1항을 적용하면, 수사기관마저도 가해선박을 특정하지 못하는 경우에는 피해자 측이 대략 권리를 행사할 수 없는 상태가 20년 이상 계속하는 경우도 있을 수 있는데, 이 경우에는 오히려 민법 제724조 후단의 20년의 제척기간의 이중제한기간의 적용을 받는 경우보다 장기간 동안 권리관계가 확정되지 않는 불합리한 결과가 발생하는 경우가 있을 수 있다. 그렇게 되면, 민법 제166조 제1항을 적용하는 것이 1년이라는 단기소멸시효를 규정한 상법 제798조 제1항의 취지에 부합한다고 보기 어려운 측면도 있으므로 선박 충돌시로부터 20년의 제척기간의 경과에 의해 획일적으로 청구권이 소멸할 수 있도록 하는게 타당하다고 보아 민법 제724조를 적용한 것이다."

요컨대 「平成17年 判決」은 일본민법 제166조 제1항의 적용하면 시효가 언제까지고 완성되지 않아 권리관계가 불안정해지는 결과가 발생할 수 있으므로, 동판결은 일본민법 제724조 후단에 의한 20년이라는 제척기간을 통해 권리관계가 무기한으로 확정되지 않는 것을 방지하고자 일본민법 제724조를 적용한 것이다.

2. 일본 학설의 상황

(1) 법률상 장애설

일본의 통설인 법률상 장애설은 일본민법 제166조 제1항의 "권리를 행사할 수 있는 때"를 법률상의 장애가 사라진 때로 해석한다.[21] 따라서 이 견해에 의하면 채권자의 질병 그 외의 개인적인 사유로 인한 사실상의 장애는 시효의 진행을 방해하지 않는다.[22]

---

20) 香川崇, 前揭論文(주 13), 84頁.

21) 我妻栄, 『新訂民法総則(民法講義 I)』, 岩波書店, 1965, 484頁 이하.

22) 동시이행의 항변권이 부착되어 있는 채권이라도, 채권자의 의사에 의해 이를 제거할 수 있으므로, 이와 같은 장애는 법률상의 장애에 해당하지 않아 시효의 진행을 방해하지 않는다.

(2) 현실적 기대 가능성설

이 견해는 법률상 장애 이외에도 사실상 장애로 인하여 권리행사가 불가능할 수 있다는 점을 감안하여 권리행사의 실질적인 가능성여부를 고려하여야 한다고 보며, 세부적으로는 사실상 장애 중 객관적 사실상 장애와 주관적 사실상 장애를 바라보는 관점에 따라서 견해가 나뉜다.

1) 객관적·주관적 사실상 장애를 모두 고려하여 시효의 기산점을 판단해야 한다는 견해

대표적으로 호시노 에이이치(星野英一)는 소멸시효의 기산점을 판단함에 있어 법률상 장애뿐만 아니라 사실상 장애도 고려한다.[23] 이 견해는 일본민법 제166조 제1항은 권리를 행사할 수 없는 때로부터 소멸시효가 진행하지 않는다는 소극적인 의미밖에 가지지 않는다고 본다. 따라서 이 견해는 '권리를 행사할 수 있을 때'를 엄격하게 법률상 권리를 행사할 수 있는 때로 해석해야 할 필연성은 없으며, 법원의 판결에 의해 권리발생의 여부가 비로소 명확해지는 경우도 적지 않으므로 채권자에게 그 판단의 위험을 부담시키는 것은 가혹하다고 본다. 요컨대 호시노(星野)는 소멸시효의 기산점은 「권리를 행사할 수 있음을 알아야 하는 시기」, 즉 채권자의 직업·지위·교육 등에 비추어 「권리의 행사를 기대 내지 요구할 수 있는 시기」에 진행된다고 이해한다.[24]

2) 객관적 사실상 장애만을 시효의 기산점 판단시 고려해야 한다는 견해

마쓰히사 미요히코(松久三四彦)는, 통상인의 관점에서 보아 권리행사를 기대할 수 없는 경우에도 시효의 진행을 인정하는 것은 권리의 실질을 훼손한다고 보아, 권리행사 기대가능성을 고려하여 기산점을 판단하는 호시노(星野)의 견해를 긍정적으로 평가한다.[25] 다만 마쓰히사(松久)의 해석은 세부적으로 두 가지 정도에서 호시노의 해석과 차이를 보인다. 첫째, 마쓰히사(松久)는 호시노

23) 星野英一, 「時効に関する覚書—その存在理由を中心として—」, 『民法論集 第4巻』, 有斐閣, 1978, 309頁 이하.

24) 호시노(星野)의 이러한 입장은 당해 권리자의 개인적·주관적 사정을 통합적으로 고려하는 입장으로서, 사실상 장애까지도 고려하여 권리행사 가능성을 판단하는 견해로 받아들여진다. 松久三四彦, 『時効制度の構造と解釈』, 有斐閣, 2011, 396頁.

25) 松久三四彦, 前掲書, 396頁.

(星野)의 견해와 같이 채무자의 직무·지위·교육이라는 개별적인 사정에 의해 시효 완성여부가 좌우되어서는 안 되므로, 권리행사의 기대 여부는 채권자의 개별적인 사정을 배제한 상태에서 일반적인 평균인을 기준으로 판단해야 한다고 주장한다.[26] 둘째, 호시노(星野)는 권리를 행사할 수 있음을 채권자가 알 수 있었을 시기를 기산점으로 삼는다. 그러나 마쓰히사(松久)는 호시노(星野)의 견해에 의하면 그 알아야 하는 시기가 도래하기 전까지는 언제까지고 시효가 진행되지 않을 우려가 있으므로 일본민법 제724조 후단과 같이 이단 구성을 취하고 있지 않는 한, 일본민법 제166조 제1항을 호시노(星野)의 견해처럼 이해하는 것은 무리가 있다고 본다.[27] 마쓰히사(松久)는 채권자의 주관에 의해 시효의 진행여부가 결정되는 것은 시효제도를 몰각시킬 수 있다는 점에서 객관적으로 이를 바라보고 있는 통설인 법률상 장애설을 원칙으로 하는 것이 타당하다는 기본입장을 취하면서도, 권리를 행사할 수 있음을 알고 있더라도 통상인을 기준으로 판단하여 권리의 행사를 요구할 수 없는 경우(소위 '객관적 사실상 장애')에는 다음과 같은 이유에서 시효가 개시되어서는 안 된다는 예외를 인정할 필요가 있다[28]고 주장한다.

> "시효 제도의 존재를 고려하면, 객관적 기준이 바람직하다는 점에서 통설이 주장하는 '법률상의 장애의 유무'라는 기준은 원칙으로서 훌륭하다고 판단된다. 다만 문제는 그 원칙에 예외를 일절 인정하지 않아야 하는지는 별개의 문제이다. 왜냐하면 위의 원칙도 통상인에게 권리행사를 요구할 수 있는 경우라는 대전제 위에 있기 때문이다. 따라서 사실상의 장애에 해당하는 사유라도 시효의 진행 개시를 방해한다고 보는 것이 타당한 경우가 있다면, 개별적으로 시효 원용을 권리남용으로 보거나 이를 전면적으로 시효의 진행 개시를 방해하는 사유로서 인정하여도 무방할 것이다. 이와 같은 경우를 편의적으로 객관적 사실상의 장애(나머지를 주관적 사실상의 장애)라 칭하면(명칭에 구애받는 것은 아니다), 무엇이 그것에 해당하는지가 문제될 수 있다. 그러나 이는 사실상의 장애라도 시효의 진행을 개시하여서는 안 되는 사안의 출현에 대비하여 사전에 해석의 수용처로서의 개념 내지 범주를 마련해

26) 松久三四彦, 前揭書, 397頁.

27) 松久三四彦, 前揭書, 397頁. 마쓰히사(松久)는 명문으로 시효의 이중권리행사기간의 구조를 취하지 않는 한 주관적인 기산점을 전제로 하는 해석은 무리가 있다고 본다.

28) 松久三四彦, 前揭書, 398頁.

두는 것에 의미가 있으므로 구체적으로 무엇이 그에 해당하는지는 사안별로 고려할 수밖에 없다."

요컨대 마쓰히사(松久)는 사실상의 장애를 객관적 사실상의 장애와 주관적 사실상의 장애로 나누어 고려하며, 법률상의 장애와 객관적 사실상의 장애가 시효의 진행을 방해한다고 논한다.[29)]

(3) 사실상 장애를 기산장애사유가 아닌 진행정지사유로 보아야 한다는 견해

마쓰모토 가쓰미(松本克美)는 시효의 기산장애사유와 진행정지사유를 구별한 후, 전자에 해당하는 것은 법률상의 장애로 국한된다고 본다. 즉 마쓰모토(松本)는 사실상의 장애는 기산장애사유가 아닌 진행정지사유에 불과하다고 본다.[30)] 특히 마쓰모토(松本)는 호시노(星野)가 문제로 삼는 권리자의 교육이나 직업 등의 개별적인 주관적 태양의 문제는 사실상의 장애에 불과하므로 시효의 기산장애사유가 될 수 없다고 본다. 즉 그는 그러한 사유는 신의칙을 적용할 것인지를 판단함에 있어 고려할 사항일 뿐이므로 사안별로 개별적으로 판단해야 한다고 주장한다.[31)]

Ⅲ. 우리 민법 제166조 제1항에 대한 해석

1. 종래 통설과 판례

우리 통설과 판례는 기본적으로 제766조 제2항과 같이 명문규정상 객관적 기산점에 의한 이중의 구속이 없는 이상, 제166조 제1항의 기산점을 주관화해서는 안 된다는 입장이다. 즉 우리 통설과 판례는 객관적 기산점에 의한 이중의 구속 없이 일반 소멸시효의 기산점(제166조 제1항)을 주관적 기산점으로 인정하면 시효제도가 붕괴될 것이라는 우려 때문에 사실적 장애를 기산점 산정시 고려하지 않는다.[32)] 요컨대 우리 통설과 판례는 시효기간의 무기한 연장을 막기

29) 松久三四彦, 「時効法の改正に向けて」, 法時 85巻 12号, 2013, 77頁.
30) 松本克美, 『時効と正義—消滅時効·除斥期間論の新たな胎動—』, 日本評論社, 2002, 206頁.
31) 松本克美, 前揭書, 206-207頁.
32) 이주현, "채권자의 권리행사가 객관적으로 불가능한 사실상의 장애사유가 있음에 불과한

위하여 제166조 제1항의 기산점을 판단함에 있어 법률상 장애설을 채택한 것이다.[33)]

2. 특별영역에서의 판례의 변화 — 소위 '완화된 법률상 장애설' —

우리 판례는 최근에 법률상의 장애가 아닌 사실상의 장애로 볼 수 있는 사안에서 그것을 법률상 장애로 준하는 것으로 보아 소멸시효의 기산점에 대한 판단을 완화하고 있다. 즉 판례는 '특정한 유형의 권리에 대해서는 권리자가 그 권리의 존재 또는 행사 여부를 객관적으로 인식할 수 없었고 그와 같이 모른 데 과실이 없었다면, 이를 인식할 수 있게 된 때 비로소 소멸시효가 진행된다'고 본다. 요컨대 우리 판례는 제166조 제1항의 기산점을 '법률상 장애'를 기준으로 엄격하게 적용함으로 인하여 발생하는 불합리한 결과를 해결하기 위해서 일정한 사실상 장애를 법률상 장애에 준하는 것으로 보아 시효의 진행을 인정하지 않아 채권자 등을 보호하고 있다.[34)] 구체적으로 판례는 보험금청구권(대법원 1993. 7. 13. 선고 92다39822 판결), 법인 내부 의사결정의 흠결을 이유로 한 부당이득반환청구권(대법원 2003. 2. 11. 선고 99다66427, 73371 판결)의 시효의 기산점이 문제된 사안에서, 사실상 장애를 권리행사 가능성과 연결시켜 시효의 진행 여부를 판단하였다.[35)] 물론 이러한 판례의 의미를 특정 영역에서 발생하는 채권의 소멸시효 기산점에 대한 판단법리로 좁혀서 이해할 수도 있으나, 최소한 종래와 같이 엄격하게 기산점을 판단하려는 원칙을 고수하고 있지 않다는 점에

경우 채무자의 소멸시효항변이 신의칙에 반한다는 이유로 허용하지 않을 수 있는지 여부", 대법원판례해설 제42호, 2003, 557면.

33) 어떻게 보면 판례는 이중기간의 제한이 존재하지 않는다는 점을 고려하여 제166조 제1항의 기산점을 객관적 기산점으로 국한시키고 있다고 볼 수 있다. 민법주해 III 총칙(3)/윤진수, 2010, 462면에서도 이러한 사고를 추단해 볼 수 있다. 주석 민법(총칙 3)/이연갑, 2010, 572면 이하.

34) 이러한 판례의 변화에 긍정적인 견해는 김학동, "소멸시효의 기산점에 관한 판례분석", 민법의 과제와 현대법의 조명(경암 홍천룡박사화갑기념), 1997, 98면; 김제완, "국가권력에 의한 특수유형 불법행위에 있어서 손해배상청구권의 소멸시효", 인권과 정의 제368호, 2007, 61면 이하; 권영준, 앞의 논문, 17면 이하; 조용환, "역사의 희생자들과 법: 중대한 인권침해에 대한 소멸시효의 적용문제", 법학평론 제1호, 2010, 20면 이하 참조.

35) 하수급인의 수급인에 대한 저당권설정청구권에 대해서도 같은 입장을 유지한다(대법원 2016. 10. 27. 선고 2014다211978 판결).

더 큰 의미를 부여할 수 있다.

(1) 보험금청구권

대법원 2008. 11. 13. 선고 2007다19624 판결은 "보험금청구권은 보험사고가 발생하기 전에는 추상적인 권리에 지나지 않고 보험사고의 발생으로 인하여 구체적인 권리로 확정되어 그때부터 권리를 행사할 수 있게 되는 것이므로, 보험금청구권의 소멸시효는 특별한 다른 사정이 없는 한 보험사고가 발생한 때부터 진행하는 것이 원칙이지만, 보험사고가 발생하였는지 여부가 객관적으로 분명하지 아니하여 보험금청구권자가 과실 없이 보험사고의 발생을 알 수 없었던 경우에도 보험사고가 발생한 때부터 보험금청구권의 소멸시효가 진행한다고 해석하는 것은 보험금청구권자에게 가혹한 결과를 초래하게 되어 정의와 형평의 이념에 반하고 소멸시효제도의 존재이유에도 부합하지 않는다. 따라서 객관적으로 보아 보험사고가 발생한 사실을 확인할 수 없는 사정이 있는 경우에는 보험금청구권자가 보험사고의 발생을 알았거나 알 수 있었던 때부터 보험금청구권의 소멸시효가 진행한다(밑줄은 필자가 첨가)"고 보아 법률상 장애가 아닌 사실상 장애에 불과한 경우에도 객관적으로도 그 권리를 행사할 것을 기대할 수 없는 경우에는 법률상 장애에 준하여 평가하였다.[36)]

(2) 법인 내부의 의사결정절차의 하자를 이유로 한 상대방의 부당이득반환청구권

법인의 내부적인 의사결정에 흠결이 있어 법인이 법률행위의 당사자가 된

36) 同旨: 대법원 1993. 7. 13. 선고 92다39822 판결(가령 보험금청구권의 소멸시효에 관하여 원칙적으로 보험사고가 발생한 때로부터 진행하지만, 객관적으로 보아 보험사고가 발생한 사실을 확인할 수 없는 사정이 있는 경우에는 보험금액청구권자가 보험사고의 발생을 알았거나 알 수 있었던 때로부터 보험금액청구권의 소멸시효가 진행한다고 한다). 일부 학설 또한 민법 제166조의 '법률상 장애'의 범위를 확장하는 것에 대해 긍정적인 입장을 보인다. 김미리, 앞의 논문, 580-581면; 권영준, 앞의 논문, 15면 이하; 김학동, 앞의 논문, 98면; 김태봉, "국가기관의 인권침해행위에 기한 손해배상청구사례와 소멸시효항변의 제한법리", 법학논총 제35권 제3호, 2015, 226면; 서종희, 앞의 논문(주 5), 128면 이하; 홍성균, 앞의 논문, 1382면 이하, 1409면 이하. 특히 김제완, 앞의 논문, 61면 이하에서는 판례의 법률상 장애를 판단하는 기준은 "기간의 미도래나 조건불성취"인데, 이는 법률행위로 인한 채권의 시효의 기산점에 국한되므로 불법행위 손해배상채권의 경우에는 법률상 장애의 의미를 다르게 이해할 수 있음을 강조한다.

법률행위가 무효로 된 경우,[37] 거래상대방은 이를 이유로 법인에 대하여 급부한 것을 부당이득으로 반환할 것을 주장할 수 있는데, 위 무효사유는 법률행위 당시부터 존재하였던 것으로서 상대방의 급부는 그 급부가 이루어진 시점에 이미 법률상 원인이 없게 된다. 따라서 이 경우에 거래상대방의 부당이득반환청구권은 급부 시점에 바로 성립하는 것이 원칙이므로 소멸시효도 법률상 장애설에 의하면 그때부터 진행한다고 볼 수 있다. 그러나 법률상 장애설에 의하면, 법인에 대한 관계에서 외부자에 불과한 거래상대방으로서는 내부적 의사결정이 제대로 이루어졌는지를 알기 어렵기 때문에 소멸시효가 급부 시점부터 곧바로 진행한다고 보는 것은 권리자에게 가혹하다고 할 수 있다. 이러한 이유 때문인지 분명하지 않으나 대법원은 '권리의 발생 여부에 법인 내부의 법률관계가 개입되어 있어 채권자가 그 권리의 발생 여부를 객관적으로 알기 어려운 경우'에는, 그 청구권의 발생을 객관적으로 알 수 있게 된 때 비로소 소멸시효가 진행한다고 보고 있다. 즉 판례는 '정의와 형평, 소멸시효제도의 존재이유'를 종합적으로 고려해 본다면 소멸시효의 기산점을 법률상 장애여부만을 가지고 판단하기 어렵다고 본 것이다. 예컨대 대법원 2003. 2. 11. 선고 99다66427, 73371 판결은, 원고 의료법인이 기부금을 받았는데 나중에 그 대표자 선출에 관한 이사회결의부존재확인판결이 확정된 사안에서, 증여계약은 결국 부적법한 대표자에 의하여 이루어진 것으로서 무효이므로 기부자가 기부시점에 그 반환을 구할 수 있었음에도 불구하고 그 소멸시효는 이사회결의부존재확인판결이 확정된 때로부터 진행한다고 본 원심의 판단을 유지하였다.[38]

---

37) 대표자가 적법한 대표자가 아닌 것으로 인정된 경우에 그 법률행위는 원칙적으로 무효가 되며, 단체 내부적으로 총회결의 또는 이사회결의를 하는 것이 그 단체가 당자자가 된 법률행위의 유효요건이 되는 경우들이 있다. 가령 종중이나 교회와 같은 비법인사단의 재산처분행위는 정관에 다른 규정이 없는 한 총회의 결의를 거쳐야 하고(민법 제276조 제1항) 이를 거치지 않고 이루어진 처분행위 및 그 원인행위는 무효이다(대법원 2007. 4. 19. 선고 2004다60072, 60089 전원합의체 판결).

38) 다만 위 사안의 경우에는 법인 내부 의사결정절차의 흠결에 대해서 상대방의 선의·무과실이었다는 점에서 법인 내부의 의사결정절차의 흠결만으로 그 거래가 바로 무효가 된 경우이다. 대법원 2003. 4. 8. 선고 2002다64957, 64964 판결에서도 "소멸시효의 진행은 당해 청구권이 성립한 때로부터 발생하고 원칙적으로 권리의 존재나 발생을 알지 못하였다고 하더라도 소멸시효의 진행에 장애가 되지 않는다고 할 것이지만, 법인의 이사회결의가 부존재함에 따라 발생하는 제3자의 부당이득반환청구권처럼 법인이나 회사의 내부적인

3. 향후 해석의 방향 — 기산점 완화의 정당화 사유 —

제166조 제1항의 기산점을 판단하는 것은 시효제도의 존재의의, 제766조와 같이 이중시효기간을 두고 있는지 여부, 일반소멸시효의 기간이 단기인지 장기인지 여부 등과 밀접한 관계를 가지고 있다. 이하에서 이를 전제로 하여 제166조 제1항의 기산점을 어떻게 해석할 것인지에 대해서 살펴보고자 한다.

(1) 시효의 존재이유와 소멸시효의 기산점 판단

시효의 개별적인 문제를 어떻게 해석할지는, 시효의 존재이유(목적·근거)를 어떻게 고려하는지와 관련된다. 학설 또한 시효의 존재이유를 바라보는 관점에 따라서 시효의 기산점과 시효의 정지규정 간의 관계를 바라보는 관점이 다르다. 즉 시효의 기산점의 의미를 어떻게 이해할 것인지는 시효의 존재이유 중 어디에 더 초점을 맞추는지에 따라 달라질 수 있다. 이에 이하에서는 소멸시효의 기산점 해석의 전제로서 시효의 존재 이유를 어떻게 파악하는지에 대해 검토한다.

1) 시효의 존재이유

일반적으로 시효의 존재 이유를 설명하는 견해는 '공익설(법적안정성설)', '추정설', '징벌설(나태벌설)'로 세 가지로 견해가 나뉜다.[39)]

첫째, 공익설은 일정한 사실 상태가 영속하는 경우 사회는 이를 정당하다고 신뢰하고 그것을 기초로 다양한 법률관계를 구축하기 때문에 이를 뒤집어 정당한 권리관계로 되돌리는 것은, 그 위에 구축된 사회의 법률관계를 상실시키므로 이를 뒤집지 않는 것이 타당하다고 한다. 이런 이유에서 이 견해는 시효

법률관계가 개입되어 있어 청구권자가 권리의 발생 여부를 객관적으로 알기 어려운 상황에 있고 청구권자가 과실 없이 이를 알지 못한 경우에도 청구권이 성립한 때부터 바로 소멸시효가 진행한다고 보는 것은 정의와 형평에 맞지 않을 뿐만 아니라 소멸시효제도의 존재이유에도 부합한다고 볼 수 없으므로, 이러한 경우에는 이사회결의부존재확인판결의 확정과 같이 객관적으로 청구권의 발생을 알 수 있게 된 때로부터 소멸시효가 진행된다고 보는 것이 타당하다(밑줄은 필자가 첨가)"고 보고 있다.

39) 국내문헌으로는 김진우, "소멸시효와 제척기간", 재산법연구 제25권 제3호, 2009, 173면 이하; 일본 문헌으로는 内池慶四郎, 『消滅時効法の原理と歴史的課題』 2, 成文堂, 1993, 2頁; 鹿野菜穂子, 前掲論文, 270頁; 香川崇, 前掲論文(주 7), 38頁 등; 영미문헌으로는 Reinhard Zimmermann, Comparative Foundations of a European Law of Set-Off and Prescription, 2002, p.63 f. 참조.

의 존재 이유를 사회의 법률관계의 안정 내지 질서의 유지에서 찾는다.[40] 둘째, 추정설은 일정기간이 경과하면 사실 상태 그대로의 법률관계가 구축되었을 개연성이 높으므로 오래된 증거 자료의 제출을 강제하지 않음으로써 진정한 권리자나 정당하게 의무를 면한 채무자를 보호해야 한다고 주장한다. 셋째, 징벌설은 오랜 기간 동안 자기의 권리를 주장하지 않았던 자는 권리 위에 잠자던 자로서 법률상 보호할 가치가 없다고 본다.

2) 일본에서의 논의

이하에서는 일본에서는 시효의 존재의의와 소멸시효의 기산점 등을 어떻게 유기적으로 연결하여 이해하고 있는지를 검토해 보고자 한다.

Boissonade는 일본 구민법 증거편 제2부 시효의 제1장「시효의 성질 및 적용」의 모두(冒頭, 일본 구민법 제89조 본문)에서,「시효는 시간의 효력과 법률에 정한 그 외의 조건으로써 행하는 취득 또는 면책의 법률상의 추정이다」라고 규정하며,[41] 시효의 존재 이유를, 장기간의 경과에 의해 권리의 취득 또는 변제의 증거가 명확하지 않더라도 오히려 그 장기간의 경과로써 정당한 권리 취득 혹은 정당한 변제를 추정함으로써 증거 방법을 상실한 자의 위험을 방어한다는 점에서 구하였다.[42] 한편 Boissonade는 시효의 정지는 법언「호소할 수 없는 자에 대해 시효는 진행되지 않는다(Contra non valentem agere non currit praescriptio)」는 법언(이하 'Contra non valentem 법언'으로 칭하기로 함)이 적용된 결과라고 논한다.[43] 즉 시효의 존재 이유를 추정설에서 찾는 Boissonade는, Contra non valentem 법언이 적용되는 경우에는 권리가 행사에 의해 소멸하였다는 추정이 결여되므로 정지가 인정된다고 논한다.[44] 다만 Boissonade는 시효의 정지를 폭넓게 인정하면 시효 제도의 실효성이 상실된다는 비판을 고려하였고,[45] 이에

40) Reinhard Zimmermann, "„- ut sit finis litium", - Grundlinien eines modernen Verjährungsrecht auf rechtsvergleichender Grundlage -", JZ 2000, 853, 858. 특히 Law Commission Consultation Paper, No. 151, Limitation of Actions, 6 January 1998, p.13 f.에서는 '신용 또는 신뢰'를 파괴해서는 안 된다는 식으로 표현한다.

41) 松本克美, 前掲書, 99頁.

42) 鹿野菜穂子,「時効における公益と私益」, 慶應法学 12号, 2009, 263頁.

43) 松本克美,『時効と正義—消滅時効·除斥期間論の新たな胎動—』, 102頁.

44) 香川崇,「わが国における消滅時効の起算点·停止(一)」, 富山大学経済論集 54巻 1号, 2009, 58頁.

45) 松本克美,『時効と正義—消滅時効·除斥期間論の新たな胎動—』, 109頁.

Boissonade초안·일본 구민법은 사실상의 장애사유 중 일부의 사유만을 시효의 정지사유(한정적 열거사유)로 인정하여 명문화하였다. 요컨대 Boissonade는 명문에 규정한 일정한 사실상의 장애만이 시효의 정지사유를 구성한다고 논하였다. 그리고 사실상 장애로 인한 권리자의 보호는 30년이라는 장기의 보통소멸시효를 규정함으로써 도모할 수 있다고 보았다.[46] 한편 이러한 태도는 메이지민법 입법기초자인 우메 겐지로(梅謙次郎)에게서도 확인된다. 우메(梅)는 시효의 존재 이유를 태만한 권리자를 벌한다는 점에서 찾으면서도,[47] 「시효는 공익을 위해 마련한 것으로, 권리관계를 오랫동안 불확정 상태로 두는 것은 종국적으로 거래의 안전을 크게 해하여 사회의 경제에 영향을 주는 바가 적지 않다」고 하며, 시효의 존재 이유를 추상적인 레벨에서의 거래의 안전, 구체적으로는 과거의 일을 언급하여 현상을 뒤집는 논의(쟁송)가 다발하는 것을 방지하고, 사회의 안정을 도모한다는 점에서 찾았다.[48] 이러한 이유에서 우메(梅)는 시효의 정지사유를 지극히 제한하였다. 다만 Boissonade와 같이 장기간(20년)의 소멸시효기간을 보장함으로써 사실상 장애로 인하여 권리를 행사할 수 없는 채권자를 배려하였다.[49]

일본의 호시노(星野)는 「시효란 직접적으로는 당사자의 이익을 위한 제도가 아닌지 추궁되어야 한다」고 논하며, 시효는 공익이 아닌 「사익」과 전면적으로 마주하여 시효의 존재 이유를 고찰한다고 보아, 시효의 존재 이유를 추정설에서 찾는다. 즉 그는 이미 채무를 변제한 채무자의 이익을 위해 시효제도가 존재한다고 보며, 그 채무자의 이익을 「사익」으로 파악한다.[50] 한편 마쓰히사(松久)는 시효의 존재 이유와 관련하여 비변제자의 이익에 초점을 맞추며, 비변제자의 이익 보호를 위한 시효의 존재 이유의 정당화 근거를 공익설과 추정설에서 찾는다. 그리고 그는 「아무리 긴 시간이 경과하더라도 권리자가 권리를 행사할 수 있다고 보는 것은 채무자를 무기한 불안정한 상태에 방치하는 것이므로, 이러한 채무자의 기대이익 또한 법이 보호해야 한다」고 논하며, 「시효를 통한

46) 香川崇, 前揭論文(주 44), 57頁.

47) 梅謙次郎, 『民法要義巻之一』, 有斐閣, 1984, 370頁; 鹿野菜穂子, 前揭論文, 266頁 이하.

48) 梅謙次郎, 前揭書, 369頁 이하.

49) 香川崇, 前揭論文(주 44), 73頁 이하; 松本克美, 前揭書, 105頁.

50) 星野英一, 前揭論文, 176頁.

채무자 보호의 요청은 자본주의 사회에 있어서의 계산(計算) 가능성을 담보」한다는 점에 의의가 있다고 본다.[51)]

3) 검 토

시효의 존재이유를 추정설 및 징벌설로 보는 경우에는 '권리의 행사여부는 권리자의 자유'라는 사고와 부합하지 않는다. 즉 권리자에게 권리를 행사하지 않을 자유도 있다고 본다면, 장기간이 경과하여도 권리가 행사되지 않는 것 또한 권리자의 선택이기 때문이다. 따라서 시효기간의 경과에 의해 권리자가 권리를 행사하여 채무자가 변제하였다고 당연히 추정하거나 이를 징벌할 필요가 없다. 물론 공익설 또한 문제는 존재한다. 예컨대 호시노(星野)는 어떠한 법률제도라도 사회질서 유지의 역할을 수행한다고 하면서 공익설에 있어서의 「공익」의 내용의 모호함을 비판한다. 이와 같은 비판에 대해서 가가와(香川)는 그리스의 법률위원회의 답신을 참고하여 "시효제도에 의해 달성되는 「공익」이란, 권리행사에 일정한 한계를 정하고 일정기간 내에 권리관계를 확정시켜 사회를 안정시키고, 재판소 운영과 관련한 비용 및 채무자의 재무 상황을 조사하기 위한 비용을 경감하는 사회 일반의 이익"이라고 서술한다. 즉 재판소가 국민의 세금으로 운영된다는 점, 채무자와 법적 관계를 맺는 것을 예정하는 자가 1인이 아닌 불특정다수의 자라는 점이 예상되므로, 그 자가 부담하는 조사비용의 경감은 사회 일반의 이익이라고 할 수 있는데, 시효제도가 이러한 사회일반의 이익에 기여한다는 것이다.[52)] 유럽 계약법원칙(PECL) 또한 시효제도가 권리불행사 상태가 장기간 계속된 채권에 관한 소송의 장기화를 방지한다는 점을 언급하면서 시효법의 주요기능 중 하나가 다대한 비용과 시간을 요하는 소송이 제기되는 것을 방지하는 것(ut sit finis litium)에 있다는 점을 강조한다.[53)] 이와 같이 일본과 유럽에서는 시효의 존재 이유를 사법 제도적 이익에서 찾기도 한다. 한편 공익설의 견지에서 일본의 마쓰히사(松久)가 논하는 「자본주의 사회에 있어서

---

51) 松久三四彦, 前揭書, 35頁.

52) Heinz-Peter "Mansel, Die Reform des Verjährungsrechts", in: W Ernst and R Zimmermann (eds), Zivilrechtswissenschaft und Schuldrechtsreform (2001), S. 343; Law Commission Consultation Paper, No. 151, p.13 f.; 香川崇, 前揭論文(주 7), 53頁.

53) 이를 소개하고 있는 국내문헌으로는 양창수, "유럽계약법원칙의 소멸시효 규정", 서울대학교 법학 제44권 제4호, 2013, 117면 참조.

의 계산 가능성」이란, 자기의 재산 중에서 채무의 부담을 고려하지 않고 자유로이 처분할 수 있는 재산의 금액을 산정할 가능성을 의미한다.[54] 그런데 「자본주의 사회에 있어서의 계산 가능성」이 담보되어야 하는 자에는 채무자뿐만 아니라 채무자와 법적 관계를 맺고자 하는 불특정다수인 제3자도 포함된다. 따라서 「자본주의 사회에 있어서의 계산 가능성」을 담보하는 것은 사회 일반의 이익이며, 폭넓게 공익에 포함된다.[55] 이러한 설명은 독일 연방대법원이 소멸시효가 가지는 제도적 기능으로서 '채무자가 자신의 재산을 임의 처분할 수 있도록 하는 기능'을 강조한 것과 일맥상통한다.[56] 즉, 소멸시효가 완성된 채무에 대해서는 채권자가 그 채권을 행사함으로 인하여 발생하는 채무부담으로부터 벗어나게 되고 그러한 채무를 고려하지 않고 자기의 재산을 적극적으로 다른 곳에 처분하거나 투자할 수 있다.[57]

이상에 입각하여, 시효의 존재 이유를 정리하면 다음과 같다. 종래부터 영미법 및 대륙법에 있어서도 시효의 존재 이유로서 공익설이 언급되었으며, 시효의 존재 이유를 다원적으로 접근하는 견해 또한 그중 하나로서 공익설을 포함시키고 있다는 사실은 자명하다. 본고에서도 시효의 존재 이유를 공익설에서 찾고자 한다. 또한 「공익」의 내용은 "권리행사에 일정한 한계를 정하고 일정기간 내에 권리관계를 확정시켜 사회를 안정시키고, 재판소 운용과 관련한 비용 및 채무자의 재무 상황을 조사하기 위한 비용을 경감하는 사회 일반의 이익이라는 사법 제도적 이익"으로 이해하고자 한다.[58]

---

54) 松久三四彦, 前掲書, 21頁.

55) 香川崇, 前掲論文(주 7), 51頁.

56) BGH, 17.1.1990 VIII ZR 292/88; BGHZ 110, 88, 92 = NJW 1990, 2065. Martin Asholt, Verjährung im Strafrecht: Zu den theoretischen, historischen und dogmatischen Grundlagen von Bestrafung und Zeit in §§ 78 ff StGB, 2016, S. 81; Ulrich Büdenbender, "Die Verjährung zivilrechtlicher Ansprüche", JuS 1997, 481, 482 f.; Annette Guckelberger, Die Verjährung im Öffentlichen Recht, 2004, S. 72 ff.

57) Büdenbender, JuS 1997, 481, 483; Frank Peters/Reinhard Zimmermann, "Verjährungsfristen, Der Einfluß von Fristen auf Schuldverhältnisse; Möglichkeiten der Vereinheitlichung von Verjährungsfristen", in: Bundesminister der Justiz (Hrsg.), Gutachten und Vorschläge zur Überarbeitung des Schuldrechts, Band 1, 1981, S. 118 f.에서는 이러한 채무자의 임의처분의 자유를 보호하는 소멸시효의 기능을 독일민법 제242조의 신의칙에 의해 정당화되는 것으로 설명하기도 한다.

(2) 10년의 시효기간과 소멸시효의 기산점

제162조의 10년이라는 채권의 시효기간을 어떻게 평가할 것인가에 대해서는 의견이 나뉘나, 권리행사 가능성(사실상 장애)을 기산점에 있어서 고려하지 않는 경우의 10년이라는 기간은, 채권자의 권리를 부당하게 빼앗는 결과를 초래할 수 있는 짧은 기간으로 평가된다. 특히 메이지민법을 사실상 계수한 우리 민법이 왜 채권의 일반시효기간을 10년으로 한 것인지에 대해서는 명확하지 않으나 최소한 메이지민법조차도 채권의 시효를 일본 구민법상의 30년에서 갑자기 10년으로 단축하였다는 점을 고려하면, 사실상 장애를 장기의 시효기간으로 해결하려는 의도는 퇴색되었다고 볼 수 있다. 따라서 사실상 장애를 고려하기 위한 배려가 필요하게 되며, 그 방법으로 시효의 정지규정을 열거조항으로 보지 않고 예시로 보아 시효정지의 적용범위를 넓히는 것도 가능하다. 최근 일본에서 법률상 장애설에서 벗어나 소멸시효의 기산점을 판단함에 있어 권리행사 가능성을 고려하여 사실상 장애가 존재하는 경우에도 시효를 진행시키지 않은 판례가 등장하고 있는 것도 우연한 결과는 아닐 것이다. 더 나아가 열거조항으로만 인지하였던 시효의 정지조항을 유추하거나 확대하여 인정하고 있는 일본의 최근 판례 또한 같은 맥락에서 이해할 수 있을 것이다. 일본의 호시노(星野) 또한 10년이라는 단기의 기간으로는 사실상 장애를 고려할 수 없다는 점에서, "이를 간과한 채 기산점을 판단하게 되면 법률적인 권리 발생의 여부가 법원의 판결에 의해 처음으로 명확해지는 경우도 적지 않다는 점에서 그러한 판단의 위험을 전적으로 채권자에게 부담시키는 것은 가혹하다. 특히, 부당이득반환에 있어서 그러하다"고 지적한다.[59] 생각건대 10년이라는 기간은 권리자가 사실상의 장애에서 벗어나 권리행사를 실제로 기대할 수 있는 상태가 되기 위해 충분히 확보된 기간이라 할 수 없다. 즉 10년의 기간은 제166조 제1항의 '권리행사 가능성'을 일절 고려하지 않을 만큼 장기의 기간이라 할 수 없다. 설사 10년을 장기간으로 보더라도 법률상 장애설은 사실상의 장애가 시효기간 만료시점까지

---

58) 생각건대, 시효 완성에 의해 진정한 권리자나 정당하게 의무를 면한 자의 보호가 도모된다는 점이나 권리 위에 잠자는 자는 보호할 가치가 없어 더 이상 권리를 행사할 수 없게 되는 것은 시효가 완성됨으로써 발생하는 반사적 사실에 지나지 않는다.

59) 星野英一, 前揭論文, 310頁.

도 제거되지 않는 경우에도 시효의 완성을 인정하므로, 진정한 권리자의 권리 행사 가능성을 전혀 고려하지 않았다는 비판에서 자유로울 수 없다. 물론 공익을 위해서 권리자의 행사가능성을 일절 고려하지 않았다라고 설명할 수도 있으나, 공익이라는 목적과 필요가 항상 가장 강력한 논거가 될 수 없는 것이며, 설사 공익을 위한다고 할지라도 그로 인하여 권리상실의 희생을 감수해야 하는 진정한 권리자에 대한 배려는 필요하다. 따라서 제166조 제1항의 '권리를 행사할 수 있을 때'를 판단함에 있어 권리자의 권리행사 가능성을 배제해서는 안 될 것이다. 그렇게 해석하는 것이 10년이라는 비교적 단기(?)의 시효기간을 인정하고 있는 우리 민법의 해석에 더 부합한다고 할 수 있다.[60]

(3) 권리자 보호방안에 대한 검토

공익설에 의하면, 소멸시효 제도는 채권자의 권리상실을 가져온다. 그러나 채권자의 권리가 공익을 위한다는 미명 하에 상실되는 경우에는 기본권에 대한 본질적인 침해가 될 여지가 있으므로, 채권자가 그러한 권리상실을 관용할 수 있도록 하는 장치를 마련해야 한다.[61] 궁극적으로 이는 「호소할 수 없는 자에 대해 시효는 진행되지 않는다(Contra non valentem agere non currit praescriptio)」는 법언을 고려하라는 것과 연결된다. 즉 그러한 장치를 통해 채권자는 스스로 권리를 행사할 수 있었음에도 불구하고 일정기간 동안 행사하지 않았다는 것에 의해 자신의 권리상실(소위 '기본권 침해')에 대해 관용할 수 있게 된다. Contra non valentem 법언을 고려하여, 즉 「사실상의 장애로 인해 권리행사를 현실적으로 기대할 수 없는 경우에 있어서의 권리자 보호의 방법으로는, (ⅰ) 권리자가 그 사실상의 장애에서 벗어나 권리행사를 실제로 기대할 수 있는 상태가 되기 위해 필요할 충분한 기간을 사전에 추상적으로 상정하고 장기의 시효기간을 마련하는 방법(보통시효기간 제도, 이하 '1단계')과, (ⅱ) 시효기간을 단기로 하고 권리자가 실제로 권리를 행사할 수 있는 상태가 되기까지 소멸시효의 진행 개

60) 특히 우리 민법은 독일과 달리 손해배상청구권의 발생원인을 고려하지 않고, 일률적으로 10년으로 하고 있어, 특별한 유형에 있어서는 그 기간이 단기라고 볼 여지가 다분하다. 독일민법 제197조 제1항 제1호에서는 생명, 신체 등의 침해로 인한 청구권의 시효기간을 30년으로 하고 있다.

61) Peters/Zimmermann, a.a.O., S. 104 f.

시를 늦추는 방법(기산점 확정 법리의 현실적 기대 가능성설, 이하 '2단계')이 있다. 물론 (ⅰ) 시효기간의 장기화를 전제로 하는 1단계는 공익설의 ① 분쟁의 조기 종결과는 어울리지 않을 수 있다. 그러나 사전에 권리자가 사실상의 장애에서 벗어나 권리행사를 기대할 수 있는 상태가 되기까지 필요한 기간을 상정하여 시효기간을 설정하므로, 기산점 확정 법리에 있어서는 사실상의 장애를 고려하지 않는다. 기산점을 개별·구체적으로 판단하는 것이 아니라, 추상적이고 획일적으로 판단하므로, 공익설의 ② 시효완성시기의 명확화를 실현하는 것이다. 한편, 공익설의 ① 분쟁의 조기 종결을 위해, (ⅱ) 시효기간을 단기로 설정하는 2단계를 고려해 볼 수도 있다. 다만 2단계에 있어서는 소멸시효의 기산점 확정 법리에 있어서 사실상의 장애를 고려할 필요가 있다. 왜냐하면 단기소멸시효의 시효기간은, 사전에 권리자의 권리행사 가능성을 고려하여 결정된 것이 아니기 때문이다. 권리자에게 발생한 사실상장애를 고려하는 방법으로는, 시효의 기산점을 주관적 사정을 고려하여 판단하는 방법과 시효의 기산점은 객관화하면서 시효의 정지 규정을 폭넓게 인정하는 방법, 양자를 적절하게 혼용하는 방법 등을 고려해 볼 수 있다. 예컨대 사실상의 장애를 주관적 사실상의 장애와 객관적 사실상의 장애로 구별하고, 전자의 일부는 시효의 완성정지사유로 후자는 진행장애사유가 된다고 고려함으로써, ② 시효기간의 명확화를 실현하고 법적 안정성을 확보할 수도 있을 것이다.[62)]

우리 민법이나 일본민법상 '10년'이라는 채권의 시효기간은 사실상 장애를 고려한 기간으로 보기에는 짧다. 이에 우리나라 및 일본의 통설과 판례가 (ⅰ) 10년이라는 시효기간을 장기로 보고 소멸시효의 기산점 등을 판단하는 것은 타당하지 않다. 오히려 10년의 기간을 단기로 보고, 권리행사의 현실적 기대 가능성을 기산점 판단에 있어 적극적으로 검토하는 것이 더 자연스럽다.[63)] 따라서 제166조 제1항의 '권리를 행사할 수 있을 때'를 엄격하게 해석하는 것에 대한 완화가 필요하며, 그 엄격성을 유지한다면 정지규정 등을 유추하여 시효의 완성을 정지시킬 필요가 있다.

---

62) 松本克美, 前掲書, 204頁.

63) 최소한 1단계와 2단계의 중간 단계로 볼 수 있다고 하더라도 지금처럼 1단계를 전제로 하는 해석은 지양되어야 할 것이다.

1) 시효정지규정의 유추 및 확대해석을 인정한 일본의 판례

일본의 학설은 시효의 중단 및 정지사유를 예시 열거로 보아 다른 사유에 시효의 정지규정을 적용하는 것에 소극적이다.[64] 다만 일본 최고재판소 판례 중에는 일부 사안에서 정지규정을 유추하여 시효정지를 폭넓게 인정할 수 있는 가능성을 제시하고 있다.

가. 最判 平成 10(1998)年 6月 12日, 民集 52巻 4号 1087頁(이하 「平成10年 判決」)

먼저 일본 최고재판소의 「平成10年 判決」에서 이러한 가능성을 엿볼 수 있다.[65] 동 판결에서 일본최고재판소는 불법행위인 예방접종으로 인해 사리변별능력을 상실한 피해자가 불법행위시로부터 20년이 경과하기 전 6개월 내에도 법정대리인이 없었던 사안에서, '20년의 기간을 제척기간이라고 하더라도, 이 기간이 경과한 것을 이유로 바로 손해배상청구권을 소멸시키는 것이 현저하게 정의와 공평의 이념에 반하는 것과 같은 특단의 사정이 있는 경우'에는 실질적으로 시효의 정지의 규정(일본민법 제158조 제1항[66])을 유추할 수 있다고 보았다. 즉 平成10年 判決은 불법행위의 피해자가 불법행위시로부터 20년이 경과한 후에야 비로소 당해 피해자가 금치산 선고를 받아 법정대리인으로서 후견인이 선임되었고 그 법정대리인이 선임된 때로부터 6개월 이내에 불법행위에 의거한 손해배상청구권을 행사한 사안에서 일본 민법 제158조 제1항의 유추를 인정하였다. 물론 平成10年 判決은 일본민법 제724조 후단(우리민법 제766조 제2항에 해

64) 참고로 일본의 와가쓰마(我妻)는, 시효중단의 취지를, 「시효는 영속한 사실관계를 존중하는 제도이므로, 이를 깨뜨리는 중단사유에 있어서도, 권리자의 권리의 주장은 명료·명확한 태도를 취하는 것을 필요로 한다. 이것이 중단사유에 대해 일정한 형식적 요건을 필요로 하는 이유이다」라고 보고 있다. 그리고 「중단사유를 이와 같이 고려할 때, 민법의 중단사유는 제한 열거로 보아서는 안 되며, 이것과 유사한 성질을 가지는 것에 대해서는 적당한 범위에 있어서 확장해야 한다」고 서술한다. 즉 와가쓰마(我妻)는 시효의 중단사유를 예시로 본다. 我妻栄, 前掲書, 458頁.

65) 이 판결을 소개하고 있는 문헌으로 서종희, "신의칙에 의거한 제척기간의 적용제한", 고려법학 제71호, 2013, 467면 이하 참조.

66) 일본민법 제158조 제1항: 시효기간의 만료 전 6개월 이내 동안에 미성년자 또는 피성년후견인에게 법정대리인이 없는 때에는 그 미성년자나 피성년후견인이 행위능력자가 된 때 또는 법정대리인이 취임한 때로부터 6개월을 경과하기까지는 그 미성년자 또는 피성년후견인에 대하여 시효가 완성하지 아니한다.

당)의 법적 성질이 제척기간임에도 불구하고 피해자측의 권리행사가능성을 고려하여 소멸시효의 정지를 규정한 일본민법 제158조 제1항을 유추적용하였다는 점에 의미를 부여할 수 있을 것이므로, 엄격한 의미에서는 시효정지사유가 아닌 사유에 대해서까지 시효정지규정을 유추한 사례라고 볼 수 없다.[67] 그러나 제척기간의 완성당시 피해자가 금치산자가 아니었다는 점에서, 이러한 경우에는 일본민법 제158조 제1항을 적용할 수 없음에도 불구하고 제158조 제1항 유추하였다는 점에서 일본민법 제724조 후단이 제척기간이라고 하여 이 판결의 의미가 퇴색되지는 않는다. 오히려 법적안정성을 중시하는 제척기간에 시효정지사유가 아닌 사유에도 시효정지 규정을 유추하였다는 점에서, 이러한 판결의 사고는 소멸시효의 정지 사유가 아닌 사유에도 정지규정이 유추될 수 있는 가능성으로 확장될 수 있다는 점에 의미를 부여할 수 있다.

나. 最判 平成 26(2014)年 3月 14日, 民集 68巻 3号 229頁(이하 「平成26年 判決」)

실제로 平成10年 判決의 사고를 이어 받은 「平成26年 判決」에서는 일본민법 제158조 제1항을 적용할 수 없는 사안임에도 불구하고, 정지사유의 개념을 폭넓게 파악하여 시효의 정지를 인정한다. 이 판결에서는 유류분감쇄청구권(우리 민법상 유류분반환청구권에 해당)의 1년의 소멸시효(개정 전 일본 민법 제1042조[68])가 완성되었는지가 문제되었다.[69] 예컨대 이 사안에서는 상속인 Y가 의사능력에 문제가 있어 직접 유류분감쇄를 청구하지 못하고 있다가 2009년 8월 5일에 후견개시의 신청이 이루어져[70] 2010년 4월 27일에 X에 대한 후견이 개시되어 성년후견인이 된 B가 A를 상대로 2010년 4월 29일에 비로소 유류분감쇄청

---

67) 이 판결의 의미는 "권리행사의 가능성이 없는 동안에 권리를 소멸시키는 것은 가혹하다는 '피해자 보호의 발상'에서 시작된 것으로 보인다. 물론 본 판결의 思想은 가해자가 피해자의 권리행사가능성을 빼앗은 점에 중점을 둔 정의, 공평의 관점이라고 이해된다. 澤井裕, 『テキストブック事務管理·不当利得·不法行為(第3版)』, 有斐閣, 2001, 276頁.

68) 개정 전 일본민법 제1042조(감쇄청구권의 기간제한): 감쇄청구권은 유류분권리자가 상속개시 및 감쇄하여야 할 증여 또는 유증이 있는 것을 안 때부터 1년간 행사하지 아니한 때에는 시효에 의하여 소멸한다. 상속개시 시로부터 10년을 경과한 때에도 같다.

69) 피상속인 A가 2008년 10월 22일에 자필증서유언을 남기고 사망하였는데 A는 자신의 모든 재산은 상속인 중 X에게 유증하여, 공동상속인 중 1인인 Y가 X에게 유류분감쇄를 청구한 사안이다.

70) 소멸시효가 완성되기 전에 성년후견개시 심판 청구가 있었다는 점에 주의할 필요가 있다.

구를 하였기 때문에, Y의 유류분감쇄청구권의 소멸시효가 완성되었는지가 문제되었다. 만약 A가 사망한 시점에 Y가 A의 상속이 개시되었다는 점과 본건 유언의 내용이 감쇄가 가능하다는 점을 안 것으로 보면, A가 사망한 시점으로부터 유류분감쇄청구권의 소멸시효가 진행되어 2009년 10월 22일의 경과에 의해 Y의 유류분감쇄청구권의 소멸시효는 완성된다. 또한 본건의 Y가 정신상의 장애에 의해 사리를 변식하는 능력을 결여하는 자로서 후견 개시의 요건을 충족하였다고 하더라도, 소멸시효 완성되기 전까지 후견 개시의 심판을 받지 않았으므로, 문리상으로는 일본민법 제158조 제1항이 규정하는 정지사유에 해당하지 않아 시효의 완성유예는 인정되지 않는다. 그런데 平成26年 判決은 이하와 같이 일본민법 제158조 제1항의 취지를 고려하여 Y의 유류분감쇄청구권의 소멸시효의 완성을 인정하지 않았다.

> "피성년후견인 등은 법정대리인을 가지지 못한 경우에는 시효중단의 조지를 취할 수 없으므로 그 자에게 법정대리인이 존재하지 않았음에도 불구하고 시효의 완성을 인정하는 것은 피성년후견인 등에게 가혹하므로 민법 제158조 제1항은 시효의 완성을 유예하여 권리자를 보호한다. (중략) 한편 정신상의 장애에 의해 사리를 변식하는 능력을 결여하는 상태에 있으나 아직 후견개시의 심판을 받지 못한 자는, 이미 그 신청이 있었다고 할지라도 시효가 완성되기 전에 후견이 개시되지 않는 한, 본디 민법 제158조 제1항이 논하는 피성년후견인에 해당하지 않는다. 그러나 그러한 자 또한 법정대리인이 존재하지 않는다면 시효중단의 조치를 취할 수 없으므로, 피성년후견인과 마찬가지로 보호할 필요가 있다고 할 수 있다. (중략) 또한 채권자의 권리에 대한 시효가 완성된 이후에 채권자가 후견개시의 심판을 받은 경우에 그 자에게도 민법 제158조 제1항의 유추적용을 인정하더라도 시효를 원용하고자 하는 자의 예견가능성을 부당하게 빼앗는다고는 할 수 없다."

요컨대 平成26年 判決은 시효기간의 만료 전 6개월 이내에 정신상의 장애에 의해 사리를 변식하는 능력을 결여하는 상태에 있는 자에게 법정대리인이 없는 경우, 최소한 시효기간 만료 전의 신청에 의거하여 후견개시의 심판이 이루어진 경우에는 시효정지를 규정하는 민법 제158조 제1항을 유추적용하여 시효의 완성정지를 인정할 수 있다고 본다. 동 판례는 민법 제158조 제1항이 예정하는 권리자 보호의 필요성의 취지가 본건의 Y에게도 미친다고 본 것이다. 한편 동 판결은 Y측이 시효완성 전에 후견개시 심판청구를 하였다는 점에서 시효원용권자의 예견가능성을 부당하게 침해한 것으로 보지 않는다. 즉 平成26年判決은 시효의 정지사유의 유추적용을 인정함에 임하여, (1) 본디 정지사유를 규정하는 조문의 취지가 타당할 정도로 권리자 보호의 필요성이 있는지, (2) 시효의 원용권자의 예견 가능성을 부당하게 빼앗지 않는지, 이 두 단계에 의해 판단한다. 원용권자의 예견 가능성을 고려하는 것은, 가령 시효의 정지사유의 유추적용을 폭넓게 인정하면 시효기간이 불명확해져, 원용권자를 비롯한 이해관계인의 법적안정성이 훼손될 것을 우려하였기 때문일 것이다.[71] 요컨대 平成26年 判決이 원용권자의 예견 가능성을 고려한 것은 시효기간의 명확화를 도모하여 법적안정성을 확보함으로써 폭넓게 제3자의 이익, 즉, 사회 일반의 이익(「공익」)을 보호하기 위해서이다.

2) 시효의 기산점을 판단함에 있어 현실적 권리 행사가능성을 고려하는 방법

시효의 기산점이 아닌 다른 방법으로 진정한 권리자를 보호하는 것도 가능하다. 예컨대 신의칙에 의해 채무자의 소멸시효 완성의 항변을 제한하거나 시효의 정지나 중단 규정 등을 확장하는 방법 등을 고려해 볼 수 있다. 그러나 시효의 정지나 중단의 경우에는 법에서 열거하고 있는 사유 이외의 사유에 대해서까지 유추나 확장해석을 통해 그 규정을 적용해야 한다는 점에서 '권리를 행사할 수 있을 때'라는 의미에 대한 해석을 통해 진정한 권리자를 보호하는 방법에 비해 우회하는 인상을 준다. 또한 신의칙은 개별 법제도 일반에서 두루 문제될 수 있다는 의미에서 '보편적 예외'로서의 성격을 가지므로, 그 적용에 있어 최후수단(ultima ratio)이 되어야 한다. 따라서 제166조 제1항이라는 개별규정에 대한 해석을 통해 충분히 해결할 수 있는 가능성이 열려 있음에도 불구하고 신의칙으로 채권자를 보호하는 것은 바람직하지 않다.[72] 더 나아가 정지규정을 유추하기 위해서는 입법자의 계획에 위배되는 규정상의 흠결은 물론, 유추하려

71) 예컨대 이해관계인과 법적 관계를 맺고자 하는 제3자의 법적안정성까지도 훼손될 우려가 있다.

72) 일본에서 이러한 주장을 하는 견해로는 香川崇, 「消滅時効の起算点·停止に関する基本的考察―フランス法における「訴えることのできない者に対して時効は進行しない(contra non valentem agerenon currit praescriptio)」の意義(二)―」, 富山大学経済論集 54巻 3号, 2009, 62頁 참조.

는 규정과의 이해상황에 대한 유사성이 있어야 한다.[73] 그런데 유추가능성의 판단의 전제는 제166조 제1항의 '권리를 행사할 수 있을 때'의 기산점을 어떻게 이해하는지와 연결된다는 점에서 기산점 문제로 해결할 수 있다면 정지규정의 유추가 아닌 기산점에 관한 해석으로 문제를 해결하는 것이 바람직하다.

IV. 맺음말

소멸시효제도에 의해 희생되는 권리자를 배려하기 위해 각국의 시효법은 시효의 진행시점을 늦추거나, 시효의 기간을 장기로 하거나 또는 시효의 정지 및 중단제도 마련하거나, 시효이익의 포기 등을 인정한다. 이는 결국 시효제도와 권리자 보호를 적절하게 중용하고자 하는 입법자의 결단이라고 할 수 있다.[74] 법률상 장애설로 볼 수 있는 우리 판례는 기산점을 판단함에 있어 채권자의 권리행사 가능성을 고려하지 않는다. 그러나 10년이라는 채권의 시효기간이 사실상 장애를 배려한 것으로 보기에는 단기라는 점, 시효의 존재이유를 고려하더라도 실질적으로 권리를 행사할 수 없었던 채권자는 보호되어야 한다는 점에서 법률상 장애설을 취하고 있는 판례는 타당하지 않다. 요컨대 '권리를 행사할 수 있을 때'라는 기산점은 권리행사 가능성을 반영할 수 있는 일반기준으로서 역할을 해야 한다. 최근 일본이나 우리의 판례가 법률상 장애설을 취하면서도 특정한 개별사건에서 객관적 기산점을 판단함에 있어 사실상 장애를 고려하여 완화된 기준을 적용하는 것도 같은 맥락으로 바라볼 수 있다. 향후 우리 판례가 소멸시효의 기산점과 관련하여 법률상 장애설을 취하면서 그 예외의 외연을 어디까지 확장할 것인지에 귀추가 주목된다. 생각건대 법률상 장애설을 취하면서 그 예외를 인정하는 것보다는 그 예외를 포섭할 수 있는 권리행사가능성설을 취하면서 법률상 장애를 당연히 그 권리행사가능성을 판단함에 있어 하

---

73) Georg Bitter/Tilman Rauhut, "Grundzüge zivilrechtlicher Methodik - Schlüssel zu einer gelungenen Fallbearbeitung", JuS 2009, 289, 297 f.

74) Chareles AUBRY et Frédéric RAU, Cours de droit français d'arès la méthode Zachariae, t.12., 6e éd., 1958, p.429, § 771; Philippe STOFFEL-MUNCK, "La prescription extinctive, Le role de la volonté et du comportement des parties", in: Patrice JOURDAIN et Patrick WÉRY, La prescription extinctive études de droit comparé, 2010, pp.1 et s.

나의 필요조건으로 고려하는 방법이 더 논리적이라는 점에서 판례의 획기적인 변경을 기대해 본다.[75]

〈참고문헌〉

1. 국내문헌

곽윤직/김재형, 민법총칙, 박영사, 2012.

곽윤직(편집대표), 민법주해 제3권, 박영사, 2010.

김용담(편집대표), 주석민법 제3권, 한국사법행정학회, 2010.

권영준, "소멸시효와 신의칙", 재산법연구 제26권 제1호, 2009.

김미리, "납북된 피랍자의 납북 피해에 대한 국가배상청구권의 소멸시효 기산점", 특별법연구 10권: 전수안대법관 퇴임기념, 2012.

김제완, "국가권력에 의한 특수유형 불법행위에 있어서 손해배상청구권의 소멸시효", 인권과 정의 제368호, 2007.

김진우, "소멸시효와 제척기간", 재산법연구 제25권 제3호, 2009.

김태봉, "국가기관의 인권침해행위에 기한 손해배상청구사례와 소멸시효항변의 제한 법리", 법학논총 제35권 제3호, 2015.

김학동, "소멸시효의 기산점에 관한 판례분석", 민법의 과제와 현대법의 조명(경암 홍천룡박사화갑기념), 1997.

서종희, "소멸시효의 기산점에 관한 고찰 －2013년 민법개정안을 반영하여", 일감법학 제37호, 2017.

______, "신의칙에 의거한 제척기간의 적용제한", 고려법학 제71호, 2013.

______, "신의칙에 기한 소멸시효항변의 제한 및 그 한계", 법학논총 제25집 제1호, 2018.

양창수, "유럽계약법원칙의 소멸시효 규정", 서울대학교 법학 제44권 제4호, 2013.

이주현, "채권자의 권리행사가 객관적으로 불가능한 사실상의 장애사유가 있음에 불과한 경우 채무자의 소멸시효항변이 신의칙에 반한다는 이유로 허용하지 않을 수 있는지 여부", 대법원판례해설 제42호, 2003.

---

75) 궁극적으로는 개정을 통해 이 문제를 해결하는 것이 바람직하다. 국제적인 입법동향 및 2013년 법무부 민법 개정안을 전제로 제166조의 개정의 필요성 및 방향을 제시하고 있는 문헌으로는 서종희, 앞의 논문(주 5), 132면 이하 참조.

조용환, "역사의 희생자들과 법: 중대한 인권침해에 대한 소멸시효의 적용문제", 법학평론 제1호, 2010.

홍성균, "소멸시효 기산점에 관한 객관적 체계의 완화", 비교사법 제25권 제4호, 2018.

2. 외국문헌

内池慶四郎, 『消滅時効法の原理と歴史的課題』 2, 成文堂, 1993.

鹿野菜穂子, 「時効における公益と私益」, 慶應法学 12号, 2009.

梅謙次郎, 『民法要義巻之一』, 有斐閣, 1984.

山本敬三, 『民法講義Ⅰ総則[第3版]』, 有斐閣, 2011.

星野英一, 「時効に関する覚書―その存在理由を中心として―」, 『民法論集 第4巻』, 有斐閣, 1978.

松本克美, 『時効と正義―消滅時効·除斥期間論の新たな胎動―』, 日本評論社, 2002.

松久三四彦, 「時効制度」, 星野英一代表編集: 『民法講座1民法総則』, 有斐閣, 2012.

松久三四彦, 『時効制度の構造と解釈』, 有斐閣, 2011.

松久三四彦, 「時効法の改正に向けて」, 法時 85巻 12号, 2013.

我妻栄, 『新訂民法総則(民法講義Ⅰ)』, 岩波書店, 1965.

澤井裕, 『テキストブック事務管理·不当利得·不法行為(第3版)』, 有斐閣, 2001.

平野裕之, 『民法総則[第3版]』, 日本評論社, 2011.

平野裕之, 「消滅時効の起算点の緩和と二重の時効期間の可能性」, 慶應法学 28号, 2014.

香川崇, 「消滅時効の起算点·停止に関する基本的考察―フランス法における「訴えることのできない者に対して時効は進行しない(contra non valentem agerenon currit praescriptio)」の意義(二)―」, 富山大学経済論集 54巻 3号, 2009.

香川崇, 「わが国における消滅時効の起算点·停止(一)」, 富山大学経済論集 54巻 1号, 2009.

香川崇, 「わが国における消滅時効の起算点·停止(二)」, 富山大学経済論集 57巻 1号, 2011.

香川崇, 「わが国における消滅時効の起算点·停止(三)」, 富山大学経済論集 57巻 2号, 2011.

戸田久, 『最高裁判所判例説 民事篇(平成19年度)』, 法曹会, 2010.

Chareles AUBRY et Frédéric RAU, Cours de droit français d'arès la méthode Zachariae, t.12., 6e éd., 1958.

Martin Asholt, Verjährung im Strafrecht: Zu den theoretischen, historischen und dogmatischen Grundlagen von Bestrafung und Zeit in §§ 78 ff StGB, 2016.

Ulrich Büdenbender, "Die Verjährung zivilrechtlicher Ansprüche", JuS 1997, 481 ff.

Annette Guckelberger, Die Verjährung im Öffentlichen Recht, 2004.

Law Commission Consultation Paper, No. 151, Limitation of Actions, 6 January 1998.

Heinz-Peter Mansel, "Die Reform des Verjährungsrechts", in: W Ernst and R Zimmermann (eds), Zivilrechtswissenschaft und Schuldrechtsreform, 2001.

Frank Peters/Reinhard Zimmermann, "Verjährungsfristen, Der Einfluß von Fristen auf Schuldverhältnisse; Möglichkeiten der Vereinheitlichung von Verjährungsfristen", in: Bundesminister der Justiz (Hrsg.), Gutachten und Vorschläge zur Überarbeitung des Schuldrechts, Band 1, 1981.

Reinhard Zimmermann, Comparative Foundations of a European Law of Set-Off and Prescription, 2002.

Reinhard Zimmermann, "– ut sit finis litium", -"Grundlinien eines modernen Verjährungsrecht auf rechtsvergleichender Grundlage –", JZ 2000, 853 ff.

Philippe STOFFEL-MUNCK, "La prescription extinctive, Le role de la volonté et du comportement des parties", in: Patrice JOURDAIN et Patrick WÉRY, La prescription extinctive études de droit comparé, 2010.

제 5 장

보험금청구권의 소멸시효 기산점

Ⅰ. 들어가는 말

상법은 제2편(상행위)에서 5년의 상사시효보다 단축된 소멸시효를 정하고 있는 경우, 예컨대 공중접객업자의 책임(상법[1] 제154조 제1항), 운송주선인 책임(제121조 제1항), 운송주선인 채권(제122조), 육상운송인의 책임(제147조 및 제121조 제1항), 육상운송인의 채권(제147조 및 제122조), 창고업자의 책임(제166조 제1항), 창고업자의 채권(제167조)에 대해서는 별도의 기산점을 규정하고 있다. 한편 운송주선인의 위탁자 또는 수하인에 대한 채권(제122조) 등과 같이 별도의 기산점을 규정하지 않은 경우에는 일반적으로 그 시효기간의 기산점은 민법 제166조 제1항에 따라 '그 채권을 행사할 수 있는 때'로 본다.[2] 상법은 제4편(보험)에서도 제662조에서 보험금청구권 등의 시효기간은 명시하고 있으나 보험금청구권 등의 시효의 기산점에 대해서는 명시하고 있지 않다. 생각건대 제662조에 의한 시효의 기산점에 대해 우리 입법자는 학설과 판례에 유보한 것으로 판단된다. 종국적으로 상법에 규정하지 않은 것에 대해서는 일반법인 민법이 적용될 것이며 민법 제166조 제1항에서는 "권리를 행사할 수 있을 때"로 규정하고 있으므로, 보험금청구권의 소멸시효의 기산점은 보험금청구 사건에서 채권자가 언제 보험금을 청구할 수 있는지를 판단하는 것에 의해 결정된다. 그런데 제658조는 "**보험자는 보험금액의 지급에 관하여 약정기간이 있는 경우에는 그 기간**

1) 이하 법명 없이 조문만을 적시하는 경우에는 상법 규정을 의미한다.
2) 정찬형, 상법강의(상), 박영사, 2020, 341면.

내에 약정기간이 없는 경우에는 제657조 제1항의 통지를 받은 후 지체없이 지급할 보험금액을 정하고 그 정하여진 날부터 10일 내에 피보험자 또는 보험수익자에게 보험금액을 지급하여야 한다"고 규정하고 있다. 따라서 제658조의 의미를 어떻게 보는지에 따라 권리자가 보험금을 청구할 수 있는 시점이 달라지게 될 것이다. 이에 이하에서는 보험금청구가 문제되는 사안에서 "권리를 행사할 수 있을 때"를 어떻게 이해할 것인지에 대해 국내 학설 및 판례(II) 그리고 비교법적 검토를 해 본 후(III),[3] 글을 마치고자 한다(IV).

II. 국내에서의 논의

보험금청구권의 소멸시효 기산점에 대해서 국내 학설은 견해가 나뉜다(본고 II. 1). 먼저 보험사고발생시에 시효가 기산된다는 견해(이하 '보험사고발생시설'), 제658조 및 보험약관에서 정한 소위 '지급유예기간'이 도과된 때부터 기산된다는 견해(이하 '유예기간도과설'), 그리고 보험사고의 발생을 인지한 시점부터 기산된다는 견해(이하 '사고발생요지시설')로 나뉜다.[4] 판례는 기본적으로 보험사고발생시설을 취하면서 특수한 사정이 있는 경우에 한하여 예외적으로 사고발생요지시설을 취한다(본고 II. 2).

1. 학 설

(1) 보험사고발생시설

이 견해는 보험금청구권의 소멸시효의 기산점은 민법 제166조 제1항에 의하여 '권리를 행사할 수 있을 때'인데, 보험금청구권은 보험사고의 발생으로 인하여 구체적인 권리로 확정되어 그때부터 그 권리를 행사할 수 있게 되므로 '보

3) 본고에서는 일본과 독일에서의 논의를 소개하고자 하나, 독일의 경우에는 선행연구(최병규, "재해사망보험금 지급청구권과 소멸시효의 기산점", 경영법학 제31집 제4호, 2021 등)에서 소개된 부분도 있어 이하에서는 선행연구에서 다루지 않았거나 설명이 부족한 것에 대해 부연하는 것으로 대신하고자 한다.

4) 입법적인 결단을 통해 학설의 분쟁을 종식시킬 필요가 있다는 견해로는 정찬형, "최근 한국 상법(보험편)의 개정내용에 관한 연구", 금융법연구 제14권 제1호, 2017, 95면 이하.

험사고발생시'에 시효는 기산된다고 본다.[5] 이 견해는 원칙적으로 보험사고발생시에 시효가 기산된다고 보면서도 예외를 인정하여 보험사고발생시에 시효가 기산되는 경우에 정의와 형평에 부합하지 않은 결과가 발생하는 경우에 한하여 보험사고발생을 인지한 시점부터 시효가 진행되는 것을 인정한다.[6] 이 견해는 제658조 및 보험약관에서 정한 소위 '지급유예기간'을 두고 있는 경우에도 이는 보험자의 이행지체가 생기는 시기에 관한 것이고, 보험금청구권의 소멸시효진행에 관한 기간유예로 보지 않는다.[7]

(2) 유예기간도과시설

이 견해는 제658조 및 보험약관에서 정한 소위 '지급유예기간'을 기한의 유예로 보아 그 기한이 도래한 시점에 시효가 진행된다고 본다.[8] 이 견해는 민법 제166조 제1항의 '권리를 행사할 수 있을 때'는 법률상 장애가 존재하지 않은 경우를 의미하는데, 지급유예기간이 존재한다면 법률상 장애에 해당하므로 지급유예기간이 도과하여야 시효가 기산된다고 본다.

(3) 사고발생요지시설

이 견해는 보험사고가 발생했다는 사실을 알지도 못한 상태에서 시효가 완성된다면, 그러한 채권자는 권리위에 잠자는 자가 아님에도 불구하고 지나치게 가혹한 결과를 가져온다고 본다. 특히 타인을 위한 보험의 경우에 수익자는 자신이 수익자라는 사실을 알기 어렵기 때문에 보험사고의 발생만으로 권리를 행사할 수 없다는 점을 강조한다. 이러한 이유에서 이 견해는 특별한 사정이 없는

---

5) 김선정, "일본 보험법개정에서의 보험금지급채무의 이행기와 지급지체", 보험학회지 제85집, 2010, 183면; 김성태, 보험법강론, 법문사, 2001, 258면; 김홍엽, "보험금지급청구권의소멸시효기산점", 인권과 정의 제207호, 1993, 106면; 정진옥, "보험금청구권의 소멸시효," 상사판례연구 제11권, 2000, 474면; 정진옥, "책임보험에서 피해자의 직접청구권의 소멸시효", 경성법학 제4호(1995), 260-261면; 최병규, 앞의 논문, 250면; 최성호, "보험금청구권의 소멸시효에 관한 연구", 국제금융위험관리 제10권 제3호, 2009, 75면.

6) 대표적으로 최병규, 앞의 논문, 250면.

7) 김선정, 앞의 논문, 183면; 최성호, 앞의 논문, 75면.

8) 강대섭, "보험금청구권의 소멸시효의 기산점,"상사판례연구 제12권, 2001, 372면; 최한준, "보험금청구권의 법적 개념에 관한 연구", 경영법률 제12집, 2001, 397면 이하; 한창희, 보험법(개정3판), 국민대출판부, 2017, 275면.

한 원칙적으로 보험금청구권은 보험금청구권자가 보험사고의 발생을 알았거나 알 수 있었던 때로부터 시효가 진행된다고 본다.[9)]

(4) 소 결

민법 제166조 제1항이 적용되는데도 불구하고 기산점을 주관화시키는 것은 명백히 민법 제166조 제1항의 해석의 한계를 넘는다는 점에서 사고발생요지설은 문제가 있다. 권리위에 잠자는 자에 대한 제재뿐만 아니라 시효제도는 법적 안정성을 위해 인정되기 때문에 권리자가 모르는 경우에도 시효의 진행은 인정될 수 있으며, 입법자가 개별적으로 '안 날'을 기산점으로 규정하지 않는 한 민법 제166조 제1항의 해석을 주관적 기산점으로 해석하는 것은 무리가 있다.

보험사고발생시설을 취하는 견해 중 일부는 제658조에서 보험금지급에 관한 규정을 이행지체와 연결시키지만 이행지체는 권리행사기간과 무관하지 않으므로 이행지체기간으로 보면서도 권리행사기간으로 보지 않은 것은 타당하지 않다. 한편 보험사고발생시설은 제658조에서 보험금지급에 관한 규정을 두고 있음에도 불구하고 보험사고시부터 소멸시효가 진행된다면 종국적으로 그 지급유예기간만큼 채무자의 소멸시효기간이 줄어드는 결과가 되어 보험금청구권자에게 불리하게 되는 문제가 있다. 그러나 이는 제658조의 '지급유예기간'을 '법률상 장애'로 보는 것을 전제로 하는 경우에 타당한 지적일 수 있다. 따라서 제658조의 '지급유예기간'을 어떻게 이해할 것인지가 학설의 평가에 있어 중요한 과제라 할 수 있다.

2. 판 례

우리 판례는 "보험금청구권은 보험사고가 발생하기 전에는 추상적인 권리에 지나지 아니할 뿐 보험사고의 발생으로 인하여 구체적인 권리로 확정되어 그때부터 그 권리를 행사할 수 있게 되는 것이므로, <u>특별한 다른 사정이 없는 한 원칙적으로 보험금액청구권의 소멸시효는 보험사고가 발생한 때로부터 진행</u>

---

9) 배기원, "소멸시효의 기산점－대법원 판례를 중심으로－," 사법논집 제12집, 법원행정처, 1981, 250면; 박은경, "보험금청구권 소멸시효제도 개선을 위한 상법 개정안 연구", 금융법연구 제15권 제1호, 2018, 141면, 153면.

한다고 해석해야 할 것이고, 다만 보험사고가 발생한 것인지의 여부가 객관적으로 분명하지 아니하여 보험금청구권자가 과실 없이 보험사고의 발생을 알 수 없었던 경우에도 보험사고가 발생한 때로부터 보험금청구권의 소멸시효가 진행한다고 해석하는 것은, 보험금청구권자에게 너무 가혹하여 사회정의와 형평의 이념에 반할 뿐만 아니라 소멸시효제도의 존재이유에 부합된다고 볼 수도 없으므로 이와 같이 객관적으로 보아 보험사고가 발생한 사실을 확인할 수 없는 사정이 있는 경우[10]에는 보험금청구권자가 보험사고의 발생을 알았거나 알 수 있었던 때로부터 보험금액청구권의 소멸시효가 진행한다(밑줄은 필자가 첨가)"고 본다.[11] 그런데 우리 판례는 대법원 2005. 12. 23. 선고 2005다59383,59390 판결에서 "보험약관 또는 상법 제658조에서 보험금 지급유예기간을 정하고 있더라도 보험금청구권의 소멸시효는 보험사고가 발생한 때로부터 진행하고, 위 지급유예기간이 경과한 다음날부터 진행한다고 볼 수는 없다(밑줄은 필자가 첨가)"고 보았다. 즉 우리 판례는 보험약관 또는 제658조에서 보험금 지급유예기간을 정하고 있더라도 특별한 사정에 해당하지 않으므로 보험금청구권은 보험사고가 발생한 때에서 시효가 진행한다고 본다. 이하에서는 판례가 어떠한 경우에 '객관적으로 보아 보험사고가 발생한 사실을 확인할 수 없는 사정이 있다'고 인정하는지를 확인하고 개별집합군을 통해 그 일응의 기준을 판단해 보고자 한다.

(1) 약관 등에 의하여 보험금액청구권의 행사에 특별한 절차를 요구하는 경우(이하 '제1유형')

우리 판례는 대법원 2006. 1. 26. 선고 2004다19104 판결 등에서 "약관 등에 의하여 보험금액청구권의 행사에 특별한 절차를 요구하는 때에는 그 절차를 마친 때, 또는 채권자가 그 책임 있는 사유로 그 절차를 마치지 못한 경우에는 그

10) 보험사고의 발생 여부가 객관적으로 명확한지 및 보험금청구권자가 언제부터 보험사고의 발생을 알았거나 알 수 있었는지는 '사실인정의 문제'이며, 이는 매우 어려운 문제라 할 수 있다.

11) 대법원 2001. 4. 27. 선고 2000다31168 판결; 대법원 2006. 1. 26. 선고 2004다19104 판결; 대법원 2008. 11. 13. 선고 2007다19624 판결; 대법원 2012. 9. 27. 선고 2010다101776 판결; 법원 2013. 9. 26. 선고 2013다34693 판결; 대법원 2021. 2. 4. 선고 2017다281367 판결 등 다수. 이러한 판단법리는 공제금청구권에도 그대로 적용된다. 대법원 2007. 12. 13. 선고 2007다58339 판결.

러한 절차를 마치는 데 소요되는 상당한 기간이 경과한 때부터 진행한다"고 본다. 예컨대 복합운송주선업 인·허가보증보험계약상의 보험사고가 발생한 경우에 보험금액청구권을 행사하기 위하여는 화물유통촉진법 등의 관계 규정에 따라 마련된 '복합운송주선업 영업보증금 및 보증보험가입금 운영규정'에서 정한 보험금의 확정절차를 마쳐야 하므로, 그 보험금액청구권의 소멸시효는 위 절차를 마쳤거나, 채권자가 그 책임 있는 사유로 이를 마치지 못하였다면 위 절차를 거치는 데 필요하다고 볼 수 있는 시간이 경과한 때로부터 진행한다.

(2) 객관적으로 보아 보험사고의 발생여부를 확인할 수 없는 경우(이하 '제2유형')

1) 제2유형을 부정한 판결례

먼저 다음의 판결 등에서는 제2유형에 해당하지 않는다고 보았다. 첫째, 대법원 1999. 2. 23. 선고 98다60613 판결은 "신원보증보험계약상의 피보증인인 증권회사 지점장이 고객으로부터 받은 예탁금을 그 계좌에 입금시키지 않고 횡령한 사안에서, 위와 같은 피보증인의 횡령행위가 피보험자인 증권회사를 위하여 그 사무를 처리함에 있어 자기의 직무상의 지위를 이용하여 행한 행위로서 보험자가 인수한 보험사고에 해당한다면, 비록 피보증인이 증권회사에 입금된 돈을 인출하여 횡령한 것이 아니라 입금시켜 달라고 부탁받은 돈을 횡령한 것이고, 증권회사가 고객의 진정이 있은 후에야 비로소 그 횡령사실을 알게 되었으며, 증권회사가 위 이 횡령금은 예탁금이 아니고 피보증인과 고객 간의 금전소비대차에 불과하다고 주장한 일이 있고, 피보증인이 그 전에 위 고객의 예금계좌에서 돈을 인출하여 횡령한 일이 없고 다른 범죄전력도 없었다는 사정만으로는, 피보증인의 위 횡령행위가 객관적으로 보아 그 발생 여부가 분명하지 아니하여 증권회사가 과실 없이 그 사고의 발생을 알지 못한 때에 해당하지 않는다(밑줄은 필자가 첨가)"고 보았다.

둘째, 대법원 1997. 11. 11. 선고 97다36521 판결은 "피해자가 스스로 자동차를 운전하다가 사망한 사고에 관해 보험회사가 보험금청구권자에게 그 사고는 면책 대상이어서 보험금을 지급할 수 없다는 내용의 잘못된 통보를 하였다고 하더라도 그와 같은 사유는 보험금청구권을 행사하는 데 있어서 법률상의 장애사유가 될 수 없고, 또 이로 인하여 보험금청구권자가 보험사고가 발생하였다는 것을 알 수 없게 되었다고 볼 수도 없으므로 보험회사의 보험계약상의 보험금 지급채무는 사고 발생시로부터 2년의 기간이 경과함으로써 시효소멸한다(밑줄은 필자가 첨가)"고 판단하였다.

마지막으로, 대법원 2021. 2. 4. 선고 2017다281367 판결은 "망인이 사망하였을 당시에는 면책의 예외사유에 해당하는 보험사고가 발생하였는지 여부가 객관적으로 분명하지 아니하여 보험금청구권자인 원고가 이를 알 수 있거나 그 소명자료를 갖추기 어렵다고 볼 사정들이 존재한다. 원고가 망인의 자살 당시 이 사건 보험계약의 존재와 구체적인 내용을 파악할 수 없거나 상당히 곤란하였을 여지도 있다. 그러나 원고가 망인이 공무상 생긴 우울증으로 인해 자살한 것이라고 주장하며 유족보상금의 지급을 신청하고 이어 행정소송도 제기하였던 이 사건에서 과실 없이 보험사고의 발생을 알 수 없었던 경우에 해당한다고 보기 어렵다(밑줄은 필자가 첨가)"고 판단하였다.[12]

2) 제2유형을 긍정한 판결례

대법원 1993. 7. 13. 92다39822 판결은 "이 사건 장기운전자복지보험계약상의 보험사고는 1988.3.11.에 발생하였다고 볼 수밖에 없지만, A가 자동차를 운전하다가 교통사고를 일으킨 것으로 공소가 제기되어 1990. 7. 4. 제1심법원에서 무죄의 판결을 선고받을 때까지는, B가 자동차를 운전하다가 교통사고를 일으켜 사망하는 이 사건 보험사고가 발생한 사실이 객관적으로 확인되지 않고 있다가, 1990. 7. 4.에야 보험사고의 발생이 객관적으로 확인될 수 있게 되었고 보

12) 대법원 2021. 1. 14. 선고 2018다209713 판결에서도 "원고는 2010. 4. 14. 망인이 자유로운 의사결정에 따라 사망한 것이 아니라 공무상 스트레스 등으로 인한 우울증으로 사망하였음을 이유로 공무원연금공단에 공무원연금법상의 유족보상금을 신청하였는데 거부되자, 2011. 1. 28. 그 거부처분을 취소해 달라는 취지의 관련 행정소송을 제기하기도 하였다."는 점 등을 고려하여, "비록 공무원연금공단이 2010. 5. 31. '망인이 공무상의 과로와 스트레스로 인하여 사망하였다고 볼 수 없다'는 이유로 원고의 유족보상금 지급을 거부하고, 이에 따라 원고가 관련 행정소송을 제기하여 제1심에서는 패소판결을 받았다가 항소심에서 승소판결을 받고 2015. 7. 9.에야 비로소 그 상고심 판결이 선고되어 항소심 판결이 확정된 점, 피고는 망인의 사망이 고의로 자신을 해친 경우로서 보험금을 지급하지 아니하는 보험사고에 해당한다는 이유로 원고의 재해사망보험금 지급 청구를 거부해 온 점 등이 인정된다고 하더라도, 이러한 점들만으로는 객관적으로 보아 보험사고가 발생한 사실을 2015. 7. 9.까지는 확인할 수 없었던 사정이 있는 경우에 해당한다고 볼 수 없다(밑줄은 필자가 첨가)"고 판단하였다.

험금액청구권자인 원고들도 그때에야 보험사고의 발생을 알 수 있게 되었다고 보아야 할 것이다(밑줄은 필자가 첨가)."라고 판단하였다.

대법원 2001. 4. 27. 2000다31168 판결은 "이 사건에서 자손사고로 인한 보험금청구권에 대하여 살펴보면, 甲이 가입한 피고의 자동차종합보험 보통약관 제23조 제3항에는 피고가 자손사고에 대한 보험금을 지급하는 경우 타 차량과의 사고로 상대차량이 가입한 자동차보험의 대인배상에 의하여 보상을 받을 수 있는 경우에는 사망보험금이나 부상보험금 또는 후유장해보험금으로 지급될 수 있는 금액에서 대인배상으로 보상받을 수 있는 금액을 공제한 액수만을 보험금으로 지급하도록 되어 있음을 알 수 있으므로, 이 사건 사고 당시 당초 수사기관의 결론과 같이 중앙선을 침범한 차량이 甲 운전의 승합차가 아니라 乙 운전의 승용차이었다면 甲은 乙 차량이 가입한 자동차보험에 의하여 보험금을 받을 수 있을 뿐 甲이 피고에 가입한 자동차보험의 자손사고로 인한 보험금청구권은 발생하지 않으나, 중앙선을 침범한 차량이 甲 운전의 승합차인 경우에는 甲이 피고에 가입한 자동차보험의 자손사고로 인한 보험금 전액을 수령할 수 있는 것인바, 따라서 이 사건에서 보험금청구권자가 수사기관의 결론대로 중앙선 침범차량이 乙 운전의 승용차인 것으로 알고 있는 동안에는 피고에 대한 위 보험금청구권의 소멸시효가 진행하지 아니하나, 보험금청구권자가 수사기관의 결론과는 달리 甲 운전의 승합차가 중앙선을 침범한 것이라는 사실을 알았거나 알 수 있었을 때에는 그 때부터 피고에 대한 위 보험금청구권의 소멸시효가 진행한다고 할 것이다(밑줄은 필자가 첨가)"고 판단하였다.

대법원 2009. 11. 12. 2009다52359 판결은 "재해장해보장을 받을 수 있는 기간 중에 장해상태가 더 악화된 경우에는 그 악화된 장해상태를 기준으로 장해등급을 결정한다고 보험약관이 규정한 경우, 장해상태가 악화된 경우 추가로 지급받을 수 있는 보험금청구권의 소멸시효는 그와 같은 장해상태의 악화를 알았거나 알 수 있었을 때부터 진행한다(밑줄은 필자가 첨가)"고 판단하였다.

대법원 2006. 4. 13. 선고 2005다77305,77312 판결은 "자동차종합보험계약상의 피보험자가 주취상태로 차량을 운전하다가 피해자를 충격하여 상해를 입혀 보험자가 피해자에게 손해배상액을 지급한 경우, 상법 제723조에 의하여 피보험자가 제3자에게 손해배상금을 지급하였거나 상법 또는 보험약관이 정하는 방법으로 피보험자의 제3자에 대한 채무가 확정되면 피보험자는 보험자에 대하여 보험금청구권을 행사할 수 있으므로 피보험자가 피해자측에 이미 합의금으로 손해배상액을 지급한 시점부터 피보험자의 보험자에 대한 보험금청구권의 소멸시효가 진행된다(밑줄은 필자가 첨가)"고 본다.

대법원 2012. 9. 27. 2010다101776 판결은 "상법 제723조 제1, 2항과 자동차종합보험보통약관상의 규정 제9조 제1항 등을 종합하면 피보험자가 보험자에게 보험금청구권을 행사하려면 적어도 피보험자가 제3자에게 손해배상금을 지급하였거나 상법 또는 보험약관이 정하는 방법으로 피보험자의 제3자에 대한 채무가 확정되어야 할 것이므로 피보험자가 제3자인 보험사고피해자들의 치료비 손해 중 그 일부만 지급하고 나머지를 지급하지 아니하고 있다면 아직 지급하지 아니한 피해자들의 치료비손해에 관하여 그것이 상법 또는 보험약관이 정하는 방법으로 확정되지 아니하는 한 그에 대한 보험금청구권을 행사할 수 없고, 이미 지급한 치료비손해에 관하여도 그 보험금청구권을 행사할 수 있음에 그치는 것이므로 그 전액이 피보험자가 배상할 법률상의 손해배상책임 범위에 속하는 지의 여부까지를 가려서 그 보상범위를 확정하여야 한다(밑줄은 필자가 첨가)"고 본다. 동 판결에 의하면 보험청구권의 시효는 보험사고 발생시가 아니라 피보험자가 제3자에게 손해배상금을 지급한 경우에 기산된다.

대법원 2015. 9. 24. 선고 2015다30398 판결은 "군복무 중 목을 매 사망한 갑에 대하여, 군 수사기관은 단순 자살로 결론 내렸으나 그 후 군의문사 진상규명위원회가 '甲이 구타·가혹행위 등으로 육체적, 정신적 고통을 견딜 수 없는 상태에서 사망에 이르렀다'는 결정을 한 사안에서, 甲의 사망을 보험사고로 하는 보험금청구권의 소멸시효는 위 결정 시부터 진행한다(밑줄은 필자가 첨가)"고 판단하였다.

3. 검 토

우리 민법 제166조 제1항에 의하면, "소멸시효는 권리를 행사할 수 있는 때로부터 진행한다"고 규정되어 있다. 이와 관련하여 우리 판례와 통설은 원칙상 "'권리를 행사할 수 있다'라고 함은 그 권리의 행사가 법률상의 장애, 예를 들면 기한의 미도래나 조건불성취 등이 없는 경우를 말하는 것이고, 사실상 권리의 존재나 권리의 행사가 가능함을 알지 못하였고 알지 못함에 과실이 없다는 것과 같이 그 행사에 사실상의 장애가 있음에 불과한 경우에는 이에 해당하지 아니한다"고 본다.13) 요컨대 판례는 권리행사상의 장애를 법률상 장애와 사실상 장애로 나누고 법률상 장애를 전제로 소멸시효의 기산점을 판단하고 있다.

보험사고는 보험계약에서 보험자의 보험금 지급책임을 구체화하는 불확정한 사고이기 때문에 해석을 통해서 확정지어야 하며, 보험사고의 발생에 대한 증명책임은 시효의 이익을 주장하는 보험자가 부담한다.14) 한편 우리 판례는 민법 제166조 제1항의 '권리를 행사할 수 있을 때'를 법률상 장애의 유무를 전제로 판단하는데,15) 보험사고가 발생하였는지는 객관적인 관점에서 결정되므로 비록 보험금청구권자가 그 사실을 알지 못하였더라도 그것은 사실상 장애에 불과하므로 우리 판례가 보험사고가 객관적으로 발생한 때부터 보험금청구권의 소멸시효가 진행된다고 보는 것은 정합적인 해석으로 판단된다.16)

먼저 특정절차를 거치지 않으면 권리를 청구할 수 없다는 것은 이익상황이 기간의 미도래 및 조건의 불성취와 유사하므로 제1유형은 법률상 장애를 기준으로 판단하는 판례의 입장에서도 충분히 관용될 수 있다.

반면에 제2유형은 '안 경우'라는 주관적인 요소를 시효의 기산점으로 삼았다는 점에서 법률상 장애를 기준으로 기산점을 판단하는 판례의 입장에서 보면 크게 벗어난 해석이라 할 수 있다.17) 그러나 학설은 일반적으로 판례가 정의와 형평을 고려하여 예외를 인정한 것에 대해 긍정적이다.18) 그런데 제2유형은 먼저 약관이나 법률의 규정에 의해 유예기간을 둔 것으로 볼 수 있는 경우와 그렇지 않은 경우로 나누어서 접근해야 할 필요가 있다.

---

13) 대법원 2006. 4. 27. 선고 2006다1381 판결 등 다수.

14) 대법원 2014. 7. 24. 선고 2013다27978 판결.

15) 상당한 기간 동안 권리를 행사하지 않은 권리자의 희생 위에서 법적안정성을 추구하는 현행 소멸시효제도의 취지를 고려한 것으로 판단된다.

16) 정합적이라는 것이 '법률상 장애를 기준으로 판단하는 것에 대한 판례의 입장'이 옳다는 것을 의미하지는 않는다.

17) 이런 이유에서 최한준, "신원보증보험계약상 보험금청구권의 소멸시효의 기산점", 상사판례연구 제8집 제1권, 2005, 58면 이하에서는 이러한 판례의 입장에 대해 부정적이다.

18) 최성호, 앞의 논문, 72면; 김홍엽, 앞의 논문, 106면 등.

(1) 소위 '시효상 유예기간'을 둔 경우

판례에 의하면, 기한이 있는 채권의 소멸시효는 이행기가 도래한 때부터 진행하며, 이행기가 도래한 후 채권자와 채무자가 기한을 유예하기로 합의한 경우(이하 '시효상 유예기간')에는 유예된 때로 이행기가 변경되어 소멸시효는 변경된 이행기가 도래한 때부터 다시 진행한다.[19] 이러한 판례를 전제로 하면 보험약관이나 법률규정에 의해 유예기간을 둔 경우라면 보험사고 발생이 아닌 유예기간이 도과된 시점에 시효는 기산된다고 보아야 할 것이다. 대법원 2006. 4. 13. 선고 2005다77305,77312 판결 및 대법원 2012. 9. 27. 2010다101776 판결은 유예기간을 둔 것과 마찬가지의 이익상황을 가졌다고 할 수 있으므로 우리 판례가 보험사고 발생시를 시효의 기산점으로 보지 않은 것은 법률상 장애를 기준으로 판단하는 판례의 입장에서 크게 벗어나지 않는다. 대법원 1998. 3. 13. 선고 97다52622 판결이 "수산업협동조합중앙회의 선원보통공제약관상 선원이 공제사고로 해상에서 행방불명된 경우에 최후음신일로부터 1월이 경과하여도 행방을 알 수 없을 때에는 그 때에 사망한 것으로 추정한다는 규정은 사망진단서 등 사망 사실을 확인하는 증명 없이도 유족의 이익을 위하여 피공제자에게 공제금이 신속히 지급될 수 있도록 하기 위한 규정으로 보여지므로, 수산업협동조합중앙회가 위 약관상의 사망에 관한 추정을 부정하여 피공제자의 공제금 지급청구에 불응한 경우에는 소멸시효의 기산점과 관련하여 유족에게 불리하게 위 규정을 적용하여 최후음신일로부터 1월이 되는 때를 공제금청구권의 소멸시효의 기산점으로 삼을 수 없으며, 피공제자는 행방불명된 선원의 사망 사실에 대한 확인 증명을 대신하는 역할을 하는 실종선고 심판이 확정될 때에 비로소 공제금청구권에 대한 권리 행사를 할 수 있게 되었다고 봄이 상당하므로 그 때부터 시효기간이 진행된다(밑줄은 필자가 첨가)"고 본 것 또한 같은 의미로 이해할 수 있을 것이다.[20]

---

19) 대법원 2017. 4. 13. 선고 2016다274904 판결. 이와 같은 기한 유예의 합의는 명시적으로뿐만 아니라 묵시적으로도 가능한데, 계약상의 채권관계에서 어떠한 경우에 기한 유예의 묵시적 합의가 있다고 볼 것인지는 계약의 체결경위와 내용 및 이행경과, 기한 유예가 채무자의 이익이나 추정적 의사에 반하는지 여부 등 제반 사정을 종합적으로 고려해서 판단하여야 한다.

20) 같은 이유에서 생명보험약관에 「보험기간 중 생사가 분명하지 아니하여 실종선고를 받은 경우와 선박의 침몰, 항공기의 추락 등 민법 제27조(실종의 선고) 제2항의 규정에 준하는

1) 소위 '보험상 지급유예기간(상법 제658조)'과 시효의 기산점

제658조에서 '서류를 접수한 날로부터 3일' 또는 '정하여진 날로부터 10일'을 정하고 있는데(이하 '보험상 지급유예기간'), 우리 판례는 "보험금청구권의 소멸시효는 지급유예기간이 경과한 다음날이 아닌 보험사고가 발생한 때로부터 진행한다."고 본다. 생각건대 우리 판례는 제658조의 '보험상 지급유예기간'을 '시효상 유예기간'으로 보지 않은 것으로 판단된다. 즉 판례는 제658조의 보험상 지급유예기간은 지급의 방법을 정한 것에 불과할 뿐 시효의 기산점을 늦추는 시효상의 유예기간을 정한 것으로 보지 않는다. 만약 보험상의 지급유예기간을 시효상 유예기간으로 보면서도 기산점을 '보험사고 발생시'로 보기 위해서는 판례는 더 설득력 있는 논거를 제시해야만 한다. 기간이 도래하지도 않았는데도 시효의 진행을 인정한다면 권리 그 자체를 행사할 수 없는 상태에서 시효완성으로 가져온다는 점에서 정의와 형평의 관점을 빌리지 않더라도 시효제도 그 자체의 취지에도 부합하지 않는다.

2) 소위 '보험약관상 지급유예기간'과 시효의 기산점

보험약관에도 제658조와 동일한 내용이 규정된 경우, 즉 '서류를 접수한 날로부터 3일' 또는 '정하여진 날로부터 10일'을 정하고 있는 경우에(이하 '보험약관상 지급유예기간')도 시효의 기산점 판단은 보험상 지급유예기간처럼 판단하면 되는지가 문제된다. 판례는 대법원 2005. 12. 23. 선고 2005다59383,59390 판결에서 "보험약관 또는 상법 제658조에서 보험금 지급유예기간을 정하고 있더라도 보험금청구권의 소멸시효는 보험사고가 발생한 때로부터 진행한다."고 보아 양자를 같은 법리로 판단한다. 약관이 계약이라고 할지라도 약관 작성자가 보험약관에 법률조항을 그대로 옮겨 적은 경우에는 양 당사자의 합의는 법률의 규정에 대한 해석으로 귀결될 것이다.[21] 더욱이 우리 판례는 대법원 2019. 5. 30.

사유 또는 재해분류표에서 정하는 재해로 인하여 <u>사망한 것으로 정부기관이 인정하여 관공서의 사망보고에 따라 가족관계등록부에 기재된 경우에는 그러한 사고가 발생한 때를 사망한 것으로 인정한다</u>」고 규정되어 있는 경우에는 <u>보험수익자는 법원의 실종선고나 관공서의 사망보고에 따라 가족관계등록부에 기재가 되어야만 보험금청구권을 행사할 수 있으므로</u>, 이때의 사망보험금청구권의 소멸시효의 기산점은 실종선고일 또는 가족관계등록부기재일로 보아야 할 것이다.

21) 참고로 상법 제658조를 그대로 담고 있는 약관의 내용은 내용통제의 대상이 될 수 없을

선고 2016다276177 판결 등에서 "약관에 정하여진 사항이라고 하더라도 거래상 일반적이고 공통된 것이어서 고객이 별도의 설명 없이도 충분히 예상할 수 있었던 사항이거나 이미 법령에 의하여 정하여진 것을 되풀이하거나 부연하는 정도에 불과한 사항이라면, 그러한 사항에 대하여서까지 사업자에게 설명의무가 있다고 할 수는 없다"고 본다.[22] 따라서 보험약관상의 지급유예기간이 있는 경우에도 '보험사고발생시'에 시효기 기산된다는 판례의 태도는 법률상 장애를 기준으로 판단하는 종래 판례의 입장과 저촉되지 않는다.

(2) 유예기간을 두지 않은 경우

제2유형 중에 유예기간을 두지 않았는데도 판례가 보험사고발생시가 아닌 보험청구권자가 '사실을 안 날'로 본 경우는 개인뿐만 아니라 수사기관과 같은 공적인 기관도 알지 못한 경우이거나 또는 수사기관에 의해 청구권자가 보험사고를 아는 것이 더 지연된 경우이다. 즉 우리 판례는 수사기관이 보험금 청구권의 행사 기초가 되는 사실관계를 정반대로 파악하였다가 나중에 확정판결을 통해 정정된 사건에서 보험금청구권자의 권리행사 가능시점을 '안 날'로 보는 것으로 이해된다.[23] 이는 단순히 보험금청구권자가 몰랐다는 주관적 사정을 넘어 누구든지 보험사고를 인식할 수 없는 사안에 한하여 법률상 장애를 기준으로 판단하는 예외를 인정하였다는 점에서 충분히 관용될 수 있는 여지를 가진다.

(3) 소 결

우리 판례는 제658조 및 보험약관상의 '보험지급유예기간 및 보험약관상 유예기간(이하 '보험상 유예기간 등')'을 '시효상 유예기간'으로 보지 않는다. 생각건대 우리 판례는 '보험상 지급유예기간 등'은 기간을 유예하여 이행기를 늦춘 것이 아니라 '보험금액을 산정하기 위한 기간 또는 지급금액에 대한 확인을 위

것이다. 입법기관이 만든 법률의 규정을 약관의 내용통제를 통해 무효화시킨다는 약관이 법률내용을 그대로 담고 있는 경우에는 법원이 내용통제를 하여서는 아니된다. 그것은 국회의 입법권을 침탈하는 것이기 때문이다. 최병규, "약관내용에 대한 사법적 통제의 한계", 경제법연구 제12권 제1호, 2013, 187면 등.

22) 즉 대상판결은 "대외적 구속력이 없는 행정규칙에 규정된 내용은 '이미 법령에 의하여 정하여진 것'에 해당하지 않아 설명의무가 면제되지 않는다"고 본다.

23) 이러한 평가는 권영준, 보험금청구권과 소멸시효, 보험연구원, 2017, 46면에서도 확인된다.

해 필요한 기간'을 준 것에 지나지 않으므로 시효의 기산점을 정한 기간으로 보지 않는 것으로 판단된다. 우리 판례가 오래전부터 "민법 제174조 소정의 시효중단사유로서의 최고에 있어서 채무이행을 최고받은 채무자가 그 이행의무의 존부 등에 대하여 조사를 해 볼 필요가 있다는 이유로 채권자에 대하여 그 이행의 유예를 구한 경우에는 채권자가 그 회답을 받을 때까지는 최고의 효력이 계속된다고 보아야 하고, 따라서 같은 조에 규정된 6월의 기간은 채권자가 채무자로부터 회답을 받은 때로부터 기산되는 것이라고 해석하여야 할 것이다(밑줄은 필자가 첨가)"고 보았는데,[24] 이는 '보험상 지급유예기간 등'은 보험금액을 정하는 데 필요한 기간의 확보를 요청한 것에 지나지 않는다는 결론을 도출시킨다. 즉, 보험금지급에 필요한 추가구비서류의 제출을 요구한 것을 그 지급의무의 존부 등에 대하여 조사를 하여 볼 필요가 있다는 이유로 청구권자에 대하여 그 지급의 유예를 구한 것으로 이해한다면 제658조 및 보험약관상의 '보험상 지급유예기간 등'또한 '시효상 유예기간'이 아닌 '보험금액 및 지급방법을 확정하기 위한 기간'으로 볼 수밖에 없을 것이다.

한편 보험약관 등에 유예기간을 두지 않은 경우에 우리 판례는 민법 제166조 제1항의 기산점 판단 기준에 의해 보험사고 발생시를 '보험금청구권의 기산점'으로 보지만, 보험금청구권의 시효가 보험사고발생시로 보는 경우에 '정의와 형평'에 부합하지 않은 결과가 발생하는 경우에는 권리자의 이익을 고려하여 보험사고의 발생을 안 날에 시효기 기산된다고 본다. 특히 우리 판례는 단순히 보험금청구권자가 몰랐다는 주관적 사정을 넘어 누구나 보험사고를 인식할 수 없는 경우에 한하여 위와 같은 예외를 인정하고 있는데, 이는 객관적 기산점의 예외를 인정하기 위한 기준으로 '채권자의 주관적인 인식'이 아니라 '객관적이고 평균적인 채권자로서의 주관적 인식'을 기준으로 삼았다는 점에서 '객관적 기산점'을 최대한 유지하기 위한 배려라는 점에서 해석론적 측면에서 바라보면 판례의 위와 같은 태도가 타당하다고 판단된다.

---

24) 대법원 1995. 5. 12. 선고 94다24336 판결; 대법원 2006. 6. 16. 선고 2005다25632 판결; 대법원 2010. 5. 27. 선고 2010다9467 판결.

III. 비교법적 고찰

1. 일본에서의 논의

먼저 학설은 보험사고의 발생을 안 때로부터 시효가 진행된다는 설,[25] 원칙은 보험사고발생시이지만 보험금청구권자가 보험사고 발생의 사실을 알기 어려운 상황이었다면 그 사실을 안 때에 시효가 진행된다는 설[26]로 나뉜다. 한편 법률이나 약관에 지급유예기간을 둔 경우에는 그 기간이 경과된 시점에 시효가 진행된다고 보는 견해가 지배적이다.[27] 일본의 판결례는 사안에 따라 시효의 기산점을 매우 유연하게 판단한다.

(1) 하급심 판결례

1) '필요한 조사'를 끝마치고 보험금 지급의 가부에 관한 결론이 보험금청구권자에게 도달한 시점을 기산점으로 본 판결

해외여행 상해보험계약상의 수익자가 피보험자의 사망에 따른 보험금을 청구한 사안에서, 東京高判 平成11(1999)年 9月 30日, 判タ1025号 268頁은 "소멸시효는 권리를 행사할 수 있는 때로부터 진행되는 것이 민법상의 원칙이므로(민법 제166조 제1항), 본건에 있어서 언제부터 원고가 본건 보험금을 청구하는 것이 가능하였는지를 검토하도록 한다."고 논한 후, "본건 약관에 따르면 보험금청구자는 피고가 '필요한 조사'를 종료하기까지는 보험금의 지급을 받을 수 없으며, 피고가 행하는 '필요한 조사'의 종료를 기다릴 수밖에 없는 상황에 놓인다. 그러한 경우, 위와 같은 본건 약관의 규정에 비추어 볼 때, 보험금청구자가

25) 石田満, 『商法Ⅳ(保険法) (改訂版)』, 青林書員, 1997, 189頁.

26) 田辺康平, 「判批」, 西南学院大学法学論集 17巻 2=3=4号, 1985, 74頁. 특히 金津理, 「判批」, 比較法学3巻1号, 1967, 122頁 등은 입법적인 개정이 필요하다고 주장한다.

27) 松本克美, 『続·時効と正義』, 日本評論社, 2012, 253頁 이하; 沖野眞己, 「保険關係者の破産, 保険金給付の履行」, 商事法務 1808号, 2007, 33頁; 吉川吉衛, 「生命保険契約と保険金支拂」, ジュリスト 744号, 1981, 140頁 이하 등 참조. 반대 견해로는 坂口光男, 『保険契約法の基本問題』, 文眞堂, 1996, 111頁 이하 등 참조. 김은경, 앞의 논문, 182면-183면에서는 지급유예기간을 둔 경우와 관련한 일본의 학설을 소개하고 있으나 지급유예기간이 당사자가 합의로 기한을 유예한 경우로 볼 수 있는 경우에도 일본의 학설이 나뉘어질 것인지에 대해서는 의문이다.

보험금을 청구할 수 있는 시점이란 피고가 '필요한 조사'를 끝마치고 보험금 지급의 가부에 관한 결론이 보험금청구자에게 도달한 시점이라고 해석하는 것이 상당하다(밑줄은 필자가 첨가)"고 본다. 도쿄고등재판소의 판결은 수익자의 권리행사의 현실적 기대 가능성을 배려한 판결이라고 할 수 있다.[28] 기요카와 마사타카(清河雅孝)는 「본 판결은 정당」하다고 보며, 보험사고발생시설에 의하면 보험자로부터 통지를 받지 않은 동안에도 소멸시효가 진행되기 때문에 보험금청구권자는 통지를 받을 때까지 시효를 중단하기 위해 보험자에게 청구를 계속해야 하는 문제점을 지적한다.[29]

2) 사고발생을 명확하게 인지한 시점을 기산점으로 본 판결

미얀마에서 해적의 습격을 받은 것에 대한 보험금청구사건에서, 東京高判 昭和41(1966)年 4月 18日, 下民集 17巻 3=4号 30頁은 "멀리 떨어진 외지에서 발생한 사고는 당해 사고발생지의 관헌(官憲)에 의한 공식증명을 받을 때까지 사고에 대해 명확하기 인지하기 어렵다."라고 논하며, "위 사실에 의하면, 항소인은 미얀마 관헌으로부터 사고에 대해 공식증명서의 교부를 받음으로써 본건 보험사고를 인지한 것으로 인정할 수 있으며, 항소인으로서는 위 사고를 인지한 1956년 5월 17일부터 본건 보험금지급청구권의 행사가 가능하였다고 볼 수 있다"고 하며, 본건의 보험금청구권의 소멸시효는 완성되지 않았다고 판단하였다.

3) 보험사고 발생시점을 기산점으로 본 판결

피보험자를 X로 하는 타인을 위한 화재보험계약이 체결된 건물에 화재가 발생하여 수익자가 화재발생 후 2년이 지난 시점에 보험금의 지급을 청구한 사안에서 東京地判 昭和61(1986)年 3月 1日, 判タ599号 67頁은 "타인을 위한 보험계약에 대해서만 소멸시효의 기산점을 보험계약의 존재를 안 때로 해석해야 할 합리적 이유는 없으며, 또한 타인을 위한 보험계약에 있어서 보험자가 피보험자에 대해 그 내용을 고지해야 할 의무가 있다고 인정되지 않는다. 따라서 본건 제2계약에 대해서만 그 소멸시효의 기산점을 보험자의 고지시점으로 해석해야 할 이유도 없다고 보아야 하므로, 이에 관한 원고의 주장은 모두 채용할 수 없

28) 松本克美, 『続・時効と正義』, 253頁.

29) 清河雅孝, 「判批」, 私法判例リマークス22号, 2001, 109頁.

다(밑줄은 필자가 첨가)"고 논하였다.[30)]

(2) 최고재판소 판결

1) 지급유예기간이 있는 경우에 유예기간이 경과한 시점으로 본 대심원 판결

종래 일본의 대심원에서 보험금 지급의 유예기간의 정함이 있는 경우의 보험금청구권의 소멸시효의 기산점에 대해 판단한 적이 있다. 대심원은 보험금청구권을 행사할 수 있는 시점을 보험사고발생시점으로 보아 소멸시효의 완성을 인정한 원심을 파기하고, 보험금청구권의 소멸시효 기산점은 보험금채무의 이행기, 즉 지급의 유예기간을 경과한 시점이 시효의 기산점이라고 보았다.[31)] 즉 대심원은 보험금 청구는 지급의 유예기간을 기다린 후에 이루어지는 것이 통상이라는 점을 고려한 것으로 이해되며, 이는 이하에서 보는 최고재판소가 보험금청구권의 시효의 기산점을 권리행사의 현실적 기대 가능성이 인정되는 시점으로 보는 것과 일맥상통한다.[32)]

2) 권리의 현실적인 행사 가능성을 고려하여 기산점을 판단하는 최고재판소 판결

먼저 最判 昭和45(1970)年 7月 15日, 民集 24卷 7号 771頁은 "'권리를 행사할 수 있는 때'란, 단순히 그 권리의 행사에 대해 법률상의 장애가 없을 뿐만 아니라, 나아가 권리의 성질상 그 권리행사를 현실적으로 기대할 수 있어야 한다고 해석하는 것이 상당하다."고 판시하였다. 그러나 이 판결을 둘러싸고, 이 사안이 변제공탁금의 반환청구 사건에 국한하여 의미를 가진다는 견해가 지배적이었다. 왜냐하면 위 판결에서 "변제공탁에 있어서의 공탁물의 출급회수청구, 즉 공탁물의 환급 또는 회수의 청구에 대하여 '권리를 행사할 수 있는 때'란"으로 제한하였기 때문에 위 판결은 공탁금반환청구권 이외에 보편적으로 타당한 기준으로 볼 수 없다는 것이다.[33)] 그 후 자동차손해배상법 제72조의 정부의 보

30) 島原宏明, 「判批」, 金商986号, 1995, 122頁 이하 등.

31) 大判 大正14(1925)年 2月 19日, 新聞 2376.

32) 학설 가운데 이 판결을 지지하는 것으로서 栗谷啓三, 「判批」, 『保険判例百選』, 有斐閣, 1966, 193頁; 神崎克郎, 「判批」, 『生命保険判例百選』, 有斐閣, 1980, 159頁; 伊沢和平, 「判批」, 『商法(保険・海商)判例百選(第2版)』, 有斐閣, 1993, 109頁. 반대로 보험사고발생시로 보아야 한다는 견해로는 大森忠夫=三宅一夫, 『生命保険契約法の諸問題』, 有斐閣, 1958, 161頁 이하; 倉澤康一郎, 『保険契約の法理』, 慶応通信, 1975, 212頁 이하 등 참조.

33) 松本克美, 『続・時効と正義』, 253頁. 위 판결에 대한 평석은 松本克美, 『時効と正義』, 日本

장사업에 대한 청구권의 시효의 기간점이 문제된 사안에서, 最判 平成8(1996)年 3月 5日, 民集 50卷 3号 383頁은 "자동차손해배상법 제3조에 의한 손해배상청구권의 존부가 다투어지는 경우에 있어서는 자동차손해배상법 제3조에 의한 손해배상청구권이 존재하지 않음이 확정된 때로부터 피해자가 가지는 본건 규정에 의한 청구권의 소멸시효가 진행한다고 보아야 한다(밑줄은 필자가 첨가)"고 하면서, 그 이유에 대해 "생각건대 민법 제166조 제1항에서 논하는 '권리를 행사할 수 있는 때'란 단순히 그 권리의 행사에 대하여 법률상의 장애가 없을 뿐만 아니라, 더 나아가 권리의 성질상 그 권리행사를 현실적으로 기대할 수 있거나 또는 필요하다고 해석하는 것이 상당하다."고 하며, 앞서 게재한 변제공탁금사건의 최고재판소 판결을 인용한다.[34)]

한편 생명보험계약과 관련하는 약관에 의해 규정된 보험금청구권의 3년의 소멸시효의 기산점에 대한 해석이 다투어진 사안에서 最判2003(平成15)年 12月 11日, 民集 57卷 1号 2196頁(이하 '2003년 판결')은 메이지 민법 제166조 제1항의 「권리를 행사할 수 있는 때」의 해석으로 되돌아가, 권리행사의 현실의 기대 가능성이 없는 경우에는 시효는 진행되지 않는다는 기본적인 시점에서 기산점을 판단하고 있어, 보험금청구권뿐만 아니라 시효론 일반에 있어서도 매우 주목받는 판결이다.

가. 사실관계

생명보험계약의 피보험자였던 A가 자동차를 운전하여 외출한 채로 행방불명된 후 5년 8개월이 지난 후에 유체(遺體)로 발견되어 보험금수취인인 피보험자의 妻 X가 보험회사 Y에 대해 사망보험금 등을 청구한 사안이다. Y는 본건 생명보험약관에 의하면 피보험자가 사망한 날의 익일부터 기산하여 3년의 보험금청구권의 소멸시효가 성립한다는 취지의 규정이 있어, 본건에서는 이미 보험금청구권은 소멸하였다고 하며 보험금의 지급을 거절하였다.

評論社, 2002, 74頁 이하 참조.

34) 松久三四彦, 『交通事故判例百選(第4版)』, 有斐閣, 1999, 181頁에서 마쓰히사 미요히코(松久三四彦)는 이 판결이 변제공탁사건이 아닌 사안에서 "민법 제166조 제1항의 일반해석으로서 권리행사의 기대가능성을 고려하여 시효의 기산점을 판단한 최초의 최고재판소 판결"이라고 설명한다.

나. 재판의 경위

1심인 東京地判 平成11(1999)年 5月 17日, 判時 1714号 146頁, 원심인 東京高判 平成12(2000)年 1月 20日, 判時 1714号 143頁은 모두, 본건에 있어서 A의 유체가 발견되기 전까지 X는 대략 보험금청구권의 행사를 현실적으로 기대할 수 없었으므로 본건에 있어서의 보험금청구권의 소멸시효의 기산점은 A의 유체가 발견된 때로 판단한 후, X에 의한 생명보험금청구권의 행사는 그로부터 3년이 경과하지 않아 소멸시효가 성립되지 않았다는 이유로 Y에게 총액 3,600만 엔의 보험금 지급을 명하였다. 이에 대해 피고 Y가 상고하였다. 일본 최고재판소 또한 "본건 소멸시효에도 적용되는 민법 166조 1항이, 소멸시효의 기산점을 '권리를 행사할 수 있는 때'라고 규정하고 있어, 단순히 그 권리의 행사에 대해 법률상의 장애가 없을 뿐만 아니라, 나아가 권리의 성질상 그 권리행사를 현실적으로 기대할 수 있게 된 때로부터 소멸시효가 진행된다는 것이 동조항의 취지를 감안할 때(最判 昭和45(1970)年 7月 15日, 民集 24卷 7号 771頁), 본건 약관이 본건 소멸시효의 기산점에 대해 상기와 같이 규정하는 것은 통상적으로 보험계약에 의거하는 보험금청구권은 지급사유(피보험자의 사망)가 발생할 시점에 권리행사를 기대할 수 있다고 판단되지만, 당시의 객관적 상황 등에 비추어 그때로부터의 권리행사를 현실적으로 기대할 수 없는 특단의 사정이 존재하는 경우에 대해서도 상기 지급사유의 발생의 때를 본건 소멸시효의 기산점으로 삼는다는 취지가 아니라고 해석하는 것이 상당하다(밑줄은 필자가 첨가)"고 보았다. 이를 전제로 최고재판소는 "X의 본건 각 보험계약에 의거하는 보험금청구권에 대해서는 본건 약관 소정의 지급사유(A의 사망)가 발생한 때로부터 A의 유체가 발견되기까지 당시의 객관적 상황 등에 비추어 그 권리행사를 현실적으로 기대할 수 없는 특단의 사정이 존재하였다고 보아야 하며, 그동안 소멸시효는 진행되지 않는다고 해석해야 한다(밑줄은 필자가 첨가)."고 보아 Y의 상고를 기각하였다.[35]

---

35) 일본 상법이 생명보험금청구권에 대해 2년의 단기소멸시효기간을 정한(상법 舊제683조 제1항, 舊제663조) 취지는 보험사업의 원활한 운영과 신속한 결제의 실현이었다. 그러나 다수의 보험약관은 본건에서도 그러한 바와 같이 3년의 시효기간을 규정한다. 이 점은 1심판결도 지적하는 바와 같이, "생명보험에 있어서는 보험금청구권을 발생시키는 보험사고,

(3) 평 가

最判 昭和45(1970)年 7月 15日, 民集 24巻 7号 771頁의 변제공탁금의 회수청구권 자체에 있어서도 공탁사유에 따라 기산점을 별도로 해석해야 한다고 주장이 존재하는 상황에서, 2003년 판결에서 최고재판소는 '권리행사가능성'을 고려해야 한다는 일반법리를 설시하면서 그 근거로 最判 昭和45(1970)年 7月 15日, 民集 24巻 7号 771頁을 인용하였다. 즉 본 판결은 민법 제166조 제1항의 권리행사를 기대할 수 있는 때의 해석으로 '권리의 성질상 그 권리행사를 현실적으로 기대할 수 있음'을 요한다고 논한 最判 昭和45(1970)年 7月 15日, 民集 24巻 7号 771頁의 시효의 기산점 판단 법리를 보험약관의 기산점 해석에 대해서도 적용한 판결로서 평가할 수 있다. 권리를 행사할 수 없는 동안에 권리의 소멸시효가 진행되는 것은 민법 제166조 제1항의 제도 취지, 나아가서는 시효의 존재 이유에도 반하기 때문에 불합리하다는 학설의 주장[36]을 받아들인 것으로 볼 여지가 있다. 이런 이유에서 학설 또한 일반적으로 위 최고재판소 판결을 지지한다.[37] 특히 본 판결은 현실적 기대 가능설의 판단 기준과 구조에 대해 "당시의 객관적 상황 등에 비추어 그때로부터의 권리행사를 현실적으로 기대할 수 없는 특단의 사정이 존재하는 경우"라고 논하고 있는데, '당시의 객관적 상황 등'이라는 문언에 비추어, 그 취지는 단지 채권자가 알지 못하는 주관적인 장애는 포함하지 않는다는 의미로 이해할 수 있을 것이다.[38] 사카구치 미쓰오(坂口

특히 피보험자의 사망이 권리자(수익자)가 인지하지 못한 상태에서 발생하는 경우가 적지 않다는 점, 보험계약자의 보험금수익자 지정은 수익자 본인이 모르는 상태로 체결될 수 있다는 점 등"을 고려하면, 수익자가 보험계약의 존재, 즉, 자기의 권리의 존재에 대한 인지가 늦어지는 경우가 있어 일반적으로 사업자가 마련한 약관에서는 시효기간을 3년으로 연장하고 있음이 인정되어 위 약관의 유효성은 일반적으로 승인된다. 합의로 보험기간의 연장이 가능하다고 보는 견해로는 松本克美, 『続·時効と正義』, 251-252頁; 宋原功, 「請求權の消滅」, 金融法務事情 1872号, 2009, 63頁 등. 참고로 메이지민법 기초자들은 합의에 의해 기간을 연장하는 것을 인정하지 않았다. 이에 대한 설명은 서종희, "소멸시효 기간연장 합의의 효력에 관한 비교법적 고찰", 법조 제70권 제6호, 2021, 12면 이하 참조.

36) 松本克美, 「時効規範と安全配慮義務一時効論の新たな胎動」, 私法52号, 1990, 141頁 이하; 松本克美, 『時効と正義』, 183頁 이하; 遠山聡, 「判批」, 白鴎法学17号, 2001, 52頁 등.

37) 遠山聡, 「判批」, 白鴎法学17号, 2001, 51頁 이하; 松本克美, 『続·時効と正義』, 256頁 참조. 반대하는 견해로는 山下典孝, 「判批」, 判例評論505号, 2001, 32頁 이하. 후자는 법적 안정성에 지나치게 편중된 시각이라는 지적은 松本克美, 『続·時効と正義』, 256頁 참조.

光男) 또한 "본 판결은 보험금청구권자가 단순히 보험금청구권의 발생·행사 가능성을 알지 못 한 사안에 관한 판결이 아님에 주의를 요한다"고 논한다.[39] 당시의 객관적 상황 등이란 무엇인지는 이후의 판례의 집적에 위임되었다고 할 수 있을 것이다.[40]

2. 독일에서의 논의

원칙적으로 청구권의 기산점은 독일민법 제199조 이하에 의해 판단되지만 보험금청구권은 개별적인 이행기 조항을 두고 있어(보험법 제14조[41]), 민법이 적용되는 청구권과 별개의 기산점을 가진다.[42] 예컨대 독일 보험계약법(Gesetz über den Versicherungsvertrag, VVG) 제14조 제1항에 의하면, "보험사고의 확정과 보험자가 지급할 보험금의 범위를 결정하는데 필요한 조사가 종료된 때"가 보험자의 보험금 지급에 관한 이행기가 된다.[43] 즉 보험금청구권은 보험사고 및 보험자의 급부 범위 결정에 필요한 조사가 종료한 후에 이행기가 도래한다.[44] 이에 독일 연방대법원 또한 동조 제1항에 의해 "보험사고의 확정과 보험

38) 松本克美, 『続·時効と正義』, 257頁.

39) 坂口光男, 「判批」, 判例評論546号, 2004, 196頁.

40) 한편 마쓰모토 가쓰미(松本克美)는 권리행사를 현실적으로 기대할 수 없는 '특단의 사정'에 대한 증명책임은 채권자가 부담한다고 판단한다. 즉 일반적인 시효기산점은 시효원용자 측이 주장·증명책임을 부담하지만 당시의 객관적 상황 등에 비추어 언제까지 현실적으로 권리행사를 기대할 수 없는지에 대해서는 권리자 측에서 주장·증명해야 한다는 것이다. 松本克美, 『続·時効と正義』, 257頁 이하.

41) 독일 보험계약법 제14조(급부이행기) (1) 보험자의 급부이행은 보험사고와 보험자의 이행의 범위의 확정을 위하여 필요한 조사가 종료됨과 함께 이루어져야 한다. (2) 이 조사가 보험사고를 통지한 후 한 달 안에 종료되지 않은 경우에 보험계약자는 보험자가 지급이 가능한 금액의 한도 내에서 분할 지급을 요구할 수 있다. 보험계약자의 과실로 인하여 조사가 종료될 수 없는 경우에는 기간은 진행되지 않는다. (3) 보험자의 지연이자 지급의무가 면제된다는 것에 대한 합의는 무효이다.

42) Langheid/Wandt/Fausten, 3. Aufl. 2022, VVG § 15 Rn. 55; Prölss/Martin/Armbrüster, 31. Aufl., 2021, VVG §15 Rn. 4.

43) 이는 보험계약자가 보험사고의 발생을 보험자에게 통보하도록 유인한다. Langheid/Wandt/Fausten, VVG § 15 Rn. 23.

44) Langheid/Rixecker/Rixecker, 7. Aufl., 2022, VVG § 15 Rn. 3. 따라서 소멸시효는 조사 종료해의 말로부터 개시된다. BGH, VersR 1994, 337; BGH, VersR 2002, 698. 참고로 프랑스 보험법(Code des assurance) L.114-1은 사고발생시를 기산점으로 하면서도 보험사고가 있었

자가 지급할 보험금액의 범위에 대한 조사가 완료되기 전에는 소멸시효가 진행되지 않는다"고 본다.[45] 동일한 보험사고에 의해 발생한 채권이 복수인 경우에 기산점은 개별적으로 진행될 수 있다.[46] 한편 책임보험의 경우에는 책임보험약관에 의하여 보험청구권의 기산점이 정해진다.[47]

판례는 보험자가 보험계약자 등의 협조를 얻어야만 필요한 조사를 할 수 있어 보험사고가 확정될 수 있는 경우에 보험계약자 등이 협조하지 않는다면 청구권자가 과실 없이 보험자에게 급부를 청구할 수 있었을 때를 이행기로 본다.[48] 즉 협조의무를 이행하지 않으면 시효의 기산점이 늦추어지므로 이는 협력의무를 위반할 유인이 된다. 이를 방지하기 위해 독일민법 제162조 제1항[49]을 고려하거나 독일 보험계약법 제14조 제2항 제2문을 고려하여 협력의무를 위반하는 경우에는 과실 없이 청구권자가 급부를 청구할 수 있었을 연도의 말일이 시효의 기산점으로 의제된다.[50] 의도적으로 시효의 기산점을 늦추는 행위에 대한 일종의 제재라 할 수 있다.[51] 다만 이러한 법리는 과실에 의한 협력의무 위반이 아닌 악의적으로 협력을 위반한 경우에만 적용되고, 이에 대한 증명책임은 보험자가 부담한다.[52]

음이 공개되지 않은 경우에는 보험자가 이를 인식한 때부터 시효가 진행되고, 손실이 발생하였음에도 당사자들이 이를 알 수 없었다는 점을 입증한 경우에는 당사자가 이를 알게 된 날로부터 시효가 진행된다고 정하고 있다. 즉 프랑스 보험법은 객관적 기산점을 전제로 하면서도 청구권자가 권리행사를 기대할 수 없는 경우에는 예외적으로 청구권자의 인지를 전제로 하는 주관적 기산점을 채택한다. Bigot/Cayol, Le droit des assurances en tableaux, 2020, p.200 f.; Agnès, Introduction au droit en fiches, 2017, p.103 ff.

45) BGH VersR 2002, 698.

46) BGH, VersR 2007, 537.

47) Langheid/Wandt/Fausten, VVG § 15 Rn. 24; Prölss/Martin/Armbrüster, VVG § 14 Rn. 14, 15.

48) BGH VersR 2002, 698.

49) 독일민법 제162조 제1항 "조건의 성취로 인하여 불이익을 입은 당사자가 조건의 성취를 신의성실에 반하여 방해한 경우에는 조건은 성취한 것으로 본다."

50) Boetius, Zum Beginn der Verjährung von. Versicherungsansprüchen, VersR 1968, 821; Prölss/Martin/Armbrüster, VVG §15 Rn. 4 f.; Langheid/Rixecker/Rixecker, VVG § 15 Rn. 9; BGH VersR 2002, 698; OGH VersR 2001, 1582, 1583.

51) Langheid/Wandt/Fausten, VVG § 15 Rn. 22 f.

52) Prölss/Martin/Armbrüster, VVG §15 Rn. 5; Langheid/Rixecker/Rixecker, VVG §15 Rn. 5. 독일 연방대법원의 태도이다. BGH VersR 2002, 698.

Ⅳ. 맺음말

소멸시효는 '인류의 경험적 예지에 의해 평화와 안심을 담보하기 위해 최소한의 악(惡)을 허용한다는 사회계약(pacte social)에 뿌리박힌 제도'라고 할 수 있다. 즉 소멸시효란 법원의 판결에 의해 담보되는 법적 정의가 본래 유구할 수 없으며, 진실의 탐구와 법 논리의 실현은 한정된 시간의 범위 내에서 이루어 질 수밖에 없는 구조적 한계에서 유래하였다고 할 수 있다.[53] 이런 이유에서 소멸시효 제도 자체는 채무자에게 유리하고 채권자에게 불리하다. 따라서 시효제도의 운용은 궁극적으로 채권자의 권리를 어디까지 보호할 것인지로 귀결된다. 이런 이유에서 헌법재판소 2010. 4. 29. 선고 2009헌바120, 2010헌바37(병합) 결정은 "계속된 사실상태가 권리관계로 인정됨에 따라 진정한 권리관계가 실현되지 못하게 하는 측면도 있으므로 <u>시효기간의 차등, 시효중단과 정지 및 시효이익의 포기 등에 의하여 진정한 권리자와 의무자의 이익을 상호 조정한다</u>. 소멸시효제도는 이와 같이 진정한 권리관계의 실현과 지속된 사실관계의 인정이라는 양면적인 의의를 가지고 있고 소멸시효기간은 입법자가 입법재량의 범위에서 정책적으로 결정할 사항이라 할 것이다(밑줄은 필자가 첨가)"고 설시하였다. 한편 입법재량에 의해 명문으로 규정된 시효의 중단(정지)사유, 시효의 기산점, 시효기간 또한 법원이 어떻게 해석하느냐에 따라 채무자와 채권자의 이익에 대한 중용의 모색이 달라질 것이다. 시효기간은 법관의 해석이 관여할 여지가 적지만, 시효의 기산점, 특히 "권리를 행사할 수 있을 때"를 판단함에 있어서는 법원에게 좀 더 넓은 판단 재량이 부여되었다고 볼 수 있다. 예컨대 법원은 청구권의 시효기간이 장기인지 단기인지, 청구권의 발생원인이 통상적으로 알기 어려운 것인지 등을 종합적으로 고려하여 기산점을 판단한다.[54] 그런 관점에서 보면 우리 판례가 보험사고의 발생시점을 원칙적으로 보험금청구권의 시효의 기산점으로 보면서도 "정의와 형평"에 부합하지 않은 경우에는 예외적으로 "보

53) 만약 법제도가 언제까지고 진실을 좇으며 정의의 실현에만 끊임없이 전념한다면, 사회는 기능적으로 파탄을 맞이할 운명에 처하게 될 것이다.

54) 대법원 2010. 5. 27. 선고 2010다9467 판결 등에서는 "소멸시효제도 특히 시효중단제도는 그 제도의 취지에 비추어 볼 때 이에 관한 기산점이나 만료점은 원권리자를 위하여 너그럽게 해석하는 것이 상당하다 할 것이(다)"라고 설시한다.

험금청구권자가 보험사고의 발생을 알았거나 알 수 있었던 때"를 시효의 기산점으로 본 것은 타당하다고 할 수 있다. 물론 예외를 쉽게 인정한다면 예외의 원칙화에 의해 "권리를 행사할 수 있을 때"가 사실상 주관적 기산점을 전제로 하는 것으로 해석될 수 있다는 점에서 매우 신중해야 할 것이다. 다만 우리 판례가 "법률상 장애"를 기준으로 시효의 기산점을 판단한 것은 연혁적인 측면을 고려하면 민법 제162조의 10년 및 20년의 시효(장기소멸시효)에 걸리는 권리를 전제로 한 것이라는 점에서[55] 단기시효에 대해서는 좀 더 유연한 해석이 가능할 것이라고 판단된다. 따라서 우리 판례가 보험금청구권에 대해서 다른 채권에 비하여 채권자의 권리행사 가능성에 무게를 두고 기산점을 판단한 것은 타당하다. 물론 입법적 결단을 통해서 단기소멸시효의 기산점을 채무자의 인식시점으로 개정하는 것이 바람직할 것이다.

〈참고문헌〉

1. 국내문헌

권영준, 보험금청구권과 소멸시효, 보험연구원, 2017.

김성태, 보험법강론, 법문사, 2001.

정찬형, 상법강의(상), 박영사, 2020.

한창희, 보험법(개정3판), 국민대출판부, 2017.

강대섭, "보험금청구권의 소멸시효의 기산점", 상사판례연구 제12권, 2001.

김선정, "일본 보험법개정에서의 보험금지급채무의 이행기와 지급지체", 보험학회지 제85집, 2010.

김홍엽, "보험금지급청구권의소멸시효기산점", 인권과 정의 제207호, 1993.

박은경, "보험금청구권 소멸시효제도 개선을 위한 상법 개정안 연구", 금융법연구 제15권 제1호, 2018.

배기원, "소멸시효의 기산점 - 대법원 판례를 중심으로 -," 사법논집 제12집, 법원행정처, 1981.

서종희, "소멸시효 기간연장합의의 효력에 관한 비교법적 고찰", 법조 제70권 제6호,

55) 서종희, "소멸시효의 기산점(민법 제166조 제1항) 판단기준에 대한 고찰 - 종래 통설 및 판례에 대한 비판적 입장에서 -", 재산법연구 제37권 제1호, 2020, 88면, 94면.

2021.

______, “소멸시효의 기산점(민법 제166조 제1항) 판단기준에 대한 고찰 - 종래 통설 및 판례에 대한 비판적 입장에서 -”, 재산법연구 제37권 제1호, 2020.

정진옥, “보험금청구권의 소멸시효,” 상사판례연구 제11권, 2000.

______, “책임보험에서 피해자의 직접청구권의 소멸시효”, 경성법학 제4호, 1995.

정찬형, “최근 한국 상법(보험편)의 개정내용에 관한 연구”, 금융법연구 제14권 제1호, 2017.

최병규, “약관내용에 대한 사법적 통제의 한계”, 경제법연구 제12권 제1호, 2013.

______, “재해사망보험금 지급청구권과 소멸시효의 기산점”, 경영법학 제31집 제4호, 2021.

최성호, “보험금청구권의 소멸시효에 관한 연구”, 국제금융위험관리 제10권 제3호, 2009.

최한준, “신원보증보험계약상 보험금청구권의 소멸시효의 기산점”, 상사판례연구 제8집 제1권, 2005.

______, “보험금청구권의 법적 개념에 관한 연구”, 경영법률 제12집, 2001.

2. 해외문헌

大森忠夫＝三宅一夫, 『生命保険契約法の諸問題』, 有斐閣, 1958.

石田満, 『商法Ⅳ(保険法) (改訂版)』, 青林書員, 1997.

松久三四彦, 『交通事故判例百選(第4版)』, 有斐閣, 1999.

松本克美, 『続·時効と正義』, 日本評論社, 2012.

松本克美, 『時効と正義』, 日本評論社, 2002.

倉澤康一郎, 『保険契約の法理』, 慶応通信, 1975.

坂口光男, 『保険契約法の基本問題』, 文眞堂, 1996.

吉川吉衛, 「生命保険契約と保険金支拂」, ジュリスト 744号, 1981.

金津理, 「判批」, 比較法学3巻1号, 1967.

島原宏明, 「判批」, 金商986号, 1995.

山下典孝, 「判批」, 判例評論505号, 2001.

松本克美, 「時効規範と安全配慮義務ー時効論の新たな胎動」, 私法52号, 1990.

宋原功, 「請求權の消滅」, 金融法務事情 1872号, 2009.

神崎克郎, 「判批」, 『生命保険判例百選』, 有斐閣, 1980.

遠山聡, 「判批」, 白鴎法学17号, 2001.

栗谷啓三,「判批」,『保険判例百選』, 有斐閣, 1966.

伊沢和平,「判批」,『商法(保険・海商)判例百選(第2版)』, 有斐閣, 1993.

田辺康平,「判批」, 西南学院大学法学論集 17巻 2=3=4号, 1985.

清河雅孝,「判批」, 私法判例リマークス22号, 2001.

沖野眞己,「保険關係者の破産, 保険金給付の履行」, 商事法務 1808号, 2007.

坂口光男,「判批」, 判例評論546号, 2004.

Agnès, Introduction au droit en fiches, 2017.

Bigot/Cayol, Le droit des assurances en tableaux, 2020.

Langheid/Rixecker, Versicherungsvertragsgesetz, 7. Aufl., 2022.

Langheid/Wandt, Münchener Kommentar zum VVG, 3. Aufl., 2022.

Prölss/Martin, Versicherungsvertragsgesetz: VVG, 31. Aufl., 2021.

Boetius, Zum Beginn der Verjährung von. Versicherungsansprüchen, VersR 1968, 821.

제 6 장

하자담보책임에 기한 매수인의 권리행사기간에 관한 비교법적 고찰과 입법제언

Ⅰ. 들어가는 말

민법 제580조 및 제581조에 의해 하자있는 물건을 매도한 자는 매수인에게 담보책임을 지게 되는데, 이 경우 매수인은 제582조에 의해 '하자를 안 날'로부터 6개월 이내에 손해배상청구권 및 계약해제권을 행사하여야 한다. 이 규정은 의용민법 제570조에 의해서 준용된 의용민법 제566조 제3항을 대신하는 규정이다.[1)] 판례는 이 권리행사기간을 제척기간으로 보며,[2)] 매수인이 재판 이외의 수단으로 그와 같은 담보책임에 의거하는 청구권을 행사하는 경우에도 그 청구권은 보존된다고 해석해왔다. 즉 판례는 대법원 2003. 6. 27. 선고 2003다20190 판결 등에서 "민법 제582조 소정의 매수인의 권리행사 기간은 재판상 또는 재판 외에서의 권리행사에 관한 기간이므로 <u>매수인은 소정 기간 내에 재판 외에서 권리행사를 함으로써 그 권리를 보존할 수 있고</u>, 재판 외에서의 권리행사는 특

1) 명순구, 『실록 대한민국 민법 3』, 법문사(2010), 441면. 의용민법 제570조 등의 입법경위는 椿寿夫/三林宏 編[芦野訓和 執筆], 『権利消滅期間の研究』, 信山社, 2006, 373頁 이하, 604頁 참조.

2) 대법원 2011. 10. 13. 선고 2011다10266 판결 등 참조. 이는 법정제척기간(Gesetzliche Ausschluss frist)이다. 김진우, "청구권에 관한 제척기간과 소멸시효", 재산법연구(제26권 제3호), (2010), 3면.

별한 형식을 요구하는 것이 아니므로 매수인이 매도인에 대하여 적당한 방법으로 물건에 하자가 있음을 통지하고, 계약의 해제나 하자의 보수 또는 손해배상을 구하는 뜻을 표시함으로써 충분하다(밑줄은 필자가 첨가)"고 보았다. 한편 판례는 대법원 2011. 10. 13. 선고 2011다10266 판결에서 "매도인에 대한 하자담보에 기한 손해배상청구권에 대하여는 민법 제582조의 제척기간이 적용되고, 이는 법률관계의 조속한 안정을 도모하고자 하는 데에 그 취지가 있다. 그런데 하자담보에 기한 매수인의 손해배상청구권은 그 권리의 내용·성질 및 취지에 비추어 민법 제162조 제1항의 채권 소멸시효의 규정이 적용된다고 할 것이고, 민법 제582조의 제척기간의 규정으로 인하여 위 소멸시효 규정의 적용이 배제된다고 볼 수 없으며, 이때 다른 특별한 사정이 없는 한 무엇보다도 매수인이 매매의 목적물을 인도받은 때부터 그 소멸시효가 진행한다고 해석함이 상당하다(밑줄은 필자가 첨가)"고 하여 제척기간에 걸리는 청구권의 시효소멸을 인정하여 제척기간과 소멸시효의 양립을 인정하였다.[3)][4)] 요컨대 판례는 6개월의 단기기

---

3) 이 판결에 대해 국내학설의 평가는 '구체적 타당성'에 초점을 맞추어 대부분 긍정적인 평가를 하고 있다. 김동훈, "담보책임상의 권리행사기간과 소멸시효의 관계", 법학논총(제26권 제3호), (2014), 51면, 48면; 김준호, "제척기간과 소멸시효의 경합", 저스티스(제141호), (2014), 285면 이하; 서종희, "하자담보책임상의 매수인의 손해배상청구권과 소멸시효와의 관계-제척기간과 소멸시효의 경합에 관한 소고", 동아법학(제72호), (2016), 78면; 정승규, "하자담보에 기한 매수인의 손해배상청구권이 소멸시효의 대상이 되는지 여부 및 소멸시효의 기산점", 대법원판례해설(제89호), (2011년 하반기), 29~30면. 다만 김진우, 앞의 논문, 10면 이하에서는 소멸시효와 제척기간의 양립을 인정하는 것에 대해서 부정적인 입장이다. 형성권은 소멸시효에 걸리지 않는다고 보는 입장이 일반적이므로 청구권을 제척기간에 걸리는 것으로 입법화하는 경우에는 민법 제162조의 소멸시효와의 경합이 항상 문제될 것인지에 대해서는 진지한 고민이 필요할 것이다. 즉 대상판결을 일반화하여 "제척기간에 걸리는 청구권은 소멸시효에도 걸린다"는 식의 도식화는 지양해야 할 것이다. 그런 의미에서 김진우, 앞의 논문, 11면 이하의 주장은 경청할 필요가 있다.

4) 참고로 일본 최고재판소 판결 또한 하자가 발견되지 않는 한 영구히 매도인의 책임이 잔존할 가능성이 있어 이러한 불합리한 점을 회피하기 위해 인도로부터 10년의 일반 소멸시효기간에 의해 물건의 하자에 의거하는 손해배상청구권이 시효로 소멸한다고 보았다. 最三小判 平成13(2001)年 11月 27日, 民集 55券 6号 1311頁. 이러한 판례의 입장이 물건의 하자에 대한 담보책임에만 국한될 것인지가 문제되나 수량부족에 의거하는 매도인의 담보책임도 물건의 하자에 의거하는 담보책임의 일종으로서 이해하는 입장에서는 이 판결이 효력이 일본민법 제565조의 경우에도 적용된다고 볼 것이다. 奥田昌道=池田真朗編[北居功], 『法学講義民法5 契約』, 悠々社, 2008, 151頁.

간이 규정되어 있는 근거를 법률관계의 신속한 안정에서 찾고 있음에도 불구하고 재판 이외의 수단으로도 권리를 행사할 수 있다고 보고 있다. 그러나 재판 이외의 수단으로도 권리행사를 인정하는 경우에는 담보책임에 의거하는 청구권이 소멸시효가 완성되기 전까지 보존되므로 6개월 이내에 법률관계를 신속하게 확정한다는 제도의 취지는 실현될 수 없다.[5] 더욱이 제척기간의 기산점을 '하자를 안날'이라는 주관적 기산점으로 한 것에 대해서는 입법의 취지와 모순된다. 이에 본고에서는 하자담보책임과 관련하여 그 행사기간 및 그 기산점의 개정의 필요성을 검토하고, 개정방향을 간략하게 제시해 보고자 한다.

II. 현행법상 하자담보책임에 기한 권리행사기간의 문제점

만약 민법 제582조에서 6개월 이내에 권리행사를 하도록 한 제도적 취지가 법률관계를 신속하게 확정한다는 것을 목적으로 한 것이라면, 로마법과 같이 매수인이 6개월 이내에 반드시 소를 제기하도록 해석하는 것이 타당하다고 볼 수 있다. 그러나 현실적으로 그 기간 내에 소를 제기하도록 해석하는 것은 민법 제406조 및 민법 제999조 등과 같이 명문규정으로 제소기간으로 명시하지 않은 한 매우 어렵다.[6] 판례 또한 이러한 이유에서 담보책임에 기한 권리행사기간을 제소기간으로 보지 않았을 것이다. 생각건대 제소기간으로 보지 않는 것보다는 오히려 민법 제582조의 권리행사기간의 기산점을 '하자를 안 날'로 하고 있는 것이 법률관계의 신속한 확정에 장애가 된다고 판단된다. 왜냐하면 '하자를 안 날'을 판단하는 것은 매수인의 주관적인 요소라고 할 수 있기 때문이다. 따라서 민법 제582조의 개정에 있어 고려해야 할 쟁점은 '제척기간으로 보면서 재판이외의 권리행사를 인정할 것인지(또는 소멸시효로 볼 것인지)'와 '권리행사기간의 주관적 기산점'이라는 두 가지 요소를 어떻게 조화롭게 연결시킬 것인가이다. 이에 이하에서는 비교법적으로 다른 나라에서는 이 두 가지 요소를 어떠한 방식으로 연결하는지를 확인하고자 한다.

---

5) 일본의 학설 중 이러한 비판은 我妻榮,『債權各論中巻一』, 岩波書店, 1957, 279頁.

6) 즉 실체법상의 청구권은 법률에 달리 정함이 없는 한 재판 외로도 그 행사가 가능하다. 김진우, 앞의 논문, 12면 주 46 참조.

1. 일본에서의 논의

일본 최고재판소는 담보책임에 기한 권리행사기간을 제척기간으로 보면서 매수인이 하자를 발견 한 후 1년 이내에 소송을 제기하도록 강요하지는 않으나, 매수인 스스로가 주장하고자 하는 권리내용을 명확하게 결단하여 그 취지를 표명하도록 요구한다.[7] 즉 매수인은 하자를 발견한 후 1년 이내에 매도인에게 주장하는 자신의 권리(손해배상 혹은 계약해제)를 선택하여 행사해야 한다. 만약 매수인이 손해배상을 청구하는 경우에는 단순하게 배상의 의사를 표명하는 것으로는 부족하며 손해액의 산정 근거를 제시하는 등의 행위가 필요하다. 이에 대해 일부 견해는 일본 최고재판소가 1년 이내에 재판 이외의 권리행사를 인정하고 있는 것은 현실적으로 이해가 되나[8] 법률관계의 신속한 확정을 목적으로 마련된 규정과는 어울리지 않는 해석이라고 비판을 가한다.[9] 결국 담보책임의 기간제한을 둘러싼 일본 최고재판소의 해석은 매우 타협적인 부산물이라고 볼 수 있다.[10] 한편 기타이 이사오(北居功)는 '하자를 발견한 후 1년 이내에 재판 이외의 수단으로라도 권리를 행사해야 한다'는 판단준칙을, 상법과 달리 민법상 매수인에게 하자에 대한 검사의무가 없는 경우라 할지라도 매수인에게 매도인에 대한 하자를 통지해야 할 의무를 과함으로써, 하자를 둘러싼 분쟁에서 쌍방이 신속히 대처할 수 있도록 하는 요청으로 이해하기도 한다.[11] 더욱이 그는 현행 일본의 판례는 법률관계의 조기안정이라는 요청에 의해 매수인이 가지는 청구권의 기간을 1년으로 엄격히 제한해야 한다고 보면서도, 매수인이 재판 이외의

---

7) 大判 昭和10(1935)年 11月 9日, 民集 14巻 1899頁; 最三小判 平成4(1992)年 10月 20日, 民集 46巻 7号 1129頁. 이 판결에 대한 설명은 潮見佳男,「民法560条·561条·563条~567条·570条(売主の担保責任)」, 広中俊雄=星野英一編『民法典の百年Ⅲ』, 有斐閣, 1998, 373頁 이하 참조.

8) 柚木馨=高木多喜男編著,『新版注釈民法 ⒁』, 有斐閣, 1993, 406頁. 판례 또한 이러한 현실적인 점을 감안한 것이라는 분석으로는 鎌田薫,「判批」,『平成4年度重要判例解説』, 有斐閣, 1993, 85頁 참조.

9) 金山直樹編(北居功 執筆),「売買における瑕疵担保責任の期間制限－瑕疵通知義務と救済請求権の消滅時効－」,『消滅時効法の現状と改正提言』: 別冊 NBL 122号, 商事法務, 2008, 107頁.

10) 같은 맥락에서 일부는 "담보책임의 기간제한을 둘러싼 해석은 매우 타협적이고 불명확한 상태로 자리를 잡았다"고 평가하기도 한다. 半田吉信,『担保責任の再構成』, 三嶺書房, 1986, 53頁.

11) 北居功, 前掲論文, 110頁.

수단으로 권리행사가 가능하다고 보아 그 청구권의 장기보존을 승인한 것은 모순이라고 본다.[12] 실제로 이러한 해석을 전제로 기타이(北居)는 개정시안 제570조의 2를 제시하였다(<표 6-1> 참조).

〈표 6-1〉 기타이(北居)의 개정시안

제570조의2(목적물의 하자 또는 수량부족에 의거하는 매수인의 권리의 소멸시효)
① 제565조 및 제570조의 규정에 의하는 권리의 소멸시효는 매수인이 그 사실을 안 때로부터 5년의 경과에 의해 완성된다. 인도시점으로부터 10년을 경과한 때도 동일하다. ② 전항의 기간이 경과하기 전이라도 매수인이 사실을 안 때로부터 합리적인 기간 내에 하자 또는 수량의 부족에 대해 통지하지 않으면 그 권리를 상실한다. 다만 매도인이 그 하자 또는 수량의 부족에 대해 악의였던 때는 그러하지 아니하다.

요컨대 기타이(北居)는 하자를 통지하는 것과 하자담보청구권을 실제로 행사하는 것을 나누어 검토해야 할 필요성을 강조하면서 제570조의2 제1항에서는 후자를, 동조 제2항에서 전자를 규율하는 입법안을 제시한 것이다. 이 개정시안은 2017년 일본의 채권법 개정(이하 '일본 개정민법'으로 칭함)에 지대한 영향을 미친 것으로 이해된다.

(1) 기타이(北居)의 개정시안 제570조의2

1) 일반소멸시효규정의 적용을 받는 권리행사기간으로의 변경(동조 제1항)

일본 또한 우리와 마찬가지로 담보책임과 채무불이행 책임의 경합을 인정한다.[13] 따라서 매수인은 채무불이행책임을 주장할 수도 있고 담보책임을 주장할 수도 있다. 그런데 매수인이 채무불이행책임을 선택하는 경우에는 일반적인 소멸시효(일본민법 제167조)가 적용되는 반면에 담보책임을 주장하면 1년의 제척기간에 걸리게 되는 것에 대해 일부 견해는 상호 균형이 맞지 않다는 비판을 가하였다.[14] 이에 일부 학설은 매수인이 하자를 이유로 채무불이행책임을 주장

12) 北居功, 前揭論文, 108頁. 그런데 기타이(北居)는 주관적 기산점과 짧은 권리행사기간의 관계 또한 모순임에도 불구하고 이에 대해서는 아무런 언급이 없다.

13) 最二判 昭和36(1961)年 12月 15日, 民集 15巻 11号 2852頁.

하는 경우에도 권리행사에 있어 일본민법 제566조 제3항의 유추적용을 긍정하여 양자의 균형을 맞추기도 한다.[15] 이 사고에 영향을 받은 기타이(北居) 또한 개정시안 제570조의2 제1항에서 담보책임에 기한 권리행사 또한 소멸시효가 적용되는 것으로 보았고 그 행사기간 또한 일반소멸시효와 동일하게 적용하였다.[16] 요컨대 그는 하자담보청구권에 대해서도 매수인에게 하자통지의무를 부과하여 하자를 둘러싼 신속한 인식수단이 확보되었으므로, 하자에 의거한 청구권에 대해 일반적인 청구권과 상이하게 취급할 합리적 근거는 찾을 수 없다는 이유에서 일반 소멸시효제도의 적용을 명확화하기 위해 제570조의2 제1항에서 이를 확인하는 규정을 둔 것이라고 설명한다.[17]

2) 매수인의 통지의무 신설(동조 제2항)

기타이(北居)는 하자의 통지의무는 매수인이 매도인에 대해 매매목적물에 어떠한 하자가 있었는지, 어떠한 문제가 발생하였는지, 그 사실을 통지하는 것만을 내용으로 할 뿐, 구체적인 권리를 선택할 필요는 없다고 보았다. 종래 판례가 1년 이내에 권리의 구체적인 선택을 요구한 것을 감안하면, 이러한 개정은 매수인에게 더 유리하다고 볼 수 있다. 더 나아가 동 규정은 매수인에게 검사의무는 부과하지 않고 통지의무만을 부과하였다는 점에서 일본상법 제526조와도 다르다.[18] 더 나아가 상법 제526조는 6개월이라는 짧은 기간으로 통지의무를 부과하였지만, 동 조항에서는 '합리적인 기간 내'라고 하여 해석으로 구체적인 타당성을 고려할 수 있도록 하였다.

---

14) 北居功,「売主瑕疵担保責任と危険負担との関係㈣」, 法研 69巻 9号, 1996, 52頁 이하.

15) 宮島司, 「判批」, 判評 501号, 2000, 236頁, 鳥山恭一, 「判批」, 法セ 543号, 2000, 113頁; 山崎純, 「商人間の不特定物売買の解除についての時間的制限」, 山野目章夫=廣渡鉄監修『企業法務判例ケーススタディ300』, 金融財政事情研究会, 2007, 35頁. 구체적으로 이 견해는 동경고등재판소가 [방론이기는 하나] 매수인이 하자를 이유로 채무불이행책임을 주장하는 경우에도 권리행사에 있어 일본민법 제566조 제3항을 유추적용을 인정한 판결(東京高判 平成11(2000)年 8月 9日, 判タ 1044号 179頁)에 대해 지지를 표명하고 있다.

16) 즉 그는 일본민법 제167조 제1항의 소멸시효 또한 주관주의에 의거하는 5년의 소멸시효와 객관주의에 의거하는 10년의 상한기간을 제언하고 있다. 北居功, 前揭論文, 111頁.

17) 北居功, 前揭論文, 111頁.

18) 北居功, 前揭論文, 110~111頁.

(2) 일본 개정민법 제566조

기타이(北居)의 개정시안과 유사한 내용이 개정논의당시 [乙-2안[19]]으로 제시되었다.[20] 이 안은 매수인에게 통지의무를 부과하여 그 통지의무를 이행한 자에게 권리를 인정한 것이며, 그 권리의 행사는 일반 소멸시효의 규정에 따라 규율하고 있다.[21] [乙-2안]을 부분적으로 수정반영하여 개정된 일본민법 제566조에서는 목적물의 종류 또는 품질에 대한 담보 책임 기간의 제한이라는 표제 하에, 매수인에게 통지의무를 부과하고 있다(<표 6-2> 참조).

〈표 2〉 일본민법 대조표

현행일본민법 제566조(지상권 등이 있는 경우 등의 매도인의 담보책임)	**개정 일본민법 제566조**(목적물의 종류 또는 품질에 대한 담보 책임 기간의 제한)
① (생략) ② (생략) ③ 전 2항의 경우에 계약의 해제 또는 손해배상의 청구는 매수인이 사실을 안 때로부터 1년 이내에 행사하지 않으면 안 된다.	매도인이 목적물의 종류 또는 품질과 관련하여 계약의 내용에 적합하지 않은 목적물을 매수인에게 인도한 경우에 <u>매수인이 그 부적합을 안 때로부터 1년 이내에 그 취지를 매도인에게 통지하지 않은 때에는</u>, 매수인은 그 부적합을 이유로 하는 이행의 추완청구, 대금감액청구, 손해배상의 청구 및 계약의 해제를 할 수 없다. 그러나 매도인이 인도시에 그 부적합을 알았거나 모르는데 중대한 과실이 있는 경우에는 그러하지 아니하다.

19) 소멸 시효의 일반 원칙 이외에 매수인은 하자를 안 날로부터 상당한 기간 내에 하자의 존재를 판매자에게 통지하여야 하며, 당해 기간 내에 통지를 게을리 한 경우에는 부득이한 사유가 없는 한 매수인은 매도인에게 권리를 행사할 수 없다.

20) 民法(債権関係) 部会資料 43, 26頁 이하.

21) 개정 논의 당시의 [甲 안]과 [乙-2안], [乙-3안]은 채무불이행책임과 담보책임의 권리행사기간이 달라야 할 이유가 없다는 보고 양자의 권리행사기간을 통일시키고 있다. 民法(債権関係) 部会資料 43, 26頁, 특히 補足説明 28頁 이하 참조.

이 개정은 인도된 목적물이 계약부적합인 경우의 매수인의 추완청구권, 대금감액청구권, 손해배상청구권 및 계약해제권의 행사에 관하여 매수인이 그 부적합을 안 때로부터 1년 이내에 그 취지를 매도인에게 통지하여야만 위 권리를 행사할 수 있도록 하였다. 다만, 매도인이 인도 시에 그 부적합을 알았거나 중대한 과실로 알지 못했을 때에는 위의 기간제한이 적용되지 않는다.[22] 하자통지의무를 하였거나 할 필요가 없는 경우에 매수인이 매도인에게 청구할 수 있는 권리는 일반소멸시효(개정 일본민법 제166조[23])의 적용을 받게 된다.[24]

(3) 검 토

1) 통지의무의 부과에 대한 평가

유럽연합 소비재매매 및 품질보증 지침(Directive 1999/44/EC of the European Parliament and of the Council of the 25th of May 1999 on certain aspects of the sale of consumer goods and associated guarantees, 이하 '유럽 소비재매매지침'으로 칭하기로 함) 제5조 제2항은 하자를 발견한 후 2개월 이내에 소비자인 매수인에게 하자통지의무를 부과하고 있다. 유럽매매법원칙(PELS, Principles of European Law on Sales) 또한 제4:302조에서 매수인에게 2개월의 통지의무를 규정하고 있다. 매수인이 소비자인 경우에도 2개월 안에 하자를 통지해야 할 의무가 있다. 유럽매매법원칙 제4:305조에 의하면, 부적합통지를 한 매수인이 추완청구 또는 해제권 행사를 선택하는 경우에도 부적합통지 후 합리적인 기간 내에 그 취지를 통지해야 한다. 이상과 같은 부적합의 통지의무를 다한 매수인은 부적합에 의거하는 청구권을 주장할 수 있으나, 그 청구권의 기간제한 자체는 유럽매매법원칙에서 규정하고 있지 않아 유럽계약법원칙(PECL, Principles of

---

22) 이러한 경우에는 기간제한에 의해 매도인을 보호할 필요가 없기 때문이다. 이는 일본 상법 제526조 제3항과 같은 취지로 규정된 것이다. 民法(債権関係) 部会資料 43, 補足説明 30頁.

23) 채권은 채권자가 권리를 행사할 수 있는 것을 안 때로부터 5년(일본 민법 제166조 제1항 제1호: "債権者が権利を行使することができることを知った時から…"), 권리를 행사할 수 있는 때로부터 10년(같은 항 제2호)간 행사하지 않을 때, 시효로 소멸한다.

24) 시효정지 및 중단 또한 일반 소멸시효 규정에 따른다. 일본의 개정된 소멸시효에 대해서는 김성수, "개정 일본민법(2017년)의 '소멸시효' - 주요개정내용의 소개를 중심으로", 아주법학(제12권 제1호)(2018) 참조.

European Contract Law)의 일반적인 소멸시효규정이 적용된다.[25] 따라서 원칙상 부적합 상품의 인도시점에 소멸시효가 기산되나(PECL 제14:201조, 제14:203조), 매수인이 하자를 알기 전까지는 소멸시효의 진행이 그 즉시 정지되므로(PECL 제14:301조[26]), 결과적으로 매수인의 권리는 그가 하자를 안 때로부터 3년이 도과한 경우에 소멸시효가 완성된다. 한편 유럽계약법원칙의 소멸시효 규정은 유럽사법을 위한 공통참조기준초안(DCFR, Draft Common Frame of Reference)과 매우 흡사하다. 예컨대 DCFR III.-7:301에서는 채무자의 인적사항 또는 채권발생의 기초사실에 대해 알지 못하였거나 이를 알았을 것을 합리적으로 기대할 수 없는 동안에는 소멸시효가 정지되도록 규정하고 있다.[27] 이러한 점을 감안하면, 일본이 민법을 개정하면서 매수인에게 통지의무를 부과한 것은 국제적인 경향에도 부합한 결단이라고 판단된다.

2) 담보책임과 채무불이행을 통일적으로 규율한 것에 대한 평가

개정 일본민법은 담보책임에 기한 권리행사기간을 제척기간으로 보지 않고 소멸시효 기간으로 보면서, 그에 대한 규율은 일반소멸시효규정(개정 일본민법 제167조 등)에 의한다. 즉 개정 일본민법 제566조 및 제167조에 의하면 매수인은 하자를 인식한 날로부터 1년 이내에 이를 매도인에게 통지해야 하며, 담보책임에 기한 권리(손해배상청구 등)는 일반 소멸시효기간이 적용되어 하자를 인식한 시점부터 5년, 권리행사가능시점부터 10년 내에 행사해야 한다. 즉 일본은 객관적인 기산점을 청구권별로 선택하고 청구권별로 적절한 소멸시효기간을 규정하는 것은 통일적인 소멸시효제도에서 벗어나는 경향으로 보아 담보책임과

---

25) Prepared by Ewoud HONDIUS/Viola HEUTGER/Chirstoph JELOSCHEK/Hanna SIVESAND/Aneta WIEWIOROWSKA, Principles of European Law on Sales, Study Group on a European Civil Code, Sales(PELS), 2008, pp.311-312.

26) PECL 제14:301조 [무지(無知)에 의한 (시효)정지] 채권자가 (a) 채무자의 인적 사항, 또는 (b) 손해배상에 대한 권리의 경우에는 손해의 형태를 포함하여 채권발생의 기초 사실을 알지 못하거나 또는 이를 알았을 것을 합리적으로 기대할 수 없는 동안에는 소멸시효기간의 진행이 정지된다.

27) DCFR III.-7:301 [무지(無知)에 의한 (시효)정지] 채권자가 (a) 채무자의 인적 사항, 또는 (b) 손해배상에 대한 권리의 경우에는 손해의 형태를 포함하여 채권발생의 기초 사실을 알지 못하거나 또는 이를 알았을 것을 합리적으로 기대할 수 없는 동안에는 소멸시효기간의 진행이 정지된다.

채무불이행에 기한 청구권 등의 소멸시효를 통일적으로 규정하였다. 이러한 입법은 유럽계약법 원칙에 많은 영향을 받은 것으로 판단된다. 그런데 입법론으로 매매계약이라는 특수성과 담보책임이 무과실책임이라는 등을 고려하면, 양자를 같이 볼 필요가 없다는 반론이 있다. 즉 매매계약에 따른 분쟁의 신속한 해결을 위해 담보책임은 주관적 기산점이 아니라 객관적 기산점을 인정하는 것이 더 타당하다는 주장이 있다. 이러한 반론에도 불구하고 어떠한 이유에서 개정 일본민법이 주관적 기산점에 기하여 담보책임을 규율하게 되었는지를 확인하기 위해 이하에서는 기산점과 관련하여 비교법적인 검토를 해보고자 한다(본고 II. 2).

2. 독일 및 오스트리아에서의 논의

권리자가 그 권리를 행사할 수 없을 때에는 그 권리가 시효로 소멸해서는 안 된다(Contra non valentem agree non valenti non currit praescriptio)는 법언에 따르면, 권리자가 인지하지 못하는 동안에 권리가 시효로 소멸하게 해서는 안 될 것이다. 그러나 시간의 경과에 따라 발생하는 채무자를 중심으로 한 법적 안정성 또한 소멸시효 제도가 추구하는 목표라는 점에서 권리자가 인지를 못하였다고 하여 무기한 시효가 연장되는 것을 용인하기도 어렵다. 결국 주관주의와 객관주의를 적절히 조화시키는 방법에 의해 양자가 가지는 문제점을 조금씩 극복할 수밖에 없을 것이다.[28] 이런 이유에서 유럽의 다수 국가는 유럽계약법원칙의 태도를 따라 단기(2년에서 5년 사이)의 통일적인 소멸시효기간을 두면서 그 기산점과 관련하여 주관주의를 취하여 권리자를 보호하면서 법적안정성을 고려하여 객관주의에 따른 장기의 시효기간(10년 내지 30년가량)을 두어 주관주의와 객관주의를 중첩적으로 선택하는 경향이 다분하다.[29] 즉 유럽은 주관적 기산점

28) 이러한 사고에 대해서는 Matthias E. Storme, “Extinctive Prescription in Belgian Private Law – Old Questions and Recent Developments –”, Ewoud H. Hondius (eds.), Extinctive prescription on the limitation of actions : reports of the XIVth Congress, International Academy of Comparative Law, Athens (Vouliagmeni), Greece 31 July-7 August, Boston: Kluwer Law International, 1994, p.16 ff. 참조.

29) Reinhard Zimmermann, “Die Verjährung — von den Principles of European Contract Law bis zum Entwurf eines Gemeinsamen Europäischen Kaufrechts: Textstufen transnationaler

을 기초로 한 비교적 단기인 일반적 소멸시효기간과 객관적 기산점에 기한 장기 소멸시효기간을 이중적으로 두고 있다.[30] 이러한 입법은 유럽제조물책임 입법지침에서 소멸시효규정에서 각각 3년, 10년의 이중기간을 둔(Art 10 and 11 Directive No 1985/374EEC) 이래로 입법(안)에서 이중구조에 기한 규율이 유럽의 일반적인 입법경향이 되고 있다. 예컨대 입법화에는 실패하였지만 여전히 다른 입법에 영향을 끼치고 있는 공통유럽매매법(CESL, Common European Sales Law)[31]은 단기소멸시효(2년)와 장기소멸시효(10년)의 이중기간을 두고 각각의 기산점을 다르게 보았다(CESL 제180조).[32] 즉 전자는 채권자가 그 권리를 행사할 수 있는 사정을 알았거나 알았을 것으로 기대할 수 있었던 때를 기산점으로 하는 반면에 후자는 채무자가 이행해야 하는 때로부터 기산하며, 손해배상청구권은 그 권리를 발생시킨 행위가 행해진 때로부터 기산하는 것으로 규정하였다.[33]

Modellregeln", 24(3/4) European Review of Private Law 687(2016), 687 f.; Jens Kleinschmidt, Einheitliche Verjährungsregeln für Europa?, AcP 213, 2013, 538, 539; Viktor Elő d Cserép, E Pluribus Unum – Out of Many, One Common European Sales Law?, 29 Pace Int'l L. Rev. 205(2017).

30) Reinhard Zimmermann, Comparative Foundation of a European Law of Set-off and Prescription, Cambridge, 2002, pp.97-98.

31) CESL은 유럽위원회가 2014년 12월 26일 철회하게 되어 그 결실을 맺지는 못하였지만, 그 나름의 의미가 있어 현재까지도 이에 대한 연구는 계속되고 있다. 특히 유럽위원회가 CESL를 참조하여 2015. 12. 9. 「온라인 물품거래와 다른 형태의 물품통신판매의 계약법적 측면에 관한 입법지침안(Proposal for a directive of the european parliament and of the council on certain aspects concerning contracts for the online and other distance sales of goods of 12.9.2015, COM(2015) 635 final)」 및 「디지털콘텐츠 제공의 계약법적 측면에 관한 입법지침안」(Proposal for a directive of the european parliament and of the council on certain aspects concerning contracts for the supply of digital content of 12.9.2015, COM(2015) 634 final)을 공표한 이후에 더욱 더 CESL에 대한 관심이 높아졌다. Zoll, F., The Remedies in the Proposals of the Online Sales Directive and the Directive on the Supply of Digital Content, 5(6) Journal of European Consumer and Market Law 252(2016), 253 ff.; Rafael, M. R., The Directive proposals on Online sales and Supply of Digital Content (Part 1): will the new rules attain their objective of reducing legal complexity?. Revista de Internet, Derecho y Politica, IDP No. 23, December 2016, available at: 〈https://idp.uoc.edu/articles/10.7238/idp.v0i22.3082/galley/3200/download/〉] Accessed 07 August 2019.

32) 제조물책임 입법지침과 CESL의 시효기간이 달라서 발생하는 문제점에 대해서는 Schulze/Møgelvang-Hansen, Common European Sales Law(CESL), 2012, Art. 179 Rn. 6 ff. 참조.

33) 단기소멸시효와 관련하여 매수인의 인식 및 인식가능성은 사실상황에 대한 인식으로 충

문제는 이러한 시효에 대한 이해가 유럽 각국에서 담보책임에 기한 매수인의 권리에도 그대로 적용되지 않는다는 것이다. 특히 독일, 오스트리아의 입장에서 이를 확인할 수 있다는 점에서 이하에서는 양 국가의 입법태도를 확인해 보고자 한다.

(1) 독 일

유럽의 전통적인 하자담보책임의 기간제한은 로마법의 전통에 따른 객관주의, 즉 인도시점을 기산점으로 하는 비교적 단기의 기간제한이었으며,[34] 독일 또한 원칙적으로 이러한 입장을 취한다. 참고로 2002년 개정 전 독일민법(이하 '구 독일민법'으로 칭하기로 함)은 물건의 하자와 권리의 하자를 분리하여 규정하였다. 물건의 하자는 객관적 기산점을 기준으로 하는 단기시효제도로 규율한 반면에(구 독일민법 제477조 제1항),[35] 권리의 하자는 일반 시효규정에 의한 30년의 장기시효기간이 적용되었다(구 독일민법 제195조). 즉 권리의 하자에 대한 책임은 담보책임법이 아닌 일반 급부장애법에서 규율하였으며(구 독일민법 제438

분하다고 보며, 이에 대한 증명은 채무자가 부담한다. 박신욱, "EU 계약법에서의 소멸시효규정에 대한 연구", 법학연구(제57권 제2호), (2016), 117면; 하경효, "소멸시효법의 입법동향과 규율구조 - 보통유럽매매법을 중심으로 -", 고려법학(제74호), (2014), 86면. 그러나 CESL에서는 PECL 및 DCFR과 같이 채무자에 대한 인적사항을 채권자가 알지 못한 경우에 시효의 진행과 관련한 특별한 규정을 두고 있지 않아, 매수인이 매도인의 인적사항 등을 모르는 경우에도 시효가 진행되는지에 대한 해석상 논란의 여지가 있다. Schulze/Møgelvang-Hansen, Art. 180 CESL, Rn. 9.

34) Andreas Schwartze, Europäische Sachmängelgewährleistung beim Warenkauf, Optionale Rechtsangleichung auf der Grundlage eines funktionalen Rechtsvergleichs, 2000, S. 493 ff.

35) 【구 독일민법 제477조】
(1) 해제 또는 감액의 청구 및 보증된 성질의 결여에 의거한 손해배상청구권은 매도인이 하자를 알면서도 고하지 않은 경우를 제외하고, 동산에 대해서는 교부시점으로부터 6개월, 부동산에 대해서는 인도시점으로부터 1년에 의해 소멸시효가 성립된다. 시효기간은 계약에 의해 연장할 수 있다.
이와 관련하여 일부 견해는 동산과 관련하여 매도인이 매수인에게 6개월간의 품질보증을 한 것으로 이해하였고, 이러한 품질보증이 의미를 지니는 것은 하자의 유무를 양 당사자가 알 수 없는 경우에 한하므로 매도인이 하자를 알면서도 이를 묵과한 경우에는 이러한 기간제한을 받을 필요가 없다고 보아 입법자 또한 구 독일민법 제477조 제1항에서 이를 규율한 것으로 보고 있다. Detlef Leenen, Die Neuregelung der Verjährung, JZ 2001, 552, 554; Detlef Leenen, §477 BGB: Verjährung oder Risikoverlagerung?, 1997, S. 15 ff.

조 내지 제443조), 이에 시효기간에 관해서도 소멸시효에 관한 일반조항이 적용되었다. 한편 물건의 하자의 경우에도 동산과 부동산을 나누어서 동산에 대해서는 교부시점(Ablieferung)으로부터 6개월, 부동산에 대해서는 인도시점(Übergabe)으로부터 1년의 도과로 소멸시효가 성립하는 것으로 규정하여 양자의 소멸시효기간을 달리 하였다.

1) 개정의 필요성

구 독일민법에서는 물건의 하자와 권리 하자를 완벽히 구별하여 다루었으나, 학설 중 일부는 계약 내용에 의해서는 물건의 하자와 권리의 하자를 구별하기 곤란한 사례도 많다는 점(특히 법률상 장애의 취급 등), 하자를 물건의 하자와 권리의 하자로 분류하여 그 각각을 상이하게 처리하는 이유가 불명확하다는 점 등의 문제점을 제기하였다.[36] 또한 물건의 하자에 대해 적용되는 매우 짧은 시효기간으로는 매수인의 보호가 적절히 이루어질 수 없다는 비판이 제기되었다.[37] 특히 매수인이 교부받기 전에 이미 존재했던 하자를 매도인으로부터 교부받고 나서 장기간이 경과한 후에야 인식하게 된 경우와 같은 현실적 문제를 해결해야 할 필요성이 제기되었다. 이러한 이유에서 구 독일민법 제477조는 최악의 결함을 가지고 있는 조항으로 비판을 받았으며, 이 문제를 개정을 통해 해결해야 한다는 주장이 제기되었다.[38] 이에 독일 내에서는 다양한 방법으로 단기시효로부터 발생하는 폐해를 제거하기 위해 노력하였다. 예컨대 하자 개념을 엄격하게 해석하여 하자담보법이 적용되는 영역을 좁히고 오히려 매수인 보호를 계약체결상의 과실책임으로 해결하거나(이 경우에 구 독일민법 제195조에 의해 30년의 소멸시효가 적용된다), '다른 물건의 급부(Aliud-Lieferung)'와 '과소 급부(Zuwenig-Lieferung)'를 하자담보책임이 아닌 매도인의 채무불이행책임 또는 불

36) Lothar Haas, in: Haas/Medicus/Rolland/Schafer/Wandtland, Das neue Schuldrecht, 2002, Kap. 5, Rn. 1 ff.

37) Frank Peters/Reinhard Zimmermann, veriähungsfristen, Der Einfluß von Fristen auf Schuldverhältnisse; Möglichkeiten der Vereinheitlichung von Veriährungsfristen, in Bundesrninister der Justiz(Hrsg.), Gutachten und Vorschläge zur Überarbeitung des Schuldrechts, Bd.1, 1981, S.188, Bundesmnister der Justiz(Hrsg.), Abschlußbericht der Kommission zur Überarbeitung des Schuldrechts, 1992, S. 23, 28.

38) Ulrich Huber, Leistungsst ö rungen, in Bundesrninister der Justiz(Hrsg.), Gutachten und Vorschläge zur Überarbeitung des Schuldrechts, Bd.1, 1981, S. 766.

법행위책임을 추궁할 수 있도록 인정하였다.[39)]

2) 현행 독일민법

현행 독일민법은 동산과 부동산의 시효기간을 달리하지 않고 2년의 시효에 걸린다고 규율하고 있다(독일민법 제438조).[40)] 그리고 시효는 부동산의 경우에는 인도시점부터, 그 외의 물건은 교부한 시점부터 진행된다(독일민법 제438조 제2항).[41)] 이에 독일민법 제437조에 기한 하자담보법상의 매수인의 권리(추완청구권 등)는 원칙적으로 객관적 기산점(물건의 인도 또는 양도)을 기준으로 2년이 경과하면 시효가 완성된다.[42)] 반면에 매도인이 하자를 알면서도 이를 매수인에게 알리지 않은 경우에는 일반소멸시효기간의 시효에 걸리게 되므로(독일민법 제438조 제3항), 매수인은 하자를 안 날로부터 3년 내에 권리를 행사해야 한다.[43)] 구 독일민법과 마찬가지로 현행 독일민법에서도 매도인의 담보책임에 관한 시효는 주관적 기산점이 아닌 객관적 기산점에 의한다. 일반시효와 다르게 객관적 기산점으로 하는 시효제도를 유지하기 위해 독일민법 제438조에 독자적인 규정을 둔 것이며,[44)] 이는 매수인의 인식이라는 주관적인 시점을 기산점으로 하면, 하자를 인식하는 시점을 매도인이 명확히 알 수 없기 때문에 이를 둘러싼 분쟁이 장기화될 수 있다는 것을 우려에서 기인한 것이다.[45)] 즉 인도시점 등

---

39) Haas, a.a.O., Rn. 1 ff.; Wältermann, Die Mängelhaftung im neuen Schuldrecht, 2004, S. 54 ff. 이는 매수인 보호를 위한 미봉책에 불과하며 오히려 혼돈을 낳았다는 비판을 가한다. Abschlußbericht der Kommission zur Überarbeitung des Schuldrechts, a.a.0., S. 23 ff.

40) 이는 종래 6개월이라는 단기시효기간에 의해 발생하는 폐해를 제거하기 위해 시효기간을 연장한 것이다. Heinz-Peter Mansel, Die Neuregelung des Verjährungsrecht, NJW 2002, 89, 90; MünchKommBGB/Grothe, 6. Aufl., 2012, § 199 Rn. 1 f.

41) 【독일민법 제438조】 (하자에 의거한 청구권의 소멸시효)
(2) <u>소멸시효는 부동산의 경우에는 인도시점으로부터, 그 외의 경우에는 물건을 교부한 시점으로부터 진행한다.</u>
(3) <u>제1항 제2호 및 제3호 및 제2항의 규정에도 불구하고 매도인이 하자를 고의로 묵비한 경우 청구권은 통상의 소멸시효에 의한다</u>. 다만 제1항 제2호의 경우에는 동호에 규정된 기간을 경과하기까지 소멸시효는 발생하지 않는다.

42) 해제권 또한 동 규정에 의해 소멸한다. Canaris, Claus-Wilhelm, in: Egon Lorenz (Hrsg.) Karlsruher Forum 2002: Schuldrechtsmodernisierung, 2003, S. 841.

43) Canaris, a.a.O., S. 843.

44) Canaris, a.a.O., S.484 f., 523 f.

45) Schwartze, a.a.O., S. 499. “법적안정성과 일반적인 법적 평화의 관점에서 보면, 매매물의

으로 하는 것이 당사자에게 있어서 명확하다고 본 것이다.[46] 이는 거래의 안전(법적안정성)을 추구하던 구 독일민법 제477조의 입법취지[47]를 그대로 유지한 것으로 볼 수 있다. 결과적으로 현행 독일민법은 유럽 소비재매매지침(Verbrauchsguterkaufsrichtlinie) 제5조 제1항[48]을 국내법화하면서 기간만을 2년으로 연장한 것일 뿐, 종전과 내용에 있어 크게 다르지 않다. 그런데 개정을 통해 권리행사기간을 2년으로 연장한 것이 매수인의 보호에 미흡하다는 종래의 비판으로부터 자유로울 수 있는지에 대해서 학설은 회의적인 입장이다.[49] 다만 일부 견해는 객관적 기산점의 의미를 유연하게 해석하여 이러한 비판을 어느 정도 상쇄시킬 수 있다고 본다.[50] 즉 이 견해는 인도(Übergabe)와 교부(Ablieferung)의 의미를 개별사정에 맞게 유연하게 해석하여, 시효의 기산점을 최소한 매수인이 물품의 하자를 찾아낼 수 있는 지배영역(Machtbereich) 내로 들어온 시점으로 본다. 반면에 독일은 유럽 소비재매매지침 제5조 제2항의 하자통지의무(즉, 하자를 발견한 후 2개월 이내의 통지의무)를 채권법 개정 시에 반영하여 입법화하지 않았다.[51]

공급으로의 객관적인 담보책임기간의 설정이 지지를 받아야 한다."

46) Abschlußbericht der Kommission zur Überarbeitung des Schuldrechts, a.a.0., S. 63.

47) BGH, NJW 1965, S. 148; BGH, BB 1971, S. 287. 결국 현행 독일민법은, 유럽 소비재매매지침 제5조 제1항이 매매목적물의 하자로 인한 청구권의 행사기간을 '현실인도일로부터 2년'으로 정하고 있는데, 이를 국내법에 반영한 것에 불과하다.

48) 유럽 소비재매매지침에 의하면, 매수인이 교부로부터 2년 내에 권리를 행사하지 않으면 권리행사가 제한을 받게 되는데, 이는 교부시로부터 2년 내에 부적합 통지를 하지 않으면 그로 인한 권리를 행사할 수 없다는 CISG와도 조화를 이룬다. 이러한 분석은 Thomas Zerres, Die Bedeutung der Verbrauchsgüterkaufrichthnie für die Europäisierung des Vertragsrechts, Eine rechtsvergleichende Untersuchung am Beispiel des deutschen und englischen Kaufrechts, 2007, S. 367.

49) Reinhard Zimmermann, The New German Law of Prescription and Chapter 14 of the Principles of European Contract Law, in Antoni VAQUER (ed.), La tercera parte de los principlos de derecho contractual europeo, The principles of european contract law part Ⅲ, 2005, pp. 465-466; Reinhard Zimmermann, The New German Law of Obligations, 2005, pp.133-134.

50) MünchKommHGB/Grunewald, 3. Aufl., 2013, § 377 Rn. 18; MünchKommBGB/Westermann, 6. Aufl., 2012, § 438 Rn. 25; Wältermann, a.a.O., S. 56.

51) 매수인(소비자)에게 통지의무를 부과하지 않는 것이 매수인에게 더 유리하므로, 독일이 유럽 소비재매매지침상의 하자통지의무를 국내법화하지 않았다 하더라도 이는 유럽 소비재매매지침에 저촉되지 않는다. Canaris, a.a.O., S. 844.

(2) 오스트리아

2001년 개정 전 오스트리아민법(이하 '구 오스트리아민법'으로 칭하기로 함) 제933조에 의하면 매수인의 담보책임에 관한 권리는, 부동산은 인도시를 기산점으로 3년, 동산은 인도시를 기준으로, 6개월의 제척기간에 걸린다. 오스트리아민법은 2001년 개정을 통해 유럽 소비재매매지침을 국내법화하였으며,[52] 그 결과 오스트리아민법 제922조 이하에서 유상계약상의 담보책임(Gewahrleistung)에 대해 규정하고 있다.[53] 구 오스트리아민법과 마찬가지로 오스트리아민법 제933조 이하에서 담보책임의 권리행사기간을 규율하고 있는데, 부동산은 3년, 동산은 2년의 권리행사기간의 제한을 두고 있다. 즉 유럽 소비재매매지침 제5조 제1항에서 매도인의 책임을 인도 후 2년 내로 정하고 있어, 이에 맞추어 동산의 담보책임과 관련하여 6개월의 권리행사기간이었던 것을 2년으로 변경한 것이다.[54] 특히 종래에는 담보책임의 권리행사기간을 제척기간(Präklusivfrist)로 이해하였으나 개정된 오스트리아민법 제933조에서는 그 표제에 있어서 이를 소멸시효(Verjährung)로 규정하고 있어 이 권리행사기간이 제척기간이 아닌 소멸시효기간이라는 점을 명확히 하였다는 점에 의미가 있다.

1) 소멸시효의 기산점

구 오스트리아민법과 마찬가지로 현행법 또한 물건의 하자는 그 인도(Ablieferung)시를 기산점으로 하였으며, 권리의 하자에 대하여는 이러한 하자가 매수인에게 알려진 날을 그 기산점으로 규정하였다. 권리의 하자의 특성상 그 하자를 발견하기 어렵다는 이유에서 매수인의 인식시점을 기산점으로 한 것이다.[55] 조문 규정만으로는 물건의 하자는 객관적인 시점을 권리의 하자는 주관적인 시점을 기산점으로 하고 있어 양자에 있어 큰 차이가 발생한다. 물건의 하자의 경우에는 매수인이 인지를 못한 경우에도 인도시부터 2년 또는 3년이 도

52) Schwimann/Ofner, § 922 ABGB, Rn. 2 f.

53) 오스트리아민법 제922조에 의하면, 매도인은 매도한 물건이 당해 계약에 합치된다는 점에 대해 담보책임을 부담한다. 권리의 하자 또한 동조에 의하여 규율된다. Schwimann/Ofner, 3. Aufl., 2006, § 922 ABGB, Rn. 3.

54) Schwimann/Ofner, § 933 ABGB, Rn. 2.

55) Schwimann/Ofner, § 933 ABGB, Rn. 18 f.

과하면, 매도인에게 담보책임을 주장할 수 없게 되는 불합리한 결과를 발생하게 되는데, 이는 구 오스트리아 민법에서 제기되었던 문제이다. 물론 동산의 경우에는 6개월에서 2년으로 연장되었으나, 물건의 하자가 숨은 하자(versteckte Mängel)에 해당한다면 기간을 연장하였더라도 기산점을 인도시로 하는 한 여전히 권리의 하자에 비하여 불합리한 결과가 발생하게 된다. 예컨대 물건의 하자의 경우에도 하자의 특성에 따라서는 권리의 하자와 같이 당해 소멸시효의 기간 내에 이를 인식하기 어려운 경우가 존재한다는 것을 쉽게 상정할 수 있다는 점에서 이 문제해결을 위한 고리디우스의 매듭을 끊어야만 하였다. 구 오스트리아민법 제933조에서 규정한 인도시점을 학설 중 일부는 입법자가 물건의 하자의 경우에 인도시를 기산점을 삼은 것은 인도시점에 검수를 하여 하자를 발견할 수 있는 가능성을 전제로 하였기 때문이며, 만약 인도시에 하자를 검수할 가능성이 없다면 인도시라는 문구에 구속될 필요가 없다고 본다. 즉 이 견해는 물건의 하자를 인도시에 물건을 지배하더라도(Sache in Hände hält) 검수를 통해 하자를 발견할 가능성이 없는 상태라면 애당초 입법자가 의도한 것과 다른 상황이므로 인도시가 아니라 권리의 하자의 기산점을 유추적용하여 매수인을 보호하여야 한다는 입장이다.[56] 인도에도 불구하고 하자를 발견할 수 있는 가능성이 없는 물건의 하자의 경우에는 권리의 하자 규정이 유추(Analogiebildung)적용되어야 한다는 것이다.[57] 유추가 인정되기 위해서는 입법자의 계획에 위배되는 규정상의 흠결은 물론, 유추하려는 규정과의 이해상황에 대한 유사성이 있어야 하는데,[58] 물건의 하자를 인도시에 발견할 가능성이 없는 상황은 하자를 발견하기 어려운 권리의 하자와 이익상황이 유사하므로 유추가 가능하다는 것이다.[59]

2) 인도(Ablieferung)의 의미에 대한 해석

학설과 판례는 물건의 하자와 관련한 기산점인 인도(Ablieferung)의 의미를

56) Rummel/Reischauer, 3. Aufl., 2000, § 933 ABGB, Rn. 3.

57) Rummel/Reischauer, § 933 ABGB, Rn. 3a.

58) 유추가 인정되기 위한 요건에 대한 설명은 Georg Bitter/Tilman Rauhut, Grundzüge zivilrechtlicher Methodik - Schlüssel zu einer gelungenen Fallbearbeitung, JuS 2009, 289, 297 f.; Markus Würdinger/Felix Bergmeister, Analogie und Umkehrschluss, Jura 2007, 15, 16 ff. 참조.

59) Rummel/Reischauer, § 933 ABGB, Rn. 3a.

수령자(매수인)가 물건을 완전히 지배하여서 그 하자에 대한 검사(Prüfung)를 할 수 있는 때로 보아 인식가능성을 전제로 해석하여 양자의 차이에서 오는 불합리한 결과를 최소화하고 있다.[60] 즉 인도시에는 하자의 존재를 확인할 수 없었던 특별한 속성(bestimmter Eigenschaften)을 갖추고 있었고 그러한 속성상 일정 시간이 지나야 비로소 하자의 존재 등을 확인할 수 있다는 사정에 대해서 양당사자가 (묵시적)으로 합의한 것으로 볼 수 있는 경우에는 하자담보책임의 기간은 인도시라는 객관적 시점이 아니라 이를 완화하여 그러한 하자를 확실히 인식할 수 있었던 시점(Zeitpunkt der sicheren Erkennbarkeit des Mangels)으로부터 기산된다는 견해가 제기되었다.[61] 예컨대 매도인 甲이 乙에게 매도한 토지 X에 폐기물이 매립되어 있었던 경우(매도인이 매립한 것이 아님),[62] 토지라는 물건이 가지는 특정한 속성에 대해 당사자는 이미 합의가 되었다고 볼 수 있으며, 토지의 지하에 매립된 폐기물 등은 일정 시간이 지나지 않는 한 하자를 발견하기 어렵다는 점에서 양 당사자가 이러한 하자는 인도만으로 발견할 수 없다는 사실을 묵시적으로 합의하였다고 볼 수 있어, 그러한 경우에는 매수인이 토지의 하자를 알 수 있었던 때로부터 담보책임의 시효가 진행된다고 볼 수 있다는 것이다. 요컨대 당사자가 합의를 통해 보증된 속성(zugesicherte Eigenschaft)은 인도시가 아닌 그러한 하자가 존재하였다는 사실을 알 수 있었던 때부터 시효가 진행된다는 것이다.[63]

3. 검 토

로마법상 하자담보책임의 기간 제한은 노예 및 가축매매를 전제로 하였다.[64] 즉 매도인이 노예 등의 건강이나 행태상의 하자를 고지하지 않은 경우에

---

60) Von Hermann Wenusch, Gewährleistung bei der Zusage einer bestimmten Haltbarkeit oder Lebensdauer, ZRB 2018, 13 ff.; Schwimann/Ofner, § 933 ABGB, Rn. 9; OGH 9.8.2012, 5 Ob 53/12y.

61) Schwimann/Ofner, § 933 ABGB, Rn. 10.

62) 독일연방대법원 판결이기는 하나 일반적으로 토지에 산업폐기물에 매립된 경우에 물건의 하자는 인정된다. BGH, NJW 1991, 2900, 2901.

63) Wenusch, ZRB 2018, 13, 14; Schwimann/Ofner, § 933 ABGB, Rn. 10.

64) Dieter Medicus, Zur Geschichte der Sachmängelhaftung, in Reinhard Zimmermann (Hrsg.),

매수인은 해제소권(actio redhibitoria)을 6개월의 기간 안에 행사할 수 있었으며,[65] 1년 안에 대금감액소권(actio quanti minoris)을 행사할 수 있었다.[66] 로마법에 많은 영향을 받은 독일과 오스트리아는 담보책임에 기한 권리관계의 신속한 확정을 위해 그 행사기간을 단기로 보면서 그 기산점을 객관적인 시점으로 규정하였다. 특히 구 오스트리아민법은 물건의 하자에 대한 담보책임의 행사기간을 제척기간으로 보면서 그 행사기간의 기산점을 인도시라는 객관적인 시점을 전제로 하였는데, 현행 오스트리아 민법 또한, 유럽에서의 시효입법에 대한 큰 변화에도 불구하고, 제척기간을 소멸시효로 변경한 것 이외에 권리행사의 기산점 등에 대해서는 종래의 입장을 그대로 고수하였다. 이는 우리에게 시사하는 바가 크다고 할 수 있다. 요컨대 최근 소멸시효의 기산점을 원칙적으로 주관적 기산점(안 날)으로 보는 경향이 있으나 오스트리아법(독일법도 마찬가지)이 담보책임의 권리행사기간을 소멸시효로 보면서도 그 기산점을 인도시라는 객관적 시점을 유지하였다는 것은 우리의 입법론 및 해석론에 있어 하나의 방향성을 제시해 준다. 인도시라는 객관적 기산점을 취하게 되는 경우에는 매수인이 전혀 하자의 발생 사실을 인지할 수 없었던 경우에 조차도 시효의 완성이 인정되어 권리자인 매수인에게 지나치게 불리할 수 있는데, 이에 대해서 오스트리아에서는 '인도시'를 원칙적으로 시효의 기산점으로 이해하나 당사자가 합의를 통해 보증한 속성에 대해서는 인도시가 아니라 매수인인 채권자가 그러한 하자를 알 수 있었을 때부터 시효가 진행된다고 보아, 채권자의 권리를 보호하고 있다. 즉 객관적 기산점을 취하는 입법례라 할지라도 해석 등을 통해 그 기산점을 완화하여 권리자를 보호할 수 있을 것이다.

Rechtsgeschichte und Privatrechtsdogmatik, FS für Hans Hermann Seiler, 1999, S. 310 f.

65) Éva Jakab, Praedicere und cavere beim Marktkauf, 1997, S. 130.

66) Éva Jakab, Diebi-sche Sklaven, marode Balken, in: Schermaier (Hrsg.), Verbraucherkauf in Europa (2003), S. 34 f. 로마법상 담보책임의 권리행사기간은 소송가능기간을 의미하였다. Jakab, Diebi-sche Sklaven, marode Balken, S. 35 f. 한편 그 권리행사기간의 기산점은 계약을 체결한 때부터 기산하였으나 숨은 하자의 경우에는 매수인이 알 수 있었을 때부터 기산하였다. Anne Danco, Die Perspektiven der Anspruchsverjährung in Europa. Eine rechtsvergleichende Untersuchung unter besonderer Berücksichtigung der Sachmängelgewährleistungsfristen im Kaufrecht, 2001, S. 279 ff.

Ⅲ. 2013년 민법개정안을 전제로 바라본 담보책임의 권리행사기간

로마법은 담보책임의 권리행사기간을 제척기간으로 보고, 권리행사방법 또한 재판으로 가능하다고 보았으나 최근 각국은 법률의 규정 및 해석으로 담보책임에 기한 권리의 행사기간을 소멸시효기간으로 보면서 그 권리의 행사방법과 관련하여서도 재판뿐만 아니라 재판 이외의 방법으로도 가능하다고 본다. 반면에 권리행사기간의 기산점과 관련하여서 각국의 입법례는 조금씩 다른 모습을 보인다. 예컨대 일부는 소멸시효에 관한 규정을 개정하면서 담보책임의 권리 또한 멸시효의 일반 법리로 해결하도록 통일시켰으며(예: 일본, 유럽통일법), 일부는 소멸시효에 관한 일반규정과 별개로 담보책임의 권리행사기간에 대한 개별규정을 두고 있다(예: 독일, 오스트리아). 후자의 경우에 매매 목적물이 부동산인지 동산인지에 따라 권리행사의 기산점을 다르게 하거나(예: 독일), 권리행사 기간에 차이를 두기도 한다(예: 오스트리아). 우리민법 또한 국제적인 경향에 맞추어 시효를 대대적으로 개정하려는 움직임이 있었는데, 이하에서는 2013년 성안되었던 법무부 민법개정안(이하 '2013년 개정안'으로 칭하기로 함)을 중심으로 이를 살펴보고자 한다.

1. 2013년 민법개정안에서의 소멸시효

2013년 개정안은 민법 제166조의 소멸시효의 기산점 규정을 삭제하였고, 권리행사와 관련하여 이중기간제한을 규정하고 있다(<표 6-3>). 즉 개정안에 의하면 채권은 채권자가 '권리를 행사할 수 있다는 사실과 채무자를 안 때'라는 주관적 기산점을 기준으로 5년의 시효에 걸리고(2013년 개정안 제162조 제1항), '권리를 행사할 수 있는 때'로부터 10년의 소멸시효에 걸린다(2013년 개정안 제162조 제3항).[67] 한편 2013년 개정안에는 담보책임에 대한 개정안을 제시하지 않아 결과적으로 담보책임에 기한 권리행사기간은 종래처럼 개별규정(민법 제582조)에 의해 해결하도록 하고 있다. 요컨대 2013년 개정안에 따르면 담보책임

67) 2013년 민법 개정안 중 소멸시효규정에 대한 분석은 서종희, "소멸시효 기산점에 관한 고찰-2013년 민법개정안을 반영하여-", 일감법학(제37호), (2017), 140면 이하; 권영준, 『2014년 법무부 민법 개정시안 해설(민법총칙·물권편)』, 법무부(2017), 242면 이하 참조.

의 권리행사기간에 대해 우리는 일본보다는 독일 및 오스트리아 입장과 유사하다고 할 수 있다. 그러나 독일과 오스트리아가 담보책임의 권리행사의 기산점을 객관적 기산점(인도시 등)을 전제로 하고 있는 것과 달리 우리 민법 제582조는 주관적 기산점(하자를 안 날)을 기초로 하고 있다는 점에서 차이가 있다. 다만 하자담보책임의 권리행사기간의 기산점을 주관주의를 채택함으로써 발생하는 문제점을 해결하고자 우리 판례가 민법 제162조 이하의 소멸시효의 중첩적용을 인정한 것을 고려하면 우리의 경우에는 해석상 이중기간제한을 유도하고 있다고 할 수 있다. 그러나 담보책임에 기한 권리 중 시효에 걸리지 않는 권리(예: 해제권 등)들은 이러한 해석으로도 해결되지 않으므로[68] 향후 소멸시효규정의 개정 논의에서는 담보책임에 기한 권리를 함께 고려해야 할 것이다.

〈표 6-3〉 현행민법 제162조 및 2013년 민법 개정안 제162조 등 비교

현 행	개정안
제162조(채권, 재산권의 소멸시효) ① 채권은 10년간 행사하지 아니하면 소멸시효가 완성한다. ② 채권 및 소유권 이외의 재산권은 20년간 행사하지 아니하면 소멸시효가 완성한다.	제162조(채권의 소멸시효 기간) ① 채권은 채권자가 권리를 행사할 수 있다는 사실과 채무자를 안 때로부터 5년 동안 행사하지 아니하면 소멸시효가 완성된다. ② 부작위를 목적으로 하는 채권의 소멸시효는 채권자가 위반행위와 채무자를 안 때로부터 진행된다. ③ 권리를 행사할 수 있는 때 또는 위반행위를 한 때부터 10년이 지나면 제1항·제2항에도 불구하고 소멸시효가 완성된다.
제166조(소멸시효의 기산점) ① 소멸시효는 권리를 행사할 수 있는 때로부터 진행한다. ② 부작위를 목적으로 하는 채권의 소멸시효는 위반행위를 한 때로부터 진행한다.	제162조의2(그 밖의 재산권의 소멸시효 기간) <생략>

68) 이에 대한 논의에 대해서는 서종희, 앞의 "하자담보책임상의 매수인의 손해배상청구권과 소멸시효와의 관계 - 제척기간과 소멸시효의 경합에 관한 소고", 83면 이하 참조.

2. 향후 민법 제582조의 개정에 있어서 고려해야 할 사항

(1) 권리행사기간을 소멸시효로 볼 것인지 제척기간으로 볼 것인지 여부

조문 구조상 우리 민법은 청구권도 제척기간의 대상이 될 수 있다는 점에서[69] 담보책임에 기하여 매수인이 취득한 권리 중 청구권(손해배상 청구권 등)을 제척기간의 적용을 받도록 할 수 있다. 판례가 민법 제582조의 권리행사기간을 제척기간으로 보는 것도 이러한 맥락에서 이해할 수 있다. 그런데 청구권을 제척기간에 걸리게 할 것인지는 입법자의 재량이므로 입법자가 어떠한 결단을 할 것인지는 선택의 문제에 불과하다고 할 수 있다.[70] 다만, 그 선택에 있어 입법자들에게는 다른 국가들이 비교법적으로 어떠한 선택하였는지가 매우 중요한 판단 기준이 될 수 있을 것이다. 즉 다른 나라가 담보책임에 관한 권리의 행사기간을 소멸시효로 보았는지 제척기간으로 보았는지는 향후 입법에 있어 중요한 고려사항이다. 본고에서 살펴본 것처럼 일본, 독일, 오스트리아, 유럽 소비재매매지침 등은 담보책임법상의 매수인의 권리(청구권)를 소멸시효에 걸리는 것으로 본다. 담보책임의 법적성질과 관계없이 기본적으로 매매계약의 당사자들 사이에 발생한 권리는 원칙상 소멸시효에 걸리는 것으로 보아 시효의 중단 등을 인정하여 권리자를 더 두텁게 보호할 필요가 있으며,[71] 채무불이행책임과 담보책임을 일원화하고 있는 국제적인 동향을 고려해 보더라도[72] 양자의 권리행사기간을 소멸시효로 통일하는 것이 더 바람직하다고 판단된다.[73] 참고로 일본 민법의 기초가 된 Boissonade초안 또한 하자담보책임에 의해 발생하는 소권,

---

69) 김진우, 앞의 논문, 4면.

70) 물론 제척기간과 소멸시효라는 제도가 가지는 독자적인 의미를 고려하면 그 선택에 있어 신중할 필요는 있다. 제척기간과 소멸시효가 가지는 독자적인 의미에 대한 상세한 고찰은 김진우, “소멸시효와 제척기간”, 재산법연구(제25권 제3호), (2009), 163면 이하 참조.

71) 물론 권리자에게 신속하게 권리를 행사하도록 유도하기 위해 제척기간으로 둘 수도 있으나 그 부분은 기산점 등을 통해서도 실현할 수 있을 것이다.

72) 이에 대해서는 김성연, “하자담보책임과 채무불이행책임의 관계에 관한 비교법적 동향”, 법학연구(제26권 제2호), (2016), 19면 이하 참조.

73) 입법화 하는 경우에는 표제 등에 명확하게 소멸시효라고 적시하는 것도 바람직한 방법이라도 판단된다. 독일은 권리가 제척기간에 걸리는지 소멸시효에 걸리지는 명확하게 준별(김진우, 앞의 논문, 164면)하고 있는 반면에 우리는 해석으로 다투어지는 경우가 있다는 점에서 이를 표제 등으로 명확하게 구별해 줄 필요성이 있다.

즉 매매계약해제소권과 대금감액소권과 손해배상소권은, 부동산에 대해 6개월, 동물 이외의 동산에 대해 3개월, 동물에 대해 1개월의 시효에 걸린다고 보아, 그 권리의 행사기간을 소멸시효기간으로 보았다.[74] 그러나 담보책임에 기한 권리행사기간을 소멸시효로 본다고 하더라도 시효의 기산점을 동일하게 규정할 것인지는 별개의 문제이다.

(2) 권리행사의 기산점을 주관적 체계에 의할 것인지 객관적 체계에 의할 것인지 여부

향후에 있을 소멸시효의 개정논의에서 일본처럼 담보책임을 일반규정으로 흡수시킬 것인지 아니면 독일과 같이 개별규정을 둘 것인지에 대해서는 진지한 고민이 필요하다. 생각건대 담보책임의 특수성을 감안하여 그 권리행사의 기산점을 소멸시효의 일반규정과 달리하는 것도 가능하다고 본다. 독일이 소멸시효에 관한 일반규정에서 시효의 기산점을 주관적 기산점으로 두면서 담보책임의 권리행사기간을 객관적 기산점으로 하고 있는 것이 그 예라고 할 수 있다. 그런데 권리행사기간의 기산점에 관하여 객관주의를 취하는 경우에는 하자를 깨닫지 못하고 기간이 경과할 위험을 어떻게 합리적으로 설명할 수 있는지가 중요하다. 주관주의의 배경에는 "권리자가 그 권리를 행사할 수 없을 때에는 그 권리가 시효로 소멸해서는 안 된다(*Contra non valentem agree non valenti non currit praescriptio*)"는 일반원리(법언)가 잠재되어 있으므로 권리자 입장에서는 이러한 방법이 더 타당하다고 할 수 있다.[75] 그러나 주관주의는 권리자가 인지하지 않는 한 시효자체가 진행되지 않아 법적안정성 등을 실현하고자 하는 제도 자체의 목적과 부합하지 않는다.[76] 더욱이 무과실책임인 담보책임[77]은 법률관계의 확정을 위해 기산점을 객관적으로 하더라도 매수인에게 지나치게 불리하다고 할 수 없다. 이미 무과실책임을 통해 채권자인 매수인에게 유리한 책임구조를

74) Boissonade초안 제746조 제1항. Boissonade, *Projet de code civil pour l'Empire du Japon*, t. 3, 1882, pp.421-422., no 343.

75) Zimmermann, Comparative Foundation, pp.106-107.

76) 물론 주관주의를 취하면서도 규범적인 인식시점을 권리행사의 기산점으로 삼음으로써 주관주의가 가지는 불합리를 다소 회피할 수 있을 것이다. Reinhard Zimmermann, Die Verjährung, JuS 1984, 409, 415.

77) 대법원 1980. 11. 11. 선고 80다923 판결 등.

취한 경우에는 권리행사의 기산점을 객관적으로 삼더라도 이러한 태도가 지나치게 매수인에게 불리하다고 할 수 없기 때문이다. 즉 하자담보책임은 불법행위 또는 채무불이행과 질적으로 다른 성질을 가지므로 권리행사의 기산점에 대해 다른 접근을 할 수 있다. 요컨대 무과실책임을 인정한 경우에는 권리행사기간의 기산점에 관하여 객관주의를 취하여 채권자 측의 이익을 일정 부분 희생시켜서 채무자 측의 법적안정성을 확보하더라도 정당화될 수 있다. 기산점이 객관적으로 정해지면 소멸시효 완성 여부를 판단하는 것이 간명해져 법적안정성을 추구하는 소멸시효 제도의 목적에도 더 부합하다고 볼 수 있다. 그러나 경우에 따라서는 권리자가 그 권리의 존재를 인식하는 것이 객관적으로 불가능하다고 볼 수 있으므로 기산점의 객관화가 규범적인 판단으로부터 완전히 벗어날 수는 없다.[78] 예컨대 객관주의를 따르는 경우에도 권리자의 '객관적 인식가능성'을 전제로 소멸시효 등의 기산점을 판단하여야할 것이다.[79] 만약 일반소멸시효를 주관주의에 따라 개정한 경우에는 매도인이 하자를 알면서도 이를 매수인에게 알리지 않은 경우에는 법적안정성보다는 매수인의 권리보호에 초점을 맞추어 일반소멸시효기간의 시효에 걸리게 하는 방법도 생각해 볼 수 있을 것이다(독일민법 제438조 제3항 참조).[80]

---

78) 객관적 인식가능성을 전제로 객관주의의 한계를 극복하려는 시도에 대해서는 서종희, "불법행위 손해배상청구권의 소멸시효 기산점에 관한 유형별 고찰", 재산법연구(제32권 제2호), (2015), 99면 이하; 홍승균, "소멸시효 기산점에 관한 객관적 체계의 완화-대법원 판례의 '객관적 인식가능성'을 중심으로-", 비교사법(제28권 제4호), (2018), 1361면 이하 참조.

79) 우리 판례가 대법원 2011. 7. 28. 선고 2010다76368 판결 등에서 이미 설시하고 있는 것처럼 "손해의 발생 시점이란 이러한 손해가 현실적으로 발생한 시점을 의미하는데, 현실적으로 손해가 발생하였는지 여부는 사회통념에 비추어 객관적이고 합리적으로 판단하여야 한다."고 본 것도 객관적으로 권리행사를 할 수 있는 가능성을 전제로 한 것으로 이해할 수 있다. 즉 권리자의 객관적인 예견가능성을 규범적으로 판단하여 기산점을 산정할 수 있다는 것이며 이로 인하여 法的·規範的 의미의 손해발생시점과 실제 손해발생시점과 다를 수 있으며, 전자를 기준으로 시효의 기산점으로 삼을 수 있을 것이다. MünchKommBGB/Grothe, §199 Rn. 11 f.에서도 이러한 사고를 엿볼 수 있다.

80) 이 경우에 매도인의 악의를 매수인이 증명해야 한다면, 그러한 조문을 둔 것에 대한 실효성에 의문을 제기할 수도 있을 것이다.

Ⅳ. 입법론적 제언 — 맺음말에 갈음하여 —

소멸시효에 관한 2013년 개정안을 그대로 유지하는 것을 전제로 담보책임에 기한 권리행사에 대한 개정시안의 큰 틀을 간단히 제시해 보면 다음과 같다(<표 6-4>).[81] 첫째, 소멸시효에 관한 일반규정과 다른 담보책임만의 개별규정을 둔다. 둘째, 담보책임에 기한 청구권(손해배상, 추완청구 등)의 권리행사기간을 제척기간이 아닌 소멸시효로 본다.[82] 셋째, 담보책임의 권리행사기간의 기산점을 주관주의가 아닌 객관주의(예: 인도시)체계로 변경한다.[83] 넷째, 매도인이 하자를 알면서도 악의적으로 목적물을 매도한 경우에는 일반소멸시효 규정에 의해 해결하도록 한다. 마지막으로, 하자를 인지한 매수인에게 하자를 통지해야 할 의무를 부여한다.[84]

---

81) 담보책임에 기한 권리행사기간의 개정논의는 매수인의 추완청구권·매도인의 추완권을 인정할 것인지, 매매 목적물의 특수성을 어떻게 바라볼 것인지 및 해제권과 청구권 등의 권리행사기간을 다르게 볼 것인지와 같은 다양한 논의와 함께 이루어져야 할 것이다. 이런 이유에서 이 개정은 매우 어렵고 많은 시간이 필요할 것이다.

82) 해제 및 대금감액청구에 대한 권리행사기간을 어떻게 규율할 것인지도 논의되어야 할 것이나 본고에서는 이에 대한 논의는 추후과제로 남기고 손해배상청구 및 추완청구의 권리행사기간에 초점을 맞추고자 한다.

83) Boissonade초안 또한 "물건을 점유하여야 비로소 매수인이 매매목적물의 하자를 인식할 수 있으므로, 하자담보책임에 관한 소권의 소멸시효는 매매계약시가 아닌 인도시로부터 진행을 개시한다(Boissonade초안 제746조 제2항)"고 보았다. Boissonade, op. cit., pp.421-422, no 343.

84) 참고로 사동천, "최근 국제적 동향에서 바라 본 우리 민법상의 매도인의 하자담보책임에 관한 연구", 민사법학(제24호), (2003), 16면에서는 해석으로 매수인이 담보책임을 매도인에게 묻기 위해서는 발견한 하자를 통지해야 한다고 본다. 그러나 상법 제69조와의 차이점 등을 고려하면 위와 같은 해석은 해석의 한계를 넘는다고 할 수 있으며, 매수인을 보호하기 위한 입법자의 결단에도 위배된다. 같은 주장으로는 김진우, "온라인 물품거래에서의 담보책임", 서울법학(제24권 제2호), (2016), 73면 참조.

〈표 6-4〉 민법 제582조의 개정시안

현 행	개정시안
제582조(전 2조의 권리행사기간) 전2조에 의한 권리는 매수인이 그 사실을 안 날로부터 6월 내에 행사하여야 한다.	제000조(하자로 인한 청구권의 소멸시효) ① 매도인이 목적물의 종류 또는 품질과 관련하여 계약의 내용에 적합하지 않은 목적물을 매수인에게 인도한 경우에 매수인이 그 부적합을 안 때로부터 1년 이내에 그 취지를 매도인에게 통지하지 않은 때에는, 매수인은 그 부적합을 이유로 하는 이행의 추완청구, 대금감액 청구, 손해배상의 청구 및 계약의 해제를 할 수 없다. 그러나 매도인이 인도시에 그 부적합을 알았거나 중대한 과실로 알지 못한 경우에는 그러하지 아니하다. ② 소멸시효는 인도시로부터 진행한다. 단, 매도인이 하자를 알면서 밝히지 아니한 경우에는 청구권은 일반소멸시효기간의 소멸시효에 걸린다.

〈참고문헌〉

1. 국내문헌

(단행본)

권영준, 『2014년 법무부 민법 개정시안 해설(민법총칙·물권편)』, 법무부(2017).

명순구, 『실록 대한민국 민법 3』, 법문사(2010).

(논 문)

김동훈, "담보책임상의 권리행사기간과 소멸시효의 관계", 법학논총(제26권 제3호), (2014).

김성수, "개정 일본민법(2017년)의 '소멸시효' – 주요개정내용의 소개를 중심으로", 아주법학(제12권 제1호), (2018).

김성연, "하자담보책임과 채무불이행책임의 관계에 관한 비교법적 동향", 법학연구(제

26권 제2호), (2016).

김준호, "제척기간과 소멸시효의 경합", 저스티스(제141호), (2014).

김진우, "청구권에 관한 제척기간과 소멸시효", 재산법연구(제26권 제3호), (2010).

______, "소멸시효와 제척기간", 재산법연구(제25권 제3호), (2009).

______, "온라인 물품거래에서의 담보책임", 서울법학(제24권 제2호), (2016).

박신욱, "EU 계약법에서의 소멸시효규정에 대한 연구", 법학연구(제57권 제2호), (2016).

사동천, "최근 국제적 동향에서 바라 본 우리민법상의 매도인의 하자담보책임에 관한 연구", 민사법학(제24호), (2003).

서종희, "하자담보책임상의 매수인의 손해배상청구권과 소멸시효와의 관계 - 제척기간과 소멸시효의 경합에 관한 소고", 동아법학(제72호), (2016).

______, "소멸시효 기산점에 관한 고찰 - 2013년 민법개정안을 반영하여 -", 일감법학(제37호), (2017).

______, "불법행위 손해배상청구권의 소멸시효 기산점에 관한 유형별 고찰", 재산법연구(제32권 제2호), (2015).

정승규, "하자담보에 기한 매수인의 손해배상청구권이 소멸시효의 대상이 되는지 여부 및 소멸시효의 기산점", 대법원판례해설(제89호), (2011년 하반기).

하경효, "소멸시효법의 입법동향과 규율구조 - 보통유럽매매법을 중심으로 -", 고려법학(제74호), (2014).

홍승균, "소멸시효 기산점에 관한 객관적 체계의 완화 - 대법원 판례의 '객관적 인식가능성'을 중심으로 -", 비교사법(제28권 제4호), (2018).

2. 외국문헌

鎌田薫,「判批」,『平成4年度重要判例解説』, 有斐閣, 1993.

宮島司,「判批」, 判評 501号, 2000.

金山直樹編(北居功 執筆),「売買における瑕疵担保責任の期間制限 − 瑕疵通知義務と救済請求権の消滅時効 −」,『消滅時効法の現状と改正提言』: 別册 NBL 122号, 商事法務, 2008.

半田吉信,『担保責任の再構成』, 三嶺書房, 1986.

北居功,「売主瑕疵担保責任と危険負担との関係㈣」, 法研 69巻 9号, 1996.

山崎純,「商人間の不特定物売買の解除についての時間的制限」, 山野目章夫＝廣渡鉄監修『企業法務判例ケーススタディ300』, 金融財政事情研究会, 2007.

我妻榮,『債権各論中巻一』, 岩波書店, 1957.

奥田昌道＝池田真朗編[北居功],『法学講義民法5 契約』, 悠々社, 2008.

柚木馨＝高木多喜男編著,『新版注釈民法 ⒁』, 有斐閣, 1993.

潮見佳男,「民法560条·561条·563条~567条·570条(売主の担保責任)」, 広中俊雄＝星野英一編『民法典の百年 Ⅲ』, 有斐閣, 1998.

鳥山恭一,「判批」, 法セ 543号, 2000.

椿寿夫/三林宏 編[芦野訓和 執筆],『権利消滅期間の研究』, 信山社, 2006.

Georg Bitter/Tilman Rauhut, Grundzüge zivilrechtlicher Methodik – Schlüssel zu einer gelungenen Fallbearbeitung, JuS 2009, 289 ff.

Boissonade, Projet de code civil pour l'Empire du Japon, t. 3, 1882.

Bundesmnister der Justiz(Hrsg.), Abschlußbericht der Kommission zur Überarbeitung des Schuldrechts, 1992.

Claus－Wilhelm Canaris, in: Egon Lorenz (Hrsg.) Karlsruher Forum 2002: Schuldrechtsmodernisierung, 2003.

Viktor Előd Cserép, E Pluribus Unum – Out of Many, One Common European Sales Law?, 29 Pace Int'l L. Rev. 205(2017).

Anne Danco, Die Perspektiven der Anspruchsverjährung in Europa. Eine rechtsvergleichende Untersuchung unter besonderer Berücksichtigung der Sachmängelgewährleistungsfristen im Kaufrecht, 2001.

Lothar Haas, in: Haas/Medicus/Rolland/Schafer/Wandtland, Das neue Schuldrecht, 2002.

Prepared by Ewoud HONDIUS/Viola HEUTGER/Chirstoph JELOSCHEK/Hanna SIVESAND/Aneta WIEWIOROWSKA, Principles of European Law on Sales, Study Group on a European Civil Code, Sales(PELS), 2008.

Ulrich Huber, Leistungsst ë rungen, in Bundesrninister der Justiz(Hrsg.), Gutachten und Vorschläge zur Überarbeitung des Schuldrechts, Bd.1, 1981.

Éva Jakab, Praedicere und cavere beim Marktkauf, 1997.

Éva Jakab, Diebi－sche Sklaven, marode Balken, in: Schermaier (Hrsg.), Verbraucherkauf in Europa(2003).

Jens Kleinschmidt, Einheitliche Verjährungsregeln für Europa?, AcP 213, 2013, 538 ff.

Detlef L. Leenen, Die Neuregelung der Verjährung, JZ 2001, 552 ff.

Detlef Leenen, §477 BGB: Verjährung oder Risikoverlagerung?, 1997.

Heinz－Peter Mansel, Die Neuregelung des Verjährungsrecht, NJW 2002, 89 ff.

Dieter Medicus, Zur Geschichte der Sachmängelhaftung, in Reinhard Zimmermann (Hrsg.), Rechtsgeschichte und Privatrechtsdogmatik, FS für Hans Hermann Seiler,

1999.

MünchKommHGB/Grunewald, 3. Aufl., 2013, § 377.

MünchKommBGB/Westermann, 6. Aufl., 2012, § 438.

MünchKommBGB/Grothe, 6. Aufl., 2012, § 199.

Frank Peters/Reinhard Zimmermann, veriähungsfristen, Der Einfluß von Fristen auf Schuldverhältnisse; Möglichkeiten der Vereinheitlichung von Veriährungsfristen, in Bundesrninister der Justiz(Hrsg.), Gutachten und Vorschläge zur Überarbeitung des Schuldrechts, Bd.1, 1981.

Rummel/Reischauer, 3. Aufl., 2000, § 933 ABGB.

Schulze/Møgelvang-Hansen, Common European Sales Law(CESL), 2012.

Andreas Schwartze, Europäische Sachmängelgewährleistung beim Warenkauf, Optionale Rechtsangleichung auf der Grundlage eines funktionalen Rechtsvergleichs, 2000.

Schwimann/Ofner, 3. Aufl., 2006, § 922 ABGB.

Matthias E. Storme, "Extinctive Prescription in Belgian Private Law – Old Questions and Recent Developments –", Ewoud H. Hondius (eds.), Extinctive prescription on the limitation of actions : reports of the XIVth Congress, International Academy of Comparative Law, Athens (Vouliagmeni), Greece 31 July-7 August, Boston: Kluwer Law International, 1994, p. 1 ff.

Von Hermann Wenusch, Gewährleistung bei der Zusage einer bestimmten Haltbarkeit oder Lebensdauer, ZRB 2018, 13 ff.

Markus Würdinger/Felix Bergmeister, Analogie und Umkehrschluss, Jura 2007, 15 ff.

Thomas Zerres, Die Bedeutung der Verbrauchsgüterkaufrichthnie für die Europäisierung des Vertragsrechts, Eine rechtsvergleichende Untersuchung am Beispiel des deut-schen und englischen Kaufrechts, 2007.

Reinhard Zimmermann, Die Verjährung, JuS 1984, 409 ff.

Reinhard Zimmermann, The New German Law of Prescription and Chapter 14 of the Principles of European Contract Law, in Antoni VAQUER (ed.), La tercera parte de los principlos de derecho contractual europeo, The principles of european contract law part Ⅲ, 2005.

Reinhard Zimmermann, The New German Law of Obligations, 2005.

Reinhard Zimmermann, Comparative Foundation of a European Law of Set-off and Prescription, Cambridge, 2002.

Reinhard Zimmermann, “Die Verjährung — von den Principles of European Contract Law bis zum Entwurf eines Gemeinsamen Europäischen Kaufrechts: Textstufen transnationaler Modellregeln”, 24(3/4) European Review of Private Law 687(2016).

Zoll, F., The Remedies in the Proposals of the Online Sales Directive and the Directive on the Supply of Digital Content, 5(6) Journal of European Consumer and Market Law 252(2016).

제 7 장

소멸시효 기간연장합의의 효력에 관한 비교법적 고찰

Ⅰ. 들어가는 말

일반적으로 시효의 존재 이유를 설명하는 견해는 '공익설(법적안정성설)', '추정설', '징벌설(나태벌설)'로 세 가지로 나뉘지만[1] 제도 자체가 법적안정성을 가져온다는 점에 대해서는 큰 차이를 보이지 않는다. 그런데 법적안정성을 제고시키는 제도인 소멸시효의 영역에서 계약자유의 원칙은 어느 정도까지 보장될 수 있는가? 즉 시효의 기산점 및 시효기간에 대한 당사자 합의의 효력이 문제된다. 이는 각국의 입법례에 따라서 다른 결론이 도출될 것인데, 우리 민법 제184조 제2[2]항에서 "소멸시효는 법률행위에 의하여 이를 배제, 연장 또는 가중할 수 없으나 이를 단축 또는 경감할 수 있다"고 규정하여 원칙적으로 기간의 단축 또는 경감은 인정하면서 기간의 연장 또는 가중은 인정하지 않는다. 만약 기간연장에 대한 합의가 채무자에게 불리한 것이 아니라면 그 합의는 유효한

1) 국내문헌으로는 김진우, "소멸시효와 제척기간", 재산법연구(제25권 제3호), 한국재산법학회(2009), 173면 이하; 서종희, "소멸시효의 기산점(민법 제166조 제1항) 판단기준에 대한 고찰", 재산법연구(제37권 제1호), 한국재산법학회(2020), 83면 이하; 일본 문헌으로는 内池慶四郎, 『消滅時効法の原理と歴史的課題』 2, 成文堂, 1993, 2頁 이하. 영미문헌으로는 Reinhard Zimmermann, Comparative Foundations of a European Law of Set-Off and Prescription, 2002, p.63 f. 참조.

2) 이하 법명 없이 조문만을 적시하는 경우는 우리 민법을 의미한다.

가? 예컨대 약관을 작성한 자(보험자)가 채무자의 지위에서 보험약관에 보험금 청구권의 시효기간을 3년(상법 제662조)보다 장기(예: 5년)로 규정한 경우에 그 규정은 무효인가? 아니면 보험사는 채무자이지만 그러한 약정이 보험자에게 전혀 불리한 것이 아니기 때문에 유효라고 보아야 하는가? 본고는 이러한 문제의식을 가지고 제184조 제2항에서 말하는 "배제, 연장 또는 가중"의 의미를 어떻게 이해할 것인지를 살펴보고자 한다. 이를 위해 우리 학설 및 판례의 입장을 확인하고(II) 일본과 독일 등의 입법례를 살펴본 후(III),[3] 맺음말에 갈음하여 우리 민법의 개정방향을 제시해 보고자 한다(IV).

II. 시효연장합의에 대한 우리나라 판례와 학설의 입장

국내선행연구는 입법론적인 측면에서 프랑스,[4] 독일[5] 등[6]을 분석하면서 제184조 제2항의 개정방향 등을 제시하고는 있으나 특이하게도 정작 제184조 제2항의 입법취지 및 그 조항에 대한 해석에는 관심을 보이지 않는다. 특히 기간연장 등의 합의를 무효로 할 것인지에 대해서도 간단한 언급에 그칠 뿐이다. 이하에서는 지금까지의 논의를 기초로 학설과 판례를 검토해 보고자 한다.

1. 학 설

통설은 민법 제184조 제2항이 소멸시효는 법률행위에 의하여 이를 배제, 연장 또는 가중할 수 없으나 이를 단축 또는 경감할 수 있다고 규정한 것과 관련하여 두 가지 이유를 설시한다. 첫째, 시효의 공익성을 고려하여 당사자의 의

---

3) 개괄적인 비교법적 고찰은 Zimmermann, op. cit., p.162 ff. 참조.

4) 대표적으로 김상찬, "프랑스의 신시효법에 관한 연구", 법학연구(제38집), 한국법학회(2010), 33-34면; 정다영, "프랑스 민법상 소멸시효에 관한 합의", 민사법학(제71호), 한국민사법학회(2015), 267면 이하에서 프랑스민법상 시효기간의 연장 합의에 대해 논하고 있다.

5) 대표적으로 안경희, "독일에 있어서 소멸시효에 관한 약정", 인권과 정의(제374호), 대한변호사협회(2007), 136면 이하.

6) 대표적으로 김성욱, "소멸시효의 단축 및 연장합의와 관련한 입법동향", 법학논총(제19집 제2호), 조선대학교 법학연구소(2012), 353면 이하에서 각국의 입장을 개괄적으로 고찰하고 있다.

사에 의해 그 공익성을 형해화하는 것을 막고자 하는 것이며,[7)] 둘째, 채무자를 보호하고자 한 것으로 이해한다.[8)] 특히 후자에 의하면 제184조 제2항은 채무자에 대해 우위적 지위에 있는 채권자가 기간연장의 합의를 강요할 경우를 대비한 공서양속의 성격을 지닌 조항으로서 의미를 가진다고 할 수 있다.[9)] 일부 견해는 후자의 관점에서 기간연장합의 및 채무자에게 불리하게 기산점을 늦추는 합의는 무효로 본다.[10)] 한편 후자에 초점을 맞추면, 우리 민법은 채무자에게 불리한 시효의 기산점 및 기간연장의 합의를 금지하고 있는 것으로 볼 수 있으므로 제184조 제2항은 편면적 강행규정에 해당한다고 볼 수 있다.[11)]

반면에 전자에 초점을 맞추면 기간연장의 합의가 채무자에게 불리하지 않다고 하더라도 그 합의는 무효가 될 것이며 제184조 제2항은 편면적 강행규정이 아닌 강행규정의 성격을 가지게 될 것이다.[12)] 요컨대 전자에 의하면 채무자에게 불리하지 않다고 할지라도 공익성을 해하지 않는다는 평가를 반는 경우에 한하여 시효연장합의는 유효가 될 것이다.

2. 판 례

판례에서 이를 명시적으로 판단한 적을 찾기는 어려우나, 생각건대 판례는 제184조 제2항을 위반한 합의는 무효로 보는 것으로 이해된다. 먼저 대법원 2016. 11. 25. 선고 2016다211309 판결은 "소멸시효는 법률행위에 의하여 이를 배제, 연장 또는 가중할 수 없다(민법 제184조 제2항). 그러므로 임대차 존속 중 차임을 연체하더라도 이는 임대차 종료 후 목적물 인도 시에 임대차보증금에서 일괄 공제하는 방식에 의하여 정산하기로 약정한 경우와 같은 특별한 사정이

---

7) 곽윤직, 『민법총칙(신정판)』, 박영사(1999), 479면.

8) 정다영, "시효중단을 위한 재판상 청구", 재산법연구(제36권 제1호), 한국재산법학회(2019), 132면.

9) 김성욱, 앞의 논문, 368면.

10) 곽윤직 편집대표, 『민법주해 총칙(3)』, 박영사(1992)(윤진수), §184, 558-559면; 김용담 편집대표, 『주석민법 총칙(3)』, 한국사법행정학회(2010)(김홍엽), §184, 675면.

11) 채무자에게 불리한 상태로의 연장합의는 무효이지만 채무자에게 불리하지 않다면 그 합의는 유효할 것이다. 이러한 이해로는 김성욱, 앞의 논문, 368면.

12) 곽윤직, 앞의 책, 451면에서 강행규정으로 보고 있다.

없는 한 차임채권의 소멸시효는 임대차계약에서 정한 지급기일부터 진행한다(밑줄은 필자가 첨가)"고 보고 있다. 한편 종래 확정판결에 의한 채권의 소멸시효기간인 10년의 경과가 임박한 경우에 그 시효중단을 위한 재소가 소의 이익이 있는지 여부를 판단한 대법원 2018. 7. 19. 선고 2018다22008 전원합의체 판결에서 반대의견은 "민법은 채권의 소멸시효기간을 기본적으로 10년으로 정하고, 일부 채권에 대하여는 1년과 3년의 단기소멸시효도 정하고 있는데, 이는 단기간에 결제되는 것이 관행으로 굳어진 상거래 실정과 일상적으로 빈번하게 발생하는 소액 채권의 영수증 등 증거서류를 장기간 보관하기 어려운 사정을 반영함과 동시에 법률관계를 조기에 안정시켜 채무자를 보호할 필요가 있다는 요청에 의한 것이다. 그런데 이러한 채권에 대하여도 10년마다 판결만 받으면 무한히 시효가 연장될 수 있다고 해석한다면, 단기소멸시효제도를 둔 취지가 몰각된다. 그뿐 아니라 민법 제184조 제2항은 "소멸시효는 법률행위에 의하여 이를 배제, 연장 또는 가중할 수 없으나 이를 단축 또는 경감할 수 있다."라고 정하고 있는데, 시효중단을 위한 재소를 허용하여 사실상 영구적인 채권을 인정하게 된다면 이와 같은 민법 규정의 취지에도 반한다."고 하고 있으며, 반대의견의 이러한 논거에 대해 다수의견은 "판결로 확정된 채권에 대한 재소를 허용하더라도, 반대의견이 그 근거의 하나로 들고 있는 민법 제184조 제2항에 위배된다고 볼 여지는 없다. 민법 제184조 제2항은 "소멸시효는 법률행위에 의하여 이를 배제, 연장 또는 가중할 수 없으나 이를 단축 또는 경감할 수 있다."라고 정하고 있다. 이는 행위자가 의욕한 대로 법률효과가 발생하는 법률행위를 통해 소멸시효를 배제, 연장하거나 가중할 수 없도록 법률행위 자유의 원칙을 수정한 것이다. **단기의 소멸시효에 해당하는 채권이라도 판결에 의하여 확정되면 소멸시효기간을 10년으로 한 것은 민법 제165조 제1항에 따른 효과일 뿐이므로, 민법 제184조 제2항에서 금지하는 법률행위에 의한 소멸시효의 배제·연장·가중과는 아무런 관련이 없다. 나아가 소멸시효 중단사유로서 재판상의 청구는 법률행위도 아니므로, 민법 제184조 제2항에 위배된다고 볼 여지는 전혀 없다**."고 반론을 제기하고 있다.

즉 우리 판례는 '법률행위를 통해 시효의 기간을 연장하는 경우에는 특별한 사정이 없는 한 제184조 제2항에 저촉되어 그 법률행위는 무효'라고 판단할 것을 이해된다. 다만 아직까지 채무자에게 불리하지 않은 시효기간 연장합의의 효력을 다룬 판례가 없다는 점을 감안하면, 판례가 채무자에게 유리한 경우에도 시효기간연장 합의를 무효로 볼 것인지는 판단하기 매우 어렵다.

3. 검 토

우리 통설과 판례는 일반론으로서 제184조 제2항의 문언에 충실하게 시효기간의 단축은 가능하나 시효기간의 연장은 인정되지 않는다는 입장만을 표명하는 것으로 판단된다. 따라서 통설과 판례는 시효기간의 연장이 채무자에게 불리하지 않고 보호가치가 있는 취약한 채권자(소비자)의 보호를 위한 방편으로 시효기간을 연장한 것이라면 그 합의를 유효로 볼 것인지에 대해서 구체적인 의견을 개진하고 있지 않다. 생각건대 「시효와 합의」라는 문제는 시효제도를 어떠한 제도로서 파악하는가 하는 근본적인 문제와 밀접하게 관련된다고 볼 수 있으며, 본질적으로는 제184조 제2항이 어떠한 목적을 지향하느냐에 따라 합의의 효력에 대한 평가가 나뉠 것이다. 시효제도가 가지는 공익적 측면을 존중하면서 채무자에게 불리하지 않다면 시효기간의 연장합의를 인정할 여지는 다분할 것이다. 즉 시효제도가 가지는 공익성을 강조하게 되면 연장합의가 채무자에게 불리하지 않다는 이유만으로 합의가 유효가 되지는 않을 것이지만, 예외적으로 공익의 실현보다도 채권자 보호의 필요성이 크며 채무자에게도 불리하지 않다면 연장합의 또한 유효라고 보아야 할 것이다. 더 나아가 시효이익의 포기, 채무의 승인에 기한 시효의 중단을 제도적으로 인정하면서 연장합의를 예외 없이 무효라고 보는 경우에 발생할 수 있는 평가적 모순까지도 고려해야 할 것이다.

Ⅲ. 비교법적 고찰

각국이 시효기간, 시효의 기산점, 시효의 중단사유 및 시효완성의 효과를 바라보는 시각이 다르다는 점에서 시효기간의 연장합의에 대한 각국의 입장을 평면적으로 비교하는 것만으로는 타당한 결론을 도출하는 것이 불가능할 것이다. 다만 최근 국제적인 동향이 시효의 기산점을 주관화하면서 시효기간을 단축하고 있다는 점,[13] 합의를 통한 연장을 인정하면서 일정 기간을 초고할 수 없도록 하고 있다는 점 등은 우리에게 분명 시사하는 바가 크다고 할 수 있다. 이에 이하에서는 일본, 독일, 프랑스 등에서의 논의를 소개해 보고자 한다.[14]

1. 일 본

종래 일본에서는 시효제도의 공익성 및 메이지민법[15] 제146조의 규정 등을 이유로, 시효기간의 연장이나 중단·정지사유의 배척 등, 소멸시효의 완성을 곤란하게 하는 특약은 무효이나, 소멸시효의 완성을 용이하게 하는 합의는 적어도 일정한 범위 내에서 유효하다고 보았다.[16] 참고로 메이지민법 제146조는 “시효이익을 사전에 포기할 수 없다”고 규정하고 있을 뿐[17] 제184조 제2항과 대응되는 조항을 두고 있지 않다. 이는 舊일본민법 증거편 제1002조 제1항 본문을 계승한 결과이다.[18]

(1) 메이지민법 기초자의 의사

메이지민법 기초자는 민법 등에 특별한 규정이 있는 경우를 제외하고는 그

---

13) 서종희, “소멸시효 기산점에 관한 고찰”, 일감법학(제37호), 건국대학교 법학연구소(2017), 138면 이하 참조.

14) 이미 설시한 것과 같이 비교법적인 연구가 없었던 것은 아니다. 다만 선행연구가 시효기간의 연장에만 초점을 맞추고 있지 않다는 점, 단순한 소개에 그치고 있다는 점, 시효제도와의 관계를 정합적으로 설명하지 않았다는 점 등을 감안하여 본고에서는 선행연구를 보충하는 차원에서 비교법적인 검토를 해 보고자 한다.

15) 이하에서는 2017년 개정된 현행일본민법과 비교하여 개정 전 민법을 ‘메이지민법’으로 표기하기로 한다. 본고에서는 우리 민법과 유사한 개정 전 민법에 초점을 맞추고자 한다. 참고로 메이지민법 제146조는 현행민법 제146조와 동일하지만, 메이지민법 제166조 제1항은 현행민법과 다르다.

16) 慶野栄穂子, 「時效と合意」, 消滅時效法の現狀と改正提言 , 商事法務, 2008, 52頁. 다만 일본에서도 이에 대한 논의는 별로 없다는 점을 시인한다. 椿寿夫, 「権利消滅期間論の課題性」, 椿寿夫=三林宏編『権利消滅期間の研究』, 信山社, 2006, 12頁; 慶野栄穂子, 前揭論文, 53頁.

17) 이미 언급한 것과 같이 2017년 개정 일본민법은 메이지민법 제146조를 그대로 유지된다.

18) 그 당시 프랑스 민법 제2220조, 스위스 채무법 제141조 제1항 등이 참조조문으로 언급된다. 慶野栄穂子, 前揭論文, 52頁 주 1 참조.

권리행사기간이 소멸시효기간인지 제척기간인지에 관계없이 기간연장의 합의는 인정될 수 없다고 보았다.[19] 이를 전제로 하여 메이지민법 제639조는 제637조 및 제638조 제1항에 규정되어 있는 도급인의 담보책임의 존속기간에 대해서 당사자가 계약에 의해 보통의 소멸시효기간(메이지민법 제167조)의 범위 내에서 연장할 수 있다고 규정한다.[20] 그 이유에 대해 메이지민법 제639조의 기초담당자인 호즈미 노부시게(穂積陳重)는 “도급에 있어서는 장기의 담보기간을 설정하는 행위가 실제상 종종 이루어지고 있으며 그것을 감안하여 수급인의 보수를 높게 책정하는 경우가 있다는 점에서, 이를 금지할 이유가 없으며 오히려 그러한 합의를 인정할 필요가 있다”고 설명한다.[21] 특히 호즈미(穂積)는 메이지민법 제639조가 시효기간(및 제척기간)의 특약에 의한 연장을 인정하지 않는 원칙에 대한 예외규정이라는 점을 강조한다.[22]

(2) 학 설

일본의 통설 또한 시효이익의 사전포기를 부정하는 메이지민법 제146조와 동일한 취지에서 시효기간의 연장 및 중단사유의 배척 등 시효의 완성을 어렵게 하는 특약은 일반적으로 무효이나, 시효기간을 단축하는 등 시효의 완성을 용이하게 하는 특약은 가능하다고 본다.[23] 메이지민법 제146조의 제정이유에

---

19) 幾代通=広中俊雄編[内山尚三], 『新版注釈民法(16)』(이하 ‘内山尚三/新版注釈民法(16)’), 有斐閣, 1989, 158頁; 慶野栄穂子, 前掲論文, 53頁.

20) 보통소멸시효기간으로 상한선을 설정한 이유를 하자담보책임을 극단적으로 장기간 존속시키는 것은 법률관계를 복잡하게 만들기 때문이라고 설명된다. 内山尚三/新版注釈民法(16), 158頁. 참고로 慶野栄穂子, 前掲論文, 53頁에서는 주택의 품질 확보의 촉진 등에 관한 법률(품확법)을 소개하면서 동법이 신축 주택의 도급 및 매매에 있어서의 하자담보책임에 대해 민법의 특칙을 두고 있다는 점을 강조한다. 즉 도급인 및 매도인이 주택의 기본구조 부분의 하자에 대해 부담하는 하자담보책임의 기간은 인도시로부터 10년으로 하고, 이 기간을 단축하는 특약은 무효이나(품확법 제94조 제2항, 제95조 제2항), 이 기간을 인도시로부터 20년의 범위 내에서 특약에 의해 연장하는 것은 가능하다(품확법 제97조).

21) 『法典調査会民法議事速記録·四:日本近代立法資料叢書4)』, 商事法務研究会, 1984, 582頁[穂積陳重].

22) 『法典調査会民法議事速記録·四』, 582頁. 慶野栄穂子, 前掲論文, 53頁에서도 이러한 점을 강조한다.

23) 我妻栄, 『新訂民法総則』, 岩波書店, 1965, 452頁; 河上正二, 『民法総則講義』, 日本評論社, 2007, 540頁 등.

대해 통설은 다음 두 가지를 제시된다. 첫째, 시효제도는 기간의 경과에 의해 권리의 소멸을 발생시킨다는 객관적 측면을 가지는 공익상의 제도로서 사전에 시효이익의 포기를 인정하는 것은 이 제도의 취지에 합치하지 않는다(시효의 공익성).[24] 둘째, 시효이익의 사전 포기를 인정할 경우, 채권자는 우월적 지위를 이용하여 채무자에게 시효이익의 포기를 강제할 수도 있다(남용방지)는 점에서 시효이익의 사전포기를 인정해서는 안된다.[25] 특히 일부 견해는 후자에 초점을 맞추어 메이지민법 제146조의 존재이유를 채무자 보호를 위한 것으로 이해한다.[26] 메이지민법 제146조의 취지를 오로지 채권자의 지위남용방지의 관점에서 바라보는 학설에 의하면, 연장합의를 인정하지 않는 것도 남용방지의 관점에서 접근해야 하므로, 연장의 합의가 채권자의 유리한 입장을 이용한 것이 아니고 채무자에게 불리하지 않다는 점에 명확하다면 연장합의를 유효로 판단할 여지가 있게 된다.[27]

참고로 일본의 통설은 메이지민법 제639조가 기간의 연장에 대해서만 규정하고 있으나 담보책임기간을 단축하는 합의 또한 원칙적으로 유효하다고 본다.[28] 특히 이와 관련하여 가노 나오코(鹿野菜穂子)는 "실제 종래부터 건설공사의 표준도급계약약관 등에서는 제638조 제1항의 기간을 2년(콘크리트조 등) 내지 1년(목조 등)으로 단축하는 조항이 마련되어 있었다. 매매에 대해서도 하자담보책임기간을 단축하는 합의는 원칙적으로 유효하다고 해석되어 왔다."는 점을 강조한다.[29]

---

24) 梅謙次郎, 『訂正増補民法要義巻之一·総則編』, 有斐閣, 1984, 375頁(慶野菜穂子, 前掲論文, 52頁 재인용). 공익성을 더 강조하는 제척기간의 경우에는 더욱더 연장합의가 인정되지 않을 것이다. 慶野菜穂子, 前掲論文, 53頁.

25) 河上正二, 前掲書, 540頁; 慶野菜穂子, 前掲論文, 52-53頁.

26) 内田貴, 『民法 I [第4版]』, 東京大学出版会, 2008, 334頁; 山本敬三, 『民法講義 I 総則[第2版]』, 有斐閣, 2005, 510頁.

27) 한편 河上正二, 前掲書, 528-529頁은 "시효는 그 사회적·공익적 이익과 관련하므로 강행규정이며, 당사자는 사전에 이를 연장·단축할 수 없다고 하며 연장뿐만 아니라 단축도 원칙적으로 부정하나, 또 다른 한편으로 원용 및 포기에서 알 수 있듯이, 시효에서도 어느 정도 당사자의 이니셔티브가 존중되고 있다"고 하면서, "시효기간의 연장에 의해 소비자의 권리를 보호하는 경우에는 그 효력은 부정되지 않는다"고 한다.

28) 慶野菜穂子, 前掲論文, 53頁.

29) 慶野菜穂子, 前掲論文, 53頁.

(3) 판 례

일본에서도 채무자에게 불리하지 않은 시효기간의 연장합의의 효력을 직접적으로 다룬 판결을 찾기 어렵다. 다만 생명보험금청구권의 소멸시효의 기산점이 문제되었던 最判2003(平成15)·12·11(이하 '대상판결')[30]에서 일본 판례의 입장을 추단해 볼 수 있을 뿐이다.

1) 사실관계 및 재판의 경과

본 사건은 생명보험계약의 피보험자였던 A가 자동차를 운전하여 외출한 채로 행방불명된 후 5년 8개월이 지난 후에 사체로 발견되어 보험금수령권자인 피보험자의 妻 X가 보험회사 Y에 대해 사망보험금 등을 청구한 사안이다. Y는 본건 생명보험약관(이하 '본건 보함약관')에 "피보험자가 사망한 날의 익일부터 기산하여('기산점 합의') 3년의 경과에 의해('기간 합의') 보험금청구권의 소멸시효가 완성된다"는 취지의 규정이 있어, 본건에서는 이미 보험금청구권은 소멸하였다고 하며 보험금의 지급을 거절하였다. 1심인 東京地判 1999(平成11)年 5月 17日[31] 및 2심인 東京高判 2000(平成12)年 1月 20日[32]은 본건에 있어서는 A의 사체가 발견되기 전까지 X는 대략 보험금청구권의 행사를 현실적으로 기대할 수 없었다고 보고, 본건에 있어서의 보험금청구권의 소멸시효의 기산점은 A의 사체가 발견된 때인데, X에 의한 보험금청구권의 행사는 그로부터 3년이 경과하지 않아 본건 생명보험금청구권은 소멸시효가 성립되지 않았다고 하며 Y에 총액 3,600만 엔의 보험금의 지급을 명하였다. 이에 대해 Y가 상고하였는데 최고재판소는 "본건 소멸시효에도 적용되는 민법 제166조 제1항이, 소멸시효의 기산점을 『권리를 행사할 수 있는 때』라고 규정하고 있어 단순히 그 권리의 행사에 대해 법률상의 장애가 없을 뿐만 아니라 권리의 성질상 그 권리행사를 현실적으로 기대할 수 있게 된 때로부터 소멸시효가 진행된다는 것이 동항 규정의 취지임을 감안할 때, 본건 약관이 본건 소멸시효의 기산점에 대해 상기와 같이 규정한 것은 본건 각 보험계약에 의거하는 보험금청구권은 지급사유(피보험

30) 民集 57卷 1号 2196頁. 본건은 생명보험계약과 관련하는 약관에 의해 규정된 보험금청구권의 3년의 소멸시효의 기산점에 대한 해석이 다투어진 사안이다.

31) 判時 1714号 146頁.

32) 判時 1714号 143頁.

자의 사망)가 발생할 경우 통상 그때로부터의 권리행사를 기대할 수 있다고 해석됨에 의한 것으로, 당시의 객관적 상황 등에 비추어 그때로부터의 권리행사를 현실적으로 기대할 수 없는 특단의 사정이 존재하는 경우에 대해서도 상기 지급사유의 발생의 때인 피보험자의 사망시점을 본건 소멸시효의 기산점으로 삼는다는 취지가 아니라고 해석하는 것이 상당하다(밑줄은 필자가 첨가)"고 판단하였다. 이를 전제로 최고재판소는 "X의 본건 각 보험계약에 의거하는 보험금청구권에 대해서는 본건 약관 소정의 지급사유(A의 사망)가 발생한 때로부터 A의 유체(遺體)가 발견되기까지, 당시의 객관적 상황 등에 비추어 그 권리행사를 현실적으로 기대할 수 없는 특단의 사정이 존재하였다고 보아 그 동안 소멸시효는 진행되지 않는다고 해석해야 한다."고 판단하여 Y의 상고를 기각하였다.

2) 대상판결의 의미

가. 기간합의에 대한 판단(대상판결의 1심)

위 대상판결의 주요쟁점은 소멸시효의 기산점이었으나 1심 판결에서는 보험약관에서 시효기간을 법률의 규정에 비하여 연장한 합의의 효력이 문제되었다.

먼저 일본 상법은 보험사업의 원활한 운영과 신속한 결제의 실현을 위하여 생명보험금청구권에 대해 2년의 단기소멸시효기간을 정하였다(舊상법 제683조 제1항, 제663조).[33] 그러나 실질적으로 다수의 보험약관은 본 사안에서도 그러한 바와 같이 3년의 시효기간으로 정하고 있었다. 그러한 보험약관의 효력과 관련하여 대상판결의 1심 판결은 「생명보험에 있어서는 보험금청구권을 발생시키는 보험사고, 특히 피보험자의 사망에 대해 보험금청구권자가 인지하지 못하는 경우가 적지 않은 점이나, 보험금수령권자의 지정이 본인이 모르는 동안에 이루어져 권리자가 되어야 하는 자가 계약의 존재를, 따라서 자기의 권리의 존재를 인지가 늦어지는 경우가 있는 점 등에 비추어, **보험자가 약관에 있어서 시효기간을 3년으로 연장하고 있음이 인정되어 위 약관의 유효성은 일반적으로 승인되고 있다**」고 보아 그러한 합의를 유효로 본다.[34] 이와 같이 상법의 규정과 비교하여 보험약관에서 시효기간이 연장된 것에 대해 학설 중 일부는 본래 보험

---

33) 大森忠夫=三宅一夫, 『生命保険契約法の諸問題』, 有斐閣, 1958, 162頁.

34) 松本克美, 『続·時効と正義』, 日本評論社, 2012, 251頁.

금청구권이 권리행사의 어려움이 있을 수 있다는 점을 고려한 약정으로서 의미를 가진다고 본다.[35)]

나. 기산점합의에 대한 판단

일본 舊상법 제663조는 단기(2년)의 시효기간을 정할 뿐이어서 시효의 기산점은 일본민법 제166조 제1항이 적용되었다. 그런데 본건 보험약관에서는 3년의 시효기간과 함께, 기산점에 대해서도 「지급사유가 발생한 날의 익일」이라 규정하였다. 이 경우 약관에 의한 시효기산점과 민법의 소멸시효 기산점의 원칙은 어떠한 관계를 형성하는지가 문제되었으나 1심 판결과 원심 판결에서는 이에 대한 정치한 분석을 하고 있지 않다. 즉 1심과 원심은 시효「기간」에 대하여 약관에 의해 민법과 상이한 규정을 마련할 자유가 있다면, 시효「기산점」에 대해서도 마찬가지로 약관이 우선하여 적용되는 것인가에 대한 물음에 대해서는 답변하지 않는다. 1심 및 원심은 메이지민법 제146조에 대한 언급을 자시하더라도 메이지민법 제166조 제1항의 적용의 가부를 특별히 명시하지 않고 모두 권리행사의 기대 가능성에 의해 시효기산점을 해석한다. 대상판결은 본건 보험약관의 경우에도 보험에서 규정한 기산점이 아닌 메이지민법 제166조 제1항에 의해 기산점을 판단해야 한다고 보아 약관작성자에게 불리한 해석을 도출한다.[36)] 즉 대상판결은 채권자 보호를 위해 메이지민법 제166조 제1항에 기하여 기산점을 판단하였다. 이러한 판단은 무엇을 의미하는가? 이에 대한 답변을 위해서는 메이지민법 제146조를 해석함에 있어 약정이 단순히 채무자를 보호한다는 것이 중요한 것인지 실질적으로 그러한 채무자를 보호할 필요성이 있는지를 확인할 필요가 있을 것이다. 생각건대 대상판결은 보험약관의 경우에 약관작성자는 채무자이지만 보험소비자인 채권자에 비하여 우위적 지위에 있다는 점을 고려하여 메이지민법 제146조를 해석함에 있어 채무자인 약관작성자 보다는 채권자인 소비자 보호에 초점을 맞춘 것으로 이해된다. 따라서 대상판결은 메이지민법 제146조를 적용하여 약정의 효력을 인정할 것인지 여부를 판단함에 있

---

35) 松本克美, 前揭書, 251頁-252頁.

36) 위 약정은 채무자에게 유리한데, 대상판결은 시효기간의 기산점을 제166조 제1항에 의해 판단하여 결과적으로 채권자에게 유리한 결과를 도출한다. 대상판결에 대한 입장을 긍정하는 견해로는 清河雅孝, 「判批」, 私法判例リマークス22号(2001), 109頁 참조.

어 채무자 보호의 실질적 필요성을 주요한 판단기준으로 삼고 있다고 볼 수 있다.[37)]

(4) 검 토

일본의 판례는 시효기간의 연장합의가 채무자에게 불리하지 않거나 채권자인 소비자를 보호하는 경우에는 그 연장합의를 유효라고 보는 것으로 이해된다. 학설 또한 이견은 있겠지만 시효기간의 합의에 의한 연장이 시효제도가 가지는 공익성을 침해할 수 있다고 보면서도 예외적으로 채무자에게 불리하지 않고 그 합의를 통해 실현하고자 하는 이익이 더 크다면 그 합의를 유효로 본다.[38)]

한편 메이지민법 제639조의 규정을 전제로 할 때, 메이지민법 제637조가 규정하는 1년, 제638조 제1항이 규정하는 5년·10년의 기간은 당사자가 특별한 합의를 하지 않는 경우에 적용되는 보충규정으로서의 의미를 지닌다. 이 경우에 공익에 의거하는 상한은 보통의 시효기간(메이지민법 제167조에 규정하는 소멸시효의 기간)이 담당해 왔다고 할 수 있다. 즉 보충규정(임의규정)인 메이지민법 제639조는 당사자의 합의에 의한 기간연장을 인정하면서 공익을 고려하여 합의에 의한 상한기간의 제한을 두어 적절한 조화를 시도하고 있다. 이런 이유에서 메이지민법 제639조는 일률적으로 제184조 제2항에서 연장합의를 금지하고 있는 우리에게 해석론 및 입법론으로서 시사하는 바가 크다.

2. 독 일

2002년 개정 이전의 독일 민법(이하 '舊독일민법') 제225조는 「소멸시효에 관한 합의」라는 표제하에 「소멸시효는 법률행위에 의해 이를 배제하거나 곤란케 할 수 없다. 소멸시효를 용이하게 하는 것, 특히 소멸시효기간을 단축하는

---

37) 한편 東京高判 1999(平成11)年 9月 30日(判タ1025号 268頁)은 보험약관에서 보험금청구권의 시효는 피고가 『필요한 조사』를 종료한 시점을 기산점으로 약정한 사안에서, "보험금청구권자가 보험금을 청구할 수 있는 시점이란, 피고가 『필요한 조사』를 끝마치고 보험금지급의 가부에 관한 결론이 보험금청구권자에게 도달한 시점이라고 해석하는 것이 상당하다"고 보아, 시효의 기산점을 약정시점이 아닌 권리를 행사할 수 있을 때로 판단한다.

38) 물론 시효기간의 연장합의를 금지하는 것이 채권자의 남용방지에 있다고 보는 견해는 채무자에게 불리하지 않다면 연장합의는 문제되지 않을 것이다.

것은 인정된다.」고 규정하고 있었다. 그런데 2002년 개정된 독일민법 제202조는 「소멸시효에 관한 약정의 금지」라는 표제하에 「① 소멸시효는 고의에 의한 책임의 경우는 법률행위에 의해 사전에 경감(용이)하게 할 수 없다. ② 소멸시효는 법률행위에 의해 법정의 기산일로부터 30년의 시효기간을 초과하여 가중할 수 없다.」고 규정하고 있다.[39] 즉 표제와 다르게 독일민법 제202조는 원칙적으로 시효기간을 가중[40]시키는 법률행위(Rechtsgeschäft)[41]에 기한 연장 등을 유효로 보고[42] 예외적으로 연장이 인정되지 않는 경우를 규정하고 있다. 다만 연장합의는 30년을 초과할 수 없도록 하고 있다.[43] 이하에서는 경감을 규정하고 있는 독일민법 제202조 제1항에 대한 분석보다는 가중을 가능하게 하는 동조 제2항에 대한 분석에 초점을 맞추고자 한다.[44]

---

39) 舊독일민법하에서도 고의에 기한 책임을 사전에 면책할 수는 없었으나(舊독일민법 제276조 제2항), 소멸시효의 경감은 다른 차원의 문제이므로 舊독일민법 제225조의 해석상 고의의 책임에 대한 시효의 경감은 가능하다는 입장이 지배적이었다. Staudinger/Peters, in: Staudinger(Hrsg.), BGB, 2001, § 225 (a.F.), Rn. 15. 반면에 개정민법의 논의에서는 고의의 책임을 면책할 수 없다면 시효에 기하여도 경감할 수 없도록 하는 것이 타당하다고 보아 이를 명문으로 규정하였다. BT-Drucksache, 14/6040, S. 110; Holger Wendtland, Verjährung von Ansprüchen, in: Haas/Medicus/Rolland/Schäfer/Wendtland, Das neue Schuldrecht, 2002, Rn. 182.

40) 당사자가 합의를 통해 시효기간의 가중은 시효기산점을 늦추거나 중단사유를 넓게 인정하거나 시효기간의 연장시키는 것을 의미한다. Heinz-Peter Mansel, Neuregelung des Verjährungsrecht, NJW 2002, 89, 96. 참고로 Peters/Jacoby, in: Staudinger(Hrsg.), BGB, 2014, § 202 Rn. 5에서는 채무자의 일방적인 시효이익의 포기는 동규정의 적용대상에서 말하는 시효기간의 가중이라고 보지 아니한다.

41) 법률행위에는 단독행위도 포함하나 제202조 제2항에서 말하는 법률행위는 채무자의 동의가 필요하다는 점에서 계약으로 이해해야 할 것이다. 이에 대한 상세한 설명은 안경희, 앞의 논문, 137-138면.

42) 특히 하자로 인한 매수인의 담보책임과 관련하여 단기소멸시효에 걸리는 권리에 대한 연장합의에 의미를 가진다. Walter Weidenkaff, in: Palandt/Bassenge(Hrsg.), BGB, 77. Aufl., 2018, § 438 Rn. 4. 한편 시효기간의 연장은 당사자의 합의를 전제로 하므로 명시적 또는 묵시적인 동의는 필요하다. Ingo Saenger, in: Schulze/Dörner(Hrsg.), Handkommentar zum BGB, 9. Aufl., 2017, § 438 Rn. 8.

43) 물론 이러한 변화를 통해 발생할 문제제기를 염려하는 견해로는 Wendtland, a.a.O., Rn. 180 ff.

44) 본고에서는 논문제목에서 이미 설시한 것처럼 소멸시효기간의 가중에 초점을 맞추고자 한다. 참고로 독일에서의 시효기간의 경감에 대한 설명은 안경희, 앞의 논문, 140면 이하 참조.

2002년 이러한 개정은 특히 舊독일민법에서 연장합의를 금지하고 있어 단기소멸시효를 둘러싸고 간접적으로 연장을 위한 우회로를 만드는 실무적인 현실을 반영한 것으로 이해된다. 즉 舊독일민법하에서는 지급유예 및 변제기의 연기 등과 같이 간접적으로 소멸시효규정의 적용을 배제하거나 완성을 곤란케 하는 합의는 유효하다고 해석되어 합의에 의한 시효의 배제 및 기간의 연장(시효를 곤란케 하는 것)을 금지하는 규정의 적용이 회피되어 왔는데, 이와 같은 실무의 요청에 응하기 위해 2002년 개정민법이 합의에 의한 연장을 허용한 것이라 할 수 있다.[45] 이는 PECL 제14:601조를 모범으로 삼아 그에 약간의 수정을 가한 것이다.[46] 그러나 개정독일민법은 소멸시효의 기산점을 주관적인 체계로 전환하여 채권자를 보호하고 있다는 점에서 기간을 연장하는 것이 큰 의미가 있는지 의문이다. 그러나 규정 자체만으로는 채권자의 권리행사를 더 강하게 보장하면서 30년이라는 제한을 통해 법적안정성도 함께 고려하고 있다고 평가할 수 있다.[47]

(1) 독일민법 제202조 위반의 효과

약정기간이 30년을 초과한 것으로 확정된 경우(예: 35년) 또는 기한에 대한 설정 없이 무제한으로 기간을 연장한 경우, 그 약정의 효력이 문제된다. 독일민법 제202조를 위반한 약정은 무효이다. 다만 당사자의 의사가 법률상 허용되는 범위로 축소하는 것을 의도하였다고 해석되면(가정적 의사에 의한 추정), 그 추정된 범위로 기간이 축소될 것이다.[48] 반면에 그러한 당사자들의 의사를 명확하지 않은 경우(즉 의심의 여지가 있는 경우)에는 30년 기간으로 합의한 것으로 간주된다.[49]

(2) 보통거래약관의 규제

연장합의는 형식을 요하지 않으며[50] 청구권이 성립하기 전후를 불문하고

---

45) Wendtland, a.a.O., Rn. 179; Staudinger/Peters/Jacoby(2014), § 202 Rn. 1; MünchKommBGB/Grothe, 6. Aufl., 2012, § 202 Rn. 2.

46) MünchKommBGB/Grothe(2012), § 202 Rn. 2.

47) MünchKommBGB/Grothe(2012), § 202 Rn. 11.

48) 이러한 해석은 30년 미만으로 추정되는 경우에 의미를 가질 것이다.

49) BGH BB 2007, 2591 f.; OLG Koblenz NJW-RR 2015, 950 f.

청구권에 대한 소멸시효기간에 대한 연장합의가 가능하다.[51] 다만 약관에 의해 연장합의가 이루어지는 경우에는 독일민법 제307조 이하의 약관조항규제에 관한 규정 및 독일민법 제242조 신의칙에 기하여 규율된다.[52] 특히 약관작성자가 채무자인지 채권자인지를 구분할 필요가 있다.

먼저 후자의 경우에는 독일민법 제307조 등에 의해 규제를 받아야 할 것이다. 왜냐하면 약관작성자가 채권자라면 그 기간연장에 따라 상대방이 불리한 지위에 놓이게 될 것이며 약관에 의한 내용통제는 약관작성자의 우위적 지위의 남용을 저지하는 것을 정당화 요소로 삼고 있다는 점에서 채권자로서 약관작성자는 부합계약인 약관을 통해 자신의 지위를 남용할 여지가 다분하기 때문이다. 물론 단순히 소멸시효기간을 연장하였다는 것만으로 무효라고 보기 어려울 것이며 상대방의 입장에서 기간이 현저하게 연장된 것으로 볼 수 있는 경우(예를 들어 법정시효기간의 4배 내지 5배를 약관으로 연장한 경우)에 무효가 될 것이다.[53]

반면에 전자의 경우에는 특별한 사정이 없는 한 상대방인 채권자(소비자 등)에게 유리하다는 점에서 별다른 문제가 없을 것이다.[54]

3. 프랑스

종래 시효기간의 연장합의를 인정하는 규정을 두지 않던 프랑스민법은 2008년 개정[55]에서 시효기간의 연장 및 단축을 약정할 수 있는 명문규정을 제2254조에 마련하였다. 그 이후 몇 번의 프랑스민법 개정이 있었지만 동조는 그대로 유지되었다.

---

50) Jürgen Ellenberger, in: Palandt(Hrsg.), BGB, 75. Aufl., 2016, § 202 Rn. 5.

51) Panajotta Lakkis, Die Verjährungsvereinbarung nach neuem Recht, AcP 203 (2003), 763, 766; Palandt/Ellenberger(2016), § 202 Rn. 4.

52) Matusche-Beckmann, in: Staudinger(Hrsg.), BGB, 2014, § 438 Rn. 74; MünchKommBGB/Grothe(2012), § 202 Rn. 10; Mansel, NJW 2002, 89, 97; Detlef Leenen, Die Neuregelung der Verjährung, JZ 2001, 552, 557.

53) BGH, Urteil vom 05.10.2005 - VIII ZR 16/05, NJW 2006, 47, 48. 이 판결에 대한 소개는 안경희, 앞의 논문, 151면 이하 참조.

54) 즉 특별한 사정이 없는 한 채무자로서 약관을 작성한 자를 보호할 필요는 없다.

55) 2008년 6월 17일에 법률 제2008-561호로 개정되어 같은달 18일부터 공포되었다.

(1) 2008년 개정 전 프랑스민법(이하 '개정 전 프랑스민법')에서의 시효기간 연장합의

개정 전 프랑스민법 제2220조에서는 "누구도 미리 시효를 포기할 수 없다. 이미 완성된 시효에 대하여는 포기할 수 있다."고 규정하여 시효이익의 사전포기는 불가능하지만 완성된 시효의 이익을 사후에 포기하는 것은 가능하였다.[56) 반면에 개정 전 프랑스민법은 우리 민법 제184조 제2항과 같이 시효기간 등을 약정으로 변경하는 것을 규율하는 별개의 규정을 두지 않았다. 즉 개정 전 프랑스민법 하에서는 약정으로 시효기간을 연장하거나 단축할 수 있는지가 판례와 학설에 맡겨져 있었다. 2008년 개정전 민법하의 판례는 시효기간의 연장합의는 무효로 보면서도 시효기간을 약정으로 단축하는 것은 유효하다고 보았다.[57)]

먼저 판례가 단축을 인정한 이유는 채권자에게 권리행사를 신속하게 하는 것은 시효제도의 취지와도 부합하며 단축하더라도 특별한 사정이 없는 한 채무자에게 불리하지 않았기 때문이다.[58)] 다만 보험법 영역에서는 시효기간을 단축하게 되면 보험자에게 유리하고 보험소비자 등은 불리할 수 있다는 이유에서 2년 이하로 단축하는 합의를 못하게 하였다(보험법 제L.111－2조).[59)]

한편 판례는 시효기간의 연장은, 사전에 시효이익의 포기를 금지하고 있는 것을 감안하면 시효기간의 연장은 사전에 시효이익의 포기를 금지하는 것을 우회하는 방법이 될 수 있다는 점,[60)] 합의에 의해 30년[61)]을 초과하는 시효기간의

---

56) 시효이익의 포기는 명시적 또는 묵시적으로도 할 수 있었다(2008년 개정 전 프랑스민법 제2221조).

57) Cass. com., 21 mars 1995, Bull. civ., 1995, IV, no 92. 학설 또한 판례와 같은 입장이다. Eve Matringe, Faut-il supprimer l'article L.34-2 CPCE?, https://hal.archives-ouvertes.fr/hal-00630383, 2012, p.4.

58) Rapport fait au nom de la commission des Lois constitutionnelles, de législation, du suffrage universel, du Réglement et d'administration générale sur la proposition de loi de M. Jean-Jacques HYESTportant réforme de la prescription en matiére civile, Par M. Laurent BÉTEILLE, Sénateur, No 83, Sénat, Session extraordinaire de 2007-2008, Annexe au procés-verbal de la séance du 14 novembre 2007, p.52 f. 〈http://www.senat.fr/rap/107-083/107-083mono.html#fn1〉

59) 정다영, 앞의 논문, 276면.

60) Matringe. op. cit., p.4에서는 판례가 연장합의를 무효라고 본 주요 논거로 2008년 개정전 민법 제2220조의 사전포기와 연결짓는다.

61) 참고로 2008년 개정 전 프랑스민법상 시효기간은 30년이었다(제2262조).

연장을 가능하게 하는 것은 종국적으로 법적안정성을 위해 인정되는 시효제도의 취지와도 부합하지 않다는 점 등을 이유로, 인정하지 않았다.[62)]

(2) 2008년 개정 프랑스민법에서의 시효연장 합의

1) 개정논의

이미 언급한 것과 같이 판례는 시효이익의 사전적 포기를 금지하는 2008년 개정 전 민법 제2220조를 몰각시킬 수 있다는 우려에서 시효기간의 연장합의를 무효로 보았다. 반면에 판례는 시효의 정지사유 및 중단사유에 대한 합의, 즉 명문으로 인정되는 사유(2008년 개정 전 민법 제2244조 및 제2248조) 이외의 것을 중단(정지)사유로 하는 합의는 유효하다고 보았다.[63)]

먼저 당사자 합의에 의한 기간연장이나 합의를 통해 중단사유의 외연을 확장할 수 있다고 보는 판례의 입장은, 2008년 개정전 민법 제2262조는 시효기간이 30년이라는 점을 고려하면, 시효제도가 가지는 주요 기능인 법적안정성을 형해화할 수 있다는 비판을 받았다.[64)] 더 나아가 판례는 시효기간 연장합의를 무효로 보면서도 시효 중단사유의 합의에 대해서는 유효라고 보아 양자를 다르게 접근하는 이유에 대해 구체적 설시가 없다는 점, 시효기간연장합의를 무효로 보더라도 중단사유의 합의 등을 통해 간접적으로 시효기간을 연장할 수 있다는 점에서 시효연장합의를 무효로 보는 판례의 입장이 사실상 재기능을 못하고 있다는 점 등을 이유로 입법으로 이 문제를 해결할 필요가 있다는 주장이 제기되었다.[65)] 이러한 한계에 대한 고민과 함께 비교법적으로 시효기간의 단축과

---

62) CA Paris, 13 avr. 1867, DP. 1867. II. 49.

63) 중단합의를 인정한 판례로는 Cass. 1re civ., 25 juin 2002, pourvoi n°00-14.590·00-14.591, Bull. civ, I, n° 194. "La modification conventionnelle des causes d'interruption ou de suspension est licite." 한편 프랑스는 2008년 시효법이 개정되기 전에 시효의 정지사유가 열거되어 있어 그 이외에 사유에는 정지규정을 해석으로 확대하기 어려웠다. 그러나 판례는 'contra non valentem(권리를 행사할 수 없도록 방해받은 자에 대하여 시효는 진행하지 않는다)'이라는 이론을 통해 직권으로 정지사유를 확대해석하여 인정하였다. Cass. com., 11 janv. 1994, pourvoi n° 92-10241, Bull. civ, IV, n° 22; Cass. 1re civ., 22 déc. 1959, JCP 1960, II, 11494, note P. E.

64) Philippe MALAURIE, Exposé des motifs dans MINISTÈRE DE LA JUSTICE ET DES LIBERTÉS, Avant-projet de réforme du droit des obligations et de la prescription, Paris, La Documentation française, 2006, p.195 f.

65) Sophie CATTELET, Réflexions sur les sources de la prescription extinctive, thèse de doctorat,

기간연장 합의를 원칙적으로 유효로 보는 경향을 반영하여 프랑스에서는 시효법에 대한 개정논의가 활발하게 진행되었다. 대표적으로 Avant－projet de ré－forme du droit des obligations et du droit de la prescription(이하 '까딸라 개정시안')에서는 유럽계약법원칙 등에 영향을 받아 보통시효기간을 3년으로 단축하고(제2274조) 시효기간을 합의로 연장할 수 있도록 하였으며(다만 10년을 초과할 수 없도록 함, 제2235조 제2항), 합의로 시효진행의 장애사유를 정할 수 있도록 규정하였다(제2266조 제1항).[66]

2) 2008년 개정 프랑스민법

까딸라 개정시안은 큰 변화없이 2008년 프랑스 개정민법으로 이어졌다.[67] 먼저 2008년 개정 프랑스민법은 제2224조에서 "인적소권 및 동산소권은 권리자가 이를 행사할 수 있다는 사실을 알거나 알 수 있었을 때로부터 5년으로 소멸된다."고 하여 보통시효기간을 5년으로 단축하였다. 또한 제2234조에서 "법률, 합의 또는 불가항력에서 발생한 사유로 인하여 권리행사가 불가능한 상태에 있는 경우에는 시효가 진행되지 않거나 정지된다."고 규정하여 합의로 시효진행의 장애사유를 정할 수 있도록 하였다.[68] 한편 2008년 프랑스 개정민법은 제2234조와 별개로 제2254조 제2항에서 "당사자는 법률에 의해 규정된 시효의 정지사유 또는 중단사유 이외의 것을 합의로 추가할 수 있다"고 하여 합의에 의한 시효의 중단 및 진행정지사유를 정할 수 있도록 하였다.[69] 더 나아가 제2254조

Rouen, Faculté de droit, des sciences économiques et de gestion, Université de Rouen, 2000, par. 19 et 142-149(특히 나폴레옹민법이 빠른 시대적 변화에 대응하지 못한다는 점 강조); CATALA(dir.), Avant-projet de réforme du droit des obligations et de la prescription, La Documentation française, 2005; Philippe Malaurie, Exposé des motifs de la prescription et de la possession, in: Avant-projet de réforme du droit des obligations et de la prescription, Pierre Catala/Ministère De La Justice, La documentation Francaise, Paris 2006, p.171 ff.

66) 까딸라 개정시안의 경위 및 조문내용은 정다영, 앞의 논문, 277면 이하 참조.

67) 개정경위에 관한 설명은 Jean-Jacques HYEST, PROPOSITION DE LOI portant réforme de la prescription en matière civile, n° 432, SÉNAT(2006-2007); Laurent BÉTEILLE, PROPOSITION DE LOI portant réforme de la prescription en matière civile, n° 83, SÉNAT(2007-2008). 국내문헌으로는 정다영, 앞의 논문, 284면 이하 참조.

68) 즉 2008년 프랑스 개정민법은 판례의 'contra non valentem'이론을 명문화하였다. Malaurie, op. cit., p.177; BW Janke/FX Licari, Contra Non Valentem in France and Louisiana: Revealing the Parenthood, Breaking a Myth, 71(2) Louisiana Law Review 503(2011), 520 ff.

69) 시효의 진행과 시효의 중단(정지)는 다른 차원의 문제라는 점에서 양자를 위한 개별적인

제1항에서는 “시효의 기간은 당사자의 합의에 의해 단축하거나 연장할 수 있다. 다만 1년 미만으로 단축하거나 10년을 초과하여 연장할 수 없다.”고 하여 합의에 의한 단축 및 연장을 인정하였다. 다만 제2254조 제3항은 “전2항의 규정은 임금, 정기금, 연금. 부양연금, 임료, 소작료, 임차인의 비용부담, 대여금 이자와 일반적으로 1년 또는 1년보다 단기의 기간에 정기적으로 지급하여야 하는 것에 관한 소권에 대하여는 적용하지 아니한다.”고 하여 특정소권에 대해서는 합의에 의한 시효기간의 연장·단축, 그리고 합의에 의한 시효중단·정지사유의 추가를 배제하였다.

3) 검 토

2008년 개정 프랑스민법은 종래 시효에 관한 규정을 간명하게 정리하고 사적자치에 의한 시효법의 유연화를 시도한 것으로 평가할 수 있다. 다만 사적자치의 확대로 인하여 발생할 수 있는 법적안정성의 침해를 고려하여 합의에 의해 시효가 중단되거나 정지된 경우에도 전체 소멸시효기간이 20년을 초과할 수 없도록 하였으며(제2232조 제1항), 사적자치로 인하여 발생할 수 있는 열위적 지위에 있는 자를 보호하기 마련된 제2254조 제3항은 합의에 의한 지위남용을 차단하기 위해 마련된 조항이다.[70] 열위적 지위에 있는 자를 보호하기 위한 배려는 민법(제2254조 제3항)뿐만 아니라 특별법(소비법 제L.218－1조[71] 및 보험법전 제L.114－3조[72] 등)에도 마련하였다.

요컨대 2008년 개정 프랑스민법은 시효법에도 사적자치를 폭넓게 인정하면서도 약자 보호[73] 및 법적안정성을 위한 장치를 마련하여 중용을 모색하였다

조항을 둔 것은 타당하다고 할 수 있다.

70) Matringe. op. cit., p.5; Monique BANDRAC, La nouvelle nature juridique de la prescription extinctive en matière civile, Revue des contrats, 2008.4.1413, par. 36-38; J. KLEIN, Le point de départ de la prescription, coll. Recherches juridiques, Paris, Economica, 2013, par. 447, pp.341-342. 개정 이후의 판례에서도 제2254조 제1항 내지 제2항의 의미를 확인하면서도 동조 제3항이 가지는 의미를 강조하면서 합의에 의한 연장합의 등을 배척하였다. Cass. civ., 22 novembre 2017, pourvoi n°16-16.561; Cass. com., 15 octobre 2013, pourvoi n°12-21.704.

71) 2008년 개정 프랑스민법 제2254조는 사업자와 소비자 간에는 적용되지 않는다.

72) 보험계약에는 2008년 개정 프랑스민법 제2254조가 적용되지 않는다.

73) 약자보호를 위한 배려로서 의미를 가진다는 분석으로는 김상찬, 앞의 논문, 34면 이하 및 정다영, 앞의 논문, 287면.

고 평가할 수 있다.

(3) 2008년 개정 이후의 논의

2009년 유럽민사법의 공통기준안(Draft Common Frame of Reference, DCFR) 제3권 제7장 제6절에서는 당사자의 합의로 시효의 요건을 정할 수 있도록 하였으며, 특히 시효기간의 가중 및 경감이 가능하다고 보았다(제III.－7:601조 제1항). 다만 시효기간은 그 기산일로부터 1년 미만으로 단축하거나 30년을 초과하여 연장할 수 없도록 하였다(제III.－7:601조 제2항). 프랑스의 떼레 그룹은 시효의 요건을 합의로 정할 수 있다는 DCFR의 사고를 시효의 기산점을 변경할 수 있다는 것으로 이해하였고 이에 영향을 받아 2013년에 개정시안을 마련하여 발표하였다(이하 '떼레 개정시안').[74] 떼레 개정시안 제132조 제3항에서는 당사자는 시효의 기산점도 변경할 수 있으나, 그 기산점은 채권자가 권리를 행사할 수 있었던 날보다 앞설 수 없게 하였다.[75] 또한 떼레 개정시안 제133조에 의하면, 이러한 기산점 조정은 신체적, 정신적 완전성에 대한 침해로 인한 배상청구 및 1년마다 또는 그보다 더 짧은 주기로 지급하여야 하는 채권, 그리고 소비자법에 대하여는 적용되지 않는다. 그런데 떼레 개정시안은 입법화되지 않았고 이에 2008년 개정당시의 조문이 현재까지 유지되고 있다.

4. 유럽계약법원칙(PECL)

독일, 프랑스, 일본의 시효법 개정을 보면, 일반소멸시효기간을 단축하면서 시효기간을 합의로 단축 또는 연장할 수 있게 하였다는 점을 알 수 있다. 즉 새로운 시효법제의 특징으로서, 시효기간의 단순화·획일화 및 사적자치에 의한 시효법의 유연화를 확인할 수 있다. 이러한 경향은 유럽통일법 등[76]에서 확인할 수 있는 경향이라고 할 수 있다. 대표적으로 유럽계약법원칙(PECL)[77]은 제3

---

74) François TERRÉ(dir.), Pour une réforme du régime général des obligations, Dalloz 2013, p.111 ff. 떼레 개정시안에 대한 상세한 소개는 정다영, 앞의 논문, 291면 이하 참조.

75) 실제로 권리가 가능한 시점보다 이전으로 기산점을 약정하는 것을 허용하지 않는다.

76) 유니드로와(UNIDROIT) 국제상사계약법원칙(PICC) 제10.3조; 유럽계약법원칙(PECL) 제3부 제14:601조 등.

77) 개정논의 등에 대해서는 양창수, "유럽계약법원칙의 소멸시효 규정", 서울대학교 법학(제

부 제14:201조에서 일반소멸시효기간을 3년으로 하면서 제3부 제14:601조에서 “시효의 요건은 시효기간을 단축하거나 연장하는 등 당사자 간의 합의에 의해 변경할 수 있다. 전항의 규정에도 불구하고 시효기간은 제14:203조에 규정하는 기산일로부터 1년 미만으로 단축하거나 30년을 초과하여 연장할 수 없다”고 규정하고 있다. 또한 제3부 제14:307조에서는 특별한 사정이 없는 한 시효의 진행정지나 완성유예가 있는 경우에도 소멸시효기간의 최대한도인 10년(인신손해는 30년)을 초과할 수 없도록 하고 있다.[78)]

5. 검 토

독일과 프랑스, PECL의 새로운 시효법제에 있어서는 시효기간을 단일화하고[79)] 보통시효기간을 3년(독일 민법 및 PECL) 또는 5년(프랑스 민법)을 규정하고 있다는 점에서, 종래와 비교하여 단순화되고 현저히 단축되었다.[80)] 이러한 변화는 시효에 관한 연장합의를 인정하는 경향과 밀접한 관계를 가진다고 볼 수 있다. 우선 개정 전 시효기간이 장기였던 것은 그러한 기간의 보장만으로도 채권자의 권리불행사에 대한 태만을 제재할 수 있었을 것이며, 그 시간 동안 권리행사를 하지 않음으로 인하여 형성된 법적질서를 보호해야 할 필요성이 제고될 것이라는 점에서 당사자의 합의를 통한 이익조정의 필요성이 크지 않았다고 할 수 있다. 반면에 시효기간의 단축은 당사자의 합의를 통한 이해관계의 조정의 필요성을 증대시킨다. 더 나아가 시효제도에서도 사적자치를 허용하는 것이 민

44권 제4호), 서울대학교 법학연구소(2013) 참조.

78) PECL에 대한 개괄적인 소개는 慶野栄穂子, 前揭論文, 54頁: 김성욱, 앞의 논문, 357면; 정다영, 앞의 논문, 279면 등.

79) 2008년 프랑스민법의 개정이유 또한 시효기간에 매우 다양하여 실질적인 기능을 다하고 있지 않다는 비판을 받았다. 일본에서도 오래전부터 일본민법 제168조 이하에 규정하는 다양한 시효기간의 정함은 양태가 복잡하여 그 기능에 의문을 제기하는 견해가 있었다. 金山直樹, 「民法173条·174条(短期消滅時効)」, 広中俊雄=星野英一編 『民法典の百年Ⅱ』, 有斐閣, 1998, 390頁 이하; 慶野栄穂子, 前揭論文, 57頁.

80) 2017년 개정 일본민법 또한 종래 1년, 2년, 3년의 단기소멸시간을 삭제하고 보통소멸시효기간을 제166조 제1항 1호에서 권리를 행사할 수 있음을 안 때로부터 5년(제166조 제2항 제2호에 따른 ‘권리를 행사할 수 있는 때로부터 10년’은 메이지민법과 동일)으로 단축하였다. 다만 일본은 개정에 있어 시효기간의 연장합의를 인정하는 규정을 명문화하지 않았다.

법의 기본원리와도 더 어울리는 조합이라고 할 수 있다. 다만 시효제도가 가지는 법적안정성을 형해화하는 것을 막기 위해서 합의에 의한 연장을 제한하는 상한기간(독일 민법 및 PECL에서는 30년, 프랑스민법 10년)이 종래 장기소멸시효기간의 역할을 대신한다.

결과에 초점을 맞추어 도출한 것일 수는 있으나 보통소멸시효기간을 당사자의 합의로 연장할 수 있다는 조항은 임의규정으로서 사적자치를 실현하는 역할을 한다고 볼 수 있을 것이지만, 합의에 의한 무기한 연장을 제한하는 상한기간 조항은 강행규정으로서 사적자치를 제한하는 역할을 담당한다고 할 수 있다.

Ⅳ. 우리 민법에의 시사점 — 시효기간연장합의 규정을 두는 것에 대하여 —

제184조 제2항에 의하면 시효기간의 연장합의는 예외 없이 무효가 될 것인지가 문제되나, 비교법적인 검토를 통해 얻어 낼 수 있는 결론은 해석론에 의하더라도 유효가 될 여지가 전혀 없는 것은 아니다. 그러나 이 문제를 해석에 맡기는 것보다는 국제적인 동향 등을 고려하여 입법론적으로는 검토해 보는 것이 타당할 것이다.

먼저 생각해 볼 수 있는 방법은 독일, 프랑스, 유럽계약법원칙(PECL)과 같이 비교적 단기의 보통시효기간을 마련하여 이를 당사자의 이익조정을 도모하는 임의규정으로 삼고, 다른 한편으로 공익과 관련하는 강행규정으로서 합의의 상한기간을 제한하여 당사자가 그 기간의 범위 내에서 계약에 의해 시효기간을 연장할 수 있도록 하는 것이다.

또 다른 방법은 일본민법과 같이 시효기간을 단일화하면서도 시효기간의 단축만을 합의로 인정하고, 시효기간의 연장은 기한유예 등의 방법을 통해 간접적으로 달성하도록 하는 것이다.

생각건대 시효법에 대한 전체적인 개정을 전제로 하여 합의에 의한 시효기간의 단축 및 연장을 원칙적으로 허용하는 방향으로 개정하는 것이 타당하다고 본다. 물론 입법을 함에 있어 고려해야 할 요소가 많을 것이지만 이하에서는 중요하다고 생각되는 몇 가지를 중심으로 검토해 보고자 한다.

1. 시효제도의 목적에 대한 고려

시효제도가 종국적으로 채무자를 보호하는 것에 있다면,[81] 채권자와 합의로 권리행사기간을 단축하는 것은 채권자에게 유리하기 때문에 단축합의는 크게 문제되지 않을 것이다. 그러나 시효기간을 연장하는 것은 종국적으로 채권자에게는 유리하고 채무자에게는 불리하다는 점에서 시효기간의 연장의 효력을 부인할 수 있을 것이다. 그러나 채무자가 오히려 역학적으로 채권자에 대하여 우위적 지위를 점하고 있는 경우라면 그러한 연장합의를 채무자보호와 연결지을 필요가 없다는 점에서 연장장합의의 효력을 인정할 수 있을 것이다.

채무자와 법적 관계를 맺을 것으로 예상되는 당사자는 1인이 아닌 불특정다수이기 때문에 채무자와의 이해관계를 맺는 여러 당사자들을 고려하면 시효제도는 사회 일반의 이익과 연결된다.[82] 독일 연방대법원이 소멸시효가 가지는 제도적 기능으로서 '채무자가 자신의 재산을 임의 처분할 수 있도록 하는 기능'을 강조하고 있는데,[83] 이는 채무자가 다른 자들과 맺는 이해관계의 외연을 확장할 수 있게 한다. 예컨대 소멸시효가 완성된 채무에 대해서는 채무자는 그 채무에서 벗어나게 되므로 채무자는 소멸시효가 완성된 채권을 고려하지 않고 자기의 재산을 적극적으로 불특정다수인 제3자에게 처분하거나 투자할 수 있게 된다.[84] 한편 유럽 계약법원칙(PECL) 또한 시효제도가 권리불행사상태가 장기

---

81) Markus Philipp, Verjährungshemmung durch Rechtsverfolgung: Insbesondere ein Beitrag zur Behandlung verfahrensrechtlich fehlerhafter Rechtsverfolgungsmaßnahmen des § 204 Abs. 1 BGB, 2018, S. 69에서는 시효제도를 공익적인 측면보다는 채무자 보호에 초점을 맞춘다.

82) Heinz-Peter Mansel, Die Reform des Verjährungsrechts, in: W Ernst and R Zimmermann (eds), Zivilrechtswissenschaft und Schuldrechtsreform (2001), S. 343.

83) BGH, 17.1.1990 VIII ZR 292/88; BGHZ 110, 88, 92 = NJW 1990, 2065. Martin Asholt, Verjährung im Strafrecht: Zu den theoretischen, historischen und dogmatischen Grundlagen von Bestrafung und Zeit in §§ 78 ff StGB, 2016, S. 81; Ulrich Büdenbender, "Die Verjährung zivilrechtlicher Ansprüche", JuS 1997, 481, 482 f.; Annette Guckelberger, Die Verjährung im Öffentlichen Recht, 2004, S. 72 ff.

84) Büdenbender, JuS 1997, 481, 483; Frank Peters/Reinhard Zimmermann, "Verjährungsfristen, Der Einfluß von Fristen auf Schuldverhältnisse; Möglichkeiten der Vereinheitlichung von Verjährungsfristen", in: Bundesminister der Justiz (Hrsg.), Gutachten und Vorschläge zur Überarbeitung des Schuldrechts, Band 1, 1981, S. 118 f.에서는 이러한 채무자의 임의처분의 자유를 보호하는 소멸시효의 기능을 독일민법 제242조의 신의칙에 의해 정당화되는 것으

간 계속된 채권에 관한 소송의 장기화를 방지한다는 점을 언급하면서 시효법의 주요기능으로 고비용과 많은 시간을 요하는 소송이 제기되는 것을 방지하는 것(ut sit finis litium)에 있다는 점을 강조한다.[85] 생각건대 시효제도가 고려하는 「공익」은 "권리행사에 일정한 한계를 정하고 일정기간 내에 권리관계를 확정시켜 채무자와 관계된 법률관계의 안정화를 통해 법적안정성을 실현하고, 재판과 관련된 여러 가지 비용 및 채무자의 재무 상황을 조사하기 위한 비용을 경감하는 사회 일반의 이익이라는 사법제도적 이익"이라 할 수 있다. 따라서 시효제도는 공익을 위한 제도라고 할 수 있으며, 채무자의 보호는 공익에 포함되는 일부분이거나 공익을 위한 제도에 기하여 발생하는 반사적 이익에 해당한다고 보아야 할 것이다.[86] 이처럼 시효제도의 본질(기능)을 법적안정성 등을 위한 공익의 실현에 있다고 보는 입장[87]에서는 단순히 채권자와 채무자의 역학적인 지위만으로 그 합의의 유·무효여부를 판단하기 어려울 것이다.

2. 채권자의 지위 남용과 채무자 보호

먼저 시효의 완성을 용이하게 하는 합의는 법적안정성을 도모하고자 하는 시효제도의 목적(기능)과도 부합할 뿐만 아니라 특별한 사정이 없는 한 시효의 완성을 용이하게 하는 것은 채무자에게 유리하다는 점에서, 그러한 합의를 굳이 금지할 이유가 없다. 물론 시효완성을 용이하게 하는 것이 결과적으로 진정한 권리자인 채권자에게 가혹할 수 있으나 채권자의 자유로운 의사에 기한 합

로 설명하기도 한다.

85) 이를 소개하고 있는 국내문헌으로는 양창수, 앞의 논문, 117면 참조.

86) 같은 맥락에서 시효제도는 채권자가 빠른 시일 내에 권리를 행사할 수 있도록 하는 유인이 된다(BGH NJW 1986, 1608, 1609; Büdenbender, JuS 1997, 481, 482)는 것 또한 정확히 말하면 시효제도의 기능보다는 시효제도에 의한 반사적인 기대효과라고 할 수 있다. 프랑스 다수문헌에서도 채권자의 빠른 권리행사의 유인이 된다는 점을 강조한다. Henri, Léon, Jean MAZEAUD et François CHABAS, Leçons de droit civil, t. 2, vol. 1 « Obligations : théorie générale », 9e éd., 1998, par. 1170, p.1202; François TERRÉ, Philippe SIMLER et Yves LEQUETTE, Droit civil, les obligations, 11e éd., 2013, par. 1473, pp.1509-1511; Charles AUBRY et Charles RAU, Cours de droit civil français, t. 8, 1878, p.426.

87) Philipp, a.a.O., S. 51 ff.에서는 법적안정성(Rechtssicherheit) 또는 법적평화(Rechtsfrieden)를 위한 공익적 측면을 위한 제도로서 시효제도를 인정한다. 일본 문헌으로는 松久三四彦, 「時効制度」 星野英一編 『民法講座1』, 有斐閣, 1984, 541頁 이하 참조.

의를 통해 용인한 것이라는 점에서 채권자의 이익을 침해한 것으로 보기 어려울 것이다.

반면에 시효기간의 연장합의를 인정하지 않은 가장 큰 이유는 채권자가 그 유리한 지위를 이용하여 채무자에게 기간연장의 합의를 강요할 우려 때문이다(지위남용). 그러나 이러한 남용은 시효기간의 단축에서도 발생할 수 있다. 예컨대 소비자계약에서는 오히려 권리행사기간의 단축이 채무자인 사업자에 의해 도출될 수 있다는 점에서 남용의 우려에서 합의에 의한 남용을 금지하였다면 합의에 의한 기간의 단축까지도 금지하여야만 타당하다. 그런데 우리 민법 제184조 제2항의 반대해석상 단축의 합의는 가능하다는 점에서 남용의 우려만으로 연장합의를 무조건 무효라고 보기는 어려울 것이다. 요컨대 채권자가 채무자에 비하여 열위적 지위에 있는 계약관계에서 우위적 지위에 있는 채무자가 기간을 연장하는 것을 인정하는 것은 채권자에 의한 지위남용의 문제가 발생하지 않을 것이며, 채무자에게 오히려 유리하다는 점에서 이를 금지할 이유가 없을 것이다.

3. 중용의 모색

시효제도가 가지는 법적안정성을 위한 공익(公益)과 채무자 보호라는 사익(私益)의 중용을 모색할 수 있도록 하는 것이 진정한 법학의 임무라 할 수 있다. 따라서 획일적으로 시효기간 등을 법이 정하는 경우에는 당사자의 사적자치를 침해할 수 있다는 점에서, 실질적인 자기결정권이 보장되는 것을 전제로 하여 당사자의 합의에 의한 기간연장 등을 인정할 필요가 있을 것이다. 다만 그 기간의 상한을 제한하지 않게 되면, 합의에 의한 무기한 연장으로 시효제도가 가지는 의미를 몰각시킬 수 있다는 점에서 합의를 인정하되 상한기간을 정하는 방법을 통해 공익과 사익의 적절한 균형점에 도달할 수 있을 것이다. 즉 채무자에게 전혀 불리하지 않다 하더라도 합의에 의한 시효기간의 연장을 인정하는 것이 시효제도를 통해 얻고자 한 법적안정성(공익)을 형해화할 수 있기 때문에 기간연장의 상한기간을 설정할 필요가 있다. 이런 이유에서 독일, 프랑스 및 PECL에서도 시효에 관한 합의를 무제한적으로 인정하지 않는다. 만약 연장합의를 무제한적으로 인정한다면 사실상 시효에 걸리지 않는 채권을 인정하는 것과 같게 된다는 점을 고려하여 PECL 등은 합의의 상한기한(독일 민법 및 PECL에서는 30년, 프랑스민법 10년)을 정하고 있다.

한편 시효기간 등을 변경하는 합의가 약관에 포함되어 있는 경우에는 당해 약관조항의 유효성은 약관규제법 등을 전제로 하여 신중히 검토되어야 할 것이다.[88]

4. 합의에 의한 시효중단 등을 인정하는 것과의 평가적 모순 재고

현재의 소멸시효규정에 있어서도 당사자의 의사에 의하여 소멸시효의 완성을 지연시키는 것이 가능하다. 먼저 기한을 유예하기로 한 경우에는 이행기가 변경되기 때문에 소멸시효의 기산점은 변경된 이행기가 도래한 때에 진행한다.[89] 더욱이 제184조 제1항의 반대해석상 시효가 완성된 이후에 시효이익을 포기할 수 있다는 점, 채권자가 채무의 이행을 구하는 소를 제기한 경우에 채무자가 소멸시효의 완성을 항변하지 않으면 원고의 청구를 인용한다는 점,[90] 채무자는 '채무승인'을 통해 시효를 중단시킬 수 있다는 점(제168조 제3호) 등에서 현행법에서도 당사자의 의사에 기하여 간접적으로 시효의 완성을 지연시키는 것이 가능하다.

---

88) Ole Lando, Eric Clive, Andre Prum and Reinhard Zimmermann ed., Principles of European Contract Law Part Ⅲ, Kluwer Law International 2003, p.208.

89) 판례 또한 대법원 2017. 4. 13. 선고 2016다274904 판결 등에서 "민법 제166조는 "소멸시효는 권리를 행사할 수 있는 때로부터 진행한다."라고 규정하고 있으므로, 기한이 있는 채권의 소멸시효는 이행기가 도래한 때부터 진행하지만, 이행기가 도래한 후 채권자와 채무자가 기한을 유예하기로 합의한 경우에는 유예된 때로 이행기가 변경되어 소멸시효는 변경된 이행기가 도래한 때부터 다시 진행한다. 이와 같은 기한 유예의 합의는 명시적으로뿐만 아니라 묵시적으로도 가능한데, 계약상의 채권관계에서 어떠한 경우에 기한 유예의 묵시적 합의가 있다고 볼 것인지는 계약의 체결경위와 내용 및 이행경과, 기한 유예가 채무자의 이익이나 추정적 의사에 반하는지 여부 등 제반 사정을 종합적으로 고려해서 판단하여야 한다."고 본다.

90) 물론 이는 시효완성의 효과를 절대적 소멸로 볼 것인지 상대적 소멸로 볼 것인지에 대한 이론적 설명구조는 다르게 될 것이다. 그러나 어느 학설로 보더라도 채무자가 시효완성을 주장하지 않는 한 채권자는 채무자에 대해 권리행사를 할 수 있다는 결과에 있어서는 차이가 없다.

물론 시효기간의 연장합의는 계약체결시점에 이루어지기 때문에 계약체결 이후에 발생하는 시효의 중단 등과 다른 점이 있다고 볼 수도 있으나, 시효기간의 연장 또한 반드시 계약체결시점에 해야 하는 것이 아니라는 점, 당사자가 기한을 약정하는 것 또한 계약체결시에 이루어 진다는 점 등을 종합적으로 고려하면 계약체결시점에서의 의사관여인지 계약체결시점 이후의 의사관여인지에 따라 양자의 평가를 다르게 취급할 필요는 없을 것이다.[91]

요컨대 종래 시효이익의 포기, 합의에 의한 시효의 중단 및 정지의 인정(채무승인 포함), 합의에 의한 기한유예를 통해 시효기간의 연장을 간접적으로 허용하고 있다는 점에서 시효기간의 직접적인 연장만을 허용하지 않는 것은 평가적인 모순이라 할 수 있으며, 이는 소위 '앞문은 닫고 뒷문은 열어두는 식'이라는 점에서 문제가 있다.

V. 맺음말

법적안정성을 위한 제도로서 시효제도를 이해하면, 비교법적으로 독일, 프랑스 및 PECL에서 시효의 완성을 어렵게 하는 당사자의 합의(시효기간의 기산점, 시효기간, 중단 및 정지사유)를 인정하는 이유를 다음과 같이 판단해 볼 수 있을 것이다.

먼저 이는 시효기간의 단축과 밀접한 관계를 가진다. 종래 시효기간은 상대적으로 장기라고 할 수 있는데, 시효법 개정을 통해 시효기간이 매우 단축되었다. 종래에는 합의에 의해 시효의 완성을 늦출 수 있게 하는 것이 시효기간을 더욱 장기화시킨다는 거부감이 있었으나, 시효기간의 단축은 이러한 거부감으로부터 멀어지게 되는 계기가 되었다.

둘째, 시효기간의 획일화와도 밀접하게 연관된다(예: 3년, 5년 등). 즉 다양한 법률관계를 획일적인 시효기간으로 정하게 되면 논리필연적으로 부당한 결과가 발생할 수 있다. 그런데 그러한 불합리한 결과는 당사자의 합의를 통한 시효기간 연장 등을 통해 조정할 수 있게 한다.

91) 동지: 최준규, "소멸시효이익의 사전포기 - 2020년 개정된 스위스채무법의 소개", 정태윤·지원림논문집, 홍문사, 2023, 923면 이하.

향후 민법개정시 시효의 연장합의를 명문으로 가능하게 할 것인지는 선택의 문제라 할 수 있을 것지만, 어떠한 선택을 할 것인지는 시효기간의 획일화, 보통소멸시효기간의 단축, 그리고 소멸시효 기산점의 주관화 등과 함께 논의되어야 할 것이다. 특히 시효기간의 연장합의를 허용할 것인지를 결정하는 경우에는 채권자의 지위남용으로 이어질 수 있다는 비판, 그리고 합의에 의한 무기한 연장으로 시효제도를 몰각시킬 수 있다는 비판을 경청하여야 할 것이다.

〈참고문헌〉

1. 국내문헌

(단행본)

곽윤직 편집대표, 『민법주해 총칙(3)』, 박영사(1992).

곽윤직, 『민법총칙(신정판)』, 박영사(1999).

김용담 편집대표, 『주석민법 총칙(3)』, 한국사법행정학회(2010).

(논 문)

김상찬, "프랑스의 신시효법에 관한 연구", 법학연구(제38집), 한국법학회(2010).

김성욱, "소멸시효의 단축 및 연장합의와 관련한 입법동향", 법학논총(제19집 제2호), 조선대학교 법학연구소(2012).

김진우, "소멸시효와 제척기간", 재산법연구(제25권 제3호), 한국재산법학회(2009).

서종희, "소멸시효의 기산점(민법 제166조 제1항) 판단기준에 대한 고찰", 재산법연구(제37권 제1호), 한국재산법학회(2020).

______, "소멸시효 기산점에 관한 고찰", 일감법학(제37호), 건국대학교 법학연구소(2017).

안경희, "독일에 있어서 소멸시효에 관한 약정", 인권과 정의(제374호), 대한변호사협회(2007).

양창수, "유럽계약법원칙의 소멸시효 규정", 서울대학교 법학(제44권 제4호), 서울대학교 법학연구소(2013).

정다영, "프랑스 민법상 소멸시효에 관한 합의", 민사법학(제71호), 한국민사법학회(2015).

______, "시효중단을 위한 재판상 청구", 재산법연구(제36권 제1호), 한국재산법학회

(2019).

최준규, "소멸시효이익의 사전기 – 2020년 개정된 스위스채무법의 소개", 정태윤·지원림논문집, 홍문사, 2023.

2. 외국문헌

Martin Asholt, Verjährung im Strafrecht: Zu den theoretischen, historischen und dog–matischen Grundlagen von Bestrafung und Zeit in §§ 78 ff StGB, 2016.

Charles AUBRY et Charles RAU, Cours de droit civil français, t. 8, 1878.

Monique BANDRAC, La nouvelle nature juridique de la prescription extinctive en matière civile, Revue des contrats, 2008.

Matusche–Beckmann, in: Staudinger(Hrsg.), BGB, 2014, § 438.

Laurent BÉTEILLE, PROPOSITION DE LOI portant réforme de la prescription en mat–ière civile, no 83, SÉNAT(2007–2008).

Ulrich Büdenbender, "Die Verjährung zivilrechtlicher Ansprüche", JuS 1997, 481 ff.

CATALA(dir.), Avant–projet de réforme du droit des obligations et de la prescription, 2005.

Sophie CATTELET, Réflexions sur les sources de la prescription extinctive, thèse de doctorat, Rouen, Faculté de droit, des sciences économiques et de gestion, 2000.

Jürgen Ellenberger, in: Palandt(Hrsg.), BGB, 75. Aufl., 2016, § 202.

Annette Guckelberger, Die Verjährung im Öffentlichen Recht, 2004.

Jean–Jacques HYEST, PROPOSITION DE LOI portant réforme de la prescription en matière civile, no 432, SÉNAT(2006–2007).

BW Janke/FX Licari, Contra Non Valentem in France and Louisiana: Revealing the Parenthood, Breaking a Myth, 71(2) Louisiana Law Review 503(2011).

J. KLEIN, Le point de départ de la prescription, coll. Recherches juridiques, 2013.

Panajotta Lakkis, Die Verjährungsvereinbarung nach neuem Recht, AcP 203 (2003), 763 ff.

Ole Lando, Eric Clive, Andre Prum and Reinhard Zimmermann ed., Principles of European Contract Law Part Ⅲ, Kluwer Law International 2003.

Detlef Leenen, Die Neuregelung der Verjährung, JZ 2001, 552 ff.

Heinz–Peter Mansel, Neuregelung des Verjährungsrecht, NJW 2002, 89 ff.

Heinz–Peter Mansel, Die Reform des Verjährungsrechts, in: W Ernst and R

Zimmermann (eds), Zivilrechtswissenschaft und Schuldrechtsreform (2001).

Philippe MALAURIE, Exposé des motifs dans MINISTÈRE DE LA JUSTICE ET DES LIBERTÉS, Avant-projet de réforme du droit des obligations et de la prescription, 2006.

Philippe Malaurie, Exposé des motifs de la prescription et de la possession, in: Avant-projet de réforme du droit des obligations et de la prescription, Pierre Catala/Ministère De La Justice, 2006.

Eve Matringe, Faut-il supprimer l'article L.34-2 CPCE?, <https://hal.archives-ouvertes.fr/hal-00630383>, 2012.

MünchKommBGB/Grothe, 6. Aufl., 2012, § 202

Henri, Léon, Jean MAZEAUD et François CHABAS, Leçons de droit civil, t. 2, vol. 1 « Obligations : théorie générale », 9e éd., 1998

Frank Peters/Reinhard Zimmermann, "Verjährungsfristen, Der Einfluß von Fristen auf Schuldverhältnisse; Möglichkeiten der Vereinheitlichung von Verjährungsfristen", in: Bundesminister der Justiz (Hrsg.), Gutachten und Vorschläge zur Überarbeitung des Schuldrechts, Band 1, 1981

Frank Peters/Florian Jacoby, in: Staudinger(Hrsg.), BGB, 2014, § 202

Frank Peters, in: Staudinger(Hrsg.), BGB, 2001, § 225 (a.F.)

Markus Philipp, Verjährungshemmung durch Rechtsverfolgung: Insbesondere ein Beitrag zur Behandlung verfahrensrechtlich fehlerhafter Rechtsverfolgungsmaßnahmen des § 204 Abs. 1 BGB, 2018.

Rapport fait au nom de la commission des Lois constitutionnelles, de législation, du suffrage universel, du Réglement et d'administration générale sur la proposition de loi de M. Jean-Jacques HYESTportant réforme de la prescription en matiére civile, Par M. Laurent BÉTEILLE, Sénateur, No 83, Sénat, Session extraordinaire de 2007-2008, Annexe au procés-verbal de la séance du 14 novembre 2007.

Ingo Saenger, in: Schulze/Dörner(Hrsg.), Handkommentar zum BGB, 9. Aufl., 2017, § 438.

François TERRÉ, Philippe SIMLER et Yves LEQUETTE, Droit civil, les obligations, 11e éd., 2013.

François TERRÉ(dir.), Pour une réforme du régime général des obligations, Dalloz 2013.

Holger Wendtland, Verjährung von Ansprüchen, in: Haas/Medicus/Rolland/Schäfer/Wendtland, Das neue Schuldrecht, 2002.

Walter Weidenkaff, in: Palandt/Bassenge(Hrsg.), BGB, 77. Aufl., 2018, § 438.

Reinhard Zimmermann, Comparative Foundations of a European Law of Set-Off and Prescription, 2002.

慶野栄穂子,「時效と合意」, 消滅時效法の現狀と改正提言 , 商事法務, 2008.

幾代通＝広中俊雄編[内山尚三],『新版注釈民法(16)』, 有斐閣, 1989.

金山直樹,「民法173条·174条(短期消滅時効)」, 広中俊雄＝星野英一編『民法典の百年Ⅱ』, 有斐閣, 1998.

内田貴,『民法Ⅰ[第4版]』, 東京大学出版会, 2008.

内池慶四郎,『消滅時効法の原理と歴史的課題』2, 成文堂, 1993.

大森忠夫＝三宅一夫,『生命保険契約法の諸問題』, 有斐閣, 1958.

『法典調査会民法議事速記録·四:日本近代立法資料叢書4)』, 商事法務研究会, 1984.

山本敬三,『民法講義Ⅰ総則[第2版]』, 有斐閣, 2005.

松久三四彦,「時効制度」, 星野英一編『民法講座1』, 有斐閣, 1984.

松本克美,『続·時効と正義』, 日本評論社, 2012.

我妻栄,『新訂民法総則』, 岩波書店, 1965.

清河雅孝,「判批」, 私法判例リマークス22号, 2001.

椿寿夫,「権利消滅期間論の課題性」, 椿寿夫＝三林宏編『権利消滅期間の研究』, 信山社, 2006.

河上正二,『民法総則講義』, 日本評論社, 2007.

제 3 편

소멸시효완성의 효과

제 1 장

소멸시효완성의 효과와 부아소나드(Boissonade)의 시효론

- 민법의 개정방향에 대한 시사 -

Ⅰ. 들어가는 말

소멸시효가 완성된 경우, 그 법적 효과를 어떻게 구성할 것인가는 입법자의 재량에 따라 달라진다.[1] 입법의 방향은 크게 두 가지이다. 하나는 채권 등 권리 자체를 소멸하게 하는 방법이고, 다른 하나는 채권(또는 청구권)은 소멸시키지 않고 영구적 거절권을 채무자에게 부여하는 방법이다.[2] 이 중 독일은 소멸시효의 대상을 청구권으로 한정(독일민법 제194조 제1항[3] 참조)하면서 소멸시효완성의 효과와 관련하여 후자의 방법을 택하였다.[4] 예컨대 독일민법 제214조 제1항은 소멸시효가 완성된 경우, 채무자에게 급부를 거절할 권리(Einrede)를 준

1) 시효법리와 그 제도사는 시간적 존재로서의 인간생활의 전개를 법의 국면에서 찾고자 하는 것이라는 점에서 입법적 태도 또한 다를 수밖에 없을 것이다. 内池慶四郎, 「出訴規則期限略史ー明治時効法の一系譜ー」, 慶應義塾大学法学研究会, 1968, 序文 참조.

2) 어떻게 보는가에 따라 소멸시효 완성 후, 채무자의 변제가 부당이득이 되는지를 설명하는 방법에 차이를 보이며, 법원이 직권으로 소멸시효완성을 판단할 수 있는지가 달라진다.

3) 독일민법 제194조 제1항: 타인에 대하여 작위 또는 부작위를 청구할 수 있는 권리(청구권)는 소멸시효에 걸린다. 이하의 독일민법 조문은 양창수 譯, 「독일민법전(2002년판)」, 박영사, 2002을 참조하였음.

4) Palandt/Ellenberger(2011), § 214, S. 239. 스위스민법 또한 후자의 방법을 택하였다. Schwenzer, Schweizerisches Obligationenrecht, Allgemeiner Teil, 4. Aufl., 2006, Rn. 83 f.

다.[5] 반면에 일본은 전자의 방법을 택하여,[6] 채권의 소멸시효의 효과와 관련하여 채권이 소멸한다고 규정하고 있다(메이지민법 제167조 제1항[7]). 일본의 법제심의회 민법(채권관계)부회에서는 채권법을 중심으로 한 민법개정이 논의되면서 채권의 시효기간을 10년에서 5년 내지 3년으로 단축하자는 것과 소멸시효의 효과를 '권리소멸'이 아닌 '이행거절권'으로 구성하자는 일부의견이 주장되었다.[8] 한편 우리민법(시행 2012. 2. 10.: 법률 제11300호, 2012. 2. 10. 일부개정)은 소멸시효완성의 효과와 관련하여 제162조에서 '소멸시효가 완성한다'라고만 규정하고 있는데, 기초자들이 어떠한 입장에서 이러한 태도를 취하였는지는 명확히 알 수 없다.[9] 국내학설은 '의용민법(메이지민법) 제145조[10]가 당사자가 원용하지 아니하면 법원이 직권으로 재판할 수 없다고 규정하고 있는 것과 달리, 우리민법을 제정하면서 이러한 규정을 삭제하였다는 점'과 관련하여 해석상 견해가 나뉜다. 최근까지도 입법개정으로 이를 명확히 할 필요성이 제기될 정도로,[11] 여전히

---

5) 따라서 소멸시효가 완성되었다 하더라도, 청구권 자체는 여전히 존재하므로 채무자가 소멸시효가 완성되었음에도 불구하고 변제한 것은 비채변제가 아니라 진정한 채무의 이행이 된다. Moufang(Oliver), Das Verhältnis der Ausschlussfristen zur Verjährung: ein ausgewähltes Rechtsproblem aus der Inhaltskontrolle vertraglicher Ausschlussfristen, Frankfurt am Main; New York: P. Lang, 1996, S. 44 f.; MünchKomm/v.Feldmann, 4.Aufl., § 222, Rn. 5.

6) 참고로 프랑스는 소멸시효의 효과와 관련하여 시효를 실체법적 개념으로 보는 견해와 절차법적 개념으로 보는 견해로 나뉜다. Ferid(Murad)/Sonnenberger(Hans Jürgen), Das Französische Zivilrecht : Band 1/1 Erster Teil, Allgemeine Lehren des Französischen Zivilrechts : Einführung und Allgemeiner Teil des Zivilrechts, Heidelberg : Verlag Recht und Wirtschaft, 2. Aufl., 1994. S. 279 ff.

7) 메이지민법 제167조 제1항: 채권은 10년간 행사하지 아니한 때에는 소멸한다. 이하 일본민법 조문은 권철 譯, 「일본민법전」, 법무부, 2011을 참조하였음. 2017년 개정 전의 일본민법을 이하 '메이지민법'으로 칭하기로 한다.

8) 民法(債権法)改正検討委員会, "債権法改正の基本方針", NBL 第904号, 197頁 이하에서는 채권시효의 소멸시효에 대해 甲안은 '소급적 소멸'구성을, 乙안으로서 '이행거절권'구성을 제안하였다. 또한 松久三四彦, "時効制度の意義と民法改正案", 司法書士 第486号, 2012. 8, 8-9頁 참조.

9) 즉, 소멸시효의 완성으로 권리가 당연 소멸하는 것인지, 원용(주장)으로 인하여 소멸되는지가 문제된다. 우리 민법전편찬요강 제13항에서는 "소멸시효완성의 효과는 권리를 소멸시킬 수 있는 일종의 항변권을 발생하도록 할 것"이라고 하였으나, 이는 민법초안에서 무시되어 반영되지 않았다. 양창수, "민법안의 성립과정에 관한 소고", 민법연구 제1권, 박영사, 1991, 80면 이하.

10) 메이지민법 제145조: 시효는 당사자가 원용하지 아니하면 법원이 이에 의하여 재판할 수 없다.

11) 참고로 2004년 법무부 개정의견으로 소멸시효 완성의 효과와 관련하여 상대적 소멸설의

소멸시효 완성의 효과에 대한 학설의 견해대립은 첨예하다. 이에 본고는 우리 시효법의 개정방향을 모색해 보기 위해 소멸시효 완성의 효과를 규정하고 있는 우리민법 제162조의 입법이유 등을 분석해 보고자 한다.12) 이를 위해 먼저 소멸시효완성의 효과에 대한 국내 학설 및 일본의 학설을 간단히 살펴본 후(II), 우리민법 제162조가 메이지민법 제167조에서 많은 영향을 받았다는 점에서 일본구민법(특히 '부아소나드의 시효론') 및 메이지민법 시효규정의 입법배경을 살펴보면서(III), 글을 마무리하고자 한다(IV).

II. 소멸시효완성의 효과

1. 일본민법 제167조와 소멸시효완성의 효과

메이지민법 제167조에 의하면 '10년간 권리를 행사하지 아니한 때'에는 권리는 자연적으로 소멸되는 것으로 규정하면서도, 메이지민법 제145조는 소멸시효의 이익을 누리고자 하는 자는 반드시 원용권을 행사하도록 하고 있다. 이처럼 모순되는 것처럼 보이는 메이지민법 제167조와 제145조의 관계를 어떻게 이해할 것인지와 관련하여 일본의 학설은 확정효과설, 불확정효과설(정지조건설, 해제조건설)로 견해가 나뉜다.13) 우선 확정효과설은 시효기간 만료로 권리는 당연소멸하며, 원용권 행사는 민사소송법상 변론주의의 원칙에 입각하여 이해한다.14)

입장에서 명확히 하자는 의견이 주장되었으나(윤진수 위원 등), 학설의 대립이 심한 사항이라는 점을 감안하여 개정대상에서 제외되었다. 2004년 법무부 개정안(총칙·물권 편), 법무부, 2012, 230-233면. 한편 최근의 개정안은 소멸시효의 기간을 단축하자는 견해에 집중되었을 뿐, 소멸시효 완성의 효과에 대해서는 논의되지 않았다. 김성수, "시효 및 제척기간에 과한 민법개정시안", 민사법학 제50호, 2010/9, 180면 이하.

12) 최근 소멸시효 완성의 효과와 관련한 다수국가의 입법적 태도는 권리의 소멸을 인정하는 견해보다는 이행을 거절할 수 있는 항변권주의를 취한다. 송덕수/김성수/김제완/안경희/임건면/채승우, "시효 및 제척기간 관련 개정논의 예상 주요논점과 입법례", 민사법학 제46호, 한국민사법학회, 2009/9, 75, 85면 이하.

13) 川井健, 「民法概論 1: 民法總則(第2版)」, 有斐閣, 2000, 388頁 이하; 加藤雅信, 「新民法大系 I:民法總則(第2版)」, 有斐閣, 2005, 389頁 이하 참조. 학설 중에는 시효를 소송법상제도로 보고 시효완성의 효과를 권리소멸이 아닌 청구권의 소멸로 보는 법정증거제출설이 존재하기도 한다(川島武宜, 「民法總則」, 有斐閣, 1968, 450頁).

14) 종래 일본의 통설에 해당한다. 川島武宜 編集(川井健 執筆部分), 「注釋民法 (5)」{이하 '川

불확정효과설 중 해제조건설은 시효기간 만료로 권리는 소멸하지만, 시효완성을 원용하지 않거나 시효이익을 포기하면 소급하여 시효완성의 효과가 소멸된다는 견해이다.[15] 반면에 불확정효과설 중 정지조건설은 시효기간만료로는 권리 소멸의 효과가 발생하지 않으며, 원용을 해야만 그때 권리가 소멸한다는 견해이다.[16] 일본의 통설은 메이지민법 제167조와 메이지민법 제145조를 모순 없이 설명할 수 있다는 점에서 정지조건설을 취한다.[17] 학설은 일본판례{最二小判昭和61(1986)年 3月 17日}[18] 또한 정지조건설을 취하는 것으로 본다.[19] 일본최고재판소는 "농지매매에서 매수인이 대금을 지급하고 인도를 받아 가등기를 먼저 경료하였으나 10년이 지나도록 농지매매에 대한 관할관청의 허가를 받기위한 협력신청청구권을 매도인에게 행사하지 않아 시효기간이 도과된 후 당해토지가 비농지화된 사안"에서, '농지의 매수인이 매도인에 대하여 갖는 허가신청협력청구권의 시효는 10년의 시효기간의 경과에 의해 확정적으로 발생하는 것이 아니라, 매도인이 당해 청구권에 관한 시효를 원용하였을 때 비로소 확정적으로 발생한다'는 것을 전제로, '매도인에 의해 시효가 원용되기전에 당해 농지가 비농지화되었다면 그 시점에서 당사자가 체결한 농지의 매매계약은 확정적으로 유효가 된다'고 보았다. 요컨대, 일본최고재판소는 허가신청협력청구권의 시효는 완성되었지만 매도인에 의한 원용이 없었으므로 시효의 효력이 발생하지 않는 동안에 농지가 비농지화되었다면, 관할관청의 허가가 불필요하게 되었으므로

井健/注釋民法 (5)'로 인용하기로 함}, 有斐閣, 1984, 38頁.

15) 鳩山秀夫, 「法律行爲乃至時效」, 巖松堂書店, 1910, 585頁.

16) 加藤雅信, 前揭書, 390頁.

17) 加藤雅信, 前揭書, 390頁; 我妻·有泉, 「コンメンタール民法(総則·物権·債権)」, 日本評論社(第2版追補版), 2010, 292-293頁; 內田貴, 「民法 I: 總則·物權總論(第2版)」, 東京大學出判會, 1999, 306頁; 松尾 弘, 「民法の體系(市民法の基礎)」, 慶應義塾大學出版會, 2010, 608頁 이하. 즉, 이 견해는 확정효과설에 의하면 실체관계와 재판과의 모순이 생기게 되고, 또한 시효는 당사자의 의사도 고려하여 효과를 발생하도록 하는 제도라는 점을 강조한다. 이에 대해 확정효과설을 주장하는 견해는 실체관계와 재판사이의 모순이 생기는 것은 많은 제도에서 나타나는 현상이므로, 특히 이 경우에만 그것을 이유로 비난할 필요가 없다고 반박하기도 한다. 柚木馨, 「民法總則」, 青林書院, 1957, 255頁 以下; 川井健/注釋民法 (5), 39頁.

18) 最二小判昭和61(1986)年 3月 17日, 民集 40卷 2号 420頁.

19) 加藤雅信, 前揭書, 390頁; 我妻·有泉, 前揭書, 290頁; 內田貴, 前揭書, 307頁 등 다수.

나중에 이르러 시효를 원용하여도 비농지화된 시점에서 비농지로서의 매매계약의 효과가 확정적으로 발생하고 있기 때문에 매수인(현점유자)은 보호되어야 한다고 본 것이다.[20)]

2. 우리 민법 제162조와 시효완성의 효과

현행민법 제162조(민법원안 제155조)는 의용민법 제167조와 같이 '… 인하여 소멸한다'라고 규정하지 않고 만주민법 제154조[21)]의 예에 따라 '… 소멸시효가 완성한다'는 규정방식을 취하였다. 더 나아가 우리 민법 제정당시 입법자들은 의용민법 제145조의 '시효의 원용규정'을 두지 않았다. 이에 학설은 '소멸시효가 완성한다'는 의미가 무엇인지와 관련하여 절대적 소멸설과 상대적 소멸설로 견해가 나뉜다.[22)] 절대적 소멸설은 시효의 완성으로 권리가 당연히 소멸한다는 견해이고 상대적 소멸설은 시효기간의 도과로 권리가 소멸하는 것이 아니라, 시효의 이익을 받을 자의 원용권의 행사가 있어야 권리가 소멸된다는 견해이

---

20) 확정효과설에 의거하여 시효완성의 효과를 인정하였다 하더라도 매수인은 매도인에 대하여 허가신청을 위한 협력을 구할 수 없게 될 뿐 계약이 실효된 것이 아니므로, 매수인은 보호된다는 점에서 위 판례가 정지조건설을 취한 것으로 볼 수 있을 것인지는 의문이다. 이는 해제조건설에 의해서도 같은 의문이 제기될 수 있다. 확정효과설의 입장에서 이러한 비판을 제기하는 견해로는 金山直樹, "時効とは何か", 加藤雅信=加藤新太郎編著, 現代民法学と実務·上(判例タイムズ社, 2008), 153면 이하(특히 時效의 援用 부분) 참조. 반면에 柴田保幸,「判解」昭和61 最判解說(民), 1986, 175頁에서는 "이 판결은 민법 제145조와 제167조를 모순없이 설명할 수 있는 통설인 정지조건설을 채용하였다"고 판단하였다. 요컨대 柴田保幸판사는 위 판결은 정지조건설을 취하지 않아도 좋은 사안에 대해 명확히 정지조건설을 취하였다는 점에서 선례적 의미가 있다고 보았다. 이 판결에 대한 조사관인 柴田保幸판사의 해석이 일본의 지배적인 견해이다.

21) 만주민법 제154조: 債權은 20년간 이를 행사하지 않음으로 因하여 그 消滅時效가 完成된다. 「法務資料 3: 蘇聯·中國 및 滿州民法典」, 법무부, 1948 참조.

22) 학설에 대한 자세한 설명은 곽윤직 편집대표(윤진수 집필부분), 「민법주해 제3권」, 박영사, 1992{이하 '민법주해 III/윤진수'로 인용하기로 함}, 476-477면; 김용담 편집대표(이연갑 집필부분), 「주석민법 총칙(3)」{이하 '이연갑/주석민법 총칙(3)'으로 인용하기로 함}, 한국사법행정학회, 2010, 541-545면 참조. 절대적 소멸설과 상대적 소멸설이 실체법상 권리가 소멸하는 것을 전제로 하는 반면에, 실체법상 권리가 소멸하는 것이 아니라는 제3의 견해도 있다. 대표적으로 김증한/김학동, 「민법총칙」, 박영사, 2006, 539면 주 3 참조. 참고로 우리 학설상 절대적 소멸설은 일본의 확정효과설에, 상대적 효과설은 정지조건설에 대응된다.

다.[23][24] 학설은 대법원 1966. 1. 31. 선고 65다2445 판결 등에서 '소멸시효의 완성으로 권리가 당연히 소멸하고 시효의 주장은 소송상 항변권의 행사에 지나지 않는다'고 판시한 것을 고려하여, 판례의 입장을 절대적 소멸설로 이해한다.[25]

(1) 절대적 소멸설

이 견해는 현행 민법은 구민법 제145조에서와 같은 시효원용에 관한 규정을 폐지하였으므로 입법자가 절대적 소멸설을 의도하고 있었다고 본다.[26] 또한 민법 제162조의 "소멸시효가 완성한다"라는 문언상의 의미는 취득시효의 효력에 대응하는 규정이므로 실체법적 권리 자체가 절대적으로 소멸한다고 본다.[27] 그러나 절대적 소멸설은 다음과 같은 비판을 받는다. 첫째, 절대적 소멸설이 입법자의 의도로 들고 있는 민법안심의록은 민법안이 국회에 제출된 후에 민법초안에 관여하지 않았던 분들의 손으로 만들어진 만큼 기초자의 취지를 판단할 근거로는 박약하다.[28] 오히려 민법편찬위원회의 민법전편찬요강은 총칙 13에서 "소멸시효완성의 효과는 권리를 소멸시킬 수 있는 일종의 항변권을 발생하도록 할 것"이라고 하고 있어, 입법자의 의도가 반드시 절대적 소멸설을 취한 것으로 판단할 수 없다는 것이다.[29] 둘째, 절대적 소멸설은 소송에서는 민사소송법상 변론주의에 의해 당사자가 소멸시효의 완성을 공격방어방법으로 제출하여야만

23) 이들 학설에 대한 상세한 분석은 김증한/김학동, 앞의 책, 539면 이하; 김진우, "소멸시효와 제척기간", 재산법연구 제25권 제3호, 한국재산법학회, 2009/2, 177면 이하; 윤진수, "소멸시효", 민법학의 회고와 전망(민법전시행 30주년 기념논문집), 한국민사법학회, 1993, 117면 이하; 이연갑/주석민법 총칙(3), 541면 이하 참조. 이하에서 학설에 대한 분석은 본고의 주제와 관련된 법제사적인 측면에 국한하여 분석하기로 한다.

24) 일반적으로 양 견해는 원용권과 관련하여서 이견을 보이는 것 이외에 시효소멸 후의 채무자의 변제와 관련하여 비채변제로 볼 것인지, 소멸시효이익의 포기를 어떻게 바라볼 것인지와 관련하여 차이를 보인다. 이연갑/주석민법 총칙(3), 543-544면.

25) 곽윤직, 「민법총칙」, 박영사, 2002, 339면; 이연갑/주석민법 총칙(3), 544면; 이은영, 「민법 I」, 박영사, 1998, 400면; 송덕수, 「민법총칙」, 박영사, 2013, 545면; 양창수/김형석, 「권리의 보전과 담보」, 박영사, 2012, 116면 등.

26) 민의원 법제사법위원회 민법안심의소위원회, 「민법안심의록」 上권, 103면; 곽윤직, 앞의 책, 339면; 장경학, 「민법총칙」, 법문사, 1988, 582면; 명순구, 앞의 책, 424-425면; 양창수, 앞의 글(注 9), 80면.

27) 곽윤직, 앞의 책, 340면.

28) 김증한/김학동, 앞의 책, 541면 주 5참조.

29) 김증한/김학동, 앞의 책, 541면 주 5참조.

법원이 고려할 수 있다는 입장을 취한다. 그러나 이러한 절대적 소멸설은 소송상 변론주의를 정확하게 이해하지 못한 견해라는 비판을 받는다.[30] 즉, 법원은 주요사실의 수집 및 제출에 있어 당사자의 주장에 구속되며, 법원은 주요사실이 원고나 피고 어느 쪽에 의해서든지 변론에 현출되면 주장공통의 원칙에 따라 이를 고려해야 한다. 따라서 소멸시효 완성의 주요사실이 당사자의 어느 한 쪽에 의해서든 변론에 현출되면, 시효의 이익을 받을 자가 '권리소멸의 이익을 받겠다'는 주장을 하지 않더라도, 법원이 반드시 이를 고려하여 판단해야 한다. 그러나 이는 당사자의 의사에 반한다는 점에서 타당하지 않다는 것이다.[31]

(2) 상대적 소멸설

이 견해는 시효완성만으로 권리소멸의 효과가 발생하는 것이 아니고, 시효로 인하여 이익을 받을 자에게 권리의 소멸을 주장할 권리가 생길 뿐이라고 본다. 즉, 이 견해는 시효이익의 향수를 원하지 않는 자의 의사를 존중하기 위해서라도 시효원용권에 의해 권리소멸여부가 결정되어야 하며, 시효완성 후 그 완성사실을 모르고 채무를 변제한 채무자의 진정한 의사는 유효한 변제를 위한 의사라는 점을 강조한다.[32] 상대적 소멸설은 우리민법이 원용에 관한 규정을 두고 있지 않음에도 불구하고 원용제도를 전제로 한다는 점에서 한계가 있다는 비판을 받는다.[33]

3. 소 결

소멸시효의 법적 완성과 관련하여 우리 민법 제162조는 '소멸시효가 완성

30) 민법주해 III/윤진수, 403면.

31) 장철호, "소멸시효 항변의 소송상 취급", 법조 제48권 제1호, 1999, 60면. 참고로 일본의 일부견해는 메이지민법 제145조를 변론주의의 입장에서 이해하는 경우에 위와 같은 비판을 받는다는 점을 감안하여, 확정효과설(우리의 절대적 소멸설에 해당)을 취하면서도 메이지민법 제145조를 변론주의가 아닌 처분권주의로 이해하기도 한다. 金山直樹, 前揭論文(注20), 153頁 이하; 坂田宏, 「民事訴訟における処分権主義」, 有斐閣, 2001, 261頁 이하 참조.

32) 윤진수, "소멸시효 완성의 효과", 이영준 박사 화갑기념, 한국민법이론의 발전, 1999, 201면 이하; 강명선, "소멸시효 항변에 관한 고찰", 비교사법 6권 2호(1999), 343면 이하; 장석조, "소멸시효 항변의 소송상 취급", 법조(1999. 1), 43면 이하 참조.

33) 곽윤직, 앞의 책, 340면.

한다'라고 되어 있을 뿐, 그 효과가 '권리의 소멸'인지 '이행거절권능'인지가 분명하지 않다. 소멸시효의 완성의 효과와 관련하여, 국내학설의 견해가 나뉜 것은 입법상 모순 및 불완전성에서 기인한 것으로 볼 수 있다. 만일 처음부터 민법 제162조에 대한 입법 자체가 불완전했다면, 그러한 입법의 불비·결여를 보완하기 위해 창조적으로 조문을 해석하여야 하는 것은 당연한 일이라고 할 수 있다. 그러나 창조적 해석에 앞서, 민법전의 제정과정에서 나타나는 입법자의 의사를 탐구하는 것은 해석론의 전개에 있어서 매우 중요한 작업이라 할 것이다.[34] 그런데 불행하게도 우리 민법전의 제정에 있어서는 독일이나 일본처럼 이러한 의사를 탐지할 만한 제안이유서(Motive)나 기초에 관한 의사록(Protokolle)이 충분하지 않다.[35] 예컨대 우리 민법 제정당시 민법원안 제155조(현행민법 제162조에 해당)와 관련하여 민법전편찬요강은 존재하지 않으며, 또한 원안에 대하여 법제사법위원회의 민법안심의소위원회 및 민사법연구회의 민법안의견서 등에서도 어떠한 입법적 이유를 찾을 수 없다.[36] 따라서 어떠한 이유에서 입법자들이 민법 제162조를 제정함에 있어 만주민법[37]과 유사한 규정을 제정하였는지에 대해서는 명확히 알 수 없다. 다만 의용민법보다는 그 당시 '근대 민법전 중의 백미[38]'라고 평가되던 만주민법이 더 완결된 법이라는 판단에서 비롯된 것으로 보인다.[39] 만일 우리 입법자들이 의용민법의 문제점을 인식하여 만주민

---

34) 고상룡, "법해석학의 연구동향", 성균관대학교논문집25집(인문·사회계), 1979, 85면 이하; 星野英一, "民法の解釈方法について", 民法論集(第四巻), 有斐閣, 1978, 63頁 以下; 星野英一, "民法學の方法に關する覺書－實證法學」について－", 法學協會百周年記念論文集 第三卷, 有斐閣, 1983, 77頁 以下 참조.

35) 국회속기록 제30호, 4면. 이는 "起草者로서 法典編纂委員會가 입법의 취지와 거기에 대한 해명을 기초해서 초안과 같이 정부에 회부하였더라면, 심의에 대단한 참고가 되었으리라고 생각하는데, 그렇게 못된 것은 유감이다(김병로)"라는 표현에 잘 나타나 있다. 장경학, "민법초안심의에 있어서의 제문제", 법정10권9호(1955/9), 29, 30, 33면.

36) 명순구, 「실록 대한민국 민법 I」, 법문사, 2008, 425-427면 참조.

37) 1931년 만주사변의 결과, 일본의 괴뢰정권으로 건국된 만주국은 메이지민법을 모법으로 하여, 중화민국민법 및 독일, 스위스 등의 민법을 안배하여 근대적인 색채의 민법전을 제정하였다. 자세한 것은 柚木馨, 「滿洲民法讀本」, 有斐閣, 1934, 2-4頁. 일본정부는 만주민법을 만들면서 충분히 자국내에서 소멸시효와 관련하여 원용권 및 권리소멸론으로 인하여 발생하는 문제점을 인식하고 있었을 것이다.

38) 柚木馨, 前揭書, 7頁.

39) 물론 이러한 해석은 입법자의 의사가 명확하지 않다는 점, 오늘날 일본민법학에 있어서도

법을 기초로 '원용권 규정'을 삭제하고, '소멸시효가 완성한다'로 규정하였다는 점을 감안한다면, 원용권을 기초로 하는 상대적 소멸설은 입법자의 의사와 배치되는 해석이 될 수도 있을 것이다. 이에 이하(III)에서는 부아소나드의 시효론을 기초로 의용민법이 가지는 문제점 등을 분석해 보기로 한다.

III. 부아소나드(Boissonade)의 시효론에 대한 이해

우리 민법 제162조의 입법이유를 이해하기 위한 비교법적인 검토로 일본 구민법 및 일본 현행민법 제167조의 제정과정을 살펴보고자 한다.[40] 물론 우리 민법 제162조를 이해하는 데에 굳이 일본 구민법까지 고찰할 필요가 있는가 하는 비판이 있을 수 있다. 그러나 우리 민법에 많은 영향을 끼친 메이지민법이 최근 일본 구민법, 개정된 독일민법 및 개정된 프랑스민법을 고려하여 개정작업이 이루어지고 있다는 것을 감안하면, 우리 시효법의 나아갈 방향을 모색해 볼 수 있다는 차원에서 프랑스민법에 영향을 받은 일본 구민법에 대한 이해는 필요할 것이다.[41]

1. 일본 구민법의 제정배경('부아소나드의 시효론')

앞에서 말한 것처럼, 일본 현행민법 제167조는 소멸시효완성의 효과를 '권

만주민법은 거의 잊혀져 있다는 점(鄭鐘休, 「韓國民法典の比較法的研究」, 創文社, 1989, 305-306頁)을 고려한다면, 지나친 비약일 수 있다. 그러나 우리 민법의 일부규정이 의용민법보다 더 합리적이라는 이유하에 만주민법에 영향을 받았다는 것은 자명한 사실이다. 예컨대 이와 같은 이유에서 부당이득의 반환범위를 규정한 민법 제748조 제1항은 의용민법 제703조가 아닌 만주민법 제724조의 영향을 받았다. 양창수, "일반부당이득법의 연구", 서울대 박사학위논문, 1986, 131면.

40) 물론 메이지민법 기초자들의 취지를 우리민법 기초자들의 의도로 볼 수는 없을 것이다. 다만 우리는 입법이유가 불분명한 우리민법제정과정을 고려해야 한다. 우리가 의용민법을 따를 수밖에 없었던 시대적 비극에 대한 감정적인 거부감을 배제한다면, 우리 민법 제162조에 대한 입법기초자들의 의도를 가늠해 볼 수는 있을 것이다.

41) 특히 일본구민법은 소멸시효의 목적 및 취지 기능에 있어, 권리소멸이 아닌 법률상 추정으로 본다는 점(자세한 내용은 이하 III. 1. 참조)에서 비교법적인 분석이 필요하다고 판단된다. 기능적 관점에서의 비교법적 고찰의 필요성에 대해서는 Zweigert(Konrad)/Kötz(Hein), Einführung in die Rechts-vergleichung, 3.Aufl., 1996, § 3 II(S. 33f.) 참조.

리소멸'로 보았다. 이런 의미에서 최근 일본민법 개정안 중 일부가 소멸시효완성의 효과를 '권리소멸'이 아닌, '이행거절'로 개정하자고 주장한 것은 매우 획기적이라고 할 수 있다.[42] 한편 일본 구민법 및 부아소나드의 민법초안은 소멸시효의 효과를 법률상 추정으로 이해하여,[43] 권리소멸로 보는 메이지민법과는 다른 입장을 취하였다.[44] 즉, 메이지민법전의 시효규정은 그 기본적 자세에 있어서 지나치게 반(反)부아소나드적이라 할 수 있다. 이러한 이유에서 최근 일본에서는 소멸시효와 관련된 개정작업이 진행되면서 부아소나드의 시효론이 다시한번 주목받고 있다.

(1) 부아소나드의 시효론이 일본 구민법 제정에 미친 영향

우치이케 케이시로(内池慶四郎) 박사는 일본 구민법에 앞선 시효입법이었던 출소기한규칙이 부아소나드에 의해 프랑스민법의 영향을 받은 것으로 논증하였다.[45] 또한 우치이케(内池)는 부아소나드의 시효론을 추정적 시효관으로 이해하

42) 이러한 우려에서 가나야마 나오키(金山直樹) 교수를 중심으로 구성된 그룹인 '시효연구회(時効研究会)'에서는 소멸시효의 효과와 관련하여 종래의 '소급적 권리소멸'구성을 유지하자고 주장하였다. 상세한 논의는 金山直樹編, "消滅時効法の展望と改正提言", 別冊 NBL 第122号, 2008 참조; 金山直樹, "消滅時効法の改正に向けて: 時効法の現状と改正の必要性", NBL 第887号, 38頁 이하 참조.

43) 일본 구민법 증거편 제2부 제1장(시효의 성질 및 적용) 제89조 본문: 시효는 시간의 효력과 법률에 정해진 기타의 조건을 통한 취득 또는 면책의 법률상 추정이다. 일본 구민법 증거편 제96조 제1항: 법관은 직권으로 시효에 의한 청구 또는 항변의 방법을 보충할 수 없고, 시효는 그 조건의 성취로 인하여 이익을 받을 자가 원용해야 한다.

44) 星野英一, "時效に關する覺書 —その存在理由を中心として", 民法論集 第4卷, 有斐閣, 1978, 167頁 以下; 内池慶四郎, 前掲書(注 1), 19頁 以下 참조. 또한 大村敦志, 「フランス民法ー日本における研究状況」, 信山社, 2010, 243頁에서는 메이지민법이 부아소나드의 시효론과 배척되는 규정을 마련하면서 시효제도가 혼란을 겪고 있다고 평가한다. 부아소나드는 당시 프랑스 내에서 시효를 권리의 소멸 및 취득으로 보는 견해와 진정한 소유자 및 진실한 변제자를 보호하기 위한 법률상의 추정으로 보는 견해 중, 시효를 법률상 추정으로 본 후자의 견해에 많은 영향을 받을 것으로 보인다. P.A. Fenet, Recueil complet des travaux préparatoires du Code civil, 15 vols, Paris, 1827-1829, t. 15, p. 575; E. Colmet de Santerre, Cours analytique de Code civil par Demante, t. 8, Paris, 1884, p. 415 et s., n° 326 bis. Ⅱ; Frederic Mourlon, Repetitons ecrites sur le Code civil, 3 vols, 11 éd., revue et mise au courant par Ch. Demangeat, t. 3, Paris, 1883, p.839, n° 1754(이는 金山直樹, 「時効における理論と解釈」, 有斐閣, 2009, 256頁 注 28을 참조하였음).

45) 우치이케(内池)는 "출소기한규칙이 그 입법취지에 있어서 이미 거래일반을 규제하는 근대

였다.[46] 요컨대 부아소나드는 시효의 완성의 효과는 장기간의 경과에 의한 의무면탈의 추정으로 보았다.[47] 부아소나드는 언뜻 부정한 법적 약탈로 보이는 시효제도의 정당성으로 두 가지 이유를 든다. 첫째, 시간경과에 수반되는 증거방법의 멸실로 인해 법관이 항상 실체적 사실을 탐색할 수 없다는 점이다. 둘째, 장기간의 경과가 초래하는 정당한 변제의 추정(의무의 면탈 추정)에 의해 증거방법을 상실한 자의 위험을 방어할 수 있다는 것이다.[48] 이러한 이유에서 부아소나드는 시효를 누구도 저항할 수 없는 시간의 효력(effet du temps)에 기초를 둔 법적 추정으로 보았고,[49] 이 견해가 일본의 시효입법(일본 구민법 증거론 등)의 지도원리가 되었다.[50]

적 시효제도의 수립을 지향하고, 그 구성의 구조를 프랑스민법의 시효규정에서 구하면서 나아가 그 내용에 있어서는 종래 일본의 전통적 소송정리 기술의 영향을 강하게 남기는 특이한 입법이었다"고 평가한다. 内池慶四郎, 前揭書(注 1), 76-77頁. 星野英一, 前揭論文(注 44), 197頁에서도 일본 구민법은 부아소나드의 독창적인 시효론에 영향을 많이 받은 것으로 평가한다.

46) ボアソナード講述·一瀬勇三郎他訳, 「佛国期満得免篇講義」, 司法省蔵版, 明治13(1880), 15頁. 期満得免篇은 일본에서 Prescription이 '시효'라는 번역어가 확정되기 전에 사용된 번역어인 것으로 보인다. 井上操, "毒ヲ以テ毒ヲ制ス", 警察眼 第3巻 第7号, 明治28(1895), 4頁(内池慶四郎, 「消滅時効法の原理と歴史的課題」, 成文堂, 1992, 83頁 以下에서 재인용).

47) 内池慶四郎, 前揭書(注 1), 181頁. 이는 시효를 법률상 추정으로 보지 않는 프랑스민법과도 달랐다. 프랑스민법 제2219조 참조.

48) 星野英一, 前揭論文(注 44), 171, 186頁. 부아소나드는 시효제도를 진정한 소유자 및 진실로 자신의 채무에서 면책된 채무자의 안전을 보호하는 제도로 이해한다. Boissonade, Projet de code civil pour l'Empire du Japon, t. V, Tokio kokubunsha, 1889, p.265.

49) 井上訳, 『性法講義』, 博聞社, 明治18(1885), 81頁 以下. 참고로 Savigny는 시효제도의 주된 목적 내지 존재이유로 법률관계 및 재산관계의 불명확성을 일정한 시간의 경과를 통해 확정하려는 것으로 보면서도, 별도의 존재이유로 소송으로 추급하는 권리가 변제 등으로 만족을 얻었으리라고 추정한다고 보았다. Savigny, System des heutigen römischen Rechts, Band V(1841), S. 268 ff. 그러나 이러한 추정은 소멸시효의 기간이 장기인 경우에 한하여 제한적으로 타당성을 가질 뿐이라고 평가하기도 한다(양창수, "사비니의 소멸시효론", 민법산책, 박영사, 2006, 62면 이하 참조). 즉, 단기일 경우에는 변제한 채무자가 영수증 등을 분실할 여지가 적다는 점에서 채권자가 반증으로 권리의 존재 등을 입증할 수 있게 된다는 것이다. 물론 소멸시효의 기간과 추정의 정도(강·약)를 연결시키는 것이 논리필연적이라고 할 수는 없지만, 부아소나드의 시효론이 30년이라는 장기시효기간을 전제로 하였다는 점에서 강한 추정력을 인정한 것은 나름의 의미가 있다고 본다.

50) 内池慶四郎, 前揭書(注 1), 183頁. 일본의 기초위원회는 부아소나드의 법률상 추정론에 대해 이의 없이 지지하였다고 한다. Boissonade, op. cit(注 48)., p.263.

(2) 뽀티에(Pothier)의 기판력론과 부아소나드의 시효론의 관계

부아소나드의 시효론을 이해하기 위해서는 부아소나드가 일본에 도입하고자 한 그의 시효론의 뿌리에 관한 고찰이 필요하다. 이에 이하에서는 부아소나드가 프랑스법의 선학으로부터 어떠한 영향을 받았는지를 살펴보고자 한다.[51)]

가나야마 나오키(金山直樹) 교수는 부아소나드의 시효론이 Pothier의 기판력론에서 말한 '추정'개념에 영향을 받은 것으로 평가한다.[52)] 우선 가나야마(金山)는 Pothier이론의 가장 큰 특징으로 '재판상의 진실(la vérité judiciaire: 법적채무로 칭하여 짐)'과 '진정한 진실(la vérité vraie: 자연채무라고 칭하여짐)'이 다를 수 있다는 것을 든다. 즉, 이 두 채무는 뒤집을 수 없는 추정이라는 개념장치를 통해 서로가 직접적으로 충돌하는 일 없이 각각 독립적인 존재로 남는다는 것이다.[53)] 이에 영향을 받은 부아소나드는 시효를 기판력과 같이 뒤집을 수 없는 추정으로 이해한 것이다.[54)][55)] 이처럼 부아소나드는 기판력과 시효를 동일하게 파

51) 일본 구민법 제91조 제1항은 프랑스민법 제2223조를 따른 것이다. 山本豊, "民法一四五条(時効の援用の意味および援用権者の範囲", 広中俊雄＝星野英一編『民法典の百年 II』個別的観察(1) 総則編·物權編, 有斐閣, 1998, 261頁.

52) Naoki Kanayama, On ne peut que présumer la vérité: l'autorité de la chose jugée, in: Joël Moneger et al. (Dir.), Robert-Jooseph Pothier, d'hier à aujourd'hui, Economica, 2001(이 논문에 대해서는 金山直樹, 前揭書(注 44), 235頁 이하를 참조하였음). 원래 이 논문은 가나야마(金山)가 Orléans대학에서 'Pothier 탄생 300주년 기념 심포지엄'에서 발표한 것이다.

53) 金山直樹, 前掲書(注 44), 238頁; 金山直樹, 前掲論文(注 20), 153頁 以下 參照(加藤雅信·加藤新太郎との鼎談). 그 배후에는 '법관은 애당초 인간의 양심 속에 있는 진실에는 도달할 수 없으며, 진실을 외부에서 추정할 수밖에 없다'는 사상이 깔려있다.

54) Boissonade, Projet de code civil pour l'Empire du Japon, accompagné d'un commemtaire, nouv. éd., t. 4, Tokio kokubunsha, 1891, p.868, n° 251. 반면에 Pothier는 시효를 뒤집을 수 없는 추정개념으로 이해하지 않았다. 이에 부아소나드는 스스로 통설에 반한다는 것을 분명히 인식하고 '문자 그대로 자신의 이러한 입장을 하나의 결의'라고 보았다. 부아소나드는 프랑스민법전은 시효를 추정으로 파악할 여지를 남기고 있다(프랑스민법 제1350조, 제1352조)고 보았다. 프랑스민법 제1350조: 법률에 의한 추정은 특별규정에 의하여 특정한 행위 또는 특정한 사실에 부여된 추정으로 다음과 같은 것이 이에 해당한다. 1. 법규정을 면탈하기 위한 사실로 추정되어 법률이 그 성질만에 의거하여 무효로 선언한 행위; 2. 법률이 특정한 사정으로부터 소유권 또는 채무의 면책이 발생하는 것으로 선언하는 경우; 3. 법률이 기결된 사안에 대하여 부여하는 효력(기판력); 4. 법률이 당사자의 자백 또는 선서에 대하여 부여한 효력. 프랑스민법 제1352조 ① 법률에 의한 추정은 그로 인하여 이익을 받는 자에게 모든 증명책임을 면제시킨다. ② 법률이 법률에 의한 추정에 근거하여

악하면서 추정관념의 일반화를 시도하였다.[56)]

(3) 메이지민법 제145조(시효의 원용)규정과 부아소나드의 시효론

메이지민법 제167조는 시효의 효과로 권리의 소멸을 인정하면서, 제145조에서는 당사자가 원용하지 않는 한, 법원이 이에 의하여 재판할 수 없다는 규정을 두고 있다.[57)] 이러한 규정체제는 서로 조화롭지 못하다는 비판이 꾸준하게 제기되었다.[58)] 즉, 일본의 학계는 메이지민법 제145조의 원용규정을 일반적으로 양심규정으로 보는데,[59)] 이러한 양심규정은 권리소멸론과는 어울릴 수 없다는 것이다. 예컨대 만일 법률에서 채권자의 권리의 소멸자체를 규정하게 되면 법률이 실질적으로 채무자의 양심에 반할 것을 명하는 것이므로, 법률 자체가 스스로 그 규정의 공정성 및 합리성(l'équité et la sagesse)에 대해 확신을 가질 수 없게 만든다는 것이다.[60)] 반면에 부아소나드의 추정론에 의하면, 원용규정은 양심에 반하지 않아 자연스럽다.[61)] 예컨대, 채무자는 시효의 완성을 원용함으로써 자신이 진정한 변제자임을 대외적으로 드러내게 된다.[62)] 이처럼 부아소나

특정행위를 무효로 하거나 소권을 부정한 때에는, 법률에 의한 추정에 반하는 어떠한 증거도 허용되지 않거나, 법률이 반증을 허용한 때 및 선서·재판상자백의 경우에는 그러하지 않다. 요컨대 프랑스민법 제1352조 제2항에 따르면, 반증을 허용하는 추정에 대해서는 반대의 증거가 없는 한 유보를 시키는 것이 기본적이다. 그러나 시효는 유보가 없어 실체법적인 권리의 상실을 가져온다는 점에서, 부아소나드는 시효를 뒤집을 수 없는 추정으로 보았다.

55) 오히려 뽀티에(Pothier)는 시효제도를 자연법에 역행하는 것으로 보아, 이를 부정적으로 보았다고 한다. G. Baudry-Lacantinerie, Albert Tissier, Traité théorique et pratique de droit civil-De la Prescription, 1905, n° 33.

56) 金山直樹, 前掲書(注 44), 242頁, 253頁 注 12) 참조.

57) 메이지민법 제145조는 일본 구민법 증거편 제96조 제1항의 영향을 받은 것이다.

58) 星野英一, 前掲論文(注 44), 171頁; 松久三四彦, 「時効制度の構造と解釈」, 有斐閣, 2011, 138頁.

59) 즉, 사실은 변제하지 않은 채무자가 시효는 완성되었지만 그 이익을 받는 것을 떳떳하게 여기지 않는 경우 자신의 양심에 따라 변제하는 것을 인정하려는 차원에서 원용하지 않을 자유를 보장한 것이다. 内田貴, 前掲書, 305頁. 반면에 松久三四彦, 前掲書, 138頁에서는 권리소멸설을 취하는 한 양심규정으로 보아서는 안된다는 입장을 취한다.

60) Boissonade, op. cit(注 48)., n° 268: 星野英一, 前掲論文(注 44), 250頁 注 21 参照.

61) 즉, 부아소나드는 시효의 원용을 시효에 의한 법률상 추정을 발동하는 하나의 요건으로 본 것이다. Boissonade, op. cit(注 48)., n° 284.

62) 특히 마쓰히사(松久)가 이와 같은 논리로 부아소나드의 시효론과 원용규정의 조화를 설명한다. 松久三四彦, 前掲書, 138頁 이하.

드는 당사자의 양심을 기초로 하는 채무자의 원용을 '진실(진정한 변제자일 것) 발견을 위한 보강수단'으로 이해하였다.[63] 그 당시 이러한 부아소나드의 원용이론은 출소기한규칙의 운용을 둘러싼 일본의 실무를 지배하였고, 구민법 증거편 제96조 제2항,[64] 제161조[65]에 결정적 영향을 끼쳤다.[66] 여전히 일본내에서는 '부아소나드의 시효론'이 '권리소멸론'보다도 메이지민법 제145조의 '시효의 원용규정'과 어울린다는 평가를 받는다.[67]

2. 메이지민법 제167조의 제정

위에서 살펴본 것과 같이, 부아소나드의 시효론은 메이지민법전이 제정되기 전까지 일본의 실무 및 구민법을 지배하였다고 볼 수 있다.[68] 그런데 부아소나드의 추정설은 다음과 같은 비판이 제기되었다. 추정으로 보면서도 반증을

---

63) 松久三四彦, 前揭書, 138頁.

64) 일본 구민법 제96조 제2항: 시효를 원용할 당시 동시에 정당한 취득 또는 면책이 없었음을 추인하는 자는 시효를 포기한 것으로 간주한다.

65) 일본 구민법 제161조: 전 5조에 규정된 시효는 실제로 변제하지 않은 것을 자백한 채무자는 이를 원용할 수 없다.

66) 内池慶四郎, 前揭書(注 1), 184頁.

67) 松久三四彦, 前揭書, 138頁. 환언하면, 부아소나드는 그의 정신주의·이성중시의 '자연법'개념을 구현하기 위한 완결의 의미로서 '시효의 원용'이 필요하다고 보았다. 또한 부아소나드의 시효론은 시효를 통해 채무가 소멸되는 것이 아니기 때문에 시효에 의한 소급효를 인정하는 입법태도가 자연스럽게 도출된다. 星野英一, 前揭論文(注 44), 198頁.

68) 内池慶四郎, 前揭書(注 1), 184頁. 특히 明治16(1883)년 2월, 출소기한의 채용에 관한 후기 사법성내훈이 발표된 이후 출소기한규칙이 폐지될 때[明治31(1898)년 7월]까지 출소기한의 운용은 부아소나드 시효법이 지배하였다. 특히 스기야마(杉山)는 부아소나드 초안을 '기록된 條理', '진정한 法源', '메이지 유신 이후의 일본 최초의 民法典'이라고 칭하였다(杉山直治郎, "洋才和魂の法学者´ ボアソナード尽瘁半生の生涯", 帝国大学新聞 第649号, 昭和11(1936).11.20; 内池慶四郎, 前揭書(注 1), 324頁 注 3 참조). 예컨대 스기야마(杉山)는 본디 단순한 초안이라 할지라도 그것이 한번 발표된 이상은 반드시 일정의 공적권위를 가지게 되는데 부아소나드 법전은 메이지 23(1890)년 칙령을 통해 공포되었다는 점, 당시 '裁判官の権限に関する我明治八年布告第百三号第三条'에는 성문법 및 관습이 불비한 경우에는 재판관이 조리에 의해 재판하여야 한다는 취지를 명확히 규정하고 있었는데 당시의 재판관과 법학자들이 부아소나드 초안을 '기록된 條理'로 신봉하였다는 점을 근거로, 부아소나드 초안을 명백한 법원(法源)으로 보았다. 부아소나드 초안의 영향력에 대한 자세한 설명은 池田真郎, 「債権譲渡の研究(初版)」, 弘文堂, 1993, 13頁 注 9 참조.

인정하지 않는 것은 이론적으로 타당하지 않다는 것이다.[69] 이러한 이유에서 메이지민법 기초자들은 '시효기간을 30년이라는 장기로 보고 동시에 시효의 본질을 권리득실의 추정에서 구하고자 하는 부아소나드의 시효관'을 포기하고, '시효기간을 10년으로 기간을 단축하면서, 시효의 효과를 권리소멸'로 보았다.[70] 한편 종래에 "증거에 관한 규정은 민사소송법에 편입시키는 것이 적절하므로 민법에서 삭제한다"는 방침이 있었으나, 시효관에 대한 이러한 변화(추정설에서 권리소멸설)에 따라 메이지민법전은 시효규정을 민사소송법이 아닌 민법총칙편에 두었다.[71][72] 이러한 입법태도는 메이지민법 시효에 관하여 기초자적인 역할을 담당하였던 梅謙次郎(우메 겐지로)의 생각이 부아소나드와는 달리 시효를 법률상추정이 아닌 권리의 소멸원인으로 본 것에서 기인한다.[73] 이러한 梅謙(우메)의 생각이 현재 일본의 다수의 입장이긴 하나,[74] 일부 견해는 메이지민법의 소멸시효 규정이 시효의 원용규정과 관련하여 혼란을 겪고 있는 것을 부아소나드의 사고를 그대로 계승하지 않았기 때문이라고 평가하기도 한다.[75] 최근 일본의 일부견해가 권리소멸론을 포기하고 독일식의 이행거절론으로 전환하자고 주장한 것은 부아소나드의 시효론을 포기하면서 발생한 내재적인 모순을 현대적 시각에 맞게 수정하려는 노력으로 보인다.

3. 소 결

의용민법이 가지는 내재적인 모순점은 부아소나드의 추정론을 배제하고 권리소멸론을 취하면서도 시효의 원용규정을 두어 발생한 결과라고 생각된다.

---

69) 広中俊雄 編著, 「民法修正案(前三編)の理由書」, 有斐閣, 1987, 191頁; 山本豊, 前掲論文, 264頁 以下.

70) 内池慶四郎, 前掲書(注 1), 329頁, 335-336頁 참조.

71) 山本豊, 前掲論文, 265頁.

72) 물론 이 이외에는 별다른 논의 없이 대체로 구민법을 그대로 받아들인 것으로 이해한다. 星野英一, 前掲論文(注 44), 200頁 以下 참조.

73) 梅謙次郎, 「民法要義巻之一総則編」, 有斐閣, 1896, 334頁.

74) 我妻 榮,「民法總則」, 岩波書店, 1965, 430頁 以下.

75) 大村敦志, 前掲書, 243頁; 星野英一, 前掲論文(注 44), 202頁; 山本豊, 前掲論文, 265頁. 부아소나드 시효법이 메이지민법의 권리소멸론으로 자리를 양보하게 된 경위에 대한 자세한 설명은 内池慶四郎, 前掲書(注 1), 187頁 이하 참조.

학설 중에는 우리 입법자들이 이 규정과 관련된 복잡한 판례와 학설의 견해대립을 피하기 위하여 원용규정을 삭제하였다고 보기도 한다.[76] 그런데 시효제도는 '문서의 작성 및 문서의 보관이 곤란하였던 로마시대'에 거래안전을 위한 제도로서, 혹은 소유권이나 채무변제의 증명방법을 용이하게 하기 위한 제도로서 성립하였다.[77] 그러나 현대사회는 문서의 보관방법이 진보하고 채무변제의 증명 또한 용이해졌다는 점에서, 오히려 시효제도가 변제하지 않은 자의 채무를 면하게 하는 결과를 증대시키고 있다.[78] 이에 우리는 부아소나드 및 호시노(星野)가 '시효제도가 과연 부도덕한 제도인지'를 자문하면서, '시효란 채무자의 채무를 면하게 하는 제도가 아니라 진정한 변제자의 면책을 확보하기 위한 제도'라고 강조한 점[79]을 주목할 필요가 있다. 비변제자가 이득을 얻는 것은 가능한 한 피하는 것이 바람직하며, 특히 자유심증주의를 원칙으로 하는 현재에 있어서 법원 또한 가능한 한(법의 명시에 반하지 않는 한) 진정한 권리자 보호 및 당사자의 의사를 존중하여 진실탐구를 지향하여야 할 것이다.[80]

Ⅳ. 입법론상 제안 – 맺음말에 갈음하여 –

의용민법과 달리 시효의 원용규정 없이 시효의 효과를 '소멸시효가 완성된다'고 규정한 우리 민법의 제정태도는 의용민법이 가지는 문제점을 피하기 위한 방법이었다고 선해(善解)할 수 있지만, 결과적으로 '소멸시효완성 효과'에 대한 무책임한 회피라고 볼 수 있을 정도로 더 복잡하고 애매한 상태에 놓이게 하였다.[81] 최근 프랑스 및 독일에서는 시효법에 대한 대대적인 개정이 이루어졌고,

---

76) 명순구, 앞의 책, 424면; 양창수, "「유럽계약법원칙」의 소멸시효규정 - 우리 민법에의 시사를 덧붙여 -", 민법연구 제8권, 박영사, 2005, 161면.

77) 大村敦志, 前揭書, 243頁.

78) 大村敦志, 前揭書, 243-244頁. 이러한 의미에서 보면, 시효제도는 스스로 채무를 지고 있다는 것을 자각하고 있는 채무자를 면책하게 한다는 점에서 부도덕한 법률적 약탈이라고 보여질 수도 있다. 고상룡, 민법총칙(전정판), 법문사, 1999, 665면 이하.

79) 星野英一, 前揭論文(注 44), 186頁. 호시노(星野)의 견해에 대한 상세한 설명은 大村敦志, "'時効に関する覚書' に関する覚書ー星野民法学の存在理由, あるいは七〇年代日本の民法学の一側頁", 慶應法学第10号, 2008, 369頁 이하 참조.

80) 星野英一, 前揭論文(注 44), 188頁.

81) 최소한 우리 민법은 시효완성의 효과로 이행거절이 아닌 권리소멸로 보았다고 할 수 있

일본에서도 이러한 국제적인 흐름을 반영하여 시효기간의 단축 및 소멸시효완성의 효과와 관련하여 이행거절권을 인정하자는 주장이 강력하게 제기되었다. 우리 또한 시효법에 대한 개정작업이 진행 중이다. 다만, 우리민법 개정작업의 방향은 기간단축에만 초점이 맞추어져 있을 뿐, 소멸시효 완성의 효과에 대해서는 별다른 관심을 보이지 않는다. 그러나 소멸시효 기간에 대한 기본구성의 변경에 대한 개정논의는 다른 시효규정(특히 소멸시효 효과)과의 유기적 관련성을 고려하여 같이 논의되어야 할 것이다.[82]

그런데 시효법에서 우리는 다양한 학설의 옳고 그름의 문제가 아닌 사회의 정보화나 국제화의 영향을 받아 변화하는 거래실태, 그리고 그에 입각한 인간 생활의 모습을 찾아야 할 것이다. 따라서 시효완성의 효과를 이해함에 있어서 우리는 시효제도의 전통적 기능(사회질서유지, 입증곤란의 구제, 권리위에 잠자는 자에 대한 보호 배제)에만 초점을 맞출 것이 아니라,[83] 진정한 권리자의 보호와 당사자의 의사 존중에도 형량가치를 부여해야 할 것이다. 부아소나드가 시효를 '채무자에게 채무를 면하게 하는 제도가 아니라 변제한 자의 면책을 확보하기 위한 제도'로 보고 권리소멸이 아닌 법률상 추정으로 본 것도 이러한 맥락에서 이해할 수 있을 것이다. 또한 권리소멸규정과 시효의 원용규정의 상호부조화에 대한 일본 내의 비판은 권리소멸론을 취하는 우리에게도 적용된다 할 수 있을 것이다. 요컨대 원용권 행사는 부아소나드의 법률상 추정론과는 어울릴 수 있으나, 권리소멸론과는 어울릴 수 없다. 이와 같은 이유에서 권리소멸론은 지양되어야 할 것이다. 따라서 입법론상으로는 독일처럼 소멸시효가 권리 자체의 소멸을 가져오는 것이 아니라 권리의 마비(Lähmung)를 가져오는 것으로 이해하여,[84] 채무자에게 이행거절의 항변권을 부여하는 것이 타당할 것이다.[85]

다. 김진우, 앞의 글, 180면.

82) 비교법적으로도 시효기간의 단축과 소멸시효의 효과에 대한 변화는 유기적으로 연결되어 있다. 예컨대 유럽계약법원칙(Principles of European Contract Law: PECL)이 일반소멸시효기간의 기간을 3년으로 하면서(제14:201조), 소멸시효 완성의 효과를 권리소멸이 아닌 급부거절권의 발생으로 보았다(제14조:501조 제1항). 양창수, 앞의 글(注 74), 150면.

83) 소멸시효의 효과를 권리소멸론으로 보는 한, 소멸시효제도는 "의무는 이행되어야 한다"는 법의 기본원칙에 대한 예외가 된다. 윤진수, 앞의 글(注 32), 250면.

84) Lehmann/Hübner, Allgemeiner Teil des Bürgerlichen Gesetzbuches, 16. Aufl., 1966, S. 361; Larenz, Allgemeiner Teil des Bürgerlichen Rechts, 7. Aufl., 1989, S. 261 f.

〈참고문헌〉

곽윤직 편집대표(윤진수 집필부분), 「민법주해 제3권」, 박영사, 1992.
곽윤직, 「민법총칙」, 박영사, 2002.
권 철 譯, 「일본민법전」, 법무부, 2011.
김용담 편집대표(이연갑 집필부분), 「주석민법 총칙(3)」, 한국사법행정학회, 2010.
김증한/김학동, 「민법총칙」, 박영사, 2006.
김진우, "소멸시효와 제척기간", 재산법연구 제25권 제3호, 한국재산법학회, 2009/2.
명순구, 「실록 대한민국 민법 I」, 법문사, 2008.
명순구 譯, 「프랑스민법전」, 법문사, 2004.
송덕수/김성수/김제완/안경희/임건면/채승우, "시효 및 제척기간 관련 개정논의 예상 주요논점과 입법례", 민사법학 제46호, 한국민사법학회, 2009/9.
양창수, "사비니의 소멸시효론", 민법산책, 박영사, 2006.
______, "「유럽계약법원칙」의 소멸시효규정 - 우리 민법에의 시사를 덧붙여 -", 민법연구 제8권, 박영사, 2005.
______ 譯, 「독일민법전(2002년판)」, 박영사, 2002.
______, "민법안의 성립과정에 관한 소고", 민법연구 제1권, 박영사, 1991.
윤진수, "소멸시효 완성의 효과", 이영준 박사 화갑기념, 한국민법이론의 발전, 1999.
______, "소멸시효", 민법학의 회고와 전망(민법전시행 30주년 기념논문집), 한국민사법학회, 1993.
장경학, 「민법총칙」, 법문사, 1988.

加藤雅信, 「新民法大系 I:民法總則(第2版)」, 有斐閣, 2005.
金山直樹編, "消滅時効法の展望と改正提言", 別冊 NBL 第122号, 2008.
金山直樹, 「時効における理論と解釈」, 有斐閣, 2009.
金山直樹, "時効とは何か", 加藤雅信＝加藤新太郎編著, 現代民法学と実務·上, 判例タイムズ社, 2008.
內田貴, 「民法 I: 總則·物權總論(第2版)」, 東京大學出判會, 1999.
內池慶四郎, 「出訴規則期限略史ー明治時効法の一系譜ー」, 慶應義塾大学法学研究会, 1968.
大村敦志, 「フランス民法ー日本における研究状況」, 信山社, 2010.

---

85) 입법론으로 독일과 같이 이행을 거절할 수 있는 항변권만을 인정하자는 견해로는 김학동, "소멸시효에 관한 입법론적 고찰", 민사법학 제11호·제12호, 1995, 61면 이하; 김진우, 앞의 글, 180면 주 64 참조.

大村敦志, "'時効に関する覚書' に関する覚書ー星野民法学の存在理由, あるいは七〇年代日本の民法学の一側頁", 慶應法学第10号, 2008.

民法(債権法)改正検討委員会, "債権法改正の基本方針", NBL 第904号, 2009.

山本豊, "民法一四五条（時効の援用の意味および援用権者の範囲）", 広中俊雄＝星野英一編『民法典の百年 II』個別的観察(1) 総則編·物権編, 有斐閣, 1998.

星野英一, "時效に關する覺書 —その存在理由を中心として", 民法論集 第4巻, 有斐閣, 1978.

松久三四彦, 「時効制度の構造と解釈」, 有斐閣, 2011.

松尾 弘, 「民法の體系(市民法の基礎)」, 慶應義塾大學出版會, 2010.

我妻·有泉, 「コンメンタール民法(総則·物権·債権)」, 日本評論社(第2版追補版), 2010.

柚木馨, 「滿洲民法讀本」, 有斐閣, 1934.

川井健, 「民法概論 1: 民法總則(第2版)」, 有斐閣, 2000.

川島武宜 編集(川井健 執筆部分), 「注釋民法 (5)」, 有斐閣, 1984.

Boissonade, Projet de code civil pour l'Empire du Japon, accompagné d'un commem－taire, nouv. éd., t. IV, Tokio kokubunsha, 1891.

Boissonade, Projet de code civil pour l'Empire du Japon, t. V, Tokio kokubunsha, 1889.

Ferid(Murad)/Sonnenberger(Hans Jürgen), Das Französische Zivilrecht : Band 1/1 Erster Teil, Allgemeine Lehren des Französischen Zivilrechts : Einführung und Allgemeiner Teil des Zivilrechts, Heidelberg : Verlag Recht und Wirtschaft, 2. Aufl., 1994.

Palandt, Bürgerliches Gesetzbuch: BGB, Kommentar, 70.Aufl., 2011.

[번역] '시효에 관한 각서(覚書)'에 관한 각서(覚書)* **

– 호시노(星野) 민법학의 존재 이유 혹은 70년대 일본 민법학의 한 측면 –

Ⅰ. 학설에서 무엇을 배울 것인가: 「각서」에는 무엇이 쓰여 있는가, 좁은 문맥에서 벗어나

(1) 이 강의는 가나야마 나오키(金山直樹) 교수의 도움을 받아 이루어졌으며,[1] 同교수가 시효법의 전문가라는 점은 널리 알려진 바와 같다.[2] 또한 게이오(慶應) 대학의 대선배인 우치이케 케이시로(内池慶四郎) 교수도 시효법의 전문가로서 널리 알려져 있다.[3] 게이오의 민법학과 시효는 떼려야 뗄 수 없는 관계에 있다고

---

* 원문은 大村敦志, 「'時効に関する覚書' に関する覚書ー星野民法学の存在理由 - あるいは七〇年代日本の民法 学の一側頁 -」, 慶應法学 第10号, 2008, 369頁-383頁. 논문의 번역을 허락해 주신 오오무라(大村) 교수님께 감사의 마음을 전한다.
저자인 大村敦志(오오무라 아쯔시)는 現: 学習院大学大学院法務研究科教授 및 東京大学名誉教授

** 일러두기: 역자가 독자의 편의를 위해 필요하다고 판단되는 경우에는 [ ] 안에 원문에 없는 내용을 첨언하였으며, 원문에서 인용한 문헌은 가능하면 역자가 더 구체적인 문헌출처를 소개하였으나 일부 교과서에 대해서는 저자가 연도 등을 표기하지 않아 확인이 어려워 저자가 인용한 그대로 번역하였다.

1) 본고는 2006년 7월에 게이오 기주쿠(慶應義塾) 대학 법과대학원에서 행해진 강의 원고에 의거한다. 그 취지는 본문에 기재된 바와 같으나, 도움을 받은 가나야마 교수 및 출석하시어 유익한 의견을 주신 여러 관계 교수님들께 이 자리를 빌려 감사를 전한다.

2) 金山直樹, 『時効理論展開の軌跡』, 信山社, 1994 등을 참조.

3) 内池慶四郎, 『出訴期限規則略史』, 慶應通信, 1968 등을 참조.

할 수 있다. 다만 이러한 이유 때문에 시효를 [강의] 테마로 삼은 것은 아니다.

이 강의의 검토 대상인 「시효에 관한 각서」에서는 시효 이론에 있어서의 호시노설을 전개한논문으로 널리 알려져 있다. 더불어 이 논문(이하 「각서」)은 민법학자·호시노 에이치星野英一의 대표 논문 중 하나이며, 1970년대 일본 민법학을 대표하는 논문 중 하나라고도 할 수 있다.

이 강의의 목적은 「각서」라는 저명한 논문을 소재로 「학설」을 이해하는 방법을 제시하는 것에 있다. 이 강의를 포함하여 [게이오대학에서 열리는] 일련의 강의는 연구 논문의 집필을 준비하는 법과대학원생을 위해 이루어지고 있다고 들었으나, 대체로 법학에 있어서 연구를 행하기 위해서는 관계하는 「학설」을 이해할 필요가 있다. 이 자체는 충분히 이해가 가능한 부분이며 [굳이] 새롭게 강조할 필요도 없는 부분일 것이다.

그러나 이 강의에서는 법과대학원생이 상정하는 것과는 별개의 문맥에서 학설을 파악해야 함을 제시하고자 한다. 이하에서는 「매우 좁은 문맥」에서의 이해에 그치지 않고, 더욱 넓은 몇몇 문맥(「좁은 문맥」, 「넓은 문맥」, 「더욱 넓은 문맥」을 상정한다)에서의 이해를 목표로 해야 함을 설명한다. 「문맥」을 「레벨(level)」로 환언한다면 「레벨 0」에서 시작해 「레벨 1」, 「레벨 2」 「레벨 3」으로 순차적으로 이해를 심화시켜 나가야 함을 주장한다고 보아도 무방하다.

그렇다고는 하나 모든 학설이 이와 같은 검토에 적합한 것은 아니다. 이미 언급한 바와 같이 「각서」는 시효 이론과 관련된 유력한 학설을 설명하는 논문일 뿐만 아니라, 한 사람의 민법학자를 더 나아가 한 시대를 대표하는 논문이기도 하다. 이러한 획기적인 논문에 대해서는 그에 걸맞은 이해법이 존재한다. 즉 더욱 넓은 문맥(더욱 높은 레벨)에서 이해할 필요가 있으며, 그렇게 함으로써 당해 논문(「각서」)을 더욱 깊이 이해할 수 있다.

(2) 그렇다면 이하에서 논하는 「매우 좁은 문맥」이란 무엇인가. 본론에 앞서 내용의 소개를 겸하여 먼저 이러한 문맥에 있어서 「각서」를 파악한다.

「각서」는 당초 『法学協会雑誌』에 네 번에 걸쳐 연재된 논문으로,[4] 호시노 에이치의 논문집 『民法論集 第 4 巻』(有斐閣, 1978)에 수록되어 있다.[5] 5년을 투

---

4) 法学協会雑誌 86巻 6号·8号, 89巻 1号, 90巻 6号(1969-1974).

5) 이하 인용은 『民法論集 第4巻』에 따르며 본문에서는 페이지만을 기재한다.

자해 작성되어 총 150면(page)에 달하는 이 논문은 이하의 여섯 절로 구성되어 있다.

一. 머리말 – 문제의 출발점
二. 종래의 학설에 대한 의문
三. 연혁소사(沿革小史)
四. 일본 판례로 본 시효의 기능 – (一)취득시효
五. 일본 판례로 본 시효의 기능 – (二)소멸시효, (三)정리
六. 결론

그러나 내용에 착목한다면 문제 설정(一, 二), 제1의 접근=연혁 연구(三), 제2의 접근=판례 연구(四, 五), 결론(六)이라는 네 부분으로 구성되어 있다고 할 수 있다.

어떠한 저자는 「각서」의 내용을 다음과 같이 요약한다(①~④라는 번호부여는 오오무라(大村) 교수가 부여).[6] 「각서」는 「① 시효에 의해 타인의 물건의 점유자가 소유자가 되어 채무자가 채무를 면하는 해석에는 근본적으로 의문이 있다. 그리고 ② 시효 제도의 연혁과 ③ 그 판례에서의 기능을 탐구하고 시효의 존재이유를 다음에서 찾는다. 즉 ④ a. 원칙적으로 시효는 『진정한 권리자의 권리를 확보하고 변제자에 이중변제를 회피하도록 하기 위한 제도』이다, 다만 단기취득시효는 거래 안정을 위한 제도이다」. 그리고 그러한 점에서 「각서」는 「④ b. 시효의 구체적 해석은 그 운용을 가능한 한 제한하는 방향으로 이루어져야 한다고 여겨진다」. 이상의 ①~④가 앞서 든 「각서」의 네 부분[문제 설정, 제1의 접근=연혁 연구, 제2의 접근=판례 연구, 결론]에 대응한다. 그러한 의미에서 이 저자[草野元己]는 「각서」를 적절하게 요약하였다고 볼 수 있다.

그러나 더욱 간결한 교과서류에서는 「각서」는 「소송법설」 「추정설」 혹은 「권리자 보호·소송법설」 등이라는 명칭 하에 분류되며, 「실체법설」 「권리소멸설」 혹은 「비권리자 보호·실체법설」과 대치되는 학설로 분류된다.[7] 대체로 법

6) 草野元己, 「解說」, 加藤雅信編集代表 『民法学説百年史』, 三省堂, 1999에 수록.
7) 각종 교과서(内田·山本·大村 등) 참조.

과대학원생의 다수는 [소위 「추정설」로 소개되는 정도의] 문맥 내지 레벨에서 「각서」에서 전개되고 있는 호시노설을 이해할 것이다. 공시(共時)화된 이해 혹은 해석학설에 축감된 이해만을 위해서는 그 정도로 무방하다. 그러나 「각서」의 의의는 이러한 이해로 모두 수렴되지 않는다.

(3) 그렇다면 어떻게 이해되어야 하는가. 이미 논한 바와 같이 이하에서는 두 문맥 내지 레벨로 「각서」를 평가한다. 첫 번째로 시간축을 도입함으로써 「각서」를 시효이론사(문제별·micro의 학실사) 속에서 평가한다(Ⅱ). 두 번째로 해석론을 지탱하는 기초 연구와의 관계를 의식함으로써 「각서」를 민법학 방법론의 역사(전체로서의·macro의 학설사) 속에서 평가한다(Ⅲ). 이상과 같은 검토를 통해 「각서」가 왜 쓰여졌는가를 중층적·복합적으로 이해할 수 있을 것이다. 마지막으로 이와 같은 이해에서 한 걸음 더 나아가 「각서」로부터 우리는 무엇을 계승하여야 하는가, 즉 「각서」의 현대적 의의에 대해 고찰한다(Ⅳ). 이 작업은 과거의 특정한 시기의 학설을 객관적으로 이해할 뿐만 아니라, 장래에 있어 그 함의를 추출하고자 하는 시도이다. 학설의 이해란 위에서 살펴본 것과 같은 작업의 총체를 가리키나, 그것은 더욱 일반적으로 말하면 「독해(lecture)」 또는 「해석(interpréation)」이라는 영위 그 자체이다.

여기까지의 논의를 간단히 도식화한다(A설＝실체법설, B설＝소송법설[호시노설을 포함한다]).

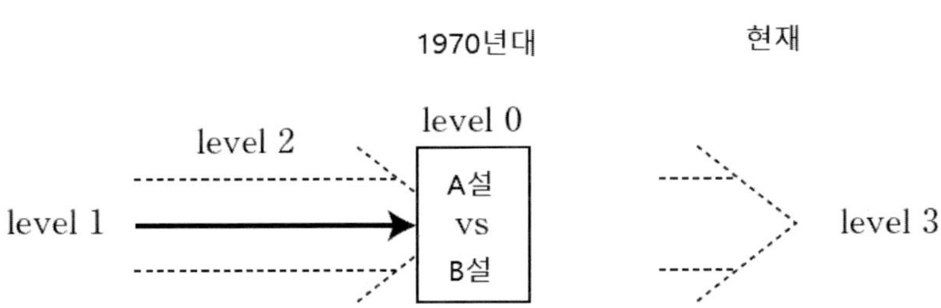

II. 시효학설 전개의 모멘트: 「각서」는 왜 쓰였는가, 좁은 문맥에 입각하여

1. 출발점

어떠한 학설을 학설사적 입장에서 이해하기 위해서는 그 학설이 선행 학설의 어느 부분을 문제 삼고(1), 이에 대해 어떠한 주장을 전개하고자 하였는지(2)를 명확히 해야 한다. 「각서」가 종래의 A설을 비판하고 B설을 제시하였음을 아는 것만으로는 [학설사적으로 「각서」가 가지는 의미를 이해하기] 부족하다.

그렇다면 어떻게 고찰해야 하는가. 먼저 앞서 소개한 저자[草野元己]의 설명을 출발점으로 한다.[8] 이 저자는 첫 번째로 「종래의 통설」(A설)과 「유력설」(B설)을 대치시키며, 「이상과 같이 종래의 시효관에 대해서 [학설은] 격렬한 대립이 존재하였으나, 그 근저에는 시효를 권리득상(權利得喪)의 원인으로 하는 [법률]규정에서 출발하여 해석할 것인가, 법률구성으로부터 벗어나 시효의 그 마땅한 모습을 추궁할 것인가 하는 입장의 차이가 있었던 것으로 고려된다」고 논하였다. 두 번째로 「각서」는 「먼저 종래의 통설에 결정적인 비판을 가한다. … 또 … 앞서 게재한 유력설[B설]과 기본적인 발상은 공유하나, 시효를 법정증거로 삼는 구성에는 비판적이며, 어디까지나 권리득상원인으로 평가한다」고 논한다. 그리고 세 번째로 「각서」는 「소박한 의문에서 설명을 시작함과 동시에 문리적으로 무리가 없도록 해석하여 그 후의 학계에 지대한 영향을 끼쳤다」고 정리한다.

이는 모두(冒頭)에서 언급한 교과서류에서의 설명과 비교하여 한 걸음, 두 걸음 더 나아간 설명이다. 그러나 한정된 분량으로 인해서인지 혹은 저자[草野元己] 자신이 이 문제의 전문가이기 때문인지 저자[草野元己]의 글에서는 숨겨진 전제에 대한 설명이 다소 부족하다[즉 임의적 축약과 생략이 많다]. 이에 이하에서는 [생략한] 전제 등을 보충한다.

---

8) 草野元己, 前揭論文 참조.

2. 「각서」의 타깃(target)은 무엇인가

A설(종래의 통설)에 대한 B설(유력설), B설에 대한 B´설(호시노설)이라는 도식을 설명하기 위해, 상기의 저자[草野元己]는 「규정으로부터 출발」할 것인가, 「그 마땅한 모습을 추궁할 것인가」라는 입장의 차이를 지적하고(A설 대 B설의 이해), 나아가 「각서」의 이점을 「소박한 의문」, 「문리적으로도 무리가 없는 해석」에서 발견한다(B설 대 B´설의 이해). 이 설명은 다음과 같은 보충·보정에 의해 설득력을 가질 것이다.

첫 번째로 A설 대 B설의 이해는 A설을 비판하며 등장한 B설의 입장으로부터의 이해임을 알아둘 필요가 있다. 구체적으로 이에는 B설을 대표하는 논자인 가와시마 다케요시(川島武宜)의 견해가 크게 영향을 주었다. 가와시마는 다음과 같이 논한다.[9] 「민법은 시효에 의해 사권 그 자체가 소멸한다는 표현을 사용하나, 그것은 舊민법이 소권법적 구성을 청산하고 실체법적 구성을 채용하려고 한 결과 발생한 것으로, 전술한 바와 같이 부정확한 표현이라 해야 한다. 소멸시효 제도의 주된 목적은 장기간의 권리불행사의 결과, 의무자가 소송상 자기를 방어하기 위해 필요한 증거를 보전하는 것이 곤란해짐을 고려하여 권리소멸의 법정증거를 의무자에 부여하는 데 있는 것으로 고려된다」. 이와 같이 설명하는 가와시마에게는 다음과 같은 전제가 존재한다.[10] 「생각건대 권리 그 자체가 소멸한다는 단어적 표현이 조문에 사용된다는 사실은, 그와 같은 단어로서 표현되는 실질적 내용이 그와 같다는 것을 의미한다고만은 볼 수 없으며, 일본 민법이 계수하는 모법인 독일법·프랑스법에 있어서 소멸시효가 어떠한 제도였는지, 그것을 기초자가 어떻게 이해하고 어떠한 단어로 표현했는지, 그 실질이 문제되어야 한다」. 「하토야마(鳩山) 박사 이후의 불확정효과설은 민법 조문의 자구(字句)에 입각하여 이론적으로 일관된다는 특색을 가지나, 그 대신 소멸시효의 본래의—여기에서 『본래의』이란 일본 민법이 계수한 이전의 제도에 따른다는 의미이나—내용 또는 판례가 실제로 인정하는 내용과는 멀어지게 되었는데, [이는] 어떠한 의미에서는 판례로부터 독립된 논리법학의 소산이라고 할 수 있

9) 川島, 民法総則, 446-447頁.
10) 川島, 前掲書, 450-451頁.

을 것이다」. 이와 같이 가와시마는 「논리법학」을 비판하며 「단어적 기술」의 배후에 있는 실질을 적출할 필요가 있다고 판단하였다.

두 번째로 B설 대 B´설의 이해에 관한 부분은 어떠한가. 앞선 저자[草野元己]의 표현을 빌린다면, B설과 B´설은 「그 마땅한 모습을 추궁하는」 때의 「그 마땅한 모습」이 다르다는 점에 유의할 필요가 있다. 이를 이해하는 것이 「문리적으로도 무리가 없는 해석」의 의미를 이해함에 있어 큰 역할을 한다.

이하는 B´설[호시노 교수]에 입각한 설명이다. 즉 「각서」는 먼저 다음과 같이 논한다. 「법정증거설을 취하는 학자는 민법의 기초자가 오류를 범하였다고 보며 규정상의 문리에 구애받지 않는 해석을 해야 한다고 논하게 된다. 물론 해석의 방법론 일반으로서, 즉 극히 추상적으로는 이러한 입언(立言, 견해)이 옳다. 그러나 문언에 반하지 않으면서 타당한 해석이 가능하다면 구태여 문언에 전면적으로 저촉하는 해석을 해서는 안 된다」(180頁). 이 주장은 더 나아가 다음과 같이 전개된다. 「본래적 문제는 시효 제도의 존재 이유였음에도 이러한 학설[B설]은 그에 대한 해답으로부터 더욱 나아가 그 법률구성에 미치며, 혹은 그에 대한 해답[답변]을 피하며 오로지 법률구성만을 다룬다. 여기에 방법론적 의문이 제기된다」(183頁). 특히 이 마지막 부분에 B설(가와시마)과 B´설(호시노)의 분기점이 존재한다. 가와시마가 「단어적 기술」을 배제하고 추출하고자 한 「실질」이 「법정증거」라는 「이론」(법률구성)이었던 데 반해, 「각서」(호시노)는 이와 같은 「이론」(법률구성)에 의문을 제기하고 이를 배제하고자 하였다. 이러한 발상에 의한 「각서」는 「이론」을 위해 「문리적으로 무리가 없는 해석」을 버릴 필요는 없다고 본 것이다.

3 「각서」의 테제는 무엇인가

이상과 같은 문제의식에 기초하여 「각서」는 다음과 같은 작업가설을 제시한다. 이 작업가설이야말로 해석학설로서의 B´설(호시노설)을 지탱하는 부분이다. 앞선 설명과의 관계에서 논하자면 이는 「소박한 의문」의 함의와 관련하는 부분이기도 하다.

「각서」는 먼저 다음과 같이 논한다. 「한편으로 판례의 결론을 전면적으로 설명하고자 하더라도 어느 설에 있어서도 각각 약간의 무리가 발생하며, 그 다른 한편으로 판례의 대부분은 어느 설을 취하더라도 각각 상이한 방법으로 설명이 가능하다. 이는 모처럼 예리한 착상을 제시한 新학설을 포함하여 종래의 학설의 태도에 근본적으로 의문이 있음을 제시하는 것이 아닌가. 즉 첫 번째로 판례를 체계적으로 설명하는 이론을 추구하는 노력은 그리 의미가 없지 않은가. 특히 판례 그 자체가 반드시 일관된 태도를 취한다고는 할 수 없는 경우가 그러할 것이다. 두 번째로 본래 시효에 관한 구체적인 문제 해결을 일정한 『이론』에 의해 설명하고 근거를 부여하는 것이 무의미하지 않은가. 이 역시 시효의 존재이유를 어떻게 해석하는가 하는 기본적인 가치판단에서 [그 해답이] 존재한다」(185頁).

이렇게 「이론」을 배제한 「각서」는 「기본적인 가치판단」으로 나아간다. 그렇다면 이는 어디에서 찾을 수 있는가. 여기에서 「각서」의 큰 특징을 볼 수 있다. 「각서」는 다음과 같이 논한다. 「일본 민법의 시효법이 시효를 권리의 득상원인으로 삼는 법률구성을 취하고 있는 점만은 부정할 수 없다」(때문에 「문리적으로 무리가 없는 해석」을 취할 수밖에 없다－오오무라 注). 「그러나 이는 혼란한 시효관 위에 구축되어 있다. 개개의 규정도 [일부는] 상이하다기보다 상반된 사고에서 유래하며, [일부는] 상이한 사고가 아니면 이해할 수 없는 것이 병존한다. 따라서 이를 하나의 원리로 관철된 통일체로 보는 것은 옳지 않다. 때문에 시효규정의 해석도 이러한 사실을 직시하고 그 위에서 전개되어야 한다」(206-207頁).

이와 같이 「각서」는 기초자가 의거한 원리의 탐구를 포기한다. [즉 「각서」는] 그것이 존재하지 않는다고 본다. 그렇다면 무엇에 의지해야 하는가. 여기에서 등장하는 것이 「소박한 의문」이다. 그러나 물론 「각서」는 「소박한 의문」만을 논거로 삼지는 않는다. 「각서」의 핵심은 이 소박한 의문을 어떻게 정당화 근거로 전환하는가에 있으며, 이에 관해서는 항을 달리하여 [이하 Ⅲ.에서] 살펴본다.

Ⅲ. 1970년대 일본 민법학으로서의 호시노 민법학: 「각서」는 왜 쓰였는가, 넓은 문맥 속에서

1. 출발점

「각서」가 쓰였을 즈음 호시노 혹은 [일본] 민법학은 어떠한 상황에 처해 있었는가. 1970년대 중반 호시노는 40대 중반이었으나, 이미 「일본 민법에 프랑스 민법전이 미친 영향」(1965) 및 「민법해석학서설」(1967)을 발표하였으며(이하 「영향 및 「서설」),[11] 이제 막 대저 『차지·차가법』(1969)을 간행한 시기였다. 「각서」는 이러한 저서·논문을 제시한 호시노의 민법해석방법론을 집약한 논문으로서 집필되었다고 보아도 무방하다. 이에 의해 「각서」는 커다란 임팩트(impact)를 가지게 되었다.

앞서 언급한 저자[草野元己]는 「각서」는 「그 후의 학계에 지대한 영향을 끼쳤다」고 평가함과 동시에, 이 평에 앞서 선행 연구의 존재를 언급하고 「이 나카시마中島 논문은 주목을 받지 못하였다」고 논하였다.[12] 그렇다면 왜 선행 연구는 주목을 받지 못하고 「각서」는 주목을 끌었는가. 그 이유의 일단(一端)은 당시의 민법학계가 앞서 게재한 「영향」이나 「서설」에 입각한 실작(實作)으로서 「각서」를 받아들였던 점에서 찾을 수 있다.

호시노 자신은 「각서」를 수록한 논문집 『민법논집 제4권』의 「머리말」에서 「각서」를 언급하며 「근본적인 발상의 전환을 꾀하고자」 하였으나 「해석론상의 新제언은 특별히 없다」고 서술한다. 호시노의 주된 목표(主眼)는 그야말로 「발상의 전환」에 있었으며, 「해석론상의 新제안」에 없었던 것이다. 다시 말해 「각서」는 [종래 B설과 같이] 「법률구성」을 따르는 것도 아니고 [A설과 같이] 「해석론의 제언」을 한 것도 아닌 의도적으로 [발상의 전환을 위한] 논문을 기획한 것인데, 학계가 「각서」를 받아들임으로써 그러한 논문의 작성법(연구 방법)이 받아들여졌던 것이다.

---

11) 星野英一, 日本民法典に与えたフランス民法の影響-総論」·「民法解釈論序説」,『民法論集 第1巻』, 有斐閣, 1970에 수록.

12) 「나카시마中島 논문」은 中島弘道, 「時効制度の存在理由と構造」, 法学新報 64巻 4·5号, 1957을 가리킨다.

이러한 호시노의 방법은 일반적으로 이익고량론이라는 호칭으로 알려져 있다. 그렇다면 「각서」가 이익고량론을 전개하였다는 것은 구체적으로 무엇을 행하였음을 가리키는가(1). 또한 다름 아닌 「각서」에 있어서 이익고량론이 전개된 이유는 무엇인가(2). 이하에서는 이에 대해 고찰한다.

2. 「기술적인 이익고량론」으로서의 호시노 민법학

한마디로 「이익고량론」(「이익형량론」이라 칭하기도 한다)이라고 하더라도 그에는 몇 가지 타입이 존재하며, 또한 그것이 가능하다. 필자[역자 주: 오오무라]도 또한 일찍이 몇몇 분야를 시도한 경험이 있으며, 그때 호시노의 이익고량론이 「설명형」인지 「당위형」인지를 고려해 본 적이 있다.[13] 이하에서는 이와 같은 이항대립에 의하지 않고 호시노의 사고에 대해 「기술적인 이익고량론」으로서 그 성격을 부여하고자 한다. 단순히 설명에 그치는 것은 아니며, 그렇다고 해서 직설적인 가치판단을 제시하는 것도 아니다. 제도의 기술을 전제로 제언에 이르고자 하는 것으로 평가하고자 한다.

이러한 성격 부여 이상으로 호시노의 방법, 혹은 호시노 민법학의 중층성·복합성을 인식하는 것이 중요하다. 달리 말해 호시노의 「이익고량론」에는 몇 개의 층이 존재하며, 어디까지를 이익고량론이라 부를 것인지는 경우에 따라 달라지므로, 이를 명확히 해 둘 필요가 있다.

「각서」와 가까운 시기에 쓰인 논문(「이익고량론과 차지차가관계규정의 해석」[14])에서 호시노는 「이익고량론」의 내용을 몇 가지로 분류한다. 그에서는 ① 어떠한 제도가 상정하는 분쟁에서의 이익 상황의 분석, ② 당해 제도에 있어서 어떠한 해석론의 채용이 초래하는 이익 상황의 분석, ③ 대립하는 이익의 조화를 도모하는 가치판단의 파악, ④ 유사한 이익 상황을 다루는 제도와의 비교 대조 등을 든다. 또한 이와는 별개로 호시노는 같은 시기에 쓰인 별개의 논문(「와가쓰마我妻 법학의 족적(足跡)」[15])에서 「진정한 해석」과 「진정한 해석을 위해 행해야 할 것」을 구별하고, 후자의 하나로서 ⑤ 「연혁적·비교법적 연구」 및 ⑥ 「판례

---

13) 大村·民法総論, 125頁.

14) 星野英一, 「利益考量論と借地借家関係規定の解釈」, 『民法論集 第4巻』, 有斐閣, 1978에 수록.

15) 星野英一, 「我妻栄民法学の足跡」, 『民法論集 第4巻』, 有斐閣, 1978에 수록.

연구」를 든다.

다만 좁은 의미에서 「이익고량론」이라고 논하는 경우에는 ①②가 상정되어 있으나(한정 버전), 실제로는 ③이 포함되어 있는 경우가 많다(표준 버전). 호시노 자신은 이 경우를 「가치판단법학」이라 자칭하는 경우도 있으나, ③도 포함하여 「이익고량론」이라 불리는 경우가 있음은 인정하고 있는 것으로 보인다. ⑤⑥, 특히 ⑤는 호시노가 강조하는 부분이나, 이를 포함하여 폭넓게 호시노의 민법학을 「이익고량론」이라 부르는 경우도 있다(확대 버전). 또한 ④는 호시노가 간혹 언급하는 부분이며 어떠한 의미에서는 중요하나, 일반적으로 이익고량론의 특색으로서 언급되는 경우는 적은 편이다. 이를 포함하여 「이익고량론」이라 부른다면(재편 버전) 대체 무엇이 도출될 수 있는가, 이에 대해서는 후에 새로이 고찰한다. 추상론이 길어졌으나, 항을 달리하여 「각서」에 입각하여 [호시노의 「이익고량론」에 대해] 살펴본다.

3. 「기술적인 이익고량론」의 실례(實例)로서의 「각서」

(1) 방법의 제시: 「기술적인 이익고량론」의 전개

「각서」의 본론의 중심은 「② 시효 제도의 연혁」과 「③ 판례에 있어서의 기능」이었다. 달리 표현하면 연혁적 고찰과 판례 분석이라는 두 가지 작업이 「각서」의 「소박한 의문」을 지탱하고 있다고 할 수 있다.

다만 그 지탱 방식에는 어떠한 의미에서 미묘한 부분이 있다. 이는 연혁적 고찰에 의해서도 판례 분석에 의해서도 확정적인 결론을 얻지 못하였기 때문이다. 「각서」의 기본적 스탠스는 「문제의 근본적 해결은 … 시효의 효과를 넓게 인정하는 것이 타당한지, 좁게 인정하는 것이 타당한지라는 기본적인 가치판단에 의해서만 결정되는 것이 아닌가. 그러나 이 가치판단은 더욱 거슬러 올라가 본래 시효 제도의 취지·존재 이유는 무엇인지, 이를 어떻게 고려할 것인지를 정하지 않는 한 불가능하지 않은가」(171頁)라고 논하는 점에 있다. 그러나 이와 같은 가치판단은 연혁적 고찰에 의해서도 판례 분석에 의해서도 직접적으로는 도출되지 않는다. 「각서」의 저자는 이를 인정하고 스스로 믿는 「존재 이유」를 제언한다.

분명 텍스트상의 논리(비유적으로 「실선의 논리」, 「표층의 논리」)는 그와 같이 구성되어 있다. 그러나 동시에 「각서」는 연혁적 고찰 및 판례 분석에 의해 하나의 방향성을 끄집어내고자 한다. 즉 시효에 대한 견해는 Boissonade에 있어서 극에 달하며(그 후에는 혼란에 빠진다), 판례의 가치판단이 Boissonade의 시효관과 양립하지 못하는 것은 아니라는 부차적·잠재적인 논리(「파선의 논리」, 「심층의 논리」)가 숨어 있다는 것[에 대한 발견]이다.

「각서」는 일정한 시효관의 입각하여 Boissonade를 지지한 것인가, 아니면 Boissonade를 단서(端緖)로 일정한 시효관을 도출한 것인가. 필시 어느 쪽이라고도 할 수 없지 않을까(혹은 양쪽 모두이기도 하다). 분명한 것은 연혁적 고찰 및 판례 분석은 논리의 레벨에서는 직접적인 서포트가 되지 못하더라도 사실의 레벨에서는 큰 서포트가 된다는 것이다. 앞선 분류에 따르면, 「각서」는 그야말로 이익고량론의 표준 버전에서 확대 버전으로 확장되는 작품인 것이다. 이러한 과잉이 「각서」의 매력일지 모른다.

(2) 문제의 시사: 「기술적인 이익고량론」의 대상

「각서」는 「시효의 구체적 해석은 그 운용을 가능한 한 제한하는 방향으로 이루어져야」 함을 주장한다. 「각서」는 기본적인 가치판단을 제시함으로써 가치판단의 레벨에 있어서의 판례·학설의 부정합을 비판하며, 시효의 해석론에 방향을 부여해야 함을 주장하였다. 그리고 거듭 언급하나 「각서」는 큰 성공을 거두었다.

그러나 모든 문제에 관하여 「각서」가 활용한 접근이 유효하다고만은 할 수 없다. 최소한 당시의 「각서」의 저자는 그와 같이 [한계가 있다고] 판단하였으며, 신중하게 문제를 선택하여 이 접근을 활용한 것으로 보인다. 이는 「시효의 존재 이유」가 그야말로 가치의 레벨에서의 통일적 접근이 기대되었던 문제였기 때문이다.

이는 「종래의 통설」로서 비판의 대상으로 여겨진 와가쓰마설 자체가 지적한 부분이었다. 와가쓰마는 다음과 같이 논하였다.[16] 「원용의 성질에 대해 기본적인 대립이 존재한다. 다만 실제상의 효과에 대해 가장 견해가 나뉘는 원용권자의 범위, 원용과 포기(방기) 관련 등, 반드시 원용의 성질에 대한 이론적인 견해의 차이로부터 도출되는 것이라고는 생각되지 않는다. 그러나 실제상 중요한 관계가 있는 여러 문제에 대해 타당한 해결을 부여하기 위해서는 시효 제도의

16) 我妻·民法総則, 443頁.

본질로 거슬러 올라가 연구할 필요가 있을 것으로 판단된다.」 이 지적은 원용에 한정되며, 또한 「시효 제도의 본질」이 무엇을 가리키는지도 명확하지 않다. 그러나 법률구성의 차이를 뛰어넘어, 시효를 설명할 필요가 있음을 제시하는 서술로서는 귀중하다고 할 수 있다. 이에 관한 한 「각서」는 실제로는 가와시마가 아닌 와가쓰마에 알맞다고 할 수 있다. 다시 말해 각서는 기본적인 가치판단에 의해 시효의 존재 이유에 근거를 부여하는 방향으로 와가쓰마의 문제의식을 명확화 하였다고 볼 수 있다. 여기에서는 이러한 방향성이 이미 제시되어 있었다는 점, 「각서」는 이러한 문제를 선택하여 쓰인 것이라는 점을 확인해두고자 한다. 뒤집어보면 여타 문제에 대해서도 「각서」와 같은 설명이 폭넓게 받아들여졌는지는 당시의 문맥 하에서는 반드시 명확하지만은 않았다는 것이다. 그 후에는 신중히 대상을 선택한 「각서」의 성공에 의해 이와 같은 연구법을 활용할 수 있는 대상은 현격히 증가한 것으로 판단된다. 그렇다면 모든 문제에 대해 동일한 논의가 가능한가. 이는 「각서」의 영향의 심도와 관련하는 문제이다. 항을 달리하여 이에 대해서도 언급하며 장래로의 전망을 내다보며 결론을 대신한다.

Ⅳ. 이익고량론을 구해낸다?: 「각서」로부터 무엇을 이어나갈 것인가, 더욱 넓은 문맥으로 향하여

「각서」는 무용(無用)·혼탁(混濁)한 법률구성을 이른바 탈구축함으로써 그 기층에 있는 「정의」를 적출하고자 한 시도였다.[17] 「각서」에는 1970년대 일본 민법학의 공통적 특색이 드러난다고 할 수 있을지 모른다. 「각서」는 기술 부분과 제언 부분을 준별하고, 제언 부분을 스스로의 가치판단으로서 받아들이고자 하였다. 이와 같은 스탠스는 전후 민법학의 공통적 전제였다고도 할 수 있다. 그러나 「각서」가 실제로 행한 것은 단순히 현행법만을 해석하는 것이 아니라 역사 속에서 사회 속에서 법 제도를 평가하고, 더욱 바람직한 법을 발견하고자 한 영위였던 것으로 판단된다. 이는 넓은 의미에서의 자기 이해=해석의 시도이자 법 발견의 시도였다. 분명 「각서」는 현행법의 조문과의 정합성에 주의를

17) 이와 같은 「정의」관은 Derrida의 그것과도 통한다(또한 Derrida의 「법=정의」관에 대해서는 大村敦志, 『法典·教育·民法学』, 有斐閣, 1999, 315頁 이하를 참조).

기울이는데(가와시마설에 대한 안티테제이기도 하다), 그 점을 고려하더라도 「각서」에 행해진 것은 Gény가 논하는 libre recherche scientifique(free scientific re-search)[18]이지 않았을까.[19]

이와 같이 「각서」는 donné(given)의 발견에 힘썼다고 평가하더라도, 그 너머에서 construit(built)로 향하지는 않았다. 오히려 그 너머에 있어 구상된 것은 「시효의 존재 이유」와 같은 어떠한 의미에서 특수한 문제뿐만 아니라 대략 제도 일반에 대해 그 취지를 묻는 방향이었던 것으로 판단된다. 그러한 의미에서 「각서」는 과학(science)으로서의 법학의 전개를 내포하는 것이었다.

technique로서의 법학은 물론 필요하나, 그와 더불어, 그러나 그와는 별개로 science로서의 법학이 존재해야 하지 않은가. 「과학으로서의 법률학」[20]을 표방한 가와시마가, 어느 시기부터는 technique를 중시하는 듯한 발견을 하는 것과는 대조적으로 호시노는 science로 방향을 돌렸다. 이에 대해서는 몇몇 비판이 있어 왔으나, 그러한 비판의 대상은 이익고량론의 한정 버전이었던 것으로 판단된다. 확장 버전, 더 나아가 가능한 재편 버전에 대해서는 그 가능성이 충분하게는 검토되지 않았다.

이 재편 버전의 가능성을 탐구하는 것이 현대에 있어서의 민법학의 중요 문제 중 하나일 것이다. 외래의 민법전을 현대의 시민사회에 정초(定礎)·계류시키는 것, 이는 일본에서만 필요한 것이 아니다. 이익고량론의 재편 버전은 그를 위한 포럼의 양태(様態)를 시사한다. 이를 위해서는 방법론 레벨에서의 논의를 새로이 활성화할 필요가 있으나, 이후의 방법론이 추상론·일반론에 그쳐서는 큰 영향력을 기대할 수 없다. 새로운 시대에 적합한 「각서」가 요구된다.

---

18) 역자 주: Gény는 법 제도의 발견 및 그에 대한 해석·평가는 사회학, 경제학 등과 같은 학문과의 통섭이 필요하다고 주장하였다. 즉 그는 법을 사회과학의 주어진 데이터(donnés)에 법률적 기법 또는 구성(construits)을 적용한 결과로 보았다. Gény의 이러한 사고를 "libre recherche scientifique"로 칭한다.

19) 과학학파와 호시노의 관계에 대해서는 별고에서 언급한다(과학학파의 배경에 대해서는 大村敦志, 「共和国の民法学(1)フランス科学学派を中心に」, 法学協会雑誌 121巻 12号, 2004, 2114혈 이하 참조)

20) 가와시마川島의 「과학으로서의 법률학」의 구상에 대해서는 川島武宜, 『科学としての法律学』(弘文堂, 1955)을 참조. 더 나아가 川島武宜, 『科学としての法律学とその発展』[岩波書店, 1987]에 그 후의 연구와 함께 수록되어 있다.

[보 론]

본고에서 역자는 일본의 시효론에서 기념비적인 논문으로 평가되는 호시노 에이치(星野英一) 교수의 대표 논문으로서 150頁에 달하는 「時効に関する覚書」를 그의 제자인 오오무라 아쓰시(大村敦志) 교수가 현대적으로 재평가한 글인 「'時効に関する覚書'に関する覚書」를 소개하고자 하였다. 본고에서 소개한 오오무라(大村) 교수의 글은 저자가 2006년 7월에 게이오 기주쿠(慶應義塾) 대학 법과대학원에서 강의한 원고에 의거하여 2008년 3월에 慶應法学 제10号(2008년 3월)에 게재한 것이다. 일본 시효법 연구에서 기념비적 연구로 평가받는 호시노(星野) 교수의 논문은 1970년대에 쓰여졌음에도 불구하고 여전히 일본뿐만 아니라 우리에게도 시사하는 바가 매우 크다는 점에서 역자는 호시노 교수의 글을 재평가한 오오무라 교수의 논문을 소개한 것으로도 의미가 있을 것이라고 판단하였다. 이런 이유에서 역자는 호시노 교수의 「시효에 관한 각서」를 평가한 오오무라 교수의 「<시효에 관한 각서>에 관한 각서」를 번역하게 되었다.

특히 역자는 호시노 교수의 이익고량론에 많은 관심을 가지고 있었다. 호시노 교수는 일본민법학계가 독일민법의 해석학에 많은 영향을 받고 있는 것에 대한 반성의 차원에서 일본민법의 독자적인 해석론으로 이익고량론을 주장하였다 즉 그는 가치체계의 피라미드를 인정하면서 법해석에 있어서도 일정한 우선 순위가 있다고 보아 가치 및 원칙들의 이익고량을 거친 귀납적 방법에 의해 구체적 규범 및 해석론을 제시하였다. 특히 그는 이익고량을 위해서는 법사회학, 비교법학, 역사, 철학 등의 중요하기 때문에 법률가는 통섭적 시각을 갖춘 풍부한 교양 및 견식이 필요하다는 점을 강조하였다. 본고에서 소개한 「시효에 관한 각서」 또한 호시노 교수의 이익고량론에 입각하여 이해하면 이해가 더 편할 것이라고 생각한다.

<각서>를 통해 호시노 교수는 "시효제도의 취지를 고려하는 것이 시효완성의 효과 등을 이해함에 있어 가장 핵심이다."라고 말하고 있다. 그런 점에서 호시노의 사고는 스승인 와가쓰마의 사고와 연결된다. 호시노는 <각서>를 통해서 시효제도 관한 이론적 정립에 대해 열린 결말을 의도하고 있다고 재평가한 글이 오오무라의 <각서의 각서>이다. 이러한 열린사고에 기초한 개방성이 와가쓰마, 호시노, 오오무라로 연결되고 그 이후의 학자들에게 사유영역을 확장할 수 있는 동력으로 작용할 것이다. 법철학자 드워킨(Dworkin)의 비유를 빌린다면 <각서의 각서>는 누군가에 의해 연작소설(chain novel)로 이어지듯이 「<각서의 각서>에 관한 각서」로 연작될 것이며, 역자 또한 다음번에는 그 연작에 동참할 것을 다짐해 본다.

제 3 장

시효원용권자의 범위 판단기준에 대한 재고

-일본의 학설과 판례와의 비교를 중심으로-

Ⅰ. 들어가는 말

우리 민법은 소멸시효가 완성된 경우에 그 시효완성의 '원용'을 누가 할 수 있는지에 대해서 규정하고 있지 않다. 이에 시효원용권자의 범위와 관련하여 학설상 견해가 나뉘며,[1] 판례는 소멸시효가 완성된 경우 그 효과를 원용할 수 있는 자의 범위를 판단함에 있어 '시효이익을 직접 받는 자'라는 추상적인 기준만을 제시하고 있다. 특히 판례는 위 기준에 의해 물상보증인,[2] 연대보증인,[3] 가등기 부동산의 제3취득자,[4] 유치권이 성립된 부동산의 매수인,[5] 사해행위의 수익자[6] 등을 시효원용권자로 인정하고 있다. 반면에 판례는 일반채권자,[7] 후순위 담보권자[8] 및 채권자대위권의 피보전채권의 시효의 완성을 제3채무자[9]의

1) 일반적으로 학설은 소멸시효완성의 효과를 어떻게 보는지 — 절대적 소멸설인지 상대적 소멸설인지 — 에 따라 견해가 나뉜다. 이에 대해서는 후술하기로 한다.

2) 대법원 2004. 1. 16. 선고 2003다30890 판결; 대법원 2007. 1. 11. 선고 2006다33364 판결.

3) 대법원 1991. 1. 29. 선고 89다카1114 판결.

4) 대법원 1991. 3. 12. 선고 90다카27570 판결.

5) 대법원 2009. 9. 24. 선고 2009다39530 판결.

6) 대법원 2007. 11. 29. 선고 2007다54849 판결.

7) 대법원 1997. 12. 26. 선고 97다22676 판결.

8) 대법원 2021. 2. 25. 선고 2016다232597 판결은 "후순위 담보권자는 선순위 담보권의 피담보채권이 소멸하면 담보권의 순위가 상승하고 이에 따라 피담보채권에 대한 배당액이 증가할 수 있지만, 이러한 배당액 증가에 대한 기대는 담보권의 순위 상승에 따른 반사적

원용을 인정하지 않는다.[10] 문제는 판례가 시효원용권자인지 여부를 판단함에 있어 일반적이고 추상적인 기준만을 설시하고 있다는 것이다. 즉 실질적으로 '시효이익을 직접 받는 자'를 어떻게 판단해야 하는지에 대해서는 함구하고 있어 시효이익을 '직접적'으로 받는 자와 시효이익을 '간접적'으로 받는 자를 어떻게 구분할 것인지가 매우 어렵다. 물론 구체적인 기준을 제시하는 것이 쉬운 작업은 아니겠지만, 소송 당사자 입장에서는 자신이 왜 '시효이익을 직접 받는 자'가 아닌지에 대해 궁금할 수밖에 없다. 이러한 이유 때문에 시효원용권자의 지위를 인정받지 못한 자는 "판례가 시효원용권자로서 인정할 것인지 여부를 직관적으로 결정하고 그 직관에 대한 논증으로 '시효이익을 직접 받는 자'라는 일반적인 기준만을 제시하고 있다"고 오해할 수 있다. 생각건대 소송 당사자 입장에서는 판례의 이러한 설명방식이 임의적 축약일 수 있으며, 관점에 따라서는 기만적(?) 생략으로까지 비춰질 수 있다는 점에서, 판례는 그 구분기준이 어렵다고 하더라도 계속해서 그 기준을 제시하려는 노력을 기울여야 할 것이다. 본고는 이러한 문제의식을 가지고 먼저 시효의 원용이라는 것이 구체적으로 어떠한 의미를 가지는지에 대해 살펴보고(II) 시효원용권자의 범위를 판단하는 구체적 기준을, 국내 및 일본에서의 논의를 중심으로 고찰해 보고자 한다(III).[11] 그 후 지금까지 판례에 의해 시효원용권자로 인정된 자와 인정되지 않는 자를 본고에서 제시하는 판단기준을 통해 재평가해보고(IV) 향후 판례의 변화가 필요한 부분을 적시해 보면서 글을 마치고자 한다(V).

이익에 지나지 않는다."고 보아 후순위 담보권자는 선순위 담보권의 피담보채권 소멸로 직접 이익을 받는 자에 해당하지 않는다고 본다.

9) 대법원 2008. 1. 31. 선고 2007다64471 판결.

10) 이외에도 판례는 공탁금출급청구권에 관하여 공탁자의 시효원용권을 인정하지 않는다. 대법원 2007.3.30. 선고 2005다11312 판결.

11) 시효완성의 효과를 채무자의 항변으로 인정하는 국가(독일 등)와 달리 우리와 일본은 권리소멸이라고 규정한 대표적인 국가가 우리와 일본이라는 점에 본고에서는 일본에서의 논의만을 집중하여 분석해 보고자 한다. 물론 이미 선행연구들에서 일본에서의 논의를 소개하고 있으므로 본고에서는 선행연구들에서 소개되지 않았거나 자세하게 소개할 필요가 있는 부분을 중심으로 소개하고자 한다.

II. 소송상 시효원용의 의미

시효원용의 의미가 무엇인지를 이해하기 위해서는 소멸시효 완성의 효과를 어떻게 바라볼 것인지를 먼저 판단해야 한다. 요컨대 소멸시효를 권리소멸이라는 법률효과를 가져오는 법률요건이라 볼 경우에, 그 권리소멸이 소멸시효의 완성만으로 발생하는 것인지 아니면 시효이익을 받는 자의 의사표시(원용)이 있어야만 소멸되는지에 따라 '원용'이라는 의미는 다를 수 있다.

1. 국내에서의 논의

소멸시효의 완성의 효과에 대해 국내 학설은 절대적 소멸설[12)]과 상대적 소멸설[13)]로 나뉜다. 먼저 절대적 소멸설은 소멸시효가 완성되면 바로 권리가 소멸한다는 입장이며, 상대적 소멸설은 시효의 원용권을 형성권으로 보아[14)] 소멸시효 완성 후에 당사자의 원용이 있어야만 권리가 소멸된다고 본다. 특히 후자는 시효의 원용권은 법적안정성을 위하여 제척기간의 적용을 받지 않는다고 본다.[15)] 즉 시효제도가 법적안정성을 위하여 만들어진 제도인데, 그 제도의 효과를 가져오는 원용권을 제척기간에 걸리게 하는 것은 불안정한 상태로의 회귀를 의미하므로 이는 소멸시효제도의 취지를 몰각시킨다고 본다. 한편 우리 판례의 입장이 절대적 소멸설을 취하는지 상대적 소멸설을 취하는지에 대해서 바라보는 관점에 따라서 다르게 이해하고 있다.[16)] 생각건대 판례가 설시한 용어를 전

---

12) 강구욱, "소멸시효 완성의 효과", 외법논집, 제39권 제3호, 2015, 83; 석현수, "시효소멸 인정과 원용의 관계", 민사법학 제88호, 2019, 80 이하; 양창수, "소멸시효완성의 효과", 고시계, 1994.9, 152.

13) 강명선, "소멸시효 항변에 관한 고찰", 비교사법 제6권 제2호, 1999, 371; 편집대표 곽윤직(윤진수 집필 부분), 민법주해 제3권, 박영사, 2002(이하 '민법주해 3'으로 인용하기로 함), 479; 김병선, "시효원용권자의 범위", 민사법학 제38호, 2007, 257; 김태관, "소멸시효의 원용과 중단", 동아법학 제65호, 2014, 214; 노재호, "소멸시효의 원용－원용권자의 범위와 원용권자 상호간의 관계를 중심으로－", 사법논집 제52집, 2011, 255 이하; 장석조, "시효소멸 항변의 소송상 취급", 법조 제48권 제1호, 1991, 71 등.

14) 강구욱(주 12), 71; 김태관(주 13), 208; 석현수(주 12), 67; 장석조(주 13), 45; 노재호(주 13), 259 등.

15) 김태봉, "시효원용권자의 범위와 시효이익 포기의 효력", 법학논총 제37권 제1호, 2017, 106; 석현수(주 12), 69; 장석조(주 13), 48.

16) 판례가 절대적 소멸설로 이해하는 견해로는 민법주해 3, 479. 반면에 상대적 소멸설을 취

제로 그 입장을 추단해 보면 모호하다고 볼 여지가 다분하다는 점[17]에서 해석으로 이 문제를 계속 맡기는 것보다는 입법으로 명확하게 할 필요가 있을 것이다.[18]

(1) 절대적 소멸설의 입장

원칙적으로 절대적 소멸설을 취하면 '원용'이라는 단어는 불필요한 개념일 수 있다. 절대적 소멸설에 의하면, 소멸시효가 완성되면 원용을 기다리지 않고 그 자체로 권리가 소멸하므로 누구나 필요하면 그 소멸을 주장할 수 있고 누가 시효원용권자에 해당하는지를 별도로 판단할 필요가 없기 때문이다.[19] 따라서 절대적 소멸설의 입장에서는 소송상 피고의 소멸시효의 원용은 소송상 공격방어방법으로 주장하는 것에 불과하다.

(2) 상대적 소멸설의 입장

상대적 소멸설에 의하면 '시효의 원용'은 소멸시효완성에 의해 권리가 소멸하기 위한 실체법상 요건에 해당하며(형성권의 행사), 원용권자의 범위 또한 원칙상 제한적으로 인정될 수밖에 없다.[20] 물론 그 범위를 어디까지 제한할 것인지는 해석에 맡기는 수밖에 없을 것이지만, 최소한 누구에게나 시효의 원용권이 인정되지 않을 것이라는 점은 자명하다.[21]

(3) 검 토

1) 상대적 소멸설에 입각한 이해

시효의 '원용'이라는 용어의 사용은 시효의 효과를 어떻게 볼 것인지와 무관하다. 상대적 소멸설은 '원용'이 형성권적 의사표시로 보지만 절대적 소멸설은 '원용'을 권리소멸을 가져오는 형성권이 아니라, 권리소멸이라는 법률효과에 대한 진술로서 이해한다. 따라서 시효 '원용'은 학설에 따라 다른 의미로 이해할

한 것으로 볼 수 있다는 견해로는 지원림, 민법강의 홍문사, 2017, 415.

17) 강구욱(주 12), 69; 김태봉(주 15), 102; 석현수(주 12), 66. 이에 대해서는 후술한다.

18) 입법론에 대한 검토는 본고에서는 다루지 않고 추후 연구로 남기고자 한다.

19) 김태관(주 13), 208; 양창수(주 12), 149.

20) 김태봉(주 15), 106.

21) 장석조(주 13), 32 이하.

수 있는 동음이의어에 불과하다고 볼 수 있다. 물론 그 의미의 전달을 명확히 하기 위해 용어를 구분하는 것이 바람직할 것이나 원용을 항상 형성권적인 의사표시와 연결하지 않는다면, '원용'이라는 용어선택만으로 우리 판례가 상대적 소멸설을 취한 것으로 볼 필요는 없을 것이다.

채권자가 적극적인 권리행사(청구, 압류, 가압류, 가처분 등)를 통해 시효의 중단조치를 하지 않으면 시효가 완성되는데, 원고가 적극적인 권리행사를 하였더니 오히려 그 주장 속에 시효완성에 필요한 사실이 증명되었다고 주장공통의 원칙을 적용시켜 시효를 이유로 원고의 청구를 기각시키는 것이 시효제도를 고려하면 모순이라 할 수 있다. 둘째, 채무자 입장에서도 채권자와의 다른 이해상황을 고려하여 시효의 주장하지 않으려고 하였음에도 불구하고 시효완성을 법원이 인정하는 것은 타당하지 않다고 할 수 있다. 물론 절대적 소멸설을 취하면서도 피고가 시효완성의 이익을 받겠다는 의사의 표명을 요구하고 있는 입장이 있으나 이는 절대적 소멸설의 기본 논리와는 맞지 않으므로 소위 '변질된 형태의 절대적 소멸설'로 볼 여지가 있다. 더욱이 우리 판례는 채무자의 시효원용을 채무자의 채권자가 채권자대위권으로 행사할 수 있다고 보는데,[22] 이 또한 절대적 소멸설에 의하면 다음과 같은 의문이 제기될 수 있다. 즉, 절대적 소멸설에 의하면 원용권은 권리행사가 아니라 단순한 사실의 주장 또는 소송상의 공격방어방법에 불과하므로, 원용권은 채권자대위의 객체인 피대위권리가 될 수 없다. 반면에 원용권을 형성권으로 판단하는 상대적 소멸설에 의하면 채무자의 시효원용권을 채무자의 채권자가 대위행사하는 것이 전혀 문제되지 않는다. 요컨대 절대적 소멸설보다는 상대적 소멸설을 취하는 것이 원용권을 채권자 대위권의 피대위권리로 보는 것과 관련하여 더 자연스러운 견해라고 할 수 있다.

2) 시효완성의 효과와 시효원용권자의 범위 제한의 무연관성

소멸시효완성의 효과를 어떻게 보는지에 따라 논리필연적으로 시효원용권자의 범위가 결정된다고 볼 수 없다. 권리가 절대적으로 소멸한다는 것이 반드시 '누구라도 소멸시효의 효과를 주장할 수 있다'는 것으로 귀결되는 것은 아니

22) 대법원 1997. 12. 26. 선고 97다22676 판결 등.

기 때문이다.[23] 따라서 판례가 시효원용권자의 범위를 제한하고 있다는 것을 이유로 판례가 상대적 소멸설을 취한 것으로 판단할 수 없을 것이다. 요컨대 시효원용권자의 범위를 제한하고 있는 것이 상대적 소멸설로 이해할 수 있는 필요조건일 수는 있으나 충분조건은 아니다.

더 나아가 권리의 존재를 주장할 수 있는 자의 범위가 제한되는 것처럼 권리가 절대적으로 소멸하는 것과 그 권리소멸을 주장할 수 있는 자의 범위의 판단은 다를 수 있으며 이는 입법자의 결단 또는 학설과 판례의 해석에 맡기는 것을 입법자가 의도하였을 수도 있다. 따라서 시효원용권자의 범위가 제한되었는지 여부에 따라 상대적 소멸설을 취하였는지를 판단해서는 안 될 것이다. 우리의 경우에 시효원용권자의 범위에 대해서는 입법적 불비(不備)라고 할 수 있는데, 이 부분은 입법자가 학설과 판례에 유보한 것이라고 볼 수 있다. 판례나 학설이 시효완성의 효과를 어떻게 볼 것인지와 관계없이 시효원용권자의 범위제한의 필요성을 요구하고 있는 것이라면, 우리는 시효완성의 효과와 시효원용권자의 범위와의 관계가 아니라 오히려 어디까지 그 범위를 제한할 것인지와 어떠한 기준에 의해 제한할 것인지에 초점을 맞출 필요가 있다.

2. 일본에서의 논의

우리 민법과 달리 일본 현행민법(2020. 4. 1. 시행)은 제145조에서 "시효는 당사자(소멸시효에 있어서는 보증인, 물상보증인, 제3취득자 기타 권리의 소멸에 대해 정당한 이익을 갖는 자를 포함한다)가 원용하지 않으면 법원이 이에 의하여 재판을 할 수 없다."고 규정한다. 개정전 일본민법(이하 '메이지민법') 제145조는 "시효는 당사자가 원용하지 않으면 법원이 이에 의하여 재판을 할 수 없다."고 규정하고 있어 현행 일본민법과 큰 차이가 없다. 특히 우리 민법 제정당시에는 의용민법에 해당하는 메이지민법 제145조를 수용할 것인지가 논의되었다는 점에서, 이하에서는 메이지민법 제145조를 중심으로 살펴보고자 한다.

이미 언급한 것과 같이 메이지민법 제145조는 「시효의 원용」이라는 제목하에 「시효는 당사자가 원용하지 않으면 재판소가 이에 의해 재판할 수 없다」고

23) 김병선(주 13), 259; 노재호(주 13), 233; 석현수(주 12), 87.

규정한다. 이와 같이 동조는 일본 민법상의 규정으로서는 드물게 문언상 직접적으로 소송의 국면을 규율하고 있으며, 그러한 의미에서 동조는 실체법과 소송법의 교착이라는 쟁점을 내재한다. 그리고 동 조문의 존재는 이른바 「원용」의 법적 성질에 관한 학설의 대립을 낳는 중요한 요인 중 하나라 할 수 있다. 이에 이하에서는 일본의 현재 학설 및 판례의 소개에 앞서 우리 민법에는 규정하고 있지 않은 시효원용권자에 대한 메이지민법 제145조의 제정과정 시 일본 기초자들의 사고를 확인하고 일본 舊민법은 어떠한 입장을 취하였는지를 확인해 보고자 한다.

(1) 메이지민법 제145조의 제정과정에서의 논의

1) 일본 舊민법

증거편 제96조 제1항은 "법관은 직권으로 시효에 의해 발생하는 청구 또는 항변의 방법을 보충할 수 없다. 시효는 그 조건을 성취하여 이익을 얻는 자가 이를 원용해야 한다"고 규정하였다. 메이지민법 제145조는 일본 舊민법 증거편 제96조 제1항에 영향을 받은 조문인데,[24] 일본 舊민법을 기초한 Boissonade에게서는 시효완성의 원용권자의 범위를 제한하는 사고는 찾을 수 없다[25]는 점에서 일본 舊민법의 기본적인 입장은 원용권자의 범위를 제한하지 않았다고 볼 수도 있을 것이다. 한편 일본 舊민법 증거편 제93조 제1항은 "시효는 누구나 원용할 수 있다"는 규정을 두고 있었으나 메이지민법 제정시에는 이 규정이 삭제되어 반영되지 않았다.

2) 메이지민법

메이지민법 시효(時效)편의 기초담당자인 우메 겐지로(梅謙次郎)는 「어느

24) 法務大臣官房司法法制調査部監修, 『法典調査会民法議事速記録一(日本近代立法資料叢書1)』, 商事法務研究会, 1983, 416頁은 우메(梅)의 발언으로 "이는 기성법전 증거편 제96조 제1항과 동일한 의미이다. 문장을 간략하게 정리하였을 뿐, 달라진 부분은 없다."라고 기록되어 있다. 양자의 관계에 대한 상세한 설명은 内池慶四郎, 「物上保証人の被担保債権の消滅時効援用の能否等」, 民商法雑誌 60巻 5号, 1969, 766-767頁; 山本豊, 「民法145条(時効の援用の意味および援用権者の範囲)」, 広中俊雄＝星野英一編, 『民法典の百年Ⅱ(個別的観察(1)総則編·物権編)』, 有斐閣, 1998, 257頁 이하 참조.

25) G. Boissonade, Projet de Code civil pour l'Empire du Japon, accompagné d'un commentaire, t. 5, 1889. n° 264, 268 et s.

누구라도 원용할 수 있다는 사실은 명문으로 규정하지 않아도 누구나가 아는 일」이므로 굳이 명문화할 필요가 없다고 본다.[26] 우메(梅)의 위와 같은 설명에 따르면, 최소한 그의 사고는 소멸시효의 원용권자의 범위를 제한하지 않는 무제한설의 입장이라고 볼 수 있다.[27]

반면에 또 다른 메이지민법 기초자 중 한 명인 도미이 마사아키(富井政章)는 메이지민법 제145조의 '당사자'는 시효의 완성으로 인해 이익을 받은 자와 그 승계인을 의미한다고 하여 제한설에 입각하여 설명하고 있다.[28] 그는 특히 그 예시로 시효이익을 받은 자의 채권자는 승계인이 아니므로 시효를 원용할 수 없다고 보아[29] 제한설을 취하고 있음을 명확히 하였다.

3) 검 토

일본 舊민법과 메이지민법을 평면적으로 단순비교해서는 안 된다. 왜냐하면 Boissonade 민법초안 및 일본 舊민법은 시효완성의 법적 효과를 채무 소멸의 법률상의 추정[30]이라고 논하면서(Boissonade 초안 제1426조, 일본 舊민법 증거편 제89조)[31] 시효의 존재 이유를 추정설에서 찾는 반면에[32] 메이지민법 기초자인 우메(梅)는 나태설 및 공익설로 시효의 존재이유를 찾기 때문이다.[33] 이러한 차이점을 고려한 호시노(星野)는 「Boissonade는 소멸시효를 변제하였으나 그 증거를 가지지 못하는 채무자를 보호하기 위한 제도로 보았으므로, 누구나가

26) 『法典調査会民法議事速記録一』, 410頁; 福島正夫編, 『明治民法の制定と穂積文書—「法典調査会穂積陳重博士関係文書」の解説·目録および資料—』, 民法成立過程研究会, 有斐閣発売, 1956, 53頁 이하.

27) 『法典調査会民法議事速記録一』, 406頁 이하.

28) 그러나 시효에 대해서는 기초자 중 우메(梅)가 전담한 것으로 볼 수 있으므로 도미이(富井)의 입장을 기초자의 입장으로 볼 수 있을지는 의무인다. 福島正夫, 前揭書, 53頁.

29) 富井政章, 『民法原論第一巻総論(復刻版)』, 有斐閣, 1985, 633頁, 639頁.

30) Boissonade 초안 및 일본 구민법상 법률상의 추정에는 「공익에 관한 완전한 법률상의 추정」, 「사익에 관한 완전한 법률상의 추정」, 「경이輕易한 법률상의 추정」, 세 가지가 있다.

31) 이에 의하면 보통소멸시효기간과 단기소멸시효기간의 차이는 변제의 개연성의 정도의 차이에서 비롯된 것으로 볼 수 있다.

32) G. Boissonade, Projet de code civil pour l'empire du japon accompagné d'un commentaire t. 4, 1891를 기초로, Boissonade의 견해를 검토한다(이하 인용은 권수만으로 인용하기로 한다). BOISSONARDE 4巻, p.814, n° 219.

33) 『法典調査会民法議事速記録一』, 531頁.

원용할 수 있다고 하지 않으면 그 취지가 관철되지 않기 때문에 무제한적으로 원용권자를 인정한 것이다」라고 설명한다.[34] 즉 호시노(星野)는 원용권자의 범위를 확장한 일본 舊민법 규정은 시효를 권리취득·의무소멸의 「추정」으로 삼는 Boissonade의 법률구성으로부터 연역한 것으로 보면서[35] 메이지민법과는 시효의 존재이유를 바라보는 관점이 다르기 때문에 일본 舊민법의 태도에서 메이지민법 제145조의 시효원용권자의 범위를 판단하는 근거를 찾는 것에 한계가 있음을 지적한다.[36] 요컨대 일본 舊민법과 메이지민법이 시효제도를 바라보는 접근방법이 다르다는 점을 고려한다면, 호시노(星野)의 지적처럼 일본 舊민법에서의 논의를 전제로 메이지민법을 바라보는 것에는 접점이 일치하지 않다는 점에서, 일본 舊민법상의 연혁적인 측면만을 이유로 메이지민법상의 시효원용권자의 범위를 제한하지 않는 것은 타당하지 않을 것이다.

(2) 시효완성의 효과와 시효원용권과의 관계

먼저 일본에서는 시효완성의 효과와 관련하여 권리의 소멸로 이해하는 견해(이하 '실체법설')와 소송에서의 증명곤란을 구제하기 위한 효과로 이해하는 견해(이하 '소송법설')로 나뉜다.[37] 특히 실체법설은 시효원용의 법적 성질과 관련하여 다시 확정효과설(공격방어방법설), 불확정효과설로 나뉘며, 후자는 정지조건설, 해제조건설로 세분화된다.[38] 한편 일본의 판례[39]는 실체법설 중 정지

34) 星野英一, 「判批」, 法学協会雑誌 86巻 11号, 1969, 1383頁.

35) 星野英一, 『民法論集第四巻』, 有斐閣, 1978, 197頁 이하.

36) 星野英一, 前掲論文(주 34), 1384頁.

37) 학설에 대한 개괄적인 고찰은 松久三四彦, 「時効制度」, 星野英一編 『民法講座 1 民法総則』, 有斐閣, 1984, 541頁 이하 참조.

38) 양 견해는 메이지민법 제145조에서의 "원용"을 실체법상의 권리인 원용권 행사로 볼 것인지 소송상 공격방어방법으로서의 주장으로 볼 것인지에 따라 구분된다. 즉 확정효과설은 시효의 원용을 공격방법방법으로 보는 반면에 불확정 효과설은 시효의 원용을 실체법상의 권리행사(형성권)로 이해한다. 국내 문헌으로는 박운삼, "사해행위의 수익자와 취소채권자의 채권의 소멸시효의 원용 – 대법원 2007. 11. 29. 선고 2007다54849 판결 –", 판례연구 21집, 2010, 251 이하; 김태관(주 13), 212 주 37 참조.

39) 最判 昭和 61(1986)年 3月 17日, 民集 40巻 2号 420頁. 이 판결은 농지가 매매되어 대금의 지급도 인도도 이미 완료되었으나, 농지의 매매에 필요한 관련법상의 관할관청의 허가신청(농지법 제3조)이 이루어지지 않아 매수인을 위한 소유권이전청구권보전의 가등기가 이루어졌고 그 이후 매수인이 계약상의 지위를 제3자에게 양도하고 양수인을 위해 이전부

조건설을 취하는 것으로 이해된다.[40] 즉 일본의 판례는 시효의 원용을 실체법상의 권리행사, 즉 형성권 행사로 본다는 점에서 우리의 상대적 소멸설과 유사하다. 이하에서는 일본의 판례가 취하는 정지조건설과 유력한 학설인 확정효과설을 중심으로 시효원용권의 의미를 살펴보고자 한다.

1) 정지조건설

정지조건설에는 소송상이든 소송 외이든 시효 완성의 효과가 실체법상 발생하기 위해서는 법이 정하는 일정한 시간의 경과뿐만 아니라, 원용권자에 의한 시효 원용의 의사표가 필요하다고 본다. 즉 이 견해는 시효 원용의 의사표시가 시효완성의 효과가 발생하기 위한 실체법상의 하나의 요건이므로, 소송상의 구두변론에 있어서 시간의 경과와 시효 원용이라는 두 가지 요건에 해당하는 주요 사실이 주장되어야만 한다고 본다.[41] 또한 이 견해는 소송 외에 있어서의 시효의 원용의 의사표시에 의해서도 실체법상 시효 완성의 효과가 발생하게 되지만,[42] 소송의 구두변론에 있어서는 소송 외에서 시효 원용의 의사표시가 이

기등기를 완료하였다. 그 이후 매도인의 상속인이 허가신청협력청구권의 시효소멸을 주장하며 가등기 및 부기등기의 말소를 구하였다. 이에 양수인이 소유권의 본등기를 구하는 반소를 제기한 사안을 다룬다. 원심은 시효완성시점에 확정적으로 허가신청협력청구권이 시효소멸하였다고 하며 매도인의 본소청구를 인용하였으나, 최고재판소는 매도인이 시효를 원용하기 전에 농지가 비농지화되어 허가를 필요로 하지 않는 상황이 발생한 점을 이유로 원심을 파기환송하였다.

40) 松久三四彦, 「判批」, 民商法雑誌 96巻 1号, 1987, 117頁; 北居功, 「判批」, 民商法雑誌 148巻 3号, 2013, 328頁. 참고로 2020년 4월 1일부터 시행되고 있는 현행 일본민법의 개정과정에서도 시효연구회는 소멸시효기간의 경과뿐만 아니라 원용권자에 의한 시효의 원용이 있어야 비로소 권리가 소멸한다는, 즉 '일정한 시간의 경과'와 '원용'을 시효의 효과 발생을 위한 요건으로 파악하는 정지조건설의 입장에서 【본안】을, 다른 한편으로는 '일정한 시간의 경과'만으로써 권리가 당연히 소멸한다고 고려하는 확정효과설의 입장에서 【대체안】을 제시하였다.

41) 秋山幹男ほか, 『コンメンタール民事訴訟法Ⅱ[第2版]』, 日本評論社, 2006, 166頁; 司法研究所編, 『改訂 紛争類型別の要件事実』, 法曹会, 2006, 36頁. 예컨대 원고가 제기한 금전소비대차계약에 의거한 대금반환청구에 대해 채무자인 피고 측은, "(1) ○년 ○월 ○일은 경과하였다. (2) 피고는 원고에 대해 ○년 ○월 ○일의 본건 구두변론기일에 있어서 상기 시효를 원용한다는 의사표시를 하였다."고 적시해야 한다.

42) 반면에 일부 견해는 시효의 원용은 사안의 성질상, 소송에서만 문제될 수 있으며, 재판 외에서의 원용을 인정하기 위해 실체권으로서 원용권을 관념할 실익도, 그 원용권 행사가 기간제한이 없다는 점을 고려해 보면, 부족하다는 비판이 강하다. 金山直樹, 「時効におけ

미 이루어진 경우라 할지라도 다시금 시효 원용의 사실이 당사자에 의해 주장되어야 한다[43]고 본다.[44] 가령 소송 외에 있어서 원용권자가 시효를 원용한다는 취지의 서면을 상대방에 송부하고, 이것이 서증(書證)으로서 재판소에 제출되었다고 하더라도, 당사자의 주장이 없는 한 그것만으로 재판소가 시효에 대해 판단하는 것은 허용되지 않는다.[45]

2) 확정효과설

확정효과설에 따르면, 실체법상 시효완성의 효과인 권리소멸은 일정한 시간의 경과만으로 발생한다. 이 견해는 시효의 원용(정확히는 「시효 완성의 사실 주장」)이 문제되는 경우는 변론주의가 문제되는 소송의 국면으로 한정되며, 시간의 경과에 해당하는 주요 사실은 구두변론에 있어서 당사자 중 일방에 의해 주장되면 족하다(변론주의에 있어서 주장 공통의 원칙)고 본다. 확정효과설에 의하면 메이지민법 제145조의 원용규정은 변론주의의 확인규정에 해당하게 된다.[46] 그런데 이 견해는 사실이 아닌 법적인 효과를 원용하도록 하는 것은 변론주의와 어울리지 않는다는 점에서 일부 견해는 확정효과설을 취하면서도 시효의 원용을 권리의 항변으로 구성하여, 채무자 등 시효의 이익을 받는 자가 소송에서 원용해야만 법원이 이를 판단하게 된다고 본다.[47] 즉 이 견해는 실체법상으로는 확정효과설을 채용하면서 소송의 국면에 있어서는 원용에 의해 시효의 이익을 향유하는 원용권자의 결정(initiative)을 중시하여 시효 「원용」을 권리항변으로 구성하는 견해라고 할 수 있다.

る民法と訴訟法の交錯」, 法教 219号, 1998, 17頁.

43) 소송 외의 시효 원용의 사실을 당사자가 주장해야 한다는 것은, 「소송 외에 있어서 원용권자가 시효를 원용하였다는 사실을, 일방의 당사자(즉 원고 또는 피고)가 구두변론으로 주장하지 않으면 재판소는 그 사실을 판결의 기초로 삼을 수 없다(반대로 이 사실이 일방의 당사자에 의해 주장되었더라도, 주장 공통의 원칙에 따라 재판소는 이를 판결의 기초로 삼을 수 있다)는 취지이다.

44) 鎌田薫ほか編(八田卓也 執筆), 『民事法 I :総則·物権』, 日本評論社, 2005, 214頁.

45) 秋山幹男ほか, 前掲書, 166頁. 이는 소송자료와 증거자료의 구별이라는 변론주의의 준칙에 의한 귀결이라 할 수 있다.

46) 松久三四彦, 前掲論文(주 37), 578頁.

47) 이에 대해서는 金山直樹, 前掲論文, 17頁 이하.

3) 검 토

정지조건설은 소송 외에서든 소송에서든 시효원용을 해야만 실체법상 권리효과가 발생한다는 점에서 형성권으로서의 시효원용이 있었다는 사실이 있어야만 한다. 따라서 원고의 권리행사에 대해 피고는 소송에서 '자신이 시효원용을 했다는 사실'을 주장하거나 소송에서 원용권을 행사해야만 한다.

반면에 확정효과설은 시효의 원용이 없어도 시간의 경과에 의해 실체법상 효과가 인정되므로 시간의 경과라는 주요사실을 주장하기만 하면 된다. 그런데 일정한 시간의 경과라는 사실은, 시효에 대해 이익을 가지는 채무자로부터의 적극적인 주장으로부터 드러나는 것이 아니라, 채권자 측의 청구원인사실의 주장에 드러날 가능성이 높다. 예컨대 대금반환청구소송에 있어서는 「① 금전반환의 합의, ② 금전의 교부, ③ 변제기의 합의, ④ 변제기의 도래」가 소송물에 근거를 부여하는 요건 사실인바, 채권자가 ③과 ④에 해당하는 주요 사실을 주장하는 경우(예를 들어, 「변제기를 2000년 3월 2일로 정하고, 변제기로부터 이미 10년이 경과한 2012년 3월 6일 현재까지 아직 변제가 이루어지지 않았다」고 주장하였다고 가정한다), 채권자 측이 주장책임을 지는 ③과 ④에 해당하는 주요 사실뿐만 아니라, 채무자 측이 주장책임을 지는 당해 채권의 소멸시효기간의 경과라는 소멸시효의 요건에 해당하는 주요 사실도 구두변론에 있어서의 주요 사실로서 드러났기 때문에 법원은 '변론주의의 주장공통의 원칙'에 의해 소멸시효완성을 인정하여 원고의 청구를 기각해야 한다. 즉 소멸시효시간의 경과 여부는 변제기가 채권증서 등에 의해 증명되면 그 후 채권자 측으로부터 시효 중단·정지 사유가 주장·증명되지 않는 한 채권자의 청구를 기각해야 한다.[48]

3. 소송상 시효원용과 권리의 항변

절대적 소멸설을 취하는 견해는 변론주의의 원칙상 피고가 소멸시효의 완성을 주장하지 않으면 법원은 소멸시효의 완성을 전제로 재판할 수 없다고 본

---

48) 요컨대 시간의 경과만을 요건 사실로 삼는 확정효과설을 변론주의의 형식적인 허울을 관철시킨다면, 원용권자인 채무자 측이 시효의 이익을 향유할 것인지에 대한 일절의 의사표시를 하지 않아도 재판소는 소멸시효 완성의 사실을 기초로 판결할 수 있다.

다. 그러나 절대적 소멸설에 의하면 실질적으로 권리소멸의 요건사실은 기산일과 시효기간의 경과뿐이므로 그러한 주장이 원고의 주장에 의해 증명되더라도 무방하므로(주장공통원칙), 피고가 굳이 소멸시효완성의 사실을 직접 주장할 필요는 없다. 그럼에도 변론주의를 이유로 피고에게 시효이익을 받겠다는 의사의 표명을 필요하다는 설명은 도출하기 어려우며, 이는 논리적 일관성을 포기하고 상대적 소멸설에 의해 제기되는 비판(채무자의 의사에 어긋난다는 비판 등)을 고려한 미봉책에 불과할 수 있다. 물론 절대적 소멸설을 취하면서 시효완성을 피고가 객관적인 사실 이외에 시효이익을 누리고자 하는 의사를 표명하는 경우에만 인정되는 권리항변으로 구성한다면 변론주의를 전제로 하는 설명이 가능할 수 있다.[49] 즉 이러한 견해는 기본적으로 소멸시효의 완성의 주장은 권리항변에 해당하므로 주장공통의 원칙이 적용되지 않기 때문에,[50] 법원은 원고가 주장한 사실을 기초로 하여 시효완성을 인정하여 원고의 청구를 기각할 수 없다고 본다. 그런데 이러한 논리구조가 설득력을 갖기 위해서는 왜 시효완성의 항변이 시효이익을 받겠다는 의사의 표명을 필요로 하는 '권리항변'에 해당하는지에 대한 부연설명이 있어야만 한다. 그런데 시효완성을 권리의 항변으로 보는 견해는 이에 대해서 아무런 설시를 하고 있지 않다.

(1) 권리항변의 의미

일본 내에서도 권리항변을 어떻게 이해할 것인지에 대해서는 통일된 견해가 없으나 권리항변이라는 개념 자체를 승인하는 것이 일반적이다.[51] 일반적으

---

49) 우리 판례가 대법원 1978. 10. 10. 선고 78다910 판결 등에서 "당사자의 원용이 없어도 소멸시효기간이 완성하면 채무는 당연히 소멸된다 하겠으나 변론주의의 원칙상 당사자가 시효이익을 받겠다는 뜻으로 이를 원용하지 않는 이상 그 의사에 반하여 재판할 수 없다"고 보고 있는데, 판례가 소멸시효의 항변을 권리의 항변으로 보지 않는 한, 주장공통의 원칙을 배제할 수 없다. 따라서 판례 또한 소멸시효완성이 항변을 권리의 항변으로 보는 것으로 볼 수 있을 것이다. 학설 중 김정만, "소멸시효 원용권자의 범위", 사법연수원논문집 제5집, 2008, 52 이하에서도 '권리항변'으로 이해하여 피고의 시효이익을 받겠다는 의사의 표명이 필요하다고 본다.

50) 즉 권리항변의 경우에는 주장공통의 원칙이 적용되지 않는다. 최진수, 요건사실과 주장증명책임, 진원사, 2018, 82; 사법연수원, 요건사실론, 2019, 48.

51) 권리항변 개념의 이해에 관한 학설 상황에 대해서는, 坂田宏, 『民事訴訟における処分権主義』, 有斐閣, 2001, 213, 253頁 이하 참조.

로 권리항변이란, "법원이 항변의 근거가 되는 권리의 존재를 인정함에 있어 권리발생의 기초가 되는 객관적 사실의 주장뿐만 아니라 권리를 행사하겠다는 당사자의 의사표시까지 요구하는 경우"를 의미한다.[52] 권리항변의 개념은 일본의 最判 昭和27(1952)·11·27, 民集 6巻 10号 1062頁(이하 「昭和27年判決」)이 "권리는 권리자의 의사에 의해 행사되어야만 권리자로서 그 권리의 내용인 이익을 향유하며 …(중략)… 유치권과 같은 권리항변에 있어서는, 변제·면제 등의 사실항변이 적어도 그 항변을 구성하는 사실관계로서 주장된 이상 이것이 항변에 의해 이익을 취하는 자에 의해 주장되었는지 그 상대방에 의해 주장되었는지를 불문하고 항상 재판소가 이를 참작해야 하는 것과 달리, 항변권 취득의 사실관계가 소송상 주장되었다고 하더라도 권리자가 그 권리를 행사할 의사를 표명하지 않는 한 재판소에 있어서 이를 참작할 수 없다(밑줄은 필자가 첨가)"고 설시한 이래로 현재 일본 및 우리나라에서 사용되고 있는 개념이다.

(2) 일본에서의 논의

일본에서는 권리항변을 바라보는 견해는 두 가지로 나뉜다.

첫째, 가네코 하지메(兼子一)의 견해이다. 그는 昭和27年判決 이후에 「실체법상의 항변권이나 취소권, 해제권 등의 형성권이라 불리는 것에 대해서는, 그 권리 행사의 의사표시가 이루어진 사실도 포함한 것이 권리의 소멸이나 이행거절의 효과의 법률요건이 되므로, 이를 진술하는 것이 **소송상의 의미에서의 항변의 제출이 된다**」고 하며, 이러한 종류의 항변을 권리항변이라 부르며 사실항변과 구별한다.[53] 요컨대 이 견해는 실체법상의 항변권과 형성권을 모두 권리항변 개념에 포함시키고, 시효원용권에 대해서도 메이지민법 제145조를 근거로 「시효의 효과를 원용권자의 이익 향유의 의사표시와 연관 지어 인정하고자 하는 일종의 형성권」이라고 하며, 권리항변에 포함시킨다.[54]

둘째, 사카타 히로시(坂田宏)의 견해이다. 사카타(坂田)는 사실항변에는 주장 공통의 원칙이 적용되는 데 반해 권리항변에는 이것이 적용되지 않는다는 취지의 昭和27年判決을 전제로, 권리항변 개념에 「변론주의와 처분권주의의 분

52) 그 예로는 일반적으로 유치권항변, 동시이행항변을 들 수 있다. 사법연수원(주 50), 48.
53) 兼子一, 『実体法と訴訟法』, 有斐閣, 1957, 78頁.
54) 兼子一, 前掲書, 78頁.

수령」으로서의 의의를 가진다고 본다. 특히 사카타(坂田)는 권리항변 개념을 「소송상의 항변 중 주장 공통의 원칙의 적용을 받지 않으며, 권리항변의 행사에 대해 피고의 이익·의사가 소송법상 존중되어야 한다」고 정의하며, 권리항변에는 昭和27年判決이 직접 판시한 유치권의 항변 외에도 동시이행의 항변권, 최고·검색의 항변권, 시효의 원용이 포함된다고 본다.[55] 다만, 그는 형성권은 권리의 항변에 포함되지 않는다고 본다.[56] 특히 이 견해는 법률관계를 변동시킨 결과, 본래의 청구권을 소멸시키기 위해 권리자 자신에 의한 권리 행사의 의사표시를 요건으로 삼는 형성권과 청구권을 소멸시키지 않고 일시적 또는 영구적으로 이행을 거절하기 위해 항변권자 자신에 의한 소송상의 원용을 요하는 실체법상의 항변권은 효과의 측면에 있어서 상이하다는 이유에서 형성권을 권리항변으로 보지 않는다.[57]

(3) 검 토

일본의 정지조건설과 우리의 상대적 소멸설의 입장에서는 시효 원용을 원용권자의 의사표시로 파악하므로 소송상 또는 소송 외를 불문하고 행사하는 것이 가능하나, 일본의 확정효과설과 우리의 절대적 소멸설의 입장에서는 이를 소송에 있어서의 단순한 사실 주장으로 파악하게 된다. 먼저 정지조건설이나 상대적 소멸설이 시효원용권을 일종의 형성권으로 파악하는 이상, 시효원용권을 전술한 권리항변 개념에 포함시킬 수 없다.[58] 더 나아가 확정효과설이나 절대적 소멸설을 취하는 경우에도, 원칙상 시효의 원용(＝시효 완성의 사실 주장)은 사실항변으로 평가되어 주장 공통의 원칙이 적용되므로 이 학설 또한 권리항변 개념과는 맞물리지 않을 것이다.

그런데 국내학설 및 일본의 학설 중에는 시간의 경과에 의해 소멸시효의

---

55) 坂田宏, 前揭書, 261頁; 坂田宏, 「権利抗弁概念の再評価—主張共通の原則の例外としての存在意義」, 民訴41巻, 1995, 206頁. 즉 사카타(坂田)는 시효의 원용은 원용권자의 의사를 필요로 하는 점에 있어서 이를 권리항변 개념에 포함시킨다.

56) 坂田宏, 前揭論文, 202頁; 坂田宏, 前揭書, 213頁; 住吉博, 『民事訴訟読本[第2版]』, 法学書院, 1976, 320頁.

57) 松本博之＝上野泰男, 『民事訴訟法[第5版]』, 弘文堂, 2008, 291頁.

58) 물론 형성권까지도 권리항변에 포함하는 견해에 의하면 권리항변으로 이해할 수도 있을 것이다.

효과가 발생한다고 보면서도 시효의 원용을 권리항변으로 보아 시효의 이익을 받는 채무자 등이 직접 이에 대한 권리행사를 주장해야만 한다고 본다. 이러한 견해는 채무자 등의 의사를 존중해야 한다는 사고에서 발생하였다고 할 수 있으나 실체법상의 사실로서 이미 시효 완성의 효과(예를 들어 채무의 시효소멸)가 발생하였음에도 불구하고, 어떠한 이유에서 이러한 사실의 주장을 특별히 「권리」항변으로 구성해야 하는지에 대해서 구체적인 설시가 없어 수긍하기 어렵다.

소멸시효의 완성을 실체법상 급부거절권의 항변권으로 구성하는 독일민법(BGB 제214조 제1항)을 전제로 할 경우에는 실체법상의 항변권을 항변권자 스스로가 소송상 행사해야 하므로, 이는 그야말로 「권리」항변이라는 발상과 친밀하다고 할 수 있다. 그러나 권리의 득상이라는 실체적 효과가 시효기간의 경과만으로 발생한다고 설명하는 확정효과설이나 절대적 소멸설은 권리항변의 발상과 정합성을 결여한다고 할 수 있다. 더욱이 우리의 경우에는 메이지민법 제145조와 같은 원용권 규정이 없다는 점에서 채무자 등의 의사를 존중하기 위한 방편으로 시효원용을 권리항변으로 구성하는 것은 무리가 있다. 따라서 절대적 소멸설이 시효완성이 동시이행항변권 및 유치권에 기한 항변과 같은 권리항변이 되는지를 설명하지 못하는 한, 논리적인 근거 없이 권리항변의 범위를 확대하여 당사자 의사를 무시한다는 비판을 우회하였다는 비판으로부터 자유롭지 못할 것이다.

Ⅲ. 시효원용권자의 범위

1. 국내에서의 논의

국내에서는 권리소멸의 효과를 절대적 소멸설로 보든 상대적 소멸설로 보든 그 원용권자의 범위를 좁게 보려는 해석은 없으며, 그 범위를 확장하려는 시도가 일반적이다. 다만 그 기준에 대한 설명 및 근거 제시는 매우 다양하며 어느 견해가 통설적 지위에 있는지를 확인하는 것은 불가능하다.[59]

59) 국내 학설에 대한 개괄적인 설명은 김병선(주 13), 257-259; 김태관(주 13), 208; 김태봉(주 15), 107 참조.

(1) 무제한설

먼저 소멸시효에 의한 법률상의 진술은 소송상 시효소멸의 요건이 아니라는 전제 하에 어느 누구나 원용할 수 있다고 보는 견해 및 절대적 소멸설에 기반하여 누구나 원용할 수 있다고 보는 견해[60]가 있다.

(2) 제한설

이 견해 또한 다양하게 나뉜다.

먼저 개별적 사안별로 이익형량하여 원용권자의 범위를 정해져야 한다는 견해[61]와 시효제도의 존재이유를 고려하여 그 범위를 결정하여야 한다는 견해[62]가 있다. 전자는 개별사안별로 이해관계자들의 관계, 시효원용을 인정함으로 인하여 발생하는 결과(공익 침해) 등을 고려하여 범위를 결정하자는 견해인데, 그 견해는 일반적인 기준이 가시는 모호함을 개별사선별로 평가하자는 말로 전환한 것에 불과할 뿐, 구체적인 기준을 제시하였다고 보기 어렵다.

반면에 소멸시효원용권자의 범위를 원칙적으로 '소멸시효가 완성된 권리의 의무자'에 한정하고, 제3자의 경우에는 예외적으로 법률에서 규정하고 있거나, 그 규정을 유추적용할 수 있는 경우에 한하여 원용할 수 있다고 보는 견해가 있다.[63] 이 견해는 소멸시효의 원용권자를 소멸시효가 완성된 권리의 의무자에 한정하여 해석하게 되면 소멸시효가 인정되는 범위를 되도록 좁게 인정함으로써 정당한 권리의 보호에 기여할 수 있다고 본다. 또한 이 견해는 시효 원용권자들의 소멸시효원용 내지 시효이익포기에 관한 의견의 불일치로 인하여 법률관계가 분화되는 문제를 해결할 수 있는 장점이 있음을 강조한다. 이 견해는 다른 견해에 비교하여 더 명확한 기준을 제시하였다고 할 수 있으나 유추적용을 판단하는 기준이 필요하다는 점에서 구체적 기준제시를 하였다고 보기 어렵다.

---

60) 전자는 석현수(주 12), 87에서 엿볼 수 있고 후자는 대표적으로 양창수(주 12), 149 참조.

61) 윤진수, "소멸시효 완성의 효과", 『한국민법이론의 발전: 총칙·물권편 I』(박영사, 1999), 207. 소멸시효 원용권자를 결정하는 기준은 소멸시효를 원용할 수 있음이 분명한 소멸시효의 대상인 권리의 의무자와 동등하게 취급되어야 할 사람인가 하는 형평의 관점에서 보아야 한다고 한다.

62) 김정만(주 49), 73.

63) 김병선(주 13), 267-268.

2. 일본에서의 논의

메이지민법 제145조는 "시효는 당사자가 원용하지 않으면 법원이 이에 의하여 재판을 할 수 없다"고 규정하였는데, '당사자'가 누구인지에 대해서, 즉 그 구체적인 범위를 정하지 않고 있기 때문에 시효원용권자의 범위가 문제되었다. 일본의 판례는 우리와 마찬가지로 '시효의 이익을 직접받는 자'라는 일반적 기준에 의해 판단하고 있는 반면에 일본의 학설은 그 범위를 판단하는 기준과 관련하여 매우 다양한 의견을 제시하고 있다. 국내에서도 다양하게 주장된 일본의 학설에 대한 소개가 없었던 것은 아니나,[64] 학설 및 판례가 구체적으로 어떠한 기준을 가지고 판단하는지에 대한 개괄적 고찰에 그치고 있어 본고에서는 좀 더 상세하게 학설을 소개하고 분석해 보고자 한다.

(1) 판례의 태도

1) 대심원 판례

일본의 판례를 시계열적으로 확인해 보면, 大判 明治 43(1910)年 1月 25日[65]에서 가장 먼저 시효원용권자의 범위에 대해 판단하였다. 위 판결에서 대심원은 "메이지민법 제145조의 「당사자란 시효에 의해 **직접적으로 이익을 얻는 자, 즉 취득시효에 의해 권리를 취득하거나 소멸시효에 의해 권리의 제한 혹은 의무를 면하는 자**」이며, 「**간접적으로 이익을 얻는 자**」는 당사자가 아니다."라고 논하고 있다. 그 이유는 다음과 같다.

> "만약 그와 같은 자[필자 주: 간접적으로 이익을 얻는 자]까지도 독립하여 시효를 원용할 수 있다고 하면, 직접적으로 이익을 얻는 자, 예를 들어 채무자가 시효의 이익을 얻고자 하지 않아 시효를 원용하지 않거나 혹은 이를 포기하여 채무의 변제를 요구 받았음에도 불구하고 간접적으로 이익을 얻는 자, 예를 들어 저당권을 설정한 제3자(필자 주: 물상보증인)가 시효를 원용하여 저당권의 행사를 면하고자 하는 경우, 채권자는 주된 채무를 가지면서 종된 저당권을 상실한다는 불합리한 상황에 처한다. 이는 법률이 지향하는 바가 아니다."

---

64) 일본에서의 논의에 대한 소개를 하고 있는 선행연구로는 김병선(주 13), 262 이하; 김정만(주 49), 59 이하; 김태관(주 13), 209 이하; 노재호(주 13), 269 이하 참조.

65) 民録 16輯 22頁.

더 나아가 대심원은 「당사자의 승계인은 당사자의 시효원용권을 승계하므로 당사자와 동일시되어야 하는바 시효를 원용할 수 있음은 당연」하나, 본건의 피상고인은 「저당권의 목적물인 부동산의 제3취득자에 지나지 않으며 저당채권의 소멸시효가 성립되어 직접적인 이익을 얻지 않는다. 피담보채권이 소멸하는 경우에 그 취득한 부동산상에 존재하는 저당권이 소멸하는 결과, 그 소유권이 확고해지는 이익은 이를 취하여야 하나, 시효의 직접적인 효과가 아님은 저당채권의 소멸시효를 원용할 수 있는 당사자라 할 수 없다」고 한다. 요컨대 위 대심원 판결은 저당부동산의 제3취득자를 직접적으로 이익을 얻는 자로 보지 않아 시효원용권을 인정하지 않았으며, 방론이기는 하지만 물상보증인 또한 시효원용권을 행사할 수 없다고 본다. 그 이후에도 대심원 판결은 '시효의 이익을 직접 받는 자'라는 기준에 의해서 시효원용권자의 범위를 판단하였는데, 시계열에 따라 시효원용권자에 관한 대심원 판결을 간단히 정리해 보면 다음과 같다(<표 3－1> 참조).[66]

〈표 3-1〉 대심원 판례

당사자	대상판결(결정)	원용권 인정 여부 (○, ×)
보증인	大判 大正4(1915)年 7月 13日, 民録 21輯 1387頁	○
보증인	大判 大正4(1915)年 12月11日, 民録 21輯 2051頁	○
채무자의 채권자	大判 大正8(1919)年 7月 4日, 民録 25輯 1215頁	×
사해행위의 수익자	大判 昭和3(1928)年 11月 8日, 民集 7巻 980頁	×

66) 이하의 대심원 판결에 대한 소개는 주로 松久三四彦, 「時効の援用権者」, 『時効制度の構造と解釈』, 有斐閣, 2011, 183頁에서 소개한 것을 필요한 부분만 정리한 것이다.

참칭상속인으로부터 상속재산을 매수한 자 (저당권을 취득한 자)	大判 昭和4(1929)年 4月 2日, 民集 8巻 237頁	×
공탁금반환청구권의 양수인	大判 昭和7(1932)年, 4月 13日, 新聞 3400号 12頁	×
연대보증인	大判 昭和7(1932)年, 6月21日, 民集 11巻 1186頁	○
연대보증인	大判 昭和7(1932)年 12月 2日, 新聞 3499号 14頁	○
보증인	大判 昭和8(1933)年 10月 13日, 民集 12巻 2520頁	○
가등기된 부동산의 취득자 (저당권을 취득한 자)	大判 昭和9(1934)年 5月 2日, 民集 13巻 670頁	×
저당부동산의 제3취득자	大判 昭和10(1935)年 5月 28日, 新聞 3853号 11頁	×
채무자의 채권자 (압류채권자)	大判 昭和11(1936)年 2月 14日, 新聞 3959号 7頁	×
보증인	大判 昭和13(1938)年 6月 24日, 新聞 4294号 18頁	○
저당부동산의 제3취득자	大判 昭和13(1938)年 11月 14日, 新聞4349号 7頁	×

<표 3-1>을 통해 알 수 있는 것처럼 대심원 판결은 '시효의 이익을 직접적으로 받는 자'를 매우 좁게 해석하였으며, 채무자 이외에 보증인(연대보증인)에 대해서만 시효원용권을 인정하고 있을 뿐이다.

2) 최고재판소 판례

대심원 판례에 대해 학설은 시효원용권자의 범위를 지나치게 협소하게 본다는 비판을 가하였다. 최고재판소는 이러한 학설의 비판을 의식하여 시효원용권자를 판단함에 있어 '시효의 이익을 직접적으로 받는 자'라는 대심원 판례의 기준을 그대로 받아들였음에도 불구하고 실질적으로 그 범위는 점차 확대하였다. 먼저 最判 昭和42(1967)年 10月 27日[67]에서 일본 최고재판소는 타인의 채무를 위해 자신의 부동산을 약한 의미의 양보담보로 제공한 자에게 시효원용권을 인정하였는데, 그 판시에서 최고재판소는 물상보증인도 피담보채권의 소멸에 의해 직접이익을 얻는 자라고 논하며 이를 부인하였던 大判 明治 43(1910)年 1月 25日를 변경하고, "타인의 채무를 위해 자신의 부동산을 이른바 약한 양도담보로 제공한 자는 '피담보채권의 소멸에 의해 이익을 얻는 자라는 점에 있어서 물상보증인과 아무런 차이가 없으므로', 민법 제415조의 당사자로서 피담보채권의 소멸시효를 원용할 수 있다"고 보았다. 最判 昭和43年 9月 26日[68]에서도 물상보증인은 피담보채권의 소멸시효를 원용할 수 있다는 점을 재확인하면서 채무자의 채권자는 시효를 직접 원용할 수는 없으나 피담보채권의 소멸시효를 채권자대위권에 의거하여 원용할 수 있다고 하였다. 그 이후에도 최고재판소는 종전 대심원 판례에서 원용권을 인정하지 않았던 자들에 대해서도 원용권을 인정하면서 그 범위를 점차 확대하였다(<표 3-2> 참조).[69]

〈표 3-2〉 최고재판소 판례

당사자	대상판결(결정)	원용권 인정 여부 (○, ×)	비 고
저당부동산의 제3취득자(물상보증인)	最判 昭和48(1973)年 12月 14日, 民集 27巻 11号1586頁	○	大判 明治 43(1910)年 1月 25日 변경
가등기담보권이 설정된 부동산의 제3취득자	最判 昭和60(1985)年 11月 26日, 民集 39巻 7号 1701頁	○	·

67) 民集 21巻 8号 2110頁.

68) 民集 32巻 9号 2002頁.

69) 松久三四彦, 前掲論文(주 66), 188頁 이하 및 松久三四彦, 「時効援用権者論の展開と検討」, 『時効制度の構造と解釈』, 有斐閣, 2011, 221頁 이하에서 소개한 최고재판소 판결 중 필요한 부분만을 정리한 것이다. 노재호(주 13), 270-275 또한 일본최고재판소 판결의 내용에 대해서 소개하고 있다.

매매예약에 의거한 소유권이전청구권보전 가등기가 경유된 부동산상의 저당권자	最判 平成2(1990)年 6月 5日, 民集 44巻 4号 599頁	○	大判 昭和9(1934)年 5月 2日 변경
담보 목적의 매매예약에 의거한 소유권이전청구권보전 가등기가 이루어진 부동산의 제3취득자	最判 平成4(1992)年 3月 19日, 民集 46巻 3号 322頁	○	大判 昭和9(1934)年 5月 2日 변경
사해행위의 수익자	最判 平成10(1998)年 6月 22日, 民集 52巻 4号1195頁	○	大判 昭和3(1928)年 11月 8日 변경
양도담보권자로부터 목적부동산을 양수받은 제3자(유치권의 목적인 부동산의 제3취득자)	最判 平成11(1999)年 2月 26日, 判例時報 1671号 67頁	○	·
후순위저당권자 — 선순위저당권의 피담보채권의 소멸시효의 원용	最判 平成11(1999)年 10月 21日, 民集 53巻 7号 1190頁	×	·

최고재판소 판례에서는 종래 대심원 판례에 의해 시효이익을 간접적으로 받는 자에 불과하였던 자가 어떠한 이유에서 시효이익을 직접적으로 받는 자로 변경되었는지에 대해서 구체적인 설시를 하고 있지 않다. 따라서 최고재판소에 의한 대심원 판례 변경의 실질적인 이유를 확인하기는 매우 어렵다.[70)]

참고로 最判 平成11(1999)年 10月 21日은 "후순위저당권자는 목적부동산의 가격에서 선순위저당권에 의해 담보된 채권액을 공제한 가격에 대해서만 우선하여 변제받는 지위를 가진다. 다만 선순위저당권의 피담보채권이 소멸하면, 후순위저당권자의 저당권의 순위가 상승하여, 그로 인해 피담보채권에 대한 배당

70) 石田喜久夫, 「売買予約に基づく所有権移転請求権保全の仮登記に後れる抵当権者と予約完結権の消滅時効の援用(最判平成2.6.5)」, 民商法雑誌 112巻 1号, 1995, 93頁 이하; 中田裕康, 「判批」, 法学協会雑誌 111巻 2号, 1994, 279頁 등.

액이 증가할 수 있으나, 이 배당액의 증가에 대한 기대는 저당권의 순위의 상승에 의해 초래되는 반사적인 이익에 지나지 않는다고 보아야 한다. 따라서 후순위저당권자는 선순위저당권의 피담보채권의 소멸에 의해 직접이익을 얻는 자에 해당하지 않으므로, 선순위저당권의 피담보채권의 소멸시효를 원용할 수 없다고 해석하는 것이 상당하다(밑줄은 필자가 첨가)"고 보아 반사적 이익을 받는 자는 직접적으로 시효이익을 받는 자가 아님을 설시하였다.[71] 더 나아가 동 판결은 소멸시효를 원용할 수 있다는 저당목적부동산의 제3취득자와 후순위저당권자를 같은 지위에서 평가할 수 있을 것인지에 대해, "제3취득자는 위 피담보채권이 소멸하면 저당권이 소멸하여 그로 인해 소유권을 관철할 수 있는 관계에 있어, 위 소멸시효를 원용할 수 없다고 한다면 저당권이 실행됨으로써 부동산의 소유권을 상실하는 불이익을 받을 수 있는 데 반해, 후순위저당권자가 선순위저당권의 피담보채권의 소멸시효를 원용할 수 있다고 논할 경우에 취할 수 있는 이익은 위에 설시한 바와 같으며, 또한 위 소멸시효를 원용할 수 없다고 하더라도 목적부동산의 가격에서 저당권의 종전의 순위에 따라 변제를 받는 후순위저당권자의 지위가 훼손되지 않으므로, 후순위저당권자와 제3취득자는 그 지위가 상이하다고 논해야 한다(밑줄은 필자가 첨가)"고 보아 후순위저당권자의 원용권을 인정하지 않았다.[72]

3) 검 토

일본의 판례가 시효원용권자를 「직접적으로 이익을 얻는 자」로 한정하는 이유에 대해서는 大判 明治 43(1910)年 1月 25日에서 논하고 있는 것처럼, 시효원용권자의 범위를 확장함으로 인하여 채권자는 주된 피담보채권을 가지고 있으면서도 종된 저당권을 상실한다는 불합리한 상황을 방지하기 위한 것이다. 그러나 일본의 판례가 보증인 및 연대보증인에게 시효의 원용권을 인정한 것을 보면, 大判 明治 43(1910)年 1月 25日에서 제시한 이유는 이미 그 역할을 상실하였다고 볼 수 있다. 즉, 주된 채무자가 원용하지 않았음에도 보증인이나 연대보증인이 주된 채무의 시효를 원용할 수 있다는 일본의 판례에 의하면, 채권자는 주된 권리를 가지면서도 종된 권리를 상실하는 불합리한 결과와 조우하게 되는

71) 대법원 2021. 2. 25. 선고 2016다232597 판결과 매우 유사하다.

72) 金山直樹, 平成11年度重要判例解説[ジュリスト臨時増刊1179号], 2000, 63頁 이하 참조.

데, 그럼에도 불구하고 대심원 판례가 시효원용권을 인정한 것이므로 大判 明治 43(1910)年 1月 25日의 이유는 실질적으로 변경되었다고 보아도 무방할 것이다.

특히 문제는 일본 최고재판소의 판례가 '시효의 이익을 직접받는 자'라는 일반기준은 계속유지하면서도 대심원 판례와 다른 결과를 도출하였다는 점인데, 종래에는 직접적인 이익을 받지 않았던 자가 판례의 변경에 의해 '직접적인 이익을 받는 자'로 지위가 상승되었음에도 불구하고 판례는 그 이유에 대해 아무런 설명이 없다는 것이다. 이는 일본의 판례가 제시하는 '시효의 이익을 직접받는 자'라는 기준이 시효원용권자를 결정하는 실질적 기준이 아니라 형식적인 기준에 불과하다는 것임을 방증한다.[73] 즉 위 기준은 법관의 직관 또는 법관의 형평감각에 맡기겠다는 것으로 이해할 수 있다. 요컨대 위 기준은 법관의 재량에 맡기겠다고 하면 지나치게 자의적이라는 비판을 받을 수 있기 때문에 이러한 비판으로부터 벗어나기 위한 우회적인 표현에 지나지 않는다고 볼 수 있다. 소송당사자 입장에서는 판례를 예측하고 그 판례의 사고의 가정 및 결론의 타당성을 검토할 수 있어야만 사법신뢰가 형성되는데, 최소한 '시효원용권자의 범위'에 대한 판례의 논거는 이와는 거리가 멀다고 할 수 있다. 즉, 일본의 판례가 내세우는 위 기준은, 판례가 원용권을 인정한 경우와 인정하지 않은 경우에 대한 개별집합군을 확인하여 어느 집합군에 포함되는지만 확인하는 단순한 작업의 반복으로 분쟁을 종식시키는 역할을 할 뿐, 시효원용권을 인정받지 못한 당사자에게 그 판결의 결론을 관용할 수 있는 기회를 주지 않는다. 더 나아가 제3자의 시효원용의 인정여부가 문제되는 사안이 종래 판결에서 확인하지 않았던 경우에는 개별집합군 중 어디에 속하는지를 판단할 수 없을 것이다. 결국 그러한 경우에는 판례가 제시한 기준으로 판단해야 할 것이지만 그 기준만으로는 거의 예측이 불가능하여 법원의 직관적 판단을 기다릴 수밖에 없게 된다.

(2) 학설검토

일본의 학설은 전반적으로 일본의 판례가 원용권자의 범위를 확대하는 것에 대해서 찬동한다.[74] 다만 학설은 판례가 '시효의 이익을 직접 받는 자'에 해

---

73) 松久三四彦, 前掲論文(주 66), 193頁에서도 유사한 비판을 가한다.

74) 松久三四彦, 前掲論文(주 66), 194頁. 반면에 中島弘道, 「時効制度の存在理由と構造(2・完)」, 法学新報 64巻 5号, 1957, 324頁, 328頁에서는 확대하는 것에 대해 매우 소극적인 입장이다.

당하는지 여부에 따라 원용권자의 범위를 결정하는 것에 대해서는 부정적이다. 학설은 '시효원용'의 의미와 '시효제도의 존재이유'를 어떻게 바라볼 것인지에 따라 견해가 나뉘는데, 시효원용권자의 범위를 판단하기 위해 일반적인 기준을 제시하는 견해부터 개별사안에 따라 개별적으로 판단해야 한다는 견해까지 매우 다양하다.[75)]

1) 채무자뿐만 아니라 제3자에게도 원용권을 인정할 수 있는 여지를 남기는 견해

가. 일반적인 기준을 제시하는 견해('일원설')

먼저 시효에 의해 직접·간접적으로 이익을 받는 자가 시효원용권자라는 견해,[76)] 시효완성으로 인하여 법률상 이익을 취득한 자를 시효원용권자로 보는 견해가 있다.[77)] 특히 후자의 견해는 시효완성으로 권리가 바로 소멸한다는 입장(확정효과설)에서 민법 제145조의 원용은 소송상의 공격방어방법에 지나지 않으므로[78)] 그 효과는 원칙적으로 누구나 주장할 수 있다고 본다. 즉 이 견해를 주장하고 있는 유노키(柚木)는 직·간접적으로 시효의 이익을 받는지를 고려하지 않고 채무자 및 승계인뿐만 아니라 제3자 또한 시효에 의하여 당연히 법률상 이익을 가지는 자가 된다고 본다.[79)]

와가쓰마(我妻)는 「시효에 의해 직접권리를 취득하거나 의무를 면하는 자 이외에 그 권리 또는 의무에 의거하여 새롭게 권리를 취득하거나 의무를 면하는 자」를 시효원용권자로 본다. 특히 이 견해는 「시효의 원용이 시효에 의해 발생하는 일반적인 법률효과(권리의 소멸)와 개인의 의사 존중이라는 가치를 적절하게 조화시키는 제도적 장치라고 한다면, 이해 관계자 각각에 대해 원용과 포기의 자유를 인정하고 시효완성의 효과를 상대적으로 발생시키는 것이 그 목적에 적합하다」고 주장한다.[80)]

가와시마(川島)는 소멸시효의 효과에 대해 소송법설에 입각하여 원용권은

---

75) 이하의 학설은 松久三四彦, 前揭論文(주 66), 194頁 이하 및 松久三四彦, 前揭論文(주 69), 231頁 이하를 주로 참조하여 원문을 찾아 정리한 것이다.

76) 森泉章, 『新版民法総則講義』, 一粒社, 1977, 208頁.

77) 柚木馨, 『判例民法総論下巻』, 有斐閣, 1952, 341頁 이하, 351頁.

78) 柚木馨, 前揭書, 351頁.

79) 柚木馨, 前揭書, 352頁.

80) 我妻栄, 『新訂民法総則』, 岩波書店, 1965, 445頁 이하.

당해 소송상의 청구에 대해 시효를 주장하는 법률상 이익을 가지는 자가 주장할 수 있다고 주장한다.[81] 즉 이 견해에 의하면 소송의 당사자만이 원용권을 행사할 수 있다고 본다.

시노미야(四宮)는 시효의 원용을 실체법적 원용과 소송법적 원용으로 나누고 전자는 시효를 원용하면 자신의 의무나 부담을 면할 수 있는 자가 할 수 있다고 보며, 후자는 시효를 주장하는 소송법상의 이익을 가지는 자(시효의 효과발생에 의해 당해 소송에 있어서 자신에게 유리한 주장에 근거를 부여할 수 있는 입장에 있는 자)라면 누구나 가능하다고 본다.[82]

한편 일부 견해는 시효완성의 효과를 권리의 당사자간(채권자와 채무자간)에는 상대적으로 이해하고 제3자와의 관계에서는 절대적으로 이해한다.[83] 즉 이 견해는 당사자 간은 상대적 효력이 있으므로 채무자의 원용여부에 따라 시효의 효과가 나타나지만, 제3자는 채무자의 시효원용여부와 무관하게 시효의 효과를 누리게 된다고 본다. 이런 이유로 이 견해는 제3자와의 관계에서는 시효의 완성으로 채권자의 권리자체가 소멸하므로 제3자는 누구나 시효의 완성을 주장할 수 있다고 본다.

나. 유형별로 고찰해야 한다고 보는 견해(소위 '이익형량설')

가와이(川井)는 「문제가 되는 법률관계의 성질에 따라 시효원용권자의 범위를 결정하는 것이 타당하다」고 논하면서 시효에 의해 「불이익을 받는 자」와 「직접적인 법률관계에 있는 자」에게 원용권이 있다고 본다.[84] 대표적으로 호시노(星野)는 원용권자의 범위에 대한 문제는 「문제되는 자의 유형(보증인, 제3취득자 등)에 따라 세밀하게 고찰해야 한다」고 논하고 있으며, 유형에 따라서 개별적으로 이익을 고량(考量)해야 한다고 강조한다.[85] 이를 전제로 호시노(星野)는 시효의 효과를 폭넓게 인정할 것인지 아니면 좁게 인정할 것인지에 대한 가치판단을 통해서 권리자 보호와 당사자 이익, 더 나아가 시효제도로 인해 얻어

---

81) 川島武宜, 『民法総則』, 有斐閣, 1965, 454頁,
82) 四宮和夫, 『民法総則(四版)』, 弘文堂, 1986, 324頁.
83) 於保不二雄, 「時効の援用及び時効利益の放棄」, 法曹時報 5巻 7号, 1953, 320頁.
84) 川井健, 「判批」, 民商法雑誌 58巻 5号, 1968, 776頁
85) 星野英一, 前揭書, 309頁.

지는 공익을 비교형량하여 시효이익을 누리는 자의 범위를 정해야 한다고 본다.[86)]

다. 채권자의 보호에 초점을 맞추어 시효원용권자의 범위를 좁게 보는 견해 (소위 '3기준설')

이 견해는 시효의 완성은 실체법상의 효과를 발생시킨다고 보아(실체법설),[87)] 시효제도는 궁극적으로 진정한 권리자의 권리를 소멸시킨다는 점에서 비윤리적 색채를 가지는 것으로 이해한다. 이에 이 견해는 몇 가지 장치를 마련하여 시효제도가 가지는 이러한 비윤리성을 제거하여 채권자를 보호할 필요가 있다는 것을 전제로 시효원용권자의 범위를 제한해야 한다고 주장한다.[88)] 즉 이 견해는 무제한적으로 시효원용권자의 범위를 확장하면 권리자에게 지나치게 불리하다는 이유에서 원용권자의 범위를 제한해야 한다고 본다. 대표적으로 엔도(遠藤)는 「시효의 원용권자는 시효에 의해 스스로의 의무 혹은 책임을 면하는 자로 한정해야 하며, 시효완성에 의해 단순히 이익이 증진하는 자는 포함되지 않는다」고 본다. 특히 그는 구체적인 예시로 채무자의 일반채권자는 채무자의 시효완성을 원용할 수 없다고 보고 있으며 더 나아가 그는 채권자대위권을 통해 채무자의 원용권을 행사할 수 없다고 본다.[89)] 한편 엔도(遠藤)에 많은 영향을 받은 마쓰히사(松久)는 기본적으로는 엔도(遠藤)와 같은 입장을 취하면서도 엔도(遠藤)에 비하여 원용권자의 범위를 결정하기 위한 세부적인 세 가지 기준을 제시한다.[90)] 먼저 그는 시효의 목적은 의무로부터의 해방이므로, 시효의 원용에 의해 의무를 면하는 자에게만 원용권을 인정해야 한다고 본다(제1기준).[91)] 다만 마쓰히사(松久)는 제1기준을 충족한 경우에도 소멸시효가 완성된 채권의 상대방(예: 채무자, 이하 「직접 당사자」로 칭함)이 「시효의 효과가 발생하는 법률상의 이익을 얻는 자 중 특정한 자」를 위해 시효를 원용해야 하는 관계가 인정되는

86) 星野英一, 「判批」, 法学協会雑誌 85巻 10号, 1968, 1433頁.
87) 松久三四彦, 「消滅時効制度の根拠と中断の範囲(一)」, 北大法学論集 31巻 1号, 1980, 271頁.
88) 대표적으로 遠藤浩, 「時効の援用権者の範囲と債権者代位権による時効の援用」, 手形研究 319号, 1981, 61頁 이하.
89) 遠藤浩, 前掲論文, 62頁.
90) 松久三四彦, 前掲論文(주 66), 196頁 이하.
91) 松久三四彦, 前掲論文(주 66), 198頁.

경우에 한하여 그 특정한 자에게도 직접 원용권을 인정한다(제2기준).[92] 즉「제2기준」은「직접 당사자」가「제3자」를 위해 시효를 원용해야 하는 관계에 있는 경우에 메이지민법 제145조에 의해「직접 당사자」에게 직접 시효를 원용하게 하여 시효이익을 향유할 것을 강제할 수는 없으므로,「제3자」에게 고유의 원용권을 인정하여「직접 당사자」의 자기결정권을 보장하기 위한 노력의 일환이라고 할 수 있다. 따라서「제2기준」의 근거를 감안하면「제3자」의 시효원용의 효과는 당해「제3자」와의 관계에서만 인정되며,「직접 당사자」에는 귀속되지 않는다(시효원용의 상대효)는 결론을 도출하게 한다.[93] 요컨대「제1기준」,「제2기준」을 모두 충족하면「직접 당사자」 이외의「제3자」의 원용권을 인정하므로,「제1기준」및「제2기준」이 제3자의 시효원용의 근거가 된다. 또한「제1기준」을 충족하여도「제2기준」을 충족하지 못하면 원용이 부정되므로 실질적으로 원용권을 결정하는 기준은「제2기준」이라고 할 수 있다.[94] 다만 마쓰히사(松久)는 예외적으로 제2기준을 충족하지 못하였다 하더라도 즉,「직접 당사자」가「제3자」를 위해 시효를 원용해야 하는 관계에 있지 않더라도, 특별히「제3자」에게 원용권을 인정해야 하는 이유를 찾을 수 있는 경우에는 예외적으로 그 자에게 시효원용권을 인정한다(제3기준).[95] 물론 일부 견해는 마쓰히사(松久)의「제3기준」이「제1기준」,「제2기준」을「상대화함과 동시에, 시효의 원용권자 범위의 결정기준의 세분화가 재차 일반조항에 위임되는 결과를 초래하여 시효원용권자의 범위를 판단하는 기준을 원점으로 되돌린다」는 비판을 제기한다.[96] 그러나 시효원용과 관련한 이해관계인의 진정한 보호를 위해「제3기준」을 제시한 것으로 본다면, 즉 빈틈없이 이해관계자들의 이익 조정을 위하여 제시된 것이「제3기준」이라고 이해하면「제3기준」에 대한 일부 견해의 비판은 충분히 해소시킬 수

92) 한편「직접 당사자」가「제3자」를 위해 시효를 원용해야 하는 관계에 있다는 것은「직접 당사자」가 시효이익을 원용할 것인지 포기할 것인지에 대한 선택의 자유를 존중해야 한다는 평가를 수반하게 되며, 이는 종국적으로 원용권의 상대효(즉, 원용권을 행사한 자에게만 원용의 효과가 미친다)와 연결된다. 松久三四彦, 前揭論文(주 69), 235頁.

93) 松久三四彦, 前揭論文(주 69), 220頁.

94) 松久三四彦, 前揭論文(주 69), 235頁 주 43. 즉 1기준은 시효원용권을 인정하기 위한 필요조건에 불과하며 제2기준이 시효원용권을 인정하기 위한 충분조건이라 할 수 있다.

95) 松久三四彦, 前揭論文(주 66), 207頁 이하.

96) 결국 호시노(星野)의 이익형량설과 유사하게 된다는 것이다. 石田喜久夫, 前揭論文, 102頁.

있을 것이다.[97] 생각건대 마쓰히사(松久)의 기준 또한 완벽한 것은 아니나 최소한 문제의 본질은 시효원용권을 인정해야 하는 제3자와 시효의 원용에 의해 단순히 반사적 이익을 받는 자를 구분하도록 유도하였다는 점에 주목할 필요가 있다고 본다. 즉 마쓰히사(松久)가 제시한 기준은 개별적·구체적인 사안에 있어 시효원용권자의 범위를 확정해 나갈 수 있도록 하였다는 점에서 의미를 가진다. 다만 마쓰히사(松久)는 위 기준을 전제로 하더라도 채무자의 일반채권자 및 후순위저당권자의 시효원용권은 인정되지 않는다고 본다.[98]

라. 시효완성의 효과귀속에 초점을 맞추는 견해(소위 '2기준설')

최근 메이지민법 제145조의 원용권자를 판단함에 있어 시효의 요건이 아닌 시효의 효과에 초점을 맞추는 견해가 있다. 위 견해는 다음과 같은 두 가지 기준을 제시한다.[99] 첫째, 시효원용권자가 되기 위해서는 시효의 완성으로 인하여 채무가 소멸하는 경우에 그 권리자와의 관계에서 제3자 또한 직접적으로 채무를 면하는 경우(예: 보증인) 또는 물적책임을 면하는 경우(예: 물상보증인, 저당부동산의 제3취득자)여야 한다. 둘째, 제3자에게 요청되는 「직접적인 법률관계」는 소멸되는 채권의 직접당사자인 채권·채무관계와는 구분되는 독립적인 법률관계(가분적인 관계)이어야 한다. 예컨대 주채무계약과 보증채무계약을 독립적인 법률관계이므로 주채무의 시효완성에 기하여 독립적인 법률관계에 있는 보증채무 또한 소멸되므로 보증인의 원용권을 인정할 수 있다.

2) 채무자 이외의 제3자의 원용권을 부정하는 견해(소위 '대위설')

최근 일부 견해는 시효원용의 상대효가 법률관계를 복잡하게 한다는 점을 비판하면서, 채무자 및 승계인 이외의 「제3자」의 시효원용권을 부정하고 「제3자」는 채권자대위권 내지 그 전용에 의해 채무자의 시효원용권을 행사할 수 있을 뿐이라고 주장한다(이하 '대위권적 구성').[100] 즉 이 견해는 「파생적인 이익을 얻을 뿐인 「제3자」는 직접 당사자의 법률관계의 운명에 의존하는 자로서, 당사

97) 松久三四彦, 前掲論文(주 69), 235頁 주 43.

98) 松久三四彦, 前掲論文(주 66), 198頁.

99) 森田宏樹, 「時効援用権者の画定基準について(一), (二·完)」, 法曹時報 54巻 6号(2002), 1579頁, 7号(2002), 1813頁.

100) 平野裕之, 『民法 I 総則·物権法』, 新世社, 1998, 117頁.

자가 원용하면 그 이익을 향유할 수는 있으나 원용하지 않으면 그를 감수해야 하므로, 고유의 원용권을 인정할 필요가 없다」고 설명한다.[101] 다만 「제3자」가 채무자의 채권자로서 채권자대위권을 행사하는 것은 별개의 권리행사일 뿐이므로 이를 금지할 이유는 없다는 것이다.[102] 그런데 이 견해는 「직접 당사자」의 의사에 반하는 것을 이유로 「제3자」의 원용권을 부정하면서 채권자대위권의 행사를 인정하여 「직접 당사자」에게 시효의 효과를 귀속시키는 것은 모순이라는 비판을 받으며, 시효원용의 상대효를 취하면 법률관계가 복잡해지는 경우가 있지만 그 복잡함 때문에 「제3자」의 원용권을 부정할 필요가 없다는 반론이 제기된다. 더 나아가 대위권적 구성은 한편으로는 「제3자」를 채권자로서 평가하고, 그 채권실현을 위해 「직접 당사자」의 시효이익을 취할 것인지 포기할 것인지를 선택할 자유를 빼앗는 강력한 구성을 취하면서, 다른 한편으로는 「직접 당사자」가 원용권을 포기하면 그것이 사해행위가 되는 경우를 제외하고 더 이상 「제3자」는 시효의 이익을 취할 수 없게 된다는 점에서 문제가 있다.[103] 이는 대위권적 구성이 「제3자」 보호를 위해 강력한 구성을 취하면서 실제로는 소기의 목적을 달성하지 못하는 커다란 약점을 내포한다.[104]

3) 검 토

「제3자」원용을 인정하면서 원용의 절대효를 인정하면, 「직접 당사자」에게 시효의 이익을 강제하는 부당한 결과를 초래할 것이다.[105] 이러한 이유 때문에 일본의 통설과 판례는 「제3자」원용을 인정하면서도 그 자의 원용의 효과가 「직접 당사자」에게 미치지 않는다는 원용의 상대효를 취하고 있다.[106]

---

101) 平野裕之, 前掲書, 118頁.

102) 関武志, 「取得時効の援用権者に関する覚書」, 小島康裕教授退官記念 『現代企業法の新展開』, 信山社, 2001, 304頁 이하.

103) 関武志, 前掲論文, 297頁. 특히 이 견해는 Boissonade가 원용권의 일신전속성을 부정한 것처럼 메이지민법 기초자도 이러한 사고를 채택하였다는 전제하에, 원용권의 일신전속성을 부정한 것은 원용권의 행사는 극히 제한된 자에게만 허용되어, 그 외의 자인 『이해관계자』의 시효원용에 대해서는 대위권적 구성으로 하라는 기초자들의 인식이 있었다고 판단한다. 関武志, 前掲論文, 296頁.

104) 松久三四彦, 前掲論文(주 69), 232頁.

105) 中島玉吉, 『改訂増補民法釈義巻之一総則編』, 金刺芳流堂, 1925, 827頁(松久三四彦, 前掲論文(주 66), 197頁 재인용).

한편 일본의 통설과 판례와 같이 「제3자」 중 일정한 범위까지 시효원용권을 인정한다면, 「직접이익을 얻는 자」라는 기준으로 그 범위를 정하는 것은 사실상 판단기준으로서 큰 의미를 가지지 않는다.[107] 「직접 당사자」가 「제3자」를 위해 시효의 효과를 원용해야 하는 관계가 인정되는 경우에 그는 「제3자」를 위해 시효를 원용해야 할 것이다. 그러나 원용하도록 강제하는 것은 「직접 당사자」에게 시효의 이익을 취할 것인지를 선택할 자유, 즉 원용 선택에 대한 자유를 침해할 수 있으므로 「직접 당사자」에게 원용을 강제할 수도 없을 것이다. 요컨대 「직접 당사자」의 선택권을 존중하면서 「제3자」의 이익을 보호하기 위한 현실적은 방법으로서 「제3자」에게 원용권을 부여할 필요가 있게 된다. 그런 의미에서 「직접 당사자」가 「제3자」를 위해 시효를 원용해야 하는 관계에 있는지를 판단하는 것이 「제3자」의 원용권 인정여부를 결정하는 주된 기준이 될 것이다. 물론 「직접 당사자」가 「제3자」를 위해 원용해야 하는 관계가 인정되지 않는 경우에도 다른 정당한 이유가 있는 경우에는 「제3자」에게 원용을 인정할 필요가 있을 것이다.[108]

3. 소 결

일본 개정민법은 종래 메이지민법 제145조의 '당사자'라는 문구가 포괄적이고 추상적이라는 비판을 받아들여, 일본 판례 및 통설에서 시효원용권자로서 인정되는 보증인 등을 예시로 열거하면서 '정당한 이익을 가지는 자'가 시효원용권자가 될 수 있음을 규정하였다. 그러나 이러한 일본 개정민법의 규정 또한 결국에는 '정당한 이익'의 유무를 판단하는 기준을 찾을 수밖에 없다는 점에서 메이지민법의 상황과 크게 달라졌다고 볼 수 없을 것이다. 다만 일본 개정민법이 직접 당사자인 채무자 및 승계인 이외에 보증인과 같은 제3자의 시효의 원용권을 인정하고 있다는 점에서 학설 중 대위설은 사실상 그 의의를 잃었다고 할 수 있다. 일원설 또한 여전히 그 시효원용권자의 범위를 판단하는 기준으로서 막연하다는 비판에서 자유로울 수 없을 것이다. 이런 이유에서 일본의 개정

106) 松久三四彦, 前掲論文(주 66), 196頁.
107) 松久三四彦, 前掲論文(주 66), 197頁.
108) 松久三四彦, 前掲論文(주 66), 198-199頁.

민법에서도 시효원용권자의 범위를 판단함에 있어 3기준설, 2기준설, 이익형량설이 실질적인 역할을 수행할 것으로 판단된다.

최근 우리의 학설에서도 시효원용권자의 범위를 판단하는 기준을 제시하고자 하는 노력이 있으며 그러한 학설이 개별적이기는 하나 원용권자를 정함에 있어 일응의 판단기준으로서 역할을 수행하고 있다는 점에서 고무적이다. 생각건대 소멸시효의 효과와 채권자 보호, 시효제도의 존재의의, 제3자의 이익을 종합적으로 고려할 수밖에 없다는 점에서 판단기준 또한 다양한 접근이 가능할 것이며 그것은 결과적으로 일원설보다는 다원설적인 측면을 지향하게 할 것이다. 다만 지금의 우리 판례는 그 판단의 어려움을 면하기 위하여 내용이 없는 형식에 초점을 맞추어 '직접적으로 이익을 받는 자'라는 허울만을 제시하고 있다는 점에서 고민의 흔적을 엿볼 수가 없다는 점에서 재고가 필요하다. 향후 우리 판례가 최소한 시효원용권자를 판단함에 있어 현재보다는 구체적인 나름의 기준을 제시하면서 진지한 고민과 내용 있는 사유의 흔적을 남기기를 기대해 본다.

Ⅳ. 판례에 의해 집적된 개별사안에 대한 평가

시효의 원용권자를 채무자 및 승계인 이외의 제3자에게 인정하는 것으로 해석하는 경우에는 제3자의 원용에 의해 시효의 이익을 누리고 싶지 않은 채무자 등의 의사를 침해할 수 있을 것이다. 그러나 시효원용의 상대효를 인정하면 채무자의 의사를 침해한다는 문제는 발생하지 않을 것이다. 이런 이유에서 일본의 판례는 일정한 기준을 충족한 제3자의 시효의 원용권을 인정하면서 시효원용의 상대적 효력을 인정하고 있다고 판단된다. 물론 시효원용의 상대효는 시효원용을 둘러싼 당사자들의 법률관계를 분화하여 복잡한 상태로 만들 수 있다는 점에서 이하에서는 시효원용의 효과에 대해 검토해보고, 이러한 법률관계의 분화를 어떠한 방법으로 막을 수 있을 것인지에 대해 고민해보고자 한다. 또한 시효원용권자의 범위를 판단하는 구체적인 기준을 제시하면서 판례에 의해 원용권자로 인정된 자들에 대한 평가가 타당한지를 검토해 보고자 한다.

1. 시효원용의 효과

(1) 국내에서의 논의

이에 대해서 국내에서는 논의가 많지 않지만, 상대적 소멸설에 의하면 제3자인 원용권자의 원용은 그 자에게만 효력이 미친다고 보아야 할 것이다(시효원용의 상대효).[109] 반면에 권리행사의 직접적인 당사자인 '채무자'가 시효완성을 원용한 경우에는 그 원용의 효과가 제3자에게 미친다고 볼 수 있을 것이다(시효원용의 절대효).[110] 절대적 소멸설은 원용권 행사와 관계 없이 권리가 소멸하므로 원용의 상대효와 절대효에 대한 논의가 불필요할 것이다.

(2) 일본에서의 논의

일본에서도 불확정효과설을 전제로 하여 원용권을 행사한 경우에 다른 원용권자들에게 미치는 효과에 대한 논의가 있을 뿐이나. 왜냐하면 확성효과설에 의하면, 원용과 관계 없이 시효가 소멸하는 것이므로 권리소멸은 원용권행사 여부와 무관하므로 원용의 상대효 및 절대효의 문제는 발생하지 않기 때문이다.[111]

1) 원용의 절대효를 인정하는 견해

원용권자의 범위를 제한하고자 하는 일본의 일부학설이 「간접적으로 이익을 얻는 자」의 원용을 인정하면 「직접이익을 얻는 자」에 시효의 이익을 강제한다는 이유로 원용권자는 시효에 의해 「직접이익을 얻는 자」로 한정해야 한다고 주장한다. 생각건대 이 견해는 원용의 절대효를 전제로 한 것으로 볼 수 있다.[112] 왜냐하면 「간접적으로 이익을 얻는 자」가 원용한 경우도 「직접이익을 얻는 자」에 시효의 효과가 발생함(절대효)을 전제로 하지 않고서는 「직접이익을 얻는 자」의 의사에 반한다는 주장은 무의미하기 때문이다.

---

109) 노재호(주 13), 303 이하.

110) 노재호(주 13), 303 이하.

111) 松久三四彦, 前揭論文(주 66), 206頁. 굳이 효과에 초점을 맞춘다면 절대효가 발생한다고 보아도 무방할 것이다.

112) 中島玉吉, 前揭書, 827頁.

2) 원용의 상대효를 주장하는 견해

최근 일본의 학설은 원용권자를 판단하는 일반적 기준과 무관하게 채무자 이외의 「제3자」에게도 원용권을 인정하기 위해서는 원용의 상대효를 인정해야 한다고 본다. 즉 일본의 통설은 시효의 효과는 원용한 자와의 관계에서만 발생한다는 시효원용의 상대효를 인정한다.[113] 한편 통설이 「직접 당사자」와 「제3자」를 구별하지 않고 일반적으로 논하고 있다는 점에서,[114] 원용권자가 「직접 당사자」인 경우도 원용의 상대효를 인정하는 것처럼 비춰질 수 있으나,[115] 채무자 등의 직접 당사자의 원용은 절대효를 인정하자는 견해가 유력하다.[116] 즉 이 견해는 직접 당사자인 채무자에 의해 형성된 법률 상태는 특별한 이유가 없는 한 모든 이해관계인의 법률관계의 기초에 해당하므로, 「직접 당사자」인 채무자가 원용한 경우에는 상대효라고 해석해야 할 특별한 이유가 없는 이상 절대효를 인정해야 한다고 본다. 요컨대 이 견해는 「직접 당사자」가 시효를 원용하였다는 사실이 인정되는 경우에는 제3자에 대한 채권자의 청구를 시효완성을 이유로 기각할 수 있다고 본다.[117]

(3) 검 토

채무자 이외의 제3자의 원용권의 효력에 대해서는 채무자의 진정한 의사를 존중할 필요가 있다는 점에서 원용의 상대효를 인정하는 것이 타당할 것이다. 그런데 우리 판례가 변론주의의 원칙상 채무자의 원용권 행사가 없는 한 법원이 시효를 고려하지 않는다는 점을 감안하면, 결론적으로는 절대적 소멸설을 취한다 할지라도 제3자의 원용의 상대효를 인정하고 있는 것으로 평가할 수 있을 것이다. 한편 우리 판례는 원용의 효과와 관련하여 직접적인 언급을 하고 있

113) 松久三四彦, 前揭論文(주 66), 206頁.

114) 我妻栄, 前揭書, 445頁 이하.

115) 野村豊弘, 抵当不動産を代物弁済により取得した第3者は抵当権の被担保債権の消滅時効を援用することができるとされた事例(最判昭和48.12.14)」, 法学協会雑誌 92巻 9号, 1975, 1255頁에서는 직접 당사자의 원용 또한 상대효를 가진다는 전제 하에, 시효 완성 후에 (특히 채무자가 시효이익을 원용한 후에) 제3취득자가 취득한 경우」에는 제3취득자(저당부동산의)에 원용권을 인정하여도 불합리는 발생하지 않는다고 논한다.

116) 松久三四彦, 前揭論文(주 66), 206頁 이하.

117) 松久三四彦, 前揭論文(주 66), 207頁.

지는 않으나 다음과 같은 세 가지를 고려해 보면 채무자의 시효원용에 대해서는 절대효를 인정하고 있는 것으로 판단된다.

첫째, 우리 판례는 대법원 1997. 12. 26. 선고 97다22676 판결 등에서 "소멸시효가 완성된 경우 이를 주장할 수 있는 사람은 시효로 인하여 채무가 소멸되는 결과 직접적인 이익을 받는 사람에 한정되므로, 채무자에 대한 일반 채권자는 자기의 채권을 보전하기 위하여 필요한 한도 내에서 채무자를 대위하여 소멸시효 주장을 할 수 있을 뿐 채권자의 지위에서 독자적으로 소멸시효의 주장을 할 수 없다"고 본다. 만약 채무자의 일반채권자가 채무자를 대위하여 원용권을 행사하였는데, 그 효과가 채무자에만 미치고 그 채권자들에게는 상대효만 있다고 한다면 채권자대위권을 인정한 실익은 없을 것이다. 한편 채무자의 일반채권자에게는 절대효를 인정하고 그 밖의 자에게는 상대효를 인정한다는 해석을 생각해 볼 수도 있을 것이나, 채무자의 일반채권자에 비하여 더 시효완성에 직접적인 이해를 맺는 자에 대해서는 채무자 원용의 상대효를 인정하면서 채무자의 일반채권자들에게는 절대효를 인정하는 것은 그 자체로 평가적 모순이라고 할 수 있다. 따라서 채무자의 일반채권자들에 의한 채무자의 시효원용권의 대위행사를 인정한 우리 판례의 입장을 고려해 보면, 이는 채무자의 원용의 절대효를 전제로 하는 것으로 이해할 수 있다.

둘째, 우리 판례는 대법원 2008. 1. 31. 선고 2007다64471 판결 등에서 "채권자가 채권자대위권을 행사하여 제3자에 대하여 하는 청구에 있어서, 제3채무자는 채무자가 채권자에 대하여 가지는 항변으로 대항할 수 없고, 채권의 소멸시효가 완성된 경우 이를 원용할 수 있는 자는 원칙적으로는 시효이익을 직접 받는 자뿐이고, 채권자대위소송의 제3채무자는 이를 행사할 수 없다고 할 것이나 (대법원 2004. 2. 12. 선고 2001다10151 판결 등 참조), <u>채권자가 채무자에 대한 채권을 보전하기 위하여 제3채무자를 상대로 채무자의 제3채무자에 대한 채권에 기한 이행청구의 소를 제기하는 한편, 채무자를 상대로 피보전채권에 기한 이행청구의 소를 제기한 경우, 채무자가 그 소송절차에서 소멸시효를 원용하는 항변을 하였고, 그러한 사유가 현출된 채권자대위소송에서 심리를 한 결과, 실제로 피보전채권의 소멸시효가 적법하게 완성된 것으로 판단되면, 채권자는 더 이상 채무자를 대위할 권한이 없게 된다고 할 것이다</u>(대법원 2000. 5. 26. 선고 98

다40695 판결 참조)"고 본다. 즉 위 판례는 직접 당사자인 채무자가 원용권을 행사하였다면 그 채무자의 제3채무자 또한 채무자의 채권자에 대해서 권리소멸을 주장할 수 있다는 것인데, 이는 채무자의 원용권의 절대효를 인정하지 않으면 설명이 곤란하다.[118]

마지막으로, 주채무자의 시효원용으로 주채무자에 대한 채권이 소멸되었음에도 불구하고 다른 원용권자인 물상보증인에 대한 채권은 소멸되지 않는다고 하면 이는 부종성과 배치되는 결과를 가져올 수 있다.[119] 특히 물상보증인은 채무를 부담하지 않는 책임을 지는 자일 뿐인데, 주채무가 시효원용으로 소멸하였음에도 불구하고 담보물권만을 인정하는 것은 기이한 형태라는 점에서 주채무의 시효원용의 효과는 물상보증인 등에게 절대적인 효력이 미치는 것으로 보아야 할 것이다.

2. 개별사안별 검토

(1) 보증인 및 연대보증인

주채무자와 수탁보증인의 관계는 주채무자의 부탁에 의해 보증인이 된 자에 해당하므로 주채무자는 시효의 원용을 통해 보증채무를 면하게 해줄 관계에 있다고 볼 수 있다. 보증인을 면하게 하지 않은 경우에는 보증인에게도 불리하겠지만 주채무자 또한 보증인에게 구상채무를 부담하게 될 것이기 때문이다. 주채무자는 부탁없는 보증인에게도 구상의무를 부담한다는 점을 고려하면 위와 같은 관계가 수탁보증인에게만 인정되지는 않을 것이다. 더 나아가 우리 민법은 주채무와 보증채무의 부종성이 인정하고 있다(제430조 이하 등)는 점에서 보증인이 연대보증인인지 아닌지 관계없이 보증인에게는 원용권을 인정해야 할 것이다.

그런 의미에서 민법 제440조는 "주채무자의 시효의 중단은 보증인에 대하여 그 효력이 있다."고 규정하고 있으며, 이는 주채무자와 보증인의 시효에 관한 관계를 잘 설명해 주고 있다. 이 규정은 메이지민법 제457조 제1항에 영향을

118) 이와 같은 이해는 노재호(주 13), 304에서도 확인된다.
119) 노재호(주 13), 304.

받은 것인데, 동 조문의 기초자인 우메(梅)는 보증채무의 담보목적에 비추어 보증인은 주채무자와 「운명을 함께해야 한다」는 점을 강조하는 것에 메이지민법 제457조 제1항의 취지가 있다고 본다.[120] 청구뿐만 아니라 주채무자의 승인에 의한 시효중단이 보증인에게 미치지 않으면 채권자가 유예를 부여할 의사가 있다 하더라도 어쩔 수 없이 채권자는 보증인에 대한 청구나 압류를 가할 수밖에 없는데, 이는 종국적으로 보증인에게도 불이익하다. 우메는 이러한 「실질적 이유」에 주목하여 주채무자의 채무승인에 의한 시효 중단의 효력이 보증인에게도 미친다고 본다.[121] 반면에 도미이(富井)는 채권자 보호라는 실제상의 이유를 들어 주채무자의 시효중단이 보증인에게도 미친다는 것에 대해 찬성한다.[122]

한편 보증인이 보증채무의 시효이익을 포기한 경우에도 보증인에게 주채무의 시효완성에 대한 원용권을 인정해야 할 것이다.[123] 예컨대 이런 이유에서 대법원 2012. 7. 12. 선고 2010다51192 판결에서는 "보증채무였다고 하더라도 주채무에 대한 소멸시효가 완성된 경우에는 시효완성 사실로써 주채무가 당연히 소멸되므로 보증채무의 부종성에 따라 보증채무 역시 당연히 소멸된다. 그리고 주채무에 대한 소멸시효가 완성되어 보증채무가 소멸된 상태에서 보증인이 보증채무를 이행하거나 승인하였다고 하더라도, 주채무자가 아닌 보증인의 행위에 의하여 주채무에 대한 소멸시효 이익의 포기 효과가 발생된다고 할 수 없으며, 주채무의 시효소멸에도 불구하고 보증채무를 이행하겠다는 의사를 표시한 경우 등과 같이 부종성을 부정하여야 할 다른 특별한 사정이 없는 한 보증인은 여전히 주채무의 시효소멸을 이유로 보증채무의 소멸을 주장할 수 있다고 보아

120) 梅謙次郎, 『民法原理債権総則完[明治35年版復刻版]』, 信山社, 1992, 601~602頁; 梅謙次郎, 『民法要義巻之三[初版(明治30年)復刻版]』, 信山社, 1992, 162~165頁.

121) 梅謙次郎, 前揭書, 162-165頁.

122) 富井政章, 『債権総論完〔大正3年版復刻版〕』, 信山社, 1994, 203頁. 중의원 민법중수정위원회의 제12회 회의에서는 보증인이 주채무자에 대한 시효중단조치를 알지 못한 때에 보증인에 중단효를 인정하는 것은 「가혹」하다며 반대제안도 제출되었으나(나카시마 마타고로中島又五郎 위원) 부정되었다.

123) 일본의 일부 견해는 보증채무의 시효이익을 포기한 자는 주채무의 시효완성을 원용할 수 없다고 보기도 한다. 前田達明, 『口述債権総論』, 成文堂, 1987, 334頁(松久三四彦, 前揭論文(주 66), 203頁 재인용). 한편 마쓰히사(松久) 또한 신의칙으로 이를 제한할 수 있다는 여지를 남긴다. 松久三四彦, 前揭論文(주 66), 203頁.

야 한다"고 보고 있다.[124]

(2) 물상보증인

물상보증인 또한 주채무자와 보증인과의 관계와 이익상황이 유사하다는 점(제369조 부종성 등)을 고려하면 물상보증인에게도 시효원용권을 인정할 필요가 있다.[125] 우리 판례 또한 이러한 이유에서 물상보증인의 시효원용권을 인정한다고 볼 수 있다. 참고로 대법원 2014. 12. 18. 선고 2011다50233 전원합의체 판결에서도 "민법 제370조, 제341조에 의하면 물상보증인이 채무를 변제하거나 담보권의 실행으로 소유권을 잃은 때에는 '보증채무'에 관한 규정에 의하여 채무자에 대한 구상권을 가지고, 민법 제482조 제2항 제5호에 따르면 물상보증인과 보증인 상호 간에는 그 인원수에 비례하여 채권자를 대위하게 되어 있을 뿐 이들 사이의 우열은 인정하고 있지 아니하다(밑줄은 필자가 첨가)"는 점을 강조하고 있다. 즉 물상보증인과 보증인을 다르게 취급할 필요가 없는 한 양자의 이익상황은 유사하다는 점에서 보증인과 마찬가지로 물상보증인 또한 원용권을 인정할 수 있을 것이다.

한편 메이지민법 제396조는 "채무자 및 저당권설정자는 피담보채권의 시효소멸을 수반하는 저당권의 소멸을 주장할 수 있을 뿐 저당권만의 소멸시효를 주장할 수는 없음"을 규정하고 있는데, 이는 저당권설정자가 피담보채권의 시효소멸을 원용하라는 것을 의미하므로 일본의 판례는 저당권설정자인 물상보증인의 원용권을 인정한다.[126] 특히 물상보증인은 채권자의 담보권 실행을 감수해야 할 물적 책임을 부담하며, 피담보채권의 소멸로 처분에 대한 제한없이 소유권에 기한 물권적 반환청구권 등을 행사할 수 있는 이익을 얻게 된다는 점에서 시효완성으로 인하여 법적 보호가치를 취득하는 자라고 볼 수 있다.[127]

(3) 저당부동산의 제3취득자

대법원 2014. 12. 24. 선고 2012다49285 판결에서는 "타인의 채무를 담보하

---

124) 일본 판례로는 大判 昭和7(1932)年, 6月21日, 民集 11卷 1186頁 참조.

125) 즉 주채무와의 부종성 및 물상보증인에게 구상채무를 부담한다는 등을 고려할 필요가 있다.

126) 松久三四彦, 前揭論文(주 66), 203頁.

127) 김태관(주 13), 214; 김병선(주 13), 274 이하.

기 위하여 저당권을 설정한 부동산의 소유자인 물상보증인으로부터 저당부동산의 소유권을 취득한 제3취득자는 저당권이 실행되면 저당부동산에 대한 소유권을 잃는다는 점에서 물상보증인과 유사한 지위에 있다. 따라서 물상보증의 목적물인 저당부동산의 제3취득자가 채무를 변제하거나 저당권의 실행으로 인하여 저당부동산의 소유권을 잃은 때에는 특별한 사정이 없는 한 물상보증인의 구상권에 관한 민법 제370조, 제341조의 규정을 유추적용하여, 물상보증인으로부터 저당부동산을 양수한 제3취득자는 보증채무에 관한 규정에 의하여 채무자에 대한 구상권이 있다(밑줄은 필자가 첨가)"고 보고 있다. 한편 제3취득자가 물상보증인이 아닌 채무자로부터 저당부동산을 취득한 경우에 그 자 또한 물상보증인과 유사한 지위를 가진다고 할 수 있을 것따라서 저당부동산의 제3취득자에게는 물상보증인에 준하여 시효원용권을 인정할 수 있을 것이다.[128]

다만 그 제3취득자가 채무자인 매도인이 부담하는 피담보채무를 취득가액에서 공제하고 그 채무의 이행을 인수한 경우에도 제3취득자에게 시효원용권을 인정할 것인지에 대해서는 견해가 나뉜다. 일부 견해는 그러한 제3취득자가 매매대금에서 이미 피담보채무를 공제하였다는 점에서 시효원용권을 인정하여 망외의 이익을 줄 필요가 없다고 본다.[129] 반면에 일부 견해는 망외의 이익은 시효제도에 의한 권리소멸에 의한 불가피한 측면일 뿐이라는 점을 강조하여 제3취득자에게 시효원용권을 인정한다.[130] 살피건대 피담보채무의 이행을 인수한 제3취득자가 망외의 이익을 얻는다는 점에 초점을 맞추는 전자의 견해도 일응 타당한 면이 있으나, 다음과 같은 반론을 고려하면 후자가 더 타당하다고 판단된다. 첫째, 시효소멸로 인하여 제3취득자가 얻게 되는 망외의 이익은 시효완성에 의한 결과라고 할 수 있는데, 그 결과를 이유로 시효원용권을 부인하는 것은 본말전도라고 할 수 있다. 둘째, 시효소멸에 의하여 망외의 이익을 얻었는지에 따라 시효원용권 인정여부를 판단하게 되면 보증인, 연대보증인, 물상보증인 또

128) 노재호(주 13), 299. 참고로 일본에서는 제3취득자에게의 권리이전시기를 나누어서 원용권 인정여부를 다르게 판단하는 견해가 있는데(野村豊弘, 前揭論文, 1225頁), 권리의 이전(저당부동산의 양도)이 시효완성 전후였는지에 따라 원용권여부를 다르게 판단하는 위 견해에 대한 비판은 松久三四彦, 前揭論文(주 66), 204頁 참조.

129) 김병선(주 13), 267 이하.

130) 노재호(주 13), 299-300.

한 채무자의 법률관계(경우에 따라서는 호의관계도 포함)를 따져야 할 것인데, 그 판단의 어려움은 차치하더라도 법적안정성을 위한 소멸시효제도의 취지에도 부합하지 않다. 마지막으로 소멸시효제도는 채권자의 권리소멸을 가져온다는 점에서 그 자체로 채무자의 망외의 이익을 인정하고 있다고 볼 수도 있는데, 채무자 등에게 발생하는 망외의 이익과 별개의 망외의 이익을 준별하여 접근을 달리한다는 것도 사실상 타당하지 않을 것이다.

(4) 사해행위에서의 수익자

권리의 설정·이전·변제 등을 수익자를 위해 행한 채무자는 수익자와의 관계에서는 그 권리의 설정 등을 확실하게 이행할 의무가 있으므로, 수익자를 위해 시효완성을 원용해야 할 지위에 있다고 볼 수 있다. 더 나아가 수익자가 사해행위취소송의 피고가 되어 채권자측의 주장이 받아들여진다면, 그 취소의 효과를 어떻게 이해하든지 간에 수익자는 원상회복의무를 부담하게 되므로, 그를 통해 채무자의 채권자들은 강제집행을 통해서 채권의 만족을 받는다는 점을 고려하면 수익자의 이익상황이 보증인과 물상보증인과 유사하다고 할 수 있다. 따라서 사해행위에서의 수익자에게도 시효원용권을 인정해야 할 것이다.131) 만약 사해행위를 한 수익자가 시효의 이익을 얻는 데 대한 비난을 감안하여 원용권을 부정하고자 한다면 「직접 당사자」인 채무자의 원용권 자체 또한 부정해야 할 것인데 이는 타당하지 않다.132)

더 나아가 사해행위의 수익자는 피보전채무인 연대보증채무의 주채무의 소멸시효도 원용할 수 있을 것이다. 사해행위자(연대보증채무자)는 스스로의 연대보증채무와 주채무 중 한쪽의 소멸시효를 수익자를 위해 원용해야 하는 관계에 있기 때문이다. 마찬가지로 연대보증채무를 물상보증하는 경우의 연대보증인과 물상보증인 사이에 대해서도 위와 같이 논할 수 있으므로, 연대보증채무의 물상보증인은 주채무의 소멸시효를 원용할 수 있을 것이다.

(5) 후순위저당권자

채무자는 후순위저당권자를 위해 시효완성을 원용해야 할 지위에 있지 않

131) 노재호(주 13), 301. 비판적인 견해로는 中島弘道, 前揭論文, 327頁.

132) 松久三四彦, 前揭論文(주 66), 205頁; 我妻栄, 前揭書, 448頁

으므로 선순위저당권의 피담보채권의 시효의 완성을 후순위저당권자에게 인정할 필요는 없을 것이다. 후순위저당권자는 선순위담보권의 상실로 인하여 담보권의 순위 상승에 따른 반사적 이익을 향유하는 자에 불과하다는 점을 감안하면 위와 같은 해석은 타당하다.[133] 또한 후순위저당권자의 원용을 인정하면, 예를 들어, 「3번 저당권자만이 1번 저당권의 피담보채권의 소멸시효를 원용한 경우의 각 저당권 상호의 법률관계를 어떻게 해석할 것인가 하는 문제」가 부상(浮上)할 것이라는 점에서 법률관계를 복잡하게 한다는 점에서 타당하지 않다.[134]

(6) 채권자대위에서의 제3채무자

채권자가 채권자대위권을 행사하여 제3채무자에 대하여 권리를 행사하는 경우, 제3채무자는 채무자가 채권자에 대하여 가지는 항변으로 대항할 수 없다. 판례 또한 이러한 이유에서 "채권자 대위소송의 제3채무자는 시효이익을 직접 받는 자가 아니므로[135] 제3채무자의 피보전채권이 시효소멸되었다는 주장은 유효한 본안 전 항변이 아니다"라고 본다.[136] 즉 피보전채권이 시효로 소멸한 경우 채무자는 채권자에게 소멸시효완성을 주장할 수 있으나, 제3채무자는 시효이익을 직접 받는 자가 아닌 한 이를 행사할 수 없다.

생각건대 채무자는 제3채무자의 채무를 면하게 하기 위하여, 즉 제3채무자를 위하여 피보전채권의 시효완성을 원용해야 하는 지위에 있지 않다는 점, 제3채무자는 시효가 완성된 채권자가 아닌 채무자에게 채무를 이행해야 하므로 시효원용권을 인정하지 않더라도 특별히 불리하지 않다는 점 등을 감안하면, 판

133) 우리 판례와 일본 판례 또한 이러한 이유로 후순위담보권자의 원용권을 부정한다.

134) 松久三四彦, 前揭論文(주 69), 229-230頁.

135) 대법원 2008. 1. 31. 선고 2007다64471 판결. 그러나 채권자가 채무자에 대한 채권을 보전하기 위하여 제3채무자를 상대로 채무자의 제3채무자에 대한 채권에 기한 이행청구의 소를 제기하는 한편, 채무자를 상대로 피보전채권에 기한 이행청구의 소를 제기한 경우, 채무자가 그 소송절차에서 소멸시효를 원용하는 항변을 하였고, 그러한 사유가 현출된 채권자대위소송에서 심리를 한 결과, 실제로 피보전채권의 소멸시효가 적법하게 완성된 것으로 판단되면, 채권자는 더 이상 채무자를 대위할 권한이 없게 되어 채권자대위소송은 각하된다(위 2007다64471 판결).

136) 일본의 하급심 중에는 채권자대위에 있어서의 제3채무자에 의한 채권자의 채권의 소멸시효원용을 인정하기도 한다. 東都地判 昭和56(1981)年 3月 6日, 訟務月報 27巻 9号 1600頁.

례가 채권자대위에 있어서 제3채무자의 시효원용권을 인정하지 않은 것은 타당하다고 판단된다.[137)]

V. 맺음말

일본의 판례는 변경을 거듭하면서 원용권자의 범위를 확대해 왔다. 그러나 일본판례 또한 우리판례와 마찬가지로 시효의 이익을 「직접적으로 받는 지」여부에 따라 시효원용권자의 범위를 판단하고 있다는 점에서 한계가 있다. 반면에 일본의 학설은 시효원용권자의 범위 확정을 위한 실질적 기준(이하, 「실질적 기준」)을 발견하기 위해 많은 시도를 하고 있다는 점을 확인할 수 있으며, 이러한 시도와 논의가 계속 축적된다면 다양하던 시효원용권자의 범위확정에 대한 기준도 어느 시점에는 수렴될 것이라고 전망한다.[138)] 물론 소멸시효의 완성을 실체법설로 보고 원용에 의해 시효의 효과가 발생한다고 보는 즉, 정지조건설이 일본의 통설과 판례라는 점에서 일본의 논의가 그대로 우리에게 적용될 수는 없을 것이다. 그러나 우리 판례가 시효완성의 효과를 권리의 절대적 소멸로 보는지 상대적 소멸로 보는지와 무관하게 최소한 우리 판례는 시효원용권자의 범위를 무제한적으로 확장하고 있지 않다. 따라서 어느 범위까지 제한하는 것이 타당한지에 대한 일본에서의 논의는 우리에게도 시사하는 바가 클 것이다. 애당초 우리 판례가 시효에 의해 「직접이익을 얻는 자」에게만 원용권을 인정한 것(소위 '직접수익자설') 또한 일본판례의 영향을 많이 받은 것으로 이해된다. 그런데 직접수익자설이 채무자 및 승계인 이외의 「제3자」에게도 점차 그 범위를

137) 노재호(주 13), 302; 松久三四彦, 前揭論文(주 66), 204頁. 물론 혹자는 제3채무자는 채무자의 소멸시효 항변권을 행사할 수 없지만 채권자대위소송에서 채무자의 소멸시효 항변권이 채무자에 의하여 적법하게 행사되어 채권자의 채권이 소멸되면 채권자는 소송수행권을 상실하는데, 제3채무자의 권리가 결국 채무자의 항변권 행사에 좌우되는 것은 불합리하다는 비판을 할 것이다. 그러나 피보전채권에 대해서는 채권자와 채무자사이의 문제라고 보아야 할 것이며 같은 맥락에서 채무자가 시효이익을 포기하거나 채무를 승인하였을 수도 있다는 점 등을 종합적으로 고려할 필요가 있다. 즉 제3채무자가 채무자의 시효이익 포기 등의 의사를 부인할 수 없다는 점에서 원용권을 인정하지 않더라도 제3채무자에게 지나치게 불리하다고 볼 수 없다.

138) 이런 시도에 대한 의의는 松久三四彦, 前揭論文(주 69), 236頁.

넓혀 원용을 인정하는 이상, 원용권자를 구분하는 기준으로서 재기능을 한다고 보기 어렵다. 요컨대 직접수익자설은 예측가능성을 제시할 수 없는 기준이라는 비판에서 자유로울 수 없다. 생각건대 원용권자의 범위를 정함에 있어 우선적으로 시효의 이익을 직접적으로 받는 자라는 기준은 원용권자의 범위를 축소하기 위한 기준인지 아니면 그 범위를 확장하기 위한 기준으로서 역할을 하는지를 먼저 정할 필요가 있다고 본다. 왜냐하면 전자는 원용권의 박탈인데 반하여 후자는 원용권의 취득이기 때문에 당사자 입장에서는 그 결과에 있어 관용할 수 있는 정도가 달라질 것이기 때문이다. 사견으로는 시효의 효과를 상대적 소멸설로 보고 원칙적으로 그 원용권자를 채무자 및 그 승계인으로 제한하는 것이 타당하다고 본다.[139] 다만 예외적으로 그 원용권의 확장이 인정되어야만 채무자와의 관계에서 평가적 모순을 피하고 법률관계의 복잡성을 지양할 필요가 있는 경우에는 제3자에게도 원용권을 인정해야 할 것이다. 즉 원칙상 직접 상대방인 채무자 및 승계인이 시효의 원용권자가 되어야 하는데, 그렇게 되면 형평에 맞지 않는 결과가 발생하는 경우에는 원용권자를 제3자에게 인정해야 할 것이다. 「직접수익자는 권리가 시효에 의해 소멸하면 자신의 현상(권리)이 유지되는 이익을 가지는 자」이며 이러한 자에게는 「시효의 원용에 의해 의무를 면하는 자」로서의 지위가 인정될 필요가 있다. 요컨대 제3자가 소멸시효를 원용할 수 없다고 하면, 시효가 완성된 권리가 실행되어 그 제3자가 보유하고 있던 권리가 직접 상실되는 경우에 그 제3자를 '직접수익자'로 인정할 수 있을 것이다.[140] 한편 우리 민법은 이미 그러한 제3자가 될 수 있는자를 예정하고 있는데(예: 보증인), 그러한 규정이 없는 제3자에게는 유추를 통해 원용권을 인정할 수는 있으나(물상보증인, 저당부동산의 제3취득자, 사해행위취소소송에서의 피고인 수익자) 이익상황이 유사하지 않는 자(후순위담보권자, 채권자대위소송에서의 피고인 제3채무자)에게는 유추적용의 요건의 불충족에 의해 원용권이 인정되지 않을 것이다.[141]

---

139) 상대적 소멸설이 시효원용권자의 범위를 좁혀서 권리자를 보호할 수 있다는 점, 채무자의 의사를 더 존중한다는 점에서 타당하다고 보는 견해로는 박운삼(주 38), 260; 김태관(주 13), 214 참조.

140) 伊藤進, 私法判例リマークス22号(法律時報別册), 2001, 12頁.

141) 즉 유추가 인정되기 위해서는 입법자의 계획에 위배되는 규정상의 흠결은 물론, 유추하

〈참고문헌〉

1. 국내문헌

(1) 단행본

사법연수원, 요건사실론, 2019.

지원림, 민법강의, 홍문사, 2017.

최진수, 요건사실과 주장증명책임, 진원사, 2018.

(2) 논 문

강구욱, "소멸시효 완성의 효과", 외법논집, 제39권 제3호, 2015.

강명선, "소멸시효 항변에 관한 고찰", 비교사법 제6권 제2호, 1999.

편집대표 곽윤직(윤진수 집필 부분), 민법주해 제3권, 박영사, 2002.

김병선, "시효원용권자의 범위", 민사법학 제38호, 2007.

김정만, "소멸시효 원용권자의 범위", 사법연수원논문집 제5집, 2008.

김태관, "소멸시효의 원용과 중단", 동아법학 제65호, 2014.

김태봉, "시효원용권자의 범위와 시효이익 포기의 효력", 법학논총 제37권 제1호, 2017.

노재호, "소멸시효의 원용 – 원용권자의 범위와 원용권자 상호간의 관계를 중심으로 –", 사법논집 제52집, 2011.

박운삼, "사해행위의 수익자와 취소채권자의 채권의 소멸시효의 원용 – 대법원 2007. 11. 29. 선고 2007다54849 판결 –", 판례연구 21집, 2010.

석현수, "시효소멸 인정과 원용의 관계", 민사법학 제88호, 2019.

양창수, "소멸시효완성의 효과", 고시계, 1994/9.

윤진수, "소멸시효 완성의 효과", 『한국민법이론의 발전: 총칙·물권편 I』(박영사, 1999).

장석조, "시효소멸 항변의 소송상 취급", 법조 제48권 제1호, 1991.

2. 외국문헌

(1) 단행본

G. Boissonade, Projet de Code civil pour l'Empire du Japon, accompagné d'un com-mentaire, t. 5, 1889.

려는 규정과의 이해상황에 대한 유사성이 있어야 한다. Georg Bitter/Tilman Rauhut, Grundzüge zivilrechtlicher Methodik - Schlüssel zu einer gelungenen Fallbearbeitung, JuS 2009, 289, 297 f.; Markus Würdinger/ Felix Bergmeister, Analogie und Umkehrschluss, Jura 2007, 15, 16 ff.

G. Boissonade, Projet de code civil pour l'empire du japon accompagné d'un commentaire, t. 4, 1891.

兼子一,『実体法と訴訟法』, 有斐閣, 1957.

金山直樹, 平成11年度重要判例解説[ジュリスト臨時増刊1179号], 2000.

梅謙次郎,『民法原理債権総則完[明治35年版復刻版]』, 信山社, 1992.

梅謙次郎,『民法要義巻之三[初版(明治30年)復刻版]』, 信山社, 1992.

法務大臣官房司法法制調査部監修,『法典調査会民法議事速記録一(日本近代立法資料叢書1)』, 商事法務研究会, 1983.

福島正夫編,『明治民法の制定と穂積文書―「法典調査会穂積陳重博士関係文書」の解説·目録および資料―』, 民法成立過程研究会, 有斐閣発売, 1956.

富井政章,『債権総論完[大正3年版復刻版]』, 信山社, 1994.

富井政章,『民法原論第一巻総論(復刻版,)』, 有斐閣, 1985.

四宮和夫,『民法総則(四版)』, 弘文堂, 1986.

森泉章,『新版民法総則講義』, 一粒社, 1977.

松本博之＝上野泰男,『民事訴訟法[第5版]』, 弘文堂, 2008.

我妻栄,『新訂民法総則』, 岩波書店, 1965.

柚木馨,『判例民法総論下巻』, 有斐閣, 1952.

伊藤進, 私法判例リマークス22号(法律時報別冊), 2001.

住吉博,『民事訴訟読本[第2版]』, 法学書院, 1976.

川島武宜,『民法総則』, 有斐閣, 1965.

坂田宏,『民事訴訟における処分権主義』, 有斐閣, 2001.

(2) 논 문

Georg Bitter/Tilman Rauhut, "Grundzüge zivilrechtlicher Methodik – Schlüssel zu einer gelungenen Fallbearbeitung", JuS 2009, 289 ff.

Markus Würdinger/ Felix Bergmeister, "Analogie und Umkehrschluss", Jura 2007, 15 ff.

関武志,「取得時効の援用権者に関する覚書」, 小島康裕教授退官記念『現代企業法の新展開』, 信山社, 2001.

金山直樹,「時効における民法と訴訟法の交錯」, 法教 219号, 1998.

北居功,「判批」, 民商法雑誌 148巻 3号, 2013.

山本豊,「民法145条(時効の援用の意味および援用権者の範囲)」, 広中俊雄＝星野英一編『民法典の百年Ⅱ(個別的観察(1)総則編·物権編)』, 有斐閣, 1998.

森田宏樹,「時効援用権者の画定基準について(一),(二·完)」, 法曹時報 54巻 6号(2002), 7号(2002).

石田喜久夫, 「売買予約に基づく所有権移転請求権保全の仮登記に後れる抵当権者と予約完結権の消滅時効の援用(最判平成2.6.5)」, 民商法雑誌 112巻 1号, 1995.

星野英一,「判批」, 法学協会雑誌 86巻 11号, 1969.

星野英一,「判批」, 法学協会雑誌 85巻 10号, 1968.

星野英一, 「時効に関する覚書—その存在理由を中心として—」,『民法論集第四巻』, 有斐閣, 1978.

松久三四彦,「時効の援用權者」,『時効制度の構造と解釈』, 有斐閣, 2011.

松久三四彦,「時効援用権者論の展開と検討」,『時効制度の構造と解釈』, 有斐閣, 2011.

松久三四彦,「消滅時効制度の根拠と中断の範囲(一)」, 北大法学論集 31巻 1号, 1980.

松久三四彦,「判批」, 民商法雑誌 96巻 1号, 1987.

野村豊弘, 「抵当不動産を代物弁済により取得した第3者は抵当権の被担保債権の消滅時効を援用することができるとされた事例(最判昭和48.12.14)」, 法学協会雑誌 92巻 9号, 1975.

於保不二雄,「時効の援用及び時効利益の放棄」, 法曹時報 5巻 7号, 1953.

遠藤浩, 「時効の援用権者の範囲と債権者代位権による時効の援用」, 手形研究 319号, 1981.

中島弘道,「時効制度の存在理由と構造(2·完)」, 法学新報 64巻 5号, 1957.

中田裕康,「判批」, 法学協会雑誌 111巻 2号, 1994.

池慶四郎, 「物上保証人の被担保債権の消滅時効援用の能否等」, 民商法雑誌 60巻 5号, 1969.

川井健,「判批」, 民商法雑誌 58巻 5号, 1968.

坂田宏, 「権利抗弁概念の再評価—主張共通の原則の例外としての存在意義」, 民訴41巻, 1995.

제 4 장

시효의 원용과 변론주의, 그리고 법원의 석명의무

-실체법과 절차법의 교착-

Ⅰ. 들어가는 말

일반적으로 소멸시효 완성의 효과에 관한 진술로 여겨지는 '시효원용'을 우리 민법전에는 규정하고 있지 않다. 반면에 일본 현행민법 제145조에서는 "시효는 당사자(소멸시효에 있어서는 보증인, 물상보증인, 제3취득자 기타 권리의 소멸에 대해 정당한 이익을 갖는 자를 포함한다)가 원용하지 않으면 법원이 이에 의하여 재판을 할 수 없다"고 하여 시효의 원용이라는 문구를 사용하고 있다.[1)] 그런데 우리 판례와 학설은 소송과 관련하여'시효의 원용'이라는 용어를 사용하고 있다, 따라서 소송상 진술로서 의미를 가지는 '원용'이라는 용어가 구체적으로 무엇을 의미하는지를 확인할 필요가 있다.[2)] 원용이 어떠한 의미를 가지는지는 소멸시효완성의 효과를 바라보는 관점에 따라 달라지게 된다.[3)] 먼저 시효가 완성

---

1) 개정전 일본민법(이하 '메이지민법') 제145조는 "시효는 당사자가 원용하지 않으면 법원이 이에 의하여 재판을 할 수 없다."고 규정하고 있어 현행 일본민법과 큰 차이가 없다.

2) 선행연구로서 이 부분에 대한 고민을 확인할 수 있는 문헌으로는 강구욱, "소멸시효 완성의 효과", 외법논집(제39권 제3호)(2015), 74면 및 석현수, "시효소멸 인정과 원용의 관계", 민사법학(제88호)(2019), 67면 이하 참조.

3) 본고에서는 시효완성의 효과를 바라보는 학설에 대한 평가는 지양하고 각각의 학설을 취하는 경우에 절차법적으로 어떻게 연결되는 것이 논리적인지를 설명하는 것에 초점을 맞

되면 당사자의 원용이 없어도 바로 권리가 소멸한다고 보는 절대적 소멸설[4]에 의하면, 피고인 채무자의 '시효원용'은 권리가 소멸시효가 완성되어 소멸하였다는 법률상 주장에 해당한다.[5] 즉 피고인 채무자는 소송에서 법원에 시효완성으로 인한 시효소멸의 법률효과에 대한 진술로서 '원용'이라는 단어를 사용한다. 반면에 당사자의 원용이 있어야만 시효완성에 의한 효과로서 권리가 소멸한다고 보는 상대적 소멸설[6]에 의하면, 피고의 '시효원용'은 시효소멸의 효과를 가져오는 형성권으로서 의미를 가지게 된다.[7] 물론 소송전에 이미 채무자가 원용한 경우라면 소송에서의 원용은 형성권으로서의 의미보다는 원용권 행사를 하였다는 내용의 법원에 대한 사실상의 주장에 해당할 것이다. 다만 소송에서의 원용권 행사이든 소송절차 외에서 원용권을 행사하고 소송에서 그 사실을 주장하는 것에 있어 실질적인 차이를 만들어 내지 않을 것이라는 점[8]에서 양자의 구분은 실익이 없을 것이다.[9] 그런데 소송절차에서 채무자의 시효의 원용을 어떻게 보든지 간에 이는 변론주의 및 법원의 석명권 행사와도 관계가 있다. 이에

추고자 한다.

4) 강구옥, 앞의 논문, 83면; 송덕수, 「민법총칙 제4판」, 박영사(2018), 509면; 석현수, 앞의 논문, 80면 이하; 양창수, "소멸시효완성의 효과", 고시계(1994. 9), 152면 등.

5) 이 견해에 의하면 시효완성의 원용은 권리관계의 소멸(존부)에 관한 진술이다('법률상의 주장'). 법률상 주장에 대해서는 전원열, 「민사소송법 강의」, 박영사(2020), 314면 이하; 이시윤, 「신민사소송법(제12판)」, 박영사(2018), 384면 참조.

6) 편집대표 곽윤직(윤진수 집필부분), 「민법주해 III: 총칙 (3)」, 박영사(2002)(이하 '민법주해 3'으로 인용하기로 함), 479면; 김병선, "시효원용권자의 범위", 민사법학(제38호)(2007), 257면; 김태관, "소멸시효의 원용과 중단", 동아법학(제65호)(2014), 214면; 노재호, "소멸시효의 원용-원용권자의 범위와 원용권자 상호간의 관계를 중심으로-", 사법논집(제52집)(2011), 255면 이하; 서종희, "시효원용권자의 범위 판단 기준에 대한 재고-일본의 학설과 판례와의 비교를 중심으로", 사법(제57호)(2021), 264면 이하; 장석조, "시효소멸 항변의 소송상 취급", 법조(제48권 제1호)(1991), 71면 등.

7) 더 정확하게는 형성권 행사이면서 원용권 행사사실에 대한 사실상 주장에 해당하고 더 나아가 시효소멸에 대한 법률상 주장이라고 할 수 있다. 이와 같은 사고는 석현수, 앞의 논문, 68면 이하에서도 확인된다.

8) 특히 형성권으로서 원용권 행사가 제척기간에 걸리지 않기 때문에 양자의 차이는 발생하지 않는다. 즉 상대적 소멸설은 법적안정성을 위한 제도가 제척기간인데 시효가 완성된 이후에 원용권을 행사하지 않았다는 이유로 다시 시효완성의 효과를 주장할 수 없게 한다면 법적안정성을 더 침해할 수 있기 때문에 원용권의 행사기간에 제한이 없다고 본다. 장석주, 앞의 논문, 48면; 석현수, 앞의 논문, 69면 각주 17 참조.

9) 석현수, 앞의 논문, 69면 각주 17 참조.

이하에서는 변론주의와 시효원용의 관계를 확인하고(II) 법원이 시효원용과 관련하여 어디까지 석명권을 행사할 수 있는지를 검토한 후(III), 글을 마치고자 한다(IV).

II. 시효의 원용과 변론주의

일반적으로 소멸시효는 피고의 권리소멸의 항변사유로서 주장되는데, 그 요건사실은 '기산점', '기간의 경과',[10] '시효원용의 의사표시'이다. 먼저 기산점은 원고의 청구원인 단계에서 확인되는 것이 일반적이며 기간의 경과는 역수상 분명하게 확인이 가능하다는 점에서 피고에게 증명책임의 부담을 가져오지 않는다. 더 나아가 일반적으로 시효원용의 의사표시는 피고의 주장에 해당하므로 증명의 문제보다는 피고가 소송에서 그러한 주장을 했는지가 중요한 쟁점이라고 할 수 있다. 특히 우리 판례는 대법원 1991. 7. 26. 선고 91다5631 판결 등에서 "소멸시효에 있어서 그 시효기간이 만료되면 권리는 당연히 소멸하지만 그 시효의 이익을 받는 자가 소송에서 소멸시효의 주장을 하지 아니하면 그 의사에 반하여 재판할 수 없(다)[11]"고 하여 변론주의에 의해 소멸시효의 주장을 하지 않으면 법원이 원고의 청구를 인용할 수밖에 없다는 입장을 취한다. 특히 위 판결에서 판례는 "시효기간이 만료되면 권리는 당연히 소멸"한다고 보아 절대적 소멸설이라고 볼 여지가 다분하다. 물론 판례가 소멸에 의하여 시효이익을 직접 이익을 받는 자만을 시효원용권자로 좁혀 해석[12]하는 측면에서는 상대적 소멸설에 입각한 것으로 볼 여지가 있으나[13] 최소한 국내에서는 우리 판례의 입장을 절대적 소멸설로 보는 것이 일반적이다.[14] 다만 판례가 상대적 소멸설

---

10) 시효의 기간은 변론주의의 적용대상이 되지 않으므로 법원이 직권으로 판단할 수 있다. 대법원 2013. 2. 15. 선고 2012다68217 판결 등.

11) 이하 본고의 밑줄은 특별한 언급이 없으면 필자가 첨부한 것이다.

12) 대법원 1995. 7. 11. 선고 95다12446 판결.

13) 지원림, 「민법강의(제15판)」, 홍문사(2017), 415면 등. 그러나 시효원용권자의 범위와 시효완성의 효과가 논리필연적으로 연결되지 않는다고 보는 견해도 있다. 서종희, 앞의 논문, 265면 참조.

14) 민법주해 3, 479면; 송덕수, 앞의 책, 505면 등. 반면에 강구욱, 위의 논문, 69면; 석현수, 앞의 논문, 66면 등에서는 판례의 입장이 명확하지 않다고 본다.

을 취하든 절대적 소멸설을 취하든지 간에 피고가 소송과정에서 소멸시효에 관한 진술을 해야만 판단할 수 있다는 점은 자명하므로 이하에서는 '피고의 소멸시효에 관한 진술'을 요건사실로 보는 것이 판례라는 것을 전제로 논의를 전개하기로 한다.

1. 본안의 항변으로서의 소멸시효항변

소멸시효항변은 민사소송에서 본안의 항변[15]에 속한다. 본안의 항변은 피고가 원고의 청구를 배척하기 위하여 원고가 주장하는 청구원인(사실)과 양립 가능한 별개의 사실에 대하여 하는 '사실상의' 진술이다.[16] 특히 소멸시효항변은 이미 발생한 권리를 소멸시키는 권리소멸사실[17]을 주장하는 것이다.[18] 항변은 내용의 사실 그 자체일 뿐 그로 인한 법률효과가 될 수 없다.[19] 이를 전제로 보면, 절대적 소멸설은 특정 시점에서 권리를 행사할 수 있었던 사실('기산점')과 그 시점부터 시효기간이 도과한 사실('기간의 경과')을 항변사실로 본다. 반면에 상대적 소멸설에 의하면 위 항변사실뿐만 아니라 피고의 형성권 행사사실[20]이 항변사실로서 추가된다. 따라서 절대적 소멸설이든 상대적 소멸설이든 간에 시효완성에 의한 법률효과의 진술은 항변사실에 포함되지 않는다. 그런데 일정한 시간의 경과라는 항변사실은 원고의 청구원인사실의 주장에 드러나는 경우가 일반적이다. 대금반환청구소송을 예로 들어 설명하면, 원고는 「① 금전반환의 합의, ② 금전의 교부, ③ 변제기의 합의, ④ 변제기의 도래」를 주요사실로 주장해야 한다. 그런데 원고의 입장에서 주요사실인 ③과 ④는 피고측이 주장책임을 부담하는 '기산점'과 '기간의 경과'라는 주요사실로서 드러났기 때문에 이 경우, 절대적 소멸설에 의하면 법원은 '변론주의의 주장공통의

15) 참고로 소송요건의 흠결로 부적합하다는 피고의 주장이 본안전 항변이다.
16) 본안의 항변은 원고가 주장하는 청구원인이 진실임을 전제로 한다.
17) 참고로 권리소멸사실은 권리소멸규정의 요건사실을 의미하며 권리소멸규정은 민법 제103조 등 법률행위를 무효로 하는 사유 등을 의미한다.
18) 이시윤, 앞의 책, 389면.
19) 석현수, 앞의 논문, 71면.
20) 더 정확하게는 형성권으로서의 원용권을 행사하여 그 의사표시가 상대방에게 도달하였다는 사실을 의미한다.

원칙[21]'에 의해 소멸시효완성을 인정하여 원고의 청구를 기각해야 한다. 즉 소멸시효기간의 경과 여부는 변제기가 채권증서 등에 의해 증명되면 그 후 채권자 측으로부터 시효 중단·정지사유가 주장·증명되지 않는 한 채권자의 청구를 기각해야 한다.[22] 그런데 우리 판례는 절대적 소멸설을 전제로 하면서도 법률적 진술로서의 '시효원용의 의사표시'를 해야만 법원이 이를 판단할 수 있다고 하고 있어 의문이 남는다. 즉 절대적 소멸설을 전제로 하면서도 시효원용을 해야만 법원이 이를 판단할 수 있다는 것을 변론주의로 설명하는 판례의 입장은 재고가 필요하다. 물론 기산점과 시간의 경과만을 요건 사실로 삼는 절대적 소멸설에 변론주의의 형식적인 허울을 관철한다면, 원용권자인 채무자 측이 시효의 이익을 향유할 것인지에 대한 일절의 의사표시를 하지 않아도 법원은 소멸시효 완성의 사실을 기초로 원고의 청구를 기각할 수 있다는 점에서 문제가 될 수 있다. 그러나 그러한 결론이 타당한지를 차치하더라도 판례가 절대적 소멸설을 취하면서도 변론주의를 방패막이 삼아 피고의 법률적 진술로서의 시효완성의 원용이 필요하다는 본 것은 임의적 축약이자 생략이라고 할 수 있다. 우리 판례가 절대적 소멸설을 취하면서 권리의 항변으로서 소멸시효항변을 이해하는 것으로 보는 견해는, 그 결론의 타당성을 떠나 절대적 소멸설을 취하면서도 변론주의에 의해 법률적 진술로서의 시효의 원용이 왜 필요한지에 대한 답을 제시하고 있다는 점에서 고무적이다. 이에 이하에서는 소멸시효항변이 권리항변에 해당하는지를 확인한 후(II. 2), 변론주의에 의해 시효원용이라는 법률적 진술이 필요한지에 대한 검토해보고자 한다(II. 3).

---

21) 우리 판례 또한 대법원 2008. 4. 24 선고 2008다5073 판결 등에서 실체법상의 구성요건해당사실(요건사실)은 반드시 주장책임을 지는 당사자가 이를 진술하여야 하는 것은 아니고 소송에서 쌍방 당사자 간에 제출된 소송자료를 통하여 심리가 됨으로써 그 주장의 존재를 인정하더라도 '상대방에게 불의의 타격을 줄 우려가 없는 경우에는' 그 주장이 있는 것으로 보아 이를 재판의 기초로 삼을 수 있다고 본다.

22) 요컨대 시간의 경과만을 요건 사실로 삼는 확정효과설에 변론주의의 형식적인 허울을 관철시킨다면, 원용권자인 채무자 측이 시효의 이익을 향유할 것인지에 대한 일절의 의사표시를 하지 않아도 재판소는 소멸시효 완성의 사실을 기초로 판결할 수 있다.

2. 권리의 항변으로서의 소멸시효항변

소멸시효항변을 권리항변으로 이해하는 태도는 일본에서의 전형적인 모습이라고 할 수 있다. 한편 일본에서의 권리항변은 시효완성의 효과와 연결된다는 점에서 이하에서는 일본에서의 시효소멸의 효과에 대한 논의를 간단히 소개하고자 한다.

(1) 일본에서의 소멸시효완성의 효과를 바라보는 견해

일본의 통설[23]과 판례[24]는 시효완성의 효과를 권리소멸로 이해한다(이하 '실체법설'). 한편 실체법설은 시효원용을 형성권행사로 이해하는 정지조건설(불확정효과설)과 실체법상 시효완성의 효과인 권리소멸은 일정한 시간의 경과만으로 발생한다는 확정효과설로 나뉜다.[25] 먼저 전자는 일본의 판례가 취하는 입장으로서[26] 시효의 원용을 실체법상의 권리행사로 본다는 점에서 우리의 상대적 소멸설과 유사하다.[27] 반면에 후자는 실체법상 시효완성의 효과인 권리소멸은 일정한 시간의 경과만으로 발생한다고 본다. 즉 이 견해는 시간의 경과에 해당하는 주요 사실은 구두변론에서 당사자 중 일방에 의해 주장되면 족하다(변론주의에서의 주장공통의 원칙)고 보며, 시효의 원용은 변론주의에 의해 요구될 뿐이라고 본다.[28] 이런 점에서 확정효과설은 우리의 절대적 소멸설과 매우 유사하다고 할 수 있다.

(2) 확정효과설과 권리의 항변

확정효과설을 취하는 견해 중 일부는 사실이 아닌 법적인 효과를 원용하도

23) 松久三四彦,「時効制度」, 星野英一編『民法講座 1 民法総則』, 有斐閣, 1984, 541頁 이하 참조.
24) 最判 昭和 61(1986)年 3月 17日, 民集 40巻 2号 420頁.
25) 즉 양 견해는 메이지민법 제145조에서의 "원용"을 실체법상의 권리인 원용권 행사로 볼 것인지 소송상 공격방어방법으로서의 주장으로 볼 것인지에 따라 구분된다. 즉 확정효과설은 시효의 원용을 공격방법으로 보는 반면에 불확정 효과설은 시효의 원용을 실체법상의 권리행사(형성권)로 이해한다.
26) 最判 昭和 61(1986)年 3月 17日, 民集 40巻 2号 420頁.
27) 松久三四彦,「判批」, 民商 96巻 1号, 1987, 117頁; 北居功,「判批」, 民商 148巻 3号, 2013, 328頁.
28) 鎌田薫ほか編(八田卓也 執筆),『民事法 I:総則·物権』, 日本評論社, 2005, 214頁; 松久三四彦, 前掲論文, 578頁. 이 견해에 의하면 메이지민법 제145조의 원용규정은 변론주의의 확인규정에 불과하다.

록 하는 것은 변론주의와 어울리지 않는다는 시각에서 시효의 원용을 권리의 항변으로 구성하여 이러한 문제점을 해소하고자 한다.[29] 채무자 등 시효의 이익을 받는 자가 소송에서 법적인 효과로서 시효완성을 원용해야만 법원이 이를 판단할 수 있다는 것이다.[30] 요컨대 이 견해는 시효의 이익을 향유하는 원용권자의 의사결정(initiative)을 중시하여 시효 「원용」을 권리항변으로 구성한다.[31] 일본 판례가 最判 昭和27(1952)年 11月 27日(이하 '1952년 판결')[32]에서 권리항변이라는 개념을 설시한 이래로 일본 학계에서는 권리항변이라는 개념 자체를 승인하면서도 권리항변을 어떻게 이해할 것인지에 대해서는 견해가 통일되어 있지 않다.[33] 다만 일본에서 일반적으로 "법원이 항변의 근거가 되는 권리의 존재를 인정함에 있어 권리발생의 기초가 되는 객관적 사실의 주장뿐만 아니라 <u>권리를 행사하겠다는 당사자의 의사표시까지 필요로 하는 항변</u>"을 권리항변으로 이해한다.[34] 특히 사카타 히로시(坂田宏)는 사실항변에는 주장공통의 원칙이 적용되지만, 권리항변에는 이것이 적용되지 않는다는 취지의 1952년 판결을 찬성하면서 권리항변에는 유치권의 항변 이외에 동시이행의 항변, 최고·검색의 항변, 시효의 원용이 포함된다고 본다.[35] 그러나 일본 내에서도 시효의 원용이 어

---

29) 김정만, "소멸시효 원용권자의 범위", 사법연수원논문집(제5집)(2008), 52면 이하에서도 '권리항변'으로 이해하여 피고의 시효이익을 받겠다는 의사의 표명이 필요하다고 본다.

30) 이에 대해서는 金山直樹, 「時効における民法と訴訟法の交錯」, 法教 219号, 1998, 17頁 이하.

31) 권리항변의 경우에는 주장공통의 원칙이 적용되지 않는다. 최진수, 「요건사실과 주장증명책임」, 진원사(2018), 82면; 사법연수원, 「요건사실론」(2019)(이하 '사법연수원'으로 인용), 48면.

32) 民集 6巻 10号 1062頁. "권리는 권리자의 의사에 의해 행사되어야만 권리자로서 그 권리의 내용인 이익을 향유하며 …(중략)… <u>유치권과 같은 권리항변에 있어서는</u>, 변제·면제 등의 사실항변이 적어도 그 항변을 구성하는 사실관계로서 주장된 이상 이것이 항변에 의해 이익을 취하는 자에 의해 주장되었는지 그 상대방에 의해 주장되었는지를 불문하고 항상 재판소가 이를 참작해야 하는 것과 달리, 항변권 취득의 사실관계가 소송상 주장되었다고 하더라도 <u>권리자가 그 권리를 행사할 의사를 표명하지 않는 한 재판소에 있어서 이를 참작할 수 없다</u>."

33) 권리항변 개념의 이해에 관한 학설 상황에 대해서는, 坂田宏, 『民事訴訟における処分権主義』, 有斐閣, 2001, 213, 253頁 이하 및 서종희, 앞의 논문, 272면 이하 참조.

34) 그 예로는 일반적으로 유치권항변 및 동시이행항변을 들 수 있다. 사법연수원, 48면.

35) 坂田宏, 前掲書, 261頁; 坂田宏, 「権利抗弁概念の再評価―主張共通の原則の例外としての存在意義」, 民訴41巻, 1995, 206頁. 즉 사카타(坂田)는 시효의 원용은 원용권자의 의사를 필요로 한다는 점에서 이를 권리항변 개념에 포함시킨다. 다만 그는 시효의 원용을 형성

떠한 이유에서 유치권이나 동시이행항변권과 같은 '권리'의 항변으로 인정하였는지에 대해 별다른 설명을 하고 있지 않다.36)

3. 검 토

일본의 정지조건설이나 우리의 상대적 소멸설은 시효원용권을 일종의 형성권으로 파악하고 있다는 점, 시효의 원용이 그 자체로서 항변사실이라는 점에서 권리항변개념을 끌어들일 필요는 없다. 반면에 일본의 확정효과설이나 우리의 절대적 소멸설은 시효원용이라는 법률적 진술을 항변사실로 보지 않는다. 그런데 항변사실에 해당하는 기산점과 기간의 경과는 주장공통의 원칙이 적용되어 원고가 주장한 주요사실에 의해 해결이 되기 때문에, 시효항변을 권리항변으로 포섭하지 않는 한 변론주의를 논거로 하여 피고의 소멸시효의 원용이 없는 한 재판할 수 없다는 이론 구성은 부자연스러울 수밖에 없다. 요컨대 절대적 소멸설을 취하면서 소멸시효항변을 권리의 항변으로 보지 않는 한 현재 변론주의를 전제로 하여 피고의 시효소멸이라는 법률적 진술을 요건사실로서 요구하는 것은 바람직하지 않다. 그러나 시효원용을 권리의 항변으로 보는 견해는 다음과 같은 이론적인 난점이 있다. 먼저 시효기간의 경과만으로 권리가 소멸한다고 보는 확정효과설이나 절대적 소멸설에 의하면, 시효의 원용은 동시이행항변권이나 유치권과 같은 권리가 될 수 없다. 따라서 권리가 아님에도 불구하고 시효원용의 항변을 권리항변으로 이해하는 것은 정합적이지 않다. 요컨대 독일민법(BGB 제214조 제1항)과 같이 소멸시효완성의 효과를 권리소멸이 아니라 피고측의 급부거절권(Leistungsverweigerungsrecht, 항변권: Einrede)37)으로 구성하는 것이 아니라면 시효원용을 유치권이나 동시이행항변권의 행사와 같게

권으로 보지 않고 있는데(坂田宏, 前揭論文, 202, 213頁), 그런 점에서 형성권 또한 권리항변에 포함시키면서 시효원용을 형성권으로 보는 견해(兼子一, 『実体法と訴訟法』, 有斐閣, 1957, 78頁)와 비교된다.

36) 국내에서 시효원용을 권리항변으로 보는 견해 또한 왜 시효원용이 권리항변에 해당하는지에 대해 별다른 설명을 하고 있지 않다.

37) Moufang(Oliver), Das Verhältnis der Ausschlussfristen zur Verjährung: ein ausgewähltes Rechtsproblem aus der Inhaltskontrolle vertraglicher Ausschlussfristen, 1996, S. 44 f.; BGH, NJW 2004, 164.

평가할 수 없다.[38] 마지막으로 일본은 명문으로 '원용권'규정을 두고 있으나 우리의 경우에는 '원용권'이라는 개념 자체가 명문으로 인정되고 있지 않다는 점에서 일본과 비교해서도 시효원용을 권리항변으로 포섭하는 것이 더 어려울 것이다. 생각건대 시효원용을 권리항변으로 보는 견해는 원고의 일부 주장이 주장공통의 원칙에 의해 원고의 청구를 기각하는 결과를 가져오는 것에 대한 [일반인의 법정서적인 측면에서의] 거부감을 회피하고, 채무자 등의 의사결정(initiative)과 무관하게 권리가 소멸된다는 절대적 소멸설에 가해지는 비판을 우회하기 위해서 주장된 것으로 판단된다. 따라서 시효원용을 권리항변으로서 인정하지 않으려면, 시효원용을 권리항변으로 볼 수밖에 없었던 현실적인 필요성(이하 '불의의 타격')을 해소할 수 있는 대응책을 제시해야만 한다. 법원이 석명권을 행사하여 불의의 타격을 방지하는 방안을 고려해 볼 수 있을 것이다(본고 III. 참조).[39]

---

38) 독일민법 기초자들은 입법적 결단을 통해 시효완성의 효과를 권리소멸이 아닌 항변권의 발생으로 규정하였다. MünchKomm/Grothe, 9. Aufl., 2021, § 214 Rn. 3 ff. 따라서 독일법상 시효완성의 항변권 행사는 유치권과 같은 급부거절권(BGH, NJW 1969, 691, 693)으로서의 실체법상의 권리행사(geschäftsähnliche Handlung des sachlichen Rechts)이므로 권리항변으로 구성하는 것도 가능하다. MünchKomm/Grothe(2021), § 214 Rn. 3. 참고로 급부거절권으로 인정되는 유치권항변 및 동시이행항변은 로마법 시대의 악의(사기)의 항변(exceptio doli)을 기원으로 한다. Hans Josef Wieling, Sachenrecht: Band 1: Sachen, Besitz und Rechte an beweglichen Sache, 2013, S. 597. 그러나 소멸시효완성의 효과로서의 항변권은 악의(사기)의 항변(exceptio doli)과 무관하다. 오히려 피고인 채무자측에서 소멸시효완성을 주장하는 것에 대해서 원고인 채권자측에서 피고의 시효완성의 항변에 대해 신의칙(Treu und Glauben)의 재항변을 하는 경우에 그 재항변이 악의(사기)의 항변(exceptio doli)과 밀접한 관계를 갖는다. Walter Lux/Karl Schäfer/ Hans Berg, Schulung für die Juristische Praxis: Ein induktives Lehrbuch, 2020, S. 1088.

39) 절대적 소멸설을 취하면서 권리의 항변으로 보는 경우에는 시효원용이라는 법률적 진술이 필요하며, 상대적 소멸설 또한 시효소멸의 원용권 행사가 필요하다는 점에서 법원이 석명을 하여 원용을 하도록 할 수 있을 것인지가 문제 될 수 있다. 반면에 본고에서는 시효의 원용을 권리항변으로 볼 수 없다는 입장에서 논의를 전개하고자 하므로 "시효를 원용하지 않아도 원고의 청구가 기각되는 것을 법원이 어떠한 방법으로 석명하여 회피할 수 있을 것인지"가 문제 된다.

III. 소멸시효항변과 법원의 석명(釋明, Aufklärungsrecht)

이미 살펴본 것과 같이 절대적 소멸설을 전제로 한 변론주의원칙의 형식적 귀결에 의하면 원고는 자기의 주장에 의해 자기의 청구가 기각될 수 있다. 또한 절대적 소멸설에 의하면 채무자는 자신의 의사와 무관하게 권리소멸이라는 시효완성의 이익을 향유하게 되는데, 이는 시효의 이익을 취할 것인지에 대한 채무자 등의 의사를 무시한다는 비판을 받는다. 요컨대 시효의 이익을 받는 자 스스로가 그것을 향유하겠다는 의사를 표명하지 않았음에도 그것을 인정하였다는 점에서, 절대적 소멸설은 채무자의 의사를 무시한다는 것이다. 그런데, 이 비판의 본지가 소멸시효를 이유로 원고의 청구를 기각하는 판결이 당사자(특히 원고)에 대한 불의의 타격이 되어서는 안 된다는 점에 있다면, 이 점은 민사소송법상의 변론주의의 결함으로 도출되는 불의의 타격 방지의 관점[40]에서 충분한 대응이 도모될 수 있을 것이다. 예컨대 변론주의에서의 주장공통의 원칙이 타당하다고 하더라도 법원은 당사자에 대한 불의의 타격을 주는 것을 삼가야 하는데, 그것이 바로 법원의 석명[41]에 의한 주장공통의 원칙의 수정 또는 보충이다(이하 III. 1).[42] 한편 국내 및 일본, 독일에서 논의되는 소멸시효에 관한 법원의 석명은 변론주의 원칙상 피고의 소멸시효완성의 항변을 법원이 석명을 통해서 이끌어 낼 수 있는가에 초점이 맞춰졌다는 점에서 이하에서는 그에 대한 검토를 먼저 한 후(이하 III. 2),[43] 채무자의 시효원용 없이 주장공통의 원칙에 의해 시효소멸에 기한 원고의 청구를 기각할 수 있다고 보는 입장에서는 법원의 석명이 어떤 모습으로 발현되는지를 살펴보고자 한다(III. 3).

---

40) 高橋宏志, 『重点講義·民事訴訟法(上)』, 有斐閣, 2005, 372頁.

41) 민사소송법 제136조, 독일민사소송법 제139조 및 일본 민사소송법 제149조 등.

42) 석현수, 앞의 논문, 85면 이하에서도 절대적 소멸설을 지지하면서 석명을 통한 보완으로 당사자의 의사를 무시한다는 비판을 극복할 수 있다고 본다. 다만 이 견해는 석명을 통해 어떻게 보완할 것인지에 대해서는 언급하고 있지 않다.

43) 독일은 시효완성에 의한 효과로서 채무자가 항변권을 행사한다는 점, 일본의 판례는 피고의 시효원용이 요건사실이라는 점, 우리 판례는 절대적 소멸설에 입각하면서도 변론주의 원칙상 시효원용이 필요하다는 점에서 각국의 판례는 석명으로 시효의 원용을 이끌 수 있는지가 문제된다.

1. 석명제도의 의의 및 한계

석명(釋明)은 법원이 소송관계(사건의 내용인 사실관계나 법률관계)를 명료하게 하기 위해 사실상 또는 법률상의 사항에 관하여 당사자에게 질문하거나 증거의 제출을 촉구하는 것을 뜻하며, 한편 사건을 심리하는 법원이 당사자에게 석명을 구할 수 있는 권능을 석명권이라 한다.[44] 민사소송법 제136조의 표제상 석명은 어디까지나 법원의 권한으로서 규정되어 있으나, 동조 제4항 등을 보면 일정한 경우에는 석명권 행사가 법원의 의무(석명의무)이기도 하다.[45] 이에 우리 판례는 "법원은 변론주의에 반하지 않는 범위 내에서 소송관계를 명료하게 하기 위하여 당사자에게 사실상·법률상의 사항에 관하여 질문하거나 증명을 촉구할 수 있는 석명권 등 소송지휘권을 적절히 행사하여 <u>가급적 실체적인 진실을 규명하고 분쟁을 효과적으로 종식시킬 수 있도록 충실히 사건을 심리하여야 한다</u>"고 본다.[46] 특히 당사자가 부주의 또는 오해로 증명하지 않은 것이 분명하거나 쟁점이 될 사항에 관하여 당사자가 간과하고 있는 경우에는 법원은 당사자에게 석명을 구하고 증명을 촉구하여야 하며, 만일 당사자가 전혀 의식하지 못하거나 예상하지 못하였던 법률적 관점을 이유로 법원이 청구의 당부를 판단하려는 경우에는 그 법률적 관점에 관하여 당사자에게 의견진술의 기회를 주어야 한다.[47] 즉 변론주의에 의한 사법소극주의는 법원의 석명에 의해 수정 또는 보충된다고 할 수 있다. 일본 판례 또한 "석명의 제도는 <u>변론주의의 형식적인 적용에 의한 불합리를 수정하고 소송관계를 명확히 하여</u>, 사안의 진상을 밝힘으로써 <u>당사자 간의 분쟁의 진정한 해결을 도모하는 것</u>을 목적으로 마련된 것"이라고 설시하고 있다.[48] 한편 최근 판례는 "민사소송법 제136조 제4항은 법

44) 이시윤, 앞의 책, 338면 이하.

45) 이시윤, 앞의 책, 339면. 참고로 범경철, "변론주의 보완책으로서 석명권: 민사소송법(제103조 제1항, 제4항 법적 성질과 관련하여", 비교사법(제16권 제3호)(2009), 582면은 법원의 지적의무가 당사자의 기본권을 보장한다고 본다.

46) 대법원 2017. 9. 26. 선고 2015다11984 판결 및 대법원 2003. 1. 24. 선고 2002다61668 판결 등 참조.

47) 법원이 그와 같이 하지 않고 예상 밖의 재판으로 당사자 일방에게 뜻밖의 불이익을 주는 것은 석명의무를 다하지 않고 심리를 제대로 하지 않은 잘못을 저지른 것이 된다(대법원 2008. 9. 11. 선고 2006다50338 판결 등 참조).

48) 最判 昭和45(1970)年 6月 11日, 民集 24巻 6号 516頁.

원은 당사자가 간과하였음이 분명하다고 인정되는 법률상 사항에 관하여 당사자에게 의견을 진술할 기회를 주어야 한다"고 규정하고 있으므로, 당사자가 부주의 또는 오해로 인하여 명백히 간과한 법률상의 사항이 있거나 당사자의 주장이 법률상의 관점에서 보아 모순이나 불명료한 점이 있는 경우 법원은 적극적으로 석명권을 행사하여 당사자에게 의견 진술의 기회를 주어야 하고, 만일 이를 게을리 한 경우에는 석명 또는 지적의무를 다하지 아니한 것으로서 위법하다"고 보고 있다.[49] 요컨대 석명권의 적절한 행사는 적정·공정한 재판의 실현에 이바지한다. 그러나 판례는 "법원의 석명권 행사는 당사자의 주장에 모순된 점이 있거나 불완전·불명료한 점이 있을 때에 이를 지적하여 정정·보충할 수 있는 기회를 주고 다툼이 있는 사실에 대한 증거의 제출을 촉구하는 것을 그 내용으로 하는 것으로서 당사자가 주장하지도 아니한 법률효과에 관한 요건사실이나 독립된 공격방어방법을 시사하여 그 제출을 권유하는 행위는 변론주의의 원칙을 위반하는 것으로서 석명권 행사의 한계를 일탈하는 것이다"고 하여[50] 그 한계를 명확하게 설시하고 있다. 원칙적으로 법원은 변론주의 원칙을 위반하므로 '당사자가 주장하지도 아니한 법률효과에 관한 요건사실이나 독립된 공격방어방법을 시사'할 수는 없지만, 법원은 민사소송법 제136조 제4항에 의해 '당사자가 부주의 또는 오해로 인하여 명백히 간과한 법률상의 사항이 있거나 당사자의 주장이 법률상의 관점에서 보아 모순이나 불명료한 점이 있는 경우'에 적극적으로 석명권을 행사하여 당사자에게 의견 진술의 기회를 주어야 한다는 점에서 상호 모순되는 듯한 인상을 준다. 따라서 민사소송법 제136조 제4항에 의해 법원에 부과된 지적의무의 범위가 어디까지인지를 판단하는 것이 매우 중요하다. 특히 본고에서는 민사소송법 제136조 제4항에서 규정하고 있는 '법률상 사항'에 소멸시효항변에 관한 것도 포함되는지를 판단하는 것이 매우 중요하다고 할 수 있다.[51] 그러나 실제로 이를 판단하는 것은 매우 어려울 것이다. 왜냐하면 변론주의원칙과 민사소송법 제136조 제4항에 기한 법원의 지적의무의 긴장관계를 유지하면서 분쟁의 진정한 해결을 법원이 도모한다는 것은 매

49) 대법원 2002. 1. 25. 선고 2001다11055 판결.

50) 대법원 2013. 4. 26. 선고 2013다1952 판결 등.

51) 참고로 민사소송법 제136조 제4항은 독일 민사소송법 제139조 제2항(개정 전 독일민사소송법 제278조 제3항에 해당)과 유사하다.

우 난해한 작업이라고 할 수 있기 때문이다. 일례로 대법원 2017. 12. 22. 선고 2015다236820, 236837 판결에서는 "원고가 제1심법원에 피고 추가신청을 하면서 망인의 상속인으로 배우자인 피고 외에 자녀로 소외 2, 소외 3이 있음을 알 수 있는 가족관계증명서를 제출하면서도 피고는 그 상속분의 범위 내에서만 보험금을 청구할 수 있다는 주장을 명시적으로 하지 않은 채 망인의 사망이 일반상해사망에 해당하지 않는다는 주장만을 한 것은 부주의 또는 오해로 명백히 법률상의 사항을 간과한 것으로 볼 수 있으므로, 법원으로서는 적극적으로 석명권을 행사하여 당사자에게 의견 진술의 기회를 주고, 그에 따라 피고의 상속분에 관하여 나아가 심리해 보았어야 할 것이다. 그럼에도 이에 이르지 아니한 것은 법원의 석명의무에 관한 법리를 오해하여 필요한 심리를 다하지 아니함으로써 판결에 영향을 미친 잘못을 범한 것이다. 이 점을 지적하는 취지의 상고이유 주장은 이유 있다"고 하고 있는데, 원심과 대상판결의 다른 결과가 그 난해함을 방증해 준다. 결국 법원이 법률상 사항의 어느 범위까지 지적의무를 부담하는지에 대한 판단은 개별사례의 특수성을 고려해야 할 것인데, 그 또한 판례에 의해 집적된 개별집합군을 통해 간접적으로 확인할 수밖에 없다.

2. 피고의 소멸시효완성의 항변(원용권 행사)을 유도하는 법원의 석명

절대적 소멸설을 취하면서 시효의 원용을 권리항변으로 보는 견해 또는 형성권으로서의 시효의 원용을 해야 하는 상대적 소멸설에 의하면 법원의 석명에 의해서 피고의 권리항변 또는 형성권으로서의 시효원용권 행사 등을 유도할 수 있는지는 법원의 지적의무와 밀접한 관계를 갖는다.

그런데 석명권의 행사는 일방당사자에게 유리하고 상대방 당사자에는 불리한 결과를 초래할 수 있어, 재판소의 중립성 내지 양 당사자의 공평한 취급과 긴장관계에 있다. 특히 당사자가 행하지 않은 신청이나 주장을 하도록 촉구하는 석명의 경우, 이 긴장관계는 현저해진다. 예컨대 채권의 소멸시효기간이 만료한 사실이 명백하지만 피고인 채무자가 시효를 원용하지 않은 때에 재판소가 시효의 원용을 촉구하는 석명을 행하는 경우에는 원고인 채권자에게는 지나치게 불리한 결과를 가져올 수 있어 법원의 중립성이 무너졌다고 평가할 수 있다.[52] 즉 소멸시효에 관한 석명이라는 문제는 석명이라는 제도에 있어서 가장 조심해야 하는 국면이라고 할 수 있으며 이에 시효의 원용이 재판소의 석명을 통해 유도될 수 있을 것인지에 대한 평가는 매우 소극적일 수밖에 없다.

(1) 국내에서의 논의

먼저 상대적 소멸설에 의하면 시효의 원용은 형성권행사이므로 시효의 원용을 법원이 석명으로 유도하는 것에 부정적이다.[53] 당사자가 주장한 법률효과의 일부 요건사실을 누락한 경우에 석명으로 그 요건사실에 대한 변론의 기회를 주는 것과 당사자가 법률효과를 주장하지도 않았는데 그와 관련된 요건사실을 제출하도록 유인하는 것은 다른 차원의 평가를 받을 수 있을 것이다. 전자는 법률효과를 주장한 자라는 점에서 법원에게 지적의무를 발생시키지만, 후자는 법률효과 자체를 주장하지 않았다는 점에서 법원의 지적의무를 발생시키지 않는다. 즉 채무자가 시효원용을 하지 않았음에도 불구하고 그 행사를 유도하는 것은 실체법상 권리행사를 통해 아직 존재하지도 않는 요건사실을 발생시키는 것이므로 위법하다.[54]

한편 절대적 소멸설을 취하면서 시효의 원용을 권리항변으로 보는 견해('피고의 소멸시효에 관한 진술'을 요건사실로 보는 견해 포함) 또한 법원이 시효의 원용을 석명으로 유도하는 것에 대해 부정적이다. 우리 판례는 구체적인 이유설시 없이 절대적 소멸설에 입각하여[55] 대법원 1962. 10. 11. 선고 62다466 판결 등에서 "시효완성 후 소송에서 **시효완성으로 채권이 소멸되었음을 항변으로 주장하지 아니함에도 불구하고 구태여 시효완성의 사실을 직권으로 인정하여 그 이익을 부여하여야 한다는 것으로 해석되지 아니하며** 시효의 원용 또는 시효완성의 항변이 반드시 명시적이 아니라 하여도 시효완성 항변 취의(趣意)로 해석되면 족할 것이나 본건 어음발행의 무효 또는 정시의 결여 주장만으로는 어음

52) 小室直人ほか編[山本克己 執筆], 『基本法コンメンタール新民事訴訟法2[第3版]』, 日本評論社, 2007, 78頁.

53) 강명선, "소멸시효 항변에 관한 고찰", 비교사법(제6권 제2호)(1999), 361면; 석현수, 앞의 논문, 86면; 장석조, 위의 논문, 67면.

54) 석현수, 앞의 논문, 86면에 의하면 소송 외에서 시효를 원용했다는 사실을 적시하라고 유인하는 것도 위법하다고 평가할 수 있다.

55) 우리 판례가 시효원용을 권리항변으로 보는지는 명확하지 않다.

채무가 시효완성으로 인하여 소멸되었다는 항변이 있는 것으로는 볼 수 없고 본건 어음금 청구에 있어 소멸시효 완성의 항변 여부에 관하여 석명권을 행사하지 아니한 것이 변론주의에 입각한 민사소송 제도하에 석명권행사 의무를 다하지 아니한 위법으로 인정될 수는 없다"고 판단하면서 시효원용에 대한 석명의무가 없다는 점을 명확히 하였다. 학설 또한 판례의 취지에 따라 시효의 원용은 석명권 행사의 대상이 아니라고 본다.[56)]

(2) 독일에서의 논의

원고의 청구에 대해 피고가 시효소멸의 항변을 하지 않는 한 법원은 원고의 청구를 인용해야 하는데(ZPO 제331조 제2항), 법원이 석명권을 행사하여 피고에게 시효소멸의 항변권을 행사할 수 있도록 유도할 수 있는지에 대해서 독일에서도 오래전부터 논의되었다.[57)] 먼저 독일의 판례는 전혀 예상할 수 없었던 새로운 근거로서 항변 등을 법원이 석명할 의무는 없다고 본다. 예컨대 독일연방대법원은 2003년에 BGB 제214조 제1항이 시효완성의 효과로서 급부거절권인 항변권을 발생시킨다는 것을 전제로 하여, 소멸시효의 항변권에 대해서는 법원이 석명의무(ZPO 제139조 제2항)를 부담하지 않는다고 보는 것이 독일민사소송법 제139조 제2항의 기본 취지[58)]에도 부합한다고 본다.[59)] 학설 또한 판례의 입장에 긍정적이다.[60)]

한편 독일의 판례는 법원이 시효항변을 석명으로 이끄는 경우에 이는 법관의 기피사유(ZPO 제42조 제2항)에 해당한다고 본다.[61)] 더 나아가 독일의 판례는 항변권뿐만 아니라 형성권을 법원이 석명을 통해 행사하도록 유도하는 것 또한 원칙적으로 금지한다.[62)]

---

56) 이시윤, 앞의 책, 344면. 석명으로 권리라는 법률효과(또는 법률상 진술)를 유인한다는 점에서 시효원용은 석명의 대상으로 보지 않는다.

57) Musielak/Stadler, ZPO, 3. Aufl., 2002, §139 Rn. 9.

58) BTDrucks. 14/4722, S. 77.

59) BGH, NJW 2004, 164; BGHZ 156, 269.

60) Meller-Hannich, Die Einrede der Verjährung, JZ 2005, 656, 661; Wernecke, Die Einrede der Verjährung - Schnittpunkt zwischen materiellem Recht und Prozessrecht, JA 2004, 331, 333.

61) BGH, NJW 2004, 164; BGH, NJW 1998, 612. Deubner, JuS 1998, 249, 250 참조.

62) BGH, NJW 1999, 2890, 2892.

(3) 일본에서의 논의

일본에서는 법원이 석명권행사로 시효의 원용을 유도한 경우에 재판관의 기피사유에 해당하는지 여부를 검토하면서 시효원용에 대한 법원의 석명권 행사가 위법한 것인지에 대한 논의를 전개한다. 즉 법원에 의해 석명권이 지나치게 행사되는 경우에 재판관의 기피(일본 민사소송법 제24조 제1항)의 문제가 발생하는데, 이는 석명권 행사의 위법(違法)과 연결된다. 이하에서는 일본에서의 석명권 일반에 대한 논의를 먼저 살펴본 후 시효의 원용과 관련된 개별적 논의를 전개하고자 한다.

1) 석명권 행사에 대한 일반적 논의

일본 내 유력한 견해는 재판소가 필요하다고 인정하여 행하는 이상 석명권 행사의 범위에는 한계가 없으므로 위법의 문제는 발생할 수 없으며, 다만 당·부당(當·不當)의 문제(일본 민사소송법 제150조 참조)가 될 뿐이라고 설명한다.[63] 이 견해는 “재판소의 지나친 석명에 응한 당사자의 주장을 판결의 기초로 삼은 것이 위법하다고 보아 그 판결을 파기환송하더라도, 원심에서 당사자는 다시금 「자발적으로」 그것을 주장할 것이라는 점, 환송하지 않고 파기자판하는 경우에는 그 당사자를 패소케 하는 것인데 이는 재판소의 석명권 남용에 따른 위험(risk)를 그 당사자에게 전가하게된다는 점”을 지적한다. 이 견해는 이런 이유로 “석명이 상대방당사자에게 불공평을 부여하는 듯한 지나침이 있더라도, 그것이 사안과 적합한 경우에는 소송법적으로는 위법하지 않다”고 본다.[64] 물론 이 견해는 석명권 행사의 위법은 없다고 하더라도, 재판소는 당사자를 잘못 유도하여 사안을 왜곡하지 않도록 스스로 경계해야 하므로 지나친 석명권 행사를 지양해야 한다고 본다.[65] 요컨대 이 견해는 석명권의 행사에 대해, 평가규범으로서의 위법의 문제는 묻기 어렵다고 할지라도 행위규범으로서의 당·부당의 문

63) 奈良次郎, 「釈明権と釈明義務の範囲」, 鈴木忠一＝三ケ月章監修『実務民事訴訟講座 I』, 日本評論社, 1969, 226頁; 奈良次郎, 「訴訟資料収集に関する裁判所の権限と責任」, 新堂幸司編『講座民事訴訟 4:審理』, 弘文堂, 1985, 125, 133頁. 즉, 이 견해는 진실에 합치하는 한 법원의 석명권 행사의 「남용」은 있을 수 없다는 입장이다.

64) 高橋宏志, 前揭書, 395頁.

65) 高橋宏志, 前揭書, 395頁.

제는 인정할 수 있다고 본다. 한편 이 견해 중 일부는 이 당·부당의 문제는 재판소·재판관의 중립성·공정성이라는 관점에서 판단되어야 하므로,[66] 재판관의 중립성이라는 관점에서 이 행위규범을 위반한다고 인정되는 경우에는 당해 재판관의 기피사유에 해당(일본 민사소송법 제24조 제1항)한다고 본다.[67] 반면에 일부 견해는 당·부당의 문제에 불과하다는 것은 위법하지 않다는 것을 의미하므로 석명권의 행사는 재판관의 기피사유가 될 수 없다고 본다.[68] 후자의 관점에서 일본의 실무 또한 최근에는 석명권 행사와 관련하여 사안의 진상 해명을 위해 석명권을 적극적으로 행사하는 것을 허용하는 경향을 보인다고 평가되고 있다.[69]

2) 시효원용에 대한 개별적 논의

석명권 행사를 소극적으로 바라보는 견해뿐만 아니라 일반론으로 법원의 석명권 행사를 적극적으로 인정하는 견해에서도 시효원용을 법원이 석명권 행사를 통해서 유도하는 것에 대해서는 소극적인 태도를 보인다. 즉 일본의 학설은 시효원용을 석명을 통해 유도할 수 없다는 입장이 일반적이며,[70] 법원은 시효 원용에 관한 석명의무를 부담하지 않는다고 본다.[71] 일본의 판례 또한 법원이 시효 원용을 촉구하는 석명권을 행사하지 않은 것은 위법하지 않다고 판시하였다.[72] 석명권 행사에 소극적인 태도는 별론으로 하더라도 법원의 석명권

66) 竹下守夫＝伊藤眞 編[松本博之 執筆], 『注釈民事訴訟法(3)』, 有斐閣, 1993, 111頁.

67) 이러한 견해에 대해서는 杉本和士, 「時効における実体法と訴訟法」, 金山直樹 編 『消滅時効法の現状と改正提言』, 商事法務(別冊NBL No.122), 2008, 67頁; 石田秀博, 「釈明権と裁判官の忌避事由」, 愛媛 20巻 3·4合併号, 1994, 293頁 이하 참조.

68) 奈良次郎, 「釈明権と釈明義務の範囲」, 229頁.

69) 杉本和士, 前掲論文, 67頁.

70) 武藤春光, 「民事訴訟における訴訟指揮」, 加藤新太郎編 『民事訴訟審理』, 判例タイムズ社, 2000, 38頁; 加藤新太郎, 「民事訴訟における釈明」, 加藤新太郎編 『民事訴訟審理』, 判例タイムズ社, 2000, 243頁; 加藤新太郎, 「釈明」, 大江忠ほか編 『手続裁量とその規律』, 有斐閣, 2005, 133頁; 杉本和士, 前掲論文, 67頁; 藤田広美, 『講義民事訴訟』, 東京大学出版会, 2007, 165-166頁.

71) 加藤新太郎, 「民事訴訟における釈明」, 244頁.

72) 最判 昭和31(1956)年 12月 28日, 民集 10巻 12号 1639頁(취득시효에 관한 것임). 참고로 最判 平成7(1995)年 10月 24日, 裁判集民 177号 1頁은 소유권확인청구소송에 있어서 원고가 예비적으로 소유권취득원인사실로서 취득시효를 주장하였으나, 그 후 이것을 철회한바, 원고가 취득시효의 예비적 주장을 유지하였다면 청구인용의 가능성이 인정되었을 사안에서, 철회가 원고의 오해 내지 부주의에 의거한 것이었다고 하며 법원의 석명(지적)의무를

행사를 적극적으로 옹호하는 입장에서도 굳이 시효원용에 대해서 부정적인 이유는 무엇일까? 생각건대 이와 같이 시효 원용이라는 주장 일반에 관한 석명에 실무나 학계가 소극적인 태도를 취하는 배경에는, 시효원용의 실체법상의 성격과 밀접한 관계가 있으리라 판단된다. 일부 학설 또한 "시효이익을 향유할 것인지는 원용권자의 자유로운 의사에 기하여야 한다는 것이 메이지민법 제145조의 취지라는 점을 전제로 시효원용을 법원이 석명으로 유도하는 것은 바람직하지 않다"고 주장한다.[73] 특히 불확정효과설(정지조건설)에 의하면 원용권이 가지는 의미가 형성권행사로 볼 수 있기 때문에 시효원용을 석명을 통해 유도하는 것에 부정적이다. 다만 일본 내에서도 최소한 경직적인 불문율에 의해 시효 원용에 관한 석명을 금지하거나 석명권을 행사하면 형식적으로 기피사유에 해당한다는 견해는 채용되어서는 안 될 것이라는 주장이 제기되고 있다.[74] 즉 이러한 견해는 사안별 상황, 소송의 구체적인 경과 등을 감안하여 필요한 경우에는 시효 원용에 관한 석명권을 행사하는 것이 허용되어야 한다고 본다.[75]

3. 원고의 시효의 중단조치 등을 석명을 통해 유인할 수 있는지 여부

절대적 소멸설을 취하면서 시효원용을 권리항변으로 보지 않는 견해(피고의 소멸시효에 관한 진술'을 요건사실로 보지 않은 견해 포함)에 의하면, 실체법상 일정한 시간의 경과에 의해서 시효의 효과가 발생한다. 그런데 주장공통의 원칙이 적용된 결과 원고의 주장사실에 의해 원고의 청구가 기각된다면, 즉 당사자 사이에 시효소멸이 전혀 언급되지 않았음에도 법원이 원고의 주장사실에 기하여 시효완성의 사실을 심증하여 확정한 후(민사소송법 제202조 등) 원고의 청구를 기각한다면, 이는 당사자에게 불의의 타격(외견상 모순)을 준다는 비판을 받는다. 그러나 이러한 비판은 법원이 석명을 통하여 해결할 수 있을 것이다(민

긍정하였다. 이 판결에 대한 소개는 加藤新太郎, 「判批」, NBL606号, 1996, 65頁 이하 참조.

73) 藤田広美, 前揭書, 165頁 이하; 加藤新太郎, 「釈明」, 133頁.

74) 高橋宏志, 前揭書, 395頁에서는 예외적으로 석명을 통해 시효원용을 유인할 수 있다면서도 그래도 법원이 석명을 하지 않는 것이 지혜로운 선택이라는 점을 강조한다.

75) 대표적으로 杉本和士, 前揭論文, 68頁; 松本博之, 『注釈民事訴訟法(3)』, 111頁 이하, 160頁. 참고로 加藤新太郎, 「釈明」, 133頁에서는 소비자신용사건에서 법원이 석명으로 소멸시효 원용을 적극적으로 유인하고 있다는 분석을 하기도 한다.

사소송법 제136조 제4항).[76] 요컨대 소멸시효를 이유로 원고의 청구를 기각함으로 인하여 발생하는 이른바 「판결에 의한 불의의 타격」은 실체법 단계에 있어서 절대적 소멸설을 전제로 한다고 할지라도, 민사소송법상의 변론주의에 내재하는 불의의 타격 방지의 요청에 의해 저지되어야 한다.[77] 따라서 소멸시효 완성의 사실이 원고인 채권자 측으로부터의 주장에 의해 드러난 경우에 법원은 채권자에게 그러한 취지를 석명하여 시효의 중단사유 등을 주장하도록 촉구해야 할 것이다.[78] 만약 채권자가 중단사유를 주장하라는 법원의 석명에 따르지 않는 경우에는 법원은 원고의 청구를 기각할 수 있을 것이나, 경우에 따라서는 채무자에게 석명을 통해 시효의 이익을 포기할 수 있는 선택을 유도할 수도 있을 것이다.

4. 평 가

(1) 절대적 소멸설을 취하면서 시효원용을 권리항변으로 보는 견해('피고의 소멸시효에 관한 진술'을 요건사실로 보는 견해 포함)에 대한 평가

위 견해는 법원이 석명을 통해 시효원용을 유도하는 것에 소극적인데, 그 이유는 법원이 석명을 통해 변제사실을 촉구하는 경우와 시효원용을 유도하는 것을 비교하여 보면 더 명확해진다. 먼저, 대금반환청구사건에 있어서 변제의 요건사실에 대해 채무자가 충분히 사실을 주장하지 않았으나 변제의 사실이 있었다고 볼 수 있는 경우, 법원이 채무자에게 변제에 관한 사실주장을 촉구하는 석명을 행하는 것에 대해서는 큰 저항이 없다. 이는 실체법적인 측면에서 보면 자연스럽다고 할 수 있다. 즉 변제(사실)로 이미 채무의 소멸이라는 효과가 발생한 사안에 있어서 당해 사실의 주장을 법원이 촉구하는 것이 어떠한 사실을 왜곡하는 것이 아니라 오히려 사안의 진상과 합치하기 때문이다. 한편 법원의 석

76) 松久三四彦, 前揭論文, 579頁 이하. 이러한 시도를 고려해 볼 수 있다는 국내주장으로는 석현수, 앞의 논문, 85면에서 확인된다.

77) 이런 관점에서 보면, 불의의 타격방지라는 소송법상의 가치 판단은 어디까지나 실체법상의 시효학설의 대립에 대해서는 중립적(또는 무관계)이라고 할 수 있을 것이다. 松久三四彦, 前揭論文, 579頁.

78) 경우에 따라서는 기산점에 대해서 법원이 석명을 통하여 채권자에게 유리한 주장을 유도하여 중용을 모색할 수도 있을 것이다.

명에 의해 시효원용권 행사의 촉구를 받은 원용권자가 소송에서 시효원용권을 행사하면, 그로써 처음으로 소멸시효의 효과가 발생하며 그에 의해 원고의 청구는 기각하게 된다. 원고의 입장에서 보면, 법원의 석명에 의해 시효원용을 유도하는 것은 실체법적으로 아직 발생하지 않은 시효완성에 의한 효과를 석명으로 초래하는 것이므로, 사안의 실체법적인 조건의 변경을 법원이 유도한 것으로 비칠 수 있다. 따라서 시효원용을 법원이 석명으로 유도하는 것은 변제와는 다른 차원으로 읽힐 수 있다. 즉 법원의 석명에 의해 채무자가 시효원용을 하면 종국적으로 시효의 효과가 발생하고 사안을 일방당사자인 채무자에게 유리하게 조건을 변경시키는 것이기 때문에 비판을 받을 수 있다.[79] 이로 인하여 법원·법관의 중립성이 상실되어 공평하고 공정한 재판의 실현이 저해될 뿐만 아니라, 재판에 대한 국민의 신뢰 또한 무너지는 결과를 낳을 수 있다는 우려에서 이 견해는 시효원용에 대한 석명권 행사에 소극적인 입장을 취하는 것으로 판단된다.[80]

(2) 상대적 소멸설에 대한 평가

상대적 소멸설에 의하면 시효원용은 형성권 행사를 의미하기 때문에 위와 같은 이유(III. 4. (1))에서, 상대적 소멸설은 법원이 석명을 통해 시효원용을 유도하는 것에 대해 부정적일 것이다. 독일과 일본에서 법원이 석명으로 형성권인 취소권이나 해제권의 행사를 금지하는 것도 같은 이유라고 할 수 있다.[81]

(3) 절대적 소멸설을 취하면서 시효원용을 권리항변으로 보지 않는 견해(피고의 소멸시효에 관한 진술'을 요건사실로 보지 않은 견해 포함)에 대한 평가

이 견해에 의하면 시효의 완성은 시효원용여부와 무관하게 그 효과가 발생하므로, 법원이 시효 완성의 사실을 석명하는 것은 사안의 진상에 합치하는 것

79) 일방당사자에게만 유리한 결과를 가져오는 석명은 상대방 당사자에게 불의의 타격을 준다.

80) 杉本和士, 前揭論文, 68頁.

81) 杉本和士, 前揭論文, 68頁에서는 "취소권이나 해제권은 채무자에 의해 행사됨으로써 채권자 측에도 부당이득반환청구권이나 손해배상청구권을 발생시킬 수 있는 것에 반하여, 시효원용권은 그 효과로서 원용권자에만 이익을 야기한다. 즉 채권자의 채권을 일방적으로 상실시킨다."는 점을 강조하여 시효원용권을 취소권이나 해제권과 같은 선상에서 논하는 것은 타당하지 않을 것이라고 평한다.

이기 때문에 변제의 사실을 석명하는 것과 같은 평가를 받을 수 있다. 이에 이 견해에 의하면 원고가 불의의 타격을 입을 수 있다는 점에서, 법원이 석명을 통해 원고의 시효중단을 주장할 수 있도록 유도할 수 있는지 더 나아가 피고에게 시효이익을 포기할 기회를 석명으로 촉구할 수 있는지에 대한 평가가 필요하게 된다. 생각건대 이 견해를 취함으로 인하여 발생하는 채무자의 의사결정이 무시된다는 비판과 주장공통의 원칙이 적용되어 원고에게 불의의 타격을 준다는 비판을 고려하면 법원이 석명을 통해 시효의 중단을 주장할 수 있게 하거나 시효이익의 포기를 유도하는 것을 차단할 필요는 없다고 본다. 즉 법원이 논리와 경험의 법칙에 따라 양 당사자의 이익에 대한 중용을 모색할 수 있도록 하는 것이 타당할 것이다.

IV. 맺음말

소멸시효완성의 효과를 어떻게 볼 것인지에 대한 실체법적인 논의는 변론주의와 법원이 석명을 통해 채무자의 시효원용을 유도할 수 있는지에 대한 절차법적인 논의와 교착(交着)된다. 즉 시효완성의 효과를 상대적 소멸설로 보는 경우와 절대적 소멸설로 보는지에 따라 시효원용에 대한 절차법적인 설명은 달라진다.

상대적 소멸설에 의하면 소송에서의 '원용'은 변론주의원칙상 당사자가 주장해야 할 요건사실에 해당하며, 시효의 원용은 시효소멸의 효과를 가져오는 형성권으로서 의미를 가진다. 그런데 법원이 석명을 통해 시효의 원용을 유도하는 것은 실체법적으로 아직 발생하지 않은 시효완성에 의한 효과를 석명으로 발생시켜 사안의 실체법적인 조건의 변경이 일어나게 한다. 따라서 특별한 사정이 없는 한 시효원용을 법원이 석명으로 유도하는 것은 종국적으로 일방당사자인 채권자에게는 불리하고 채무자에게는 유리하게 주어진 조건을 변경시키는 것이기 때문에 위법하다고 할 수 있으며, 경우에 따라서는 법관의 기피사유에 해당할 수 있다.

한편 절대적 소멸설을 취하면서 권리항변으로 시효소멸의 항변을 바라보는 견해('피고의 소멸시효에 관한 진술'을 요건사실로 보는 견해 포함)는 상대적 소멸설과 절차법에서의 차이가 잘 드러나지 않는다. 우선 본고는 우리민법상 권리항변을 받아들일 수 있는지에 대한 회의적인 입장이다. 권리소멸이라는 실체적 효과가 시효기간의 경과만으로 발생한다고 설명하는 절대적 소멸설은 급부거절로서의 항변권을 전제로 하는 권리항변과 어울리지 않기 때문이다. 더욱이 우리의 경우에는 일본과 같이 명문으로 원용권 규정을 두고 있지 않다는 점에서 일본처럼 시효원용을 권리의 항변으로 구성하는 것도 무리가 있다. 시효완성의 항변을 논리적인 근거 없이 동시이행항변 및 유치권항변과 같은 권리항변으로 포섭하는 것은 당사자 의사를 무시한다는 비판을 우회하기 위한 미봉책에 불과하다는 비판에서 벗어날 수 없다. 반면에 절대적 소멸설을 취하면서 시효원용을 권리항변으로 보지 않는 견해('피고의 소멸시효에 관한 진술'을 요건사실로 보지 않은 견해 포함)에 의하면, 주장공통의 원칙에 의해 원고의 청구가 기각되게 된다. 이는 결과적으로 원고에게 불의의 타격을 주게 된다. 따라서 이러한 경우에는 법원이 적극적인 석명을 통해 원고측에게 시효의 중단을 주장할 수 있도록 하거나 시효의 기산점에 대해 조언할 필요성이 제고된다. 더 나아가 경우에 따라서는 시효이익을 향유하고 싶지 않은 채무자의 의사를 존중하기 위해 법원이 석명으로 피고의 시효이익의 포기를 유도하는 것도 가능할 것이다.

생각건대 시효완성의 효과에 있어 절대적 소멸설을 취하면서 절차법적인 측면에서 변론주의에 기하여 채무자가 시효를 원용하지 않는 한 법원은 이를 판단할 수 없다고 보는 것은 어색하다. 즉 상대적 소멸설을 취해야만 절차법적으로 시효원용과 변론주의는 어울리게 된다. 요컨대 우리 판례는 실체법적인 측면에서는 절대적 소멸설을 취하면서도 절차법적으로는 [시효원용을 권리항변으로 보지 않은 한] 그 결론에 있어 상대적 소멸설에 따르는 것으로 볼 여지가 있다는 점에서 양자는 어색한 교착상태에 빠져 있다고 평가할 수 있다. 이러한 어색한 교착을 해소시키기 위한 방법으로는 판례가 절대적 소멸설을 포기하는 것도 생각해 볼 수 있을 것이나 궁극적으로는 시효완성의 효과로서 독일민법과 같이 항변권을 인정하는 입법적 결단이 이루어지기를 기대해 본다.

〈참고문헌〉

1. 국내문헌

(1) 단행본

편집대표 곽윤직, 「민법주해 III: 총칙 (3)」, 박영사(2002).

사법연수원, 「요건사실론」(2019).

송덕수, 「민법총칙 제4판」, 박영사(2018).

이시윤, 「신민사소송법(제12판)」, 박영사(2018).

전원열, 「민사소송법 강의」, 박영사(2020).

지원림, 「민법강의(제15판)」, 홍문사(2017).

최진수, 「요건사실과 주장증명책임」, 진원사(2018).

(2) 논 문

강구욱, "소멸시효 완성의 효과", 외법논집(제39권 제3호)(2015).

강명선, "소멸시효 항변에 관한 고찰", 비교사법(제6권 제2호)(1999).

김정만, "소멸시효 원용권자의 범위", 사법연수원논문집(제5집)(2008).

김태관, "소멸시효의 원용과 중단", 동아법학(제65호)(2014).

김병선, "시효원용권자의 범위", 민사법학(제38호)(2007).

노재호, "소멸시효의 원용 – 원용권자의 범위와 원용권자 상호간의 관계를 중심으로 –", 사법논집(제52집)(2011).

범경철, "변론주의 보완책으로서 석명권 : 민사소송법 제103조 제1항, 제4항 법적 성질과 관련하여", 비교사법(제16권 제3호)(2009).

서종희, "시효원용권자의 범위 판단 기준에 대한 재고 – 일본의 학설과 판례와의 비교를 중심으로", 사법(제57호)(2021).

석현수, "시효소멸 인정과 원용의 관계", 민사법학(제88호)(2019).

양창수, "소멸시효완성의 효과", 고시계(1994. 9).

장석조, "시효소멸 항변의 소송상 취급", 법조(제48권 제1호)(1991).

2. 외국문헌

Walter Lux/Karl Schäfer/Hans Berg, Schulung für die Juristische Praxis: Ein induktives Lehrbuch, 2020.

Oliver Moufang, Das Verhältnis der Ausschlussfristen zur Verjährung: ein ausgewähltes Rechtsproblem aus der Inhaltskontrolle vertraglicher Ausschlussfristen, 1996.

MünchKomm/Grothe, 9. Aufl., 2021, § 214.

Musielak/Stadler, ZPO, 3. Aufl., 2002, §139.
Hans Josef Wieling, Sachenrecht: Band 1: Sachen, Besitz und Rechte an beweglichen Sache, 2013.

Caroline Meller-Hannich, Die Einrede der Verjährung, JZ 2005, 656 ff.
Frauke Wernecke, Die Einrede der Verjährung – Schnittpunkt zwischen materiellem Recht und Prozessrecht, JA 2004, 331 ff.

兼子一,『実体法と訴訟法』, 有斐閣, 1957.
鎌田薫ほか編(八田卓也 執筆),『民事法Ⅰ:総則·物権』, 日本評論社, 2005.
高橋宏志,『重点講義·民事訴訟法(上)』, 有斐閣, 2005.
藤田広美,『講義民事訴訟』, 東京大学出版会, 2007.
小室直人ほか編[山本克己 執筆],『基本法コンメンタール新民事訴訟法2[第3版]』, 日本評論社, 2007.
竹下守夫=伊藤眞 編[松本博之 執筆],『注釈民事訴訟法(3)』, 有斐閣, 1993.
坂田宏,『民事訴訟における処分権主義』, 有斐閣, 2001.

加藤新太郎,「判批」, NBL606号, 1996.
加藤新太郎,「民事訴訟における釈明」, 加藤新太郎編『民事訴訟審理』, 判例タイムズ社, 2000.
加藤新太郎,「釈明」, 大江忠ほか編『手続裁量とその規律』, 有斐閣, 2005.
奈良次郎,「釈明権と釈明義務の範囲」, 鈴木忠一=三ケ月章監修『実務民事訴訟講座Ⅰ』, 日本評論社, 1969.
奈良次郎,「訴訟資料収集に関する裁判所の権限と責任」, 新堂幸司編『講座民事訴訟 4: 審理』, 弘文堂, 1985.
武藤春光,「民事訴訟における訴訟指揮」, 加藤新太郎編『民事訴訟審理』, 判例タイムズ社, 2000.
北居功,「判批」, 民商 148巻 3号, 2013.
杉本和士,「時効における実体法と訴訟法」, 金山直樹 編『消滅時効法の現状と改正提言』, 商事法務(別冊NBL No.122), 2008.
石田秀博,「釈明権と裁判官の忌避事由」, 愛媛 20巻 3·4合併号, 1994.
松久三四彦,「時効制度」, 星野英一編『民法講座 1 民法総則』, 有斐閣, 1984.
松久三四彦,「判批」, 民商 96巻 1号, 1987.
坂田宏,「権利抗弁概念の再評価—主張共通の原則の例外としての存在意義」, 民訴41巻, 1995.

제 5 장

소멸시효가 완성된 채권을 자동채권으로 하는 상계 및 소송상 상계재항변 인정 여부

Ⅰ. 들어가는 말

민법 제492조[1] 이하의 상계는 원칙상 자동채권과 수동채권 모두의 존재를 전제로 하므로 대립되는 두 채권 중 하나 이상이 시효로 소멸한 경우에는, 채무자가 시효의 이익을 포기하지 않는 한, 상계가 인정될 수 없다.[2] 그런데 민법 제495조는 그 예외로서 "소멸시효가 완성된 채권이 그 완성 시에 상계할 수 있었던 것이면 그 채권자는 상계할 수 있다."고 규정하고 있다.[3] 최근까지 제495조와 관련된 판례를 찾아보기 어려우며, 학설 또한 제495조에 의한 상계의 요건이 제492조의 상계의 요건과 동일한지 여부 및 제495조를 소멸시효에 걸리는 채권이외에 제척기간에 걸리는 채권에도 유추할 수 있는지 등에 대해서만 일부 학설에서 간단히 논의하고 있을 뿐이었다. 그러던 중 대법원 2016. 11. 25. 선고 2016다211309 판결(이하 '2016년 판결'로 칭함)에서 제495조에 의한 상계의 요건

1) 이하 조문만을 명시하는 경우에는 우리 민법을 의미한다.

2) 소멸시효완성의 효력을 절대적 소멸설로 보든 상대적 소멸설로 보든 결과에 있어 차이는 없다. 즉 절대적 소멸설에 의하면 채권자체가 소멸되어 없으므로, 상대적 소멸설에 의하면 채무자가 소멸시효의 완성을 원용하면 채권자체가 인정되지 않으므로 같은 결론에 도달한다.

3) 독일민법 또한 제215조에서 이를 인정하고 있는데, 일반적으로 이는 소멸시효의 효력을 인정하고 있는 제214조의 예외적인 의미를 가진다고 본다. Georg Bitter, Vorlesung Schuldrecht Allgemeiner Teil, 4. Aufl., 2018, S. 33.

을 판단하였고,[4] 대법원 2019. 3. 14. 선고 2018다255648 판결(이하 '2019년 판결'로 칭함)에서 제척기간이 도과한 채권에 대해서도 제495조가 유추적용될 수 있는지에 대해 판단하였다.[5] 한편 제495조(원안 제486조)는 의용민법 제508조를 그대로 이어 받은 것이라고 할 수 있는데,[6] 일본에서도 일본민법 제508조에 대한 논의가 많지 않으며, 최근에야 비로소 제495조에 의한 상계의 요건을 다룬 최고재판소 판결[7]이 선고되었다는 점에서 이 쟁점에 대해서는 지금까지 별다른 주목을 받지 못하였던 것으로 판단된다. 이에 본고에서는 제495조에 의한 상계의 요건에 대해 상세히 검토해 보고자 하며, 이를 위해 먼저 제495조의 의의 및 입법취지를 살펴보고(Ⅱ), 일본의 학설 및 판례를 중심으로 비교법적인 검토를 해 보고자 한다(Ⅲ).[8] 그 다음으로 소멸시효가 완성된 채권을 자동채권으로 한 소송상 상계의 재항변인정여부를 검토한 후(Ⅳ), 맺음말에 갈음하여 제495조의 상계의 요건을 판단한 2016년 판결이 가지는 의미를 간단히 제시하시면서 글을 마치고자 한다(Ⅴ).

Ⅱ. 제495조의 의의 및 입법취지

제495조의 의의는 세 가지 정도를 생각해 볼 수 있다. 첫째, 상계의사표시 없이도 당연정산결제되리라고 믿는 당사자들의 신뢰 보호, 둘째, 상계의 소급효, 셋째, 소멸시효 제도의 존재이유측면에서의 권리자 보호이다. 이하에서는 위 세 가지 의의에 대해서 상세히 살펴보기로 한다.

---

4) 이 판결에 대한 평석으로는 손태원, "소멸시효가 완성된 차임채권과 임대차보증금반환채권 사이의 상계 내지 공제 가부", 민사판례연구 XL, 박영사, 2018, 461면 이하; 이원/윤정원, "임대차 종료 전 소멸시효가 완성된 차임채권의 상계와 공제", 법과 정의 그리고 사람(2017 박병대 대법관 재임기념 문집), 사법발전재단, 2017, 1043면 이하 참조.

5) 이 판결에 대한 평석으로는 이동진, "하자담보책임의 제척기간이 도과한 뒤 한 상계의 효력", 법조 제68권 제4호(통권 제736호), 2019, 266면 이하; 이창현, "제척기간이 경과한 채권을 자동채권으로 한 상계", 68권 제6호(통권 제738호), 2019, 377면 이하 참조.

6) 명순구, 실록 대한민국 민법 3, 법문사, 2010, 252-253면.

7) 最判 平成25(2013)年 2月 28日, 民集 67巻 2号 343頁.

8) 아직까지 국내에서 일본 최고재판소 판결(주 6)에 대한 소개가 없어, 본고에서는 사실관계 등에 대해서도 상세하게 소개해 보고자 한다.

1. 상계의사표시 없이도 당연정산결제되리라고 믿는 당사자들의 신뢰 보호

이 규정의 취지는 상계적상에 있으며 채권자가 상계를 통해 채무를 소멸시키지 않았다 하더라도 당연히 정산결제되었을 것이라고 믿는 당사자의 신뢰 또는 기대를 보호하기 위한 것이다.[9] 또한 양 채권이 상계적상에 있는 경우에는 채권자가 적극적으로 이행을 청구하여 시효를 중단시키지 않을 경우가 많다는 점에서 현실적으로 중단을 취할 유인이 없는 경우에도 시효완성을 통해 상계를 인정하지 않는 것은 형평에 맞지 않기 때문에 이를 고려하여 제495조와 같은 상계를 인정하였다.[10]

상계의 의사표시와 관계없이 상계적상이 되면 상계가 되는, 즉, 당연상계(ipso iure compensatur)주의를 취하고 있는 프랑스(민법 제1290조)의 경우에는 제495조와 같은 조문이 없더라도 논리적 귀결로써 당연히 상계가 이루어진다.[11]

2. 상계의 소급효

오스트리아는 제495조와 같은 조문을 가지고 있지 않으나, 판례는 상계는 상계적상시로 소급효가 인정되므로 상계적상시에는 자동채권의 소멸시효는 완성되지 않았다는 점에서 해석으로 "소멸시효가 완성된 채권이 그 완성 시에 상계할 수 있었던 것이면 그 채권자는 상계할 수 있다"는 결론을 도출하고 있다.[12]

---

9) 곽윤직 편집대표(윤용섭 집필), 민법주해 XI: 채권 (4), 박영사, 1995(이하 '민법주해 XI'로 인용하기로 함), 404면; 이원/윤정원, 앞의 논문, 1050면; 이창현, 앞의 논문, 392면; 손태원, 앞의 논문, 468면 등 다수.

10) 민법주해 XI, 404면; 김용담 편집대표(조용구 집필), 주석민법 채권총칙 (4), 한국사법행정학회, 2014(이하 '주석민법 채권총칙 (4)'로 인용하기로 함), 613면. 비교법적으로 독일민법 제215조, 일본민법 제508조, 스위스 채무법 제120조 제3항 및 DCFR III-7:503조, Notes 1 und 2에서도 이를 찾아볼 수 있다.

11) 프랑스의 경우에는 상계권자가 소송상 상계를 주장해야만 효과가 인정된다. Reinhard Zimmermann, Comparative Foundation of a European Law of Set-off and Prescription, Cambridge, 2002, pp.25-26.

12) OGH 5. 8. 1999, 1 Ob 110/99d; 28. 4. 2005, 8 Ob 51/04i; RIS-Justiz RS00 34016; OGH 11. 7. 1995, 4 Ob 546/95. 학설 또한 이러한 입장이 종래 다수의 입장이라고 한다. Alexander Schopper, Aufrechnung bei Fremdwährungskrediten, VbR 2014, 40, 43; Silvia Dullinger,

반면에 오스트리아와 달리 독일의 지배적인 입장은 상계의 소급효는 소멸시효가 완성된 채권을 자동채권으로 하는 상계를 인정하는 근거가 될 수 없다고 본다.[13] 오히려 독일은 일정한 요건 하에 소멸시효가 완성 된 채권을 자동채권으로 하는 상계를 인정하는 것이 공평(형평, Billigkeit) 및 합목적성(Zweckmäßigkeit)을 근거로 타당하고 보며, 즉, 형평이라는 사고를 그 근거로 제시하는 견해가 지배적이다.[14] 개정 전 독일민법 제390조 제2문의 제정과정에서도 형평 및 합목적적인 측면에서 이를 인정하더라도 시효제도를 몰각시킬 우려가 크지 않다는 점에서 이를 인정하였다는 점을 확인할 수 있다.[15] 특히 자동채권을 가지고 있는 자는 먼저 자신의 권리를 주장하기 보다는 상대방이 권리를 주장하는 경우에 상계를 통해 항변을 하려는 경향이 있다는 점에서 실질적으로 권리자에게 적극적인 권리행사를 기대하는 것을 전제로 하는 소멸시효와는 다른 지향점을 추구한다고 할 수 있다는 점에서 소멸시효가 완성된 채권을 자동채권으로 하는 상계를 인정하더라도 큰 무리가 없다고 본다.[16] 한편 오스트리아 학설 또한 최근에는 상계의 소급효로 이를 설명할 수 없다고 본다.[17] 왜냐하면 상계를 주장하는 시점에 상계적상이 있어야 하는데, 이미 상계의 의사표시를 하는 시점에는 자동채권은 시효가 완성되었기 때문이라는 것이다.[18] 상계시점을 기준으로 하여 채권이 존재해야 한다는 점에서 상계의 소급효는 상계로 인한 효과일 뿐이

Handbuch der Aufrechnung, 1995, S. 165.

13) P. Bydlinski, Die Aufrechnung mit verjährten Forderungen, AcP 196, 1996, 276, 293 ff.; MünchKommBGB/Grothe, 6. Aufl., 2012, § 215 Rn. 6; Joachim Gernhuber, Die Erfüllung und ihre Surrogate, 2.Aufl., 1994, § 12 VII 7.

14) MünchKommBGB/Grothe, § 215 Rn. 6.

15) 구체적으로는 독일민법 제2초안 제334조 제2문에서 유래하며, 그에 대한 상세한 내용은 제2위원회 논의에서 확인된다. Mugdan, Die gesamten Materialien zum Bürgerlichen Recht für das Deutsche Reich, Band II(1899), S. 560 ff.; Jakobs/ Schubert, Die Beratung des Bürgerlichen Gesetzbuchs, Recht der Schuldver- hältnisse I: §§ 241 bis 432, 1978, S. 698.

16) P. Bydlinski, AcP 196, 276, 294.

17) Dullinger, a.a.O., S. 155 ff., 172 ff.; Dullinger in Rummel, ABGB, 3. Aufl, 2002, § 1438 Rn. 14; Dr. Ernst Eypeltauer, Verjährung und Aufrechnung, JBl 1991, 137, 137 f.; Heidinger in Schwimann, ABGB, 3. Aufl., 2006, § 1438 Rn. 22; Vollmaier in Klang, ABGB, 3. Aufl., 2012, § 1451 Rn. 10; Leupold in Schwimann, TK ABGB, 2. Aufl., 2010, § 1438 Rn. 7

18) P. Bydlinski, Aufrechnung mit verjährten Forderungen, RZ 1991, 2, 2f.; P. Bydlinski, Die Aufrechnung: Verjährung, Rückwirkung und § 414 Abs 3 HGB, RdW 1993, 238, 238 f.

므로 상계가 가능하지 않다면 소급효도 인정이 안 된다는 점에서, 소급효를 전제로 상계를 인정하는 것은 결과에서 원인을 찾는다는 점에서 문제가 있다는 것이다.[19)]

3. 소멸시효제도와 채권자 보호의 중용의 모색

일반적으로 시효의 존재 이유를 설명하는 견해는 '공익설', '추정설', '징벌설(나태벌설)'로 견해가 나뉜다.[20)]

먼저, 공익설은 일정한 사실 상태가 영속하는 경우 사회는 이를 정당하다고 신뢰하고 그것을 기초로 다양한 법률관계를 구축하기 때문에 이를 뒤집어 정당한 권리관계로 되돌리는 것은, 그 위에 구축된 사회의 법률관계를 상실시키므로 이를 뒤집지 않는 것이 타당하다고 본다. 즉 이 견해는 시효의 존재 이유를 사회의 법률관계의 안정 내지 질서의 유지에서 찾는다.[21)] 그런데 공익설에 의하면, 소멸시효 제도는 채권자의 권리상실이라고 평가되므로, 경우에 따라서는 채권자가 그러한 권리상실을 관용할 수 있도록 하는 장치를 마련해야 한다. 이런 이유에서 소멸시효제도에 의해 희생되는 권리자를 배려하기 위해 각국의 시효법은 시효의 진행시점을 늦추거나, 시효의 정지 및 중단제도 마련하거나, 시효이익의 포기 등을 인정하여, 시효제도와 권리자 보호를 적절하게 중용하고 있다.[22)] 궁극적으로 이는 「호소할 수 없는 자에 대해 시효는 진행되지

---

19) Eypeltauer, JBl 1991, 137, 138 f.

20) 국내문헌으로는 김진우, "소멸시효와 제척기간", 재산법연구 제25권 제3호, 2009, 173면 이하; 일본 문헌으로는 内池慶四郎, 『消滅時効法の原理と歴史的課題』, 成文堂, 1993, 2頁; 香川崇, 「わが国における消滅時効の起算点·停止(三)」, 富山大学経済論集 57巻 2号, 2011, 38頁 등; 영미문헌으로는 Reinhard Zimmermann, op. cit., p.63 f. 참조.

21) Reinhard Zimmermann, „ut sit finis litium", – Grundlinien eines modernen Verjährungsrecht auf rechtsvergleichender Grundlage –, JZ 2000, 853, 858. 특히 Law Commission Consultation Paper, No. 151, Limitation of Actions, 6 January 1998, p.13 f.에서는 '신용 또는 신뢰'를 파괴해서는 안 된다는 식으로 표현한다.

22) Peters/Zimmermann, Verjährungsfristen. Der Einfluß von Fristen auf Schuldver- hältnisse; Möglichkeiten der Vereinheitlichung von Verjährungsfristen, in: Bundesminister der Justiz (Hrsg.), Gutachten und Vorschläge zur Überarbeitung des Schuldrechts, Band 1, Köln 1981, S. 104 f.; Philippe STOFFEL-MUNCK, La prescription extinctive, Le role de la volonté et du comportement des parties, in Patrice JOURDAIN et Patrick WÉRY, La prescription extinctive

않는다(Contra non valentem agere non currit praescriptio)」는 법언을 고려하라는 것과 연결된다.

특히 소멸시효 제도의 존재이유를 공익설에서 찾는 독일 연방대법원은 소멸시효가 가지는 제도적 기능으로서 '채무자가 자신의 재산을 임의 처분할 수 있도록 하는 기능'을 강조한다.[23] 즉, 소멸시효가 완성된 채무에 대해서는 채권자가 그 채권을 행사함으로 인하여 발생하는 채무부담으로 부터 벗어나게 되고 그러한 채무를 고려하지 않고 자기의 재산을 적극적으로 다른 곳에 처분하거나 투자할 수 있다는 것이다.[24] 그런데 상계적상에 놓인 채권자와 채무자는 쌍방에 대립되는 채권을 가지고 있다는 점에서 언제든지 상계를 통해서 소멸될 운명의 채권을 가지고 있다는 점에서, 채무만을 부담하는 것과는 달리 자신의 채권 또한 상계로 소멸될 것이라는 감수(?) 또는 용인하였을 것이라는 점에서 소멸시효의 완성으로 인하여 자신이 처분할 수 있는 재산의 증가에 대한 기대 및 가능성을 적극적으로 인정할 필요는 없을 것이다. 따라서 소멸시효를 통해 거래의 안전 및 공익을 보호한다 할지라도, "소멸시효가 완성된 채권이 그 완성시에 상계할 수 있었던 것이면 그 채권자는 상계할 수 있다"는 입법적 결단은 채권자를 배려한 조항으로서 소멸시효제도와 권리자 보호의 중용을 위한 선택이라고 할 수 있다.

또한, 추정설은 일정기간이 경과하면 사실 상태 그대로의 법률관계가 구축되었을 개연성이 높으므로 오래된 증거 자료의 제출을 강제하지 않음으로써 진정한 권리자나 정당하게 의무를 면한 채무자를 보호해야 한다고 주장한다. 그

études de droit comparé, 2010, pp. 1 et s. 실질적으로 중용의 모색이야말로 법학의 진정한 임무라 할 수 있다. P. Bydlinski, Die Suche nach der Mitte als Daueraufgabe der Privatrechtswissenschaft, AcP 204, 2004, 309, 310 ff.

23) BGH, 17.1.1990 VIII ZR 292/88, BGHZ 110, 88, 92 = NJW 1990, 2065; Martin Asholt, Verjährung im Strafrecht: Zu den theoretischen, historischen und dogmatischen Grundlagen von Bestrafung und Zeit in §§ 78 ff StGB, 2016, S. 81; Ulrich Büdenbender, Die Verjährung zivilrechtlicher Ansprüche, JuS 1997, 481, 482 f.; Annette Guckelberger, Die Verjährung im Öffentlichen Recht, 2004, S. 72 ff.

24) Büdenbender, JuS 1997, 481, 483; Peters/Zimmermann, a.a.O., S. 118 f.에서는 이러한 채무자의 임의처분의 자유를 보호하는 소멸시효의 기능을 독일민법 제242조의 신의칙에 의해 정당화 되는 것으로 설명하기도 한다.

런데 이 견해는 상계적상에 놓인 양 채권의 채권자들은 상대방의 권리주장이 있으면 그때 상계를 주장하여 자신의 채권을 자동채권으로 하여 채무소멸을 가져올 수 있다는 기대를 간과하고 있다. 더 나아가 소멸시효의 중단을 위해서는 일반적으로 재판상 청구를 해야 하는데, 그 또한 채권자 입장에는 소송비용을 부담하게 된다는 점에서 합리적인 채권자라면 적극적인 권리행사가 아닌 상계를 통해 비용지출을 절약하는 것을 기대하는 것이 더 자연스럽다는 점, 그리고 소멸시효가 완성된 채권을 자동채권으로 한 상계의 경우에는 채무자의 변제가 없는 것이 명백하게 밝혀진 상태를 전제로 한다는 점에서 추정설로 시효소멸을 강하게 주장할 수 없다.

마지막으로, 징벌설은 오랜 기간 동안 자기의 권리를 주장하지 않았던 자는 '권리 위에 잠자던 자'로서 법률상 보호할 가치가 없다고 본다. 그런데 이 견해는 '권리의 행사여부는 권리자의 자유'라는 사고와 부합하지 않을 뿐만 아니라, 시효완성 후 상계의 문제는 '상계적상이라는 특수한 상황'을 고려해야 한다는 점을 감안하면, 상계적상에 있는 채권을 가지고 있는 채권자의 권리행사의 태만 여부는 적극적으로 권리를 행사하였는지 여부에 따라 판단할 것이 아니라, 상대방이 권리(수동채권)를 주장하는 경우에야 비로소 상계를 통해 자신의 권리(자동채권)를 주장하는지 여부를 기준으로 평가하는 것이 더 바람직할 것이다.

4. 검 토

오스트리아의 판례 및 다수학설은 상계의 소급효에서 소멸시효가 완성된 채권을 자동채권으로 하는 상계를 인정하는 근거를 찾고 있다. 생각건대 당연상계주의를 취하지 않는 한, 상계의 의사표시를 하는 시점에 채권이 존재해야 하는데, 상계시점에 자동채권의 시효가 완성되었다면 이는 이미 상계의 요건을 갖추지 못하였으므로 소급효라는 효과로 그 근거를 찾을 수 없으며, 오히려 법률의 규정에서 그 상계요건의 예외를 인정한 것으로 보는 것이 더 자연스러울 것이다.[25] 요컨대 상계의 소급효가 당연상계주의의 잔재라는 점을 고

25) 민법주해 XI, 404면에서도 유사한 설명을 통해 상계의 소급효로 제495조를 설명하는 것에

려하면[26] 우리 민법이 당연상계주의를 취하지 않는다는 점에서 제495조의 의의를 논리필연적으로 상계의 소급효에서 찾을 필요는 없다. 그러나 제495조가 당연상계주의를 포기하면서도 '상계의 소급효의 형태로 그 실질의 일부를 보전한 것으로 평가'할 수 있다면[27], 상계의 소급효 또한 제495조의 하나의 이론적 근거로서 인정하여도 크게 문제는 없을 것으로 판단된다.[28]

우리 판례[29] 및 다수학설[30]은 민법 제495조의 의의를 "당사자 쌍방의 채권이 상계적상에 있었던 경우에 당사자들은 채권·채무관계가 이미 정산되어 소멸하였다고 생각하는 것이 일반적이라는 점을 고려하여 당사자들의 신뢰를 보호하기 위한 것이다"로 본다. 이러한 태도는 상계의 요건과 연결되기보다는 소멸시효제도에 의해 권리소멸이라는 희생을 강요당하는 권리자 보호차원에서 보아도 무방할 것이다. 즉 시효제도에 의해 발생하는 형평(또는 정의)과의 심각한 괴리를 방지하기 위해 각국의 시효법이 시효의 진행시점을 늦추거나, 시효의 정지 및 중단제도 마련하거나, 시효이익의 포기 등을 인정하여, 시효제도와 권리자 보호를 적절하게 중용하고 있는 것처럼 시효완성 후 상계 또한 중용의 방법 중 하나로 볼 수 있을 것이다. 요컨대 시효완성 후 상계 또한 굳이 권리행사를 적극적으로 기대할 수 없는 채권자에게 소멸시효완성을 이유로 상계를 허용하지 않는 것보다는 상계를 허용함으로써 궁극적으로 이는 「호소할 수 없는 자에 대해 시효는 진행되지 않는다(Contra non valentem agere non currit praescriptio)」는

대해 반대한다. Zimmermann, op. cit., pp.37-38에서도 "이러한 결과는 상계의 당연효과를 지지하는 법체계에 있어서 당연히 충분한 것이나, 그러나 그는 소급효과라는 상계의 관념에 적합하지 않다"는 비판을 가한다. 더 나아가 Zimmermann은 당연상계주의를 포기했음에도 불구하고 그 잔재로서 상계의 소급효를 고집하는 것은 당연상계(ius commune)의 사고 패턴의 반성 없는 답습에 불과하므로(Zimmermann, op. cit., p.40), 상계의 소급효가 부정되어야 한다고 주장한다(Zimmermann, op. cit., pp.41-43).

26) 상계의 소급효는 당연상계주의의 유물이라고 할 수 있다. 이동진, 앞의 논문, 268면; 송영복, "소송상 상계 재항변 불허 판결로 살펴본 상계충당, 소송의 상계의 해석론", 사법 제36호, 2016, 287면 이하.

27) 이러한 분석은 이동진, 앞의 논문, 269면; 이동진, "상계의 담보적 기능", 민사법학 제70호, 2015, 454면 참조.

28) 손태원, 앞의 논문, 470면; 이동진, 앞의 논문(주 3), 269면 이하; 송영복, 앞의 논문, 287면.

29) 대법원 2016. 11. 25. 선고 2016다211309 판결 및 대법원 2019. 3. 14. 선고 2018다255648 판결.

30) 양창수/김재형, 계약법(제2판), 박영사, 2016, 339면; 민법주해 XI, 404-405면; 손태원, 앞의 논문, 468-469면; 이창현, 앞의 논문, 381면 및 주 7에서 인용된 문헌 참조.

법언, 즉 형평을 고려하라는 것과 연결된다고 할 수 있다.

Ⅲ. 시효완성된 채권을 자동채권으로 한 상계의 요건

Boissonade 민법 초안 및 일본 구민법은 당연상계주의를 취하던 프랑스민법에 영향을 받아 시효완성 후 상계를 인정할 필요가 없어 현행일본민법 제508조와 같은 조문이 필요하지 않았으나, 현행일본민법은 독일민법 등에 영향을 받아 당연상계주의(ipso iure)를 포기하고 상계는 그 의사표시에 의해 행사할 수 있다는 입법주의를 채택하였다. 이로 인하여 시효완성 후 상계를 인정하는 명문규정을 두어 채권자의 상계의 기대를 보호하기 위해서 현행일본민법 제508조가 만들어졌다.[31] 요컨대 일본민법 제508조의 입법취지는 상계적상시에 형성된 당사자의 신뢰를 보호하기 위한 것이다.[32] 그렇다면 시효제도를 몰각시킬 수 있다는 우려를 불식시키고 채권자의 상계에 대한 신뢰를 보호하기 위해 시효완성 후 상계의 요건을 얼마나 엄격하게 볼 것인지는 약간의 차이는 있을 수 있으나, 가능한 한 시효제도를 고려하여 엄격하게 해석하고 있는 것으로 판단된다. 특히 제492조의 상계의 요건과 동일하게 판단할 것인지 아니면 더 엄격하게 판단할 것인지가 문제된다. 본고에서는 제492조와 제495조의 다른 상계요건은 동일하다고 전제하고[33] 시효 후 상계가 인정되기 위한 요건 중에서 특히 문제가 되는 자동채권의 소멸시효 완성 후에 수동채권의 변제기가 도래하는 경우에도 시효완성 후 상계가 인정되는지와 채권간의 견련성을 요구할 것인지 대해서 살펴보고자 한다.

---

31) 이는 메이지민법 제508조의 기초담당자인 호즈미 노부시게(穂積陳重)의 기초 취지 설명에서 명확히 확인할 수 있다. 法務大臣官房司法法制調査部監修, 『法典調査会民法議事速記録三』, 商事法務研究会, 1984, 586頁 이하.

32) 北居功, 「判批」, 民商法雑誌 148巻 3号, 2013, 321-322頁.

33) 제492조의 상계요건으로는 일반적으로 ① 대립되는 양 채권이 존재할 것, ② 양 채권이 동종의 목적을 가질 것, ③ 양 채권이 변제기에 있을 것, ④ 채권의 성질이 상계가 허용되는 것일 것, ⑤ 상계가 금지되지 않은 채권일 것이라는 요건으로 하고 있으며, 이러한 요건은 상계의 의사표시를 할때까지 현존해야 한다. 민법주해 XI, 367면 이하; 손태원, 앞의 논문, 472면.

1. 수동채권의 변제기 도래

(1) 국내에서의 논의

제492조의 상계요건으로는 양 채권이 변제기에 도래할 것을 요구하고 있는데, 실질적으로 중요시 되는 경우는 자동채권의 변제기 도래에 초점을 맞출 뿐, 수동채권은 상계를 하는 자가 스스로 기한의 이익을 포기할 수 있다(제153조 제2항)는 점에서 크게 문제되지 않는다.[34] 판례 또한 대법원 1979. 6. 12. 선고 79다662 판결에서 "국세징수법에 의한 채권압류에 있어 제3채무자는 그 압류명령이 송달되기 이전에 채무자에 대하여 상계적상에 있었던 반대채권을 가지고 있었다면 그 명령이 송달된 이후에도 상계로서 압류채권자에 대항할 수 있고, 이 경우에 채권압류통지 이전에 자동채권의 이행기가 도래한 이상 수동채권의 이행기가 도래하지 아니하였더라도 수동채권에 관한 기한의 이익을 포기하고 대등액에서 상계함으로써 압류채권자에 대항할 수 있다(밑줄은 필자가 첨가)"고 보아, 자동채권의 변제기도래와 달리 수동채권의 경우에는 별개의 요건으로 수동채권의 변제기가 도래할 것으로 요구하지 않는다고 볼 수 있다. 제495조의 시효완성 후 상계의 경우는 어떠한가? 먼저 우리 판례는 2016년 판결에서 자동채권의 소멸시효 완성 전에 상계적상과 관련하여 수동채권의 변제기도 도래하여야만 제495조의 상계가 인정될 것인지가 문제되었다. 이에 대해, 동 판결은 "자동채권의 소멸시효 완성 전에 양 채권이 상계적상에 이르렀을 것'을 요건으로 하는데, 임대인의 임대차보증금 반환채무는 임대차계약이 종료된 때에 비로소 이행기에 도달하므로, 임대차 존속 중 차임채권의 소멸시효가 완성된 경우에는 소멸시효 완성 전에 임대인이 임대차보증금 반환채무에 관한 기한의 이익을 실제로 포기하였다는 등의 특별한 사정이 없는 한 양 채권이 상계할 수 있는 상태에 있었다고 할 수 없다. 그러므로 그 이후에 임대인이 이미 소멸시효가 완성된 차임채권을 자동채권으로 삼아 임대차보증금 반환채무와 상계하는 것은 민법 제495조에 의하더라도 인정될 수 없(다)"고 보았다(밑줄은 필자가 첨가). 즉 판례는 수동채권의 변제기가 자동채권의 시효완성 전에 도래할 것을 요건으로 제495조의 상계를 인정하고 있다.

---

34) 민법주해 XI, 375면.

(2) 일본에서의 논의

일본민법 제505조(우리 민법 제492조에 해당)의 상계요건 또한 우리와 마찬가지로 양 채권의 변제기 도래를 전제로 한다. 다만 일본의 경우에도 수동채권의 변제기는 상계를 주장하는 측에서 포기가 가능하다는 점에서 수동채권의 변제기 도래를 실질적으로 요구하지 않는다고 보기도 한다.[35] 한편 일부 학설은 변제기의 정함이 없는 채무나 기한의 이익을 포기할 수 있는 경우를 고려하면, 제505조의 쌍방의 채권이 변제기에 있어야 한다는 것은 「자동채권의 급부를 청구할 수 있으며, 부담하는 급부를 이행할 수 있게 된 때」라는 의미로 해석해야 한다는 견해도 있다.[36] 즉 이 견해에 의하면, 수동채권에 대해 채권자가 기한의 이익을 포기할 수 있는 상황이라면 '부담하는 급부를 이행할 수 있게 된 때'를 인정할 수 있어 그때가 상계적상시가 된다고 보는 입장으로서 수동채권의 변제기 도래시부터 상계적상시점을 앞당기는 결과를 가져온다.

그러나 일본의 다수학설은 기한의 이익을 포기할 수 있다는 가능성만으로는 상계적상이 인정되지 않으며, 실질적으로 기한의 이익을 포기한 경우에 한하여 상계적상을 인정할 수 있다고 본다.[37]

일본의 판례 또한 대심원이 수동채권의 변제기의 도래를 요건으로 하지 않는 것처럼 설시한 적이 있으나,[38] 최근 最判 平成25(2013)年 2月 28日에서는 최고재판소가 명시적으로 "이미 변제기에 있는 자동채권과 변제기에 정함이 있는 수동채권이 상계적상에 있다고 논하기 위해서는 수동채권에 대해 기한의 이익을 방기할 수 있을 뿐만 아니라, 기한의 이익의 방기 또는 상실 등에 의해 그 변제기가 현실에 도래할 것을 요한다"고 하여, 기한의 이익을 포기함으로써 실질적으로 수동채권의 변제기가 도래할 것을 상계의 요건으로 보고 있다.[39]

---

35) 石垣茂光, 「判評」, 判例時報 2208号, 2014, 145頁; 中田裕康, 『債権総論[第3版]』, 2013, 393頁.

36) 대표적으로 我妻榮, 『新訂債権総論』, 岩波書店, 1964, 327頁.

37) 磯村哲 編輯[中井美雄 執筆], 『注釈民法(12)』, 有斐閣, 1970, 396頁; 奥田昌道, 『債権総論[増補版]』, 悠々社, 1992, 573頁; 潮見佳男, 『債権総論Ⅱ[第3版]』, 2005, 357頁; 平野裕之, 『プラクティスシリーズ債権総論』, 2005, 131頁; 池田真朗, 『新標準講義民法債権総論』, 2009, 186頁; 北居功, 前掲論文, 323頁.

38) 大判 昭和8(1933)年 5月 30日, 民集 12巻 1381頁.

한편 일본의 통설과 판례는, 시효완성 후 상계를 인정하고 있는 일본민법 제508조 또한 자동채권이 시효가 완성되기 전에 상계의 요건을 갖춘 경우에 상계를 인정한다는 점에서, 자동채권의 변제기 전에 수동채권의 변제기가 도래하였거나 기한의 이익을 포기함으로써 변제기가 도래한 것으로 볼 수 있는 경우에 한하여 시효완성 후 상계를 인정하고 있다.[40)]

(3) 검 토

제492조가 '양 채권의 변제기가 도래할 것'을 상계의 요건으로 하고 있는 한, 원칙적으로 상계가 인정되기 위해서는 자동채권의 변제기뿐만 아니라 수동채권의 변제기 또한 도래해야 할 것이다. 다만 수동채권의 경우에는 변제기가 도래하지 않더라도 상계를 주장하는 채권자가 수동채권의 기한의 이익을 포기할 수 있다는 점에서, 상계권자가 기한의 이익을 명시적 또는 묵시적으로 포기하였다면 상계가 인정될 것이다. 한편 특별한 사정이 없는 한 상계권자가 상계를 주장하는 의사표시 안에는 수동채권에 대한 기한의 이익을 포기하겠다는 의사가 포함된 것으로 볼 수 있을 것이다.[41)] 요컨대 상계권자가 기한의 이익을 포기하지 않겠다고 명시적으로 의사표시를 하면서 상계의 의사를 밝히지 않는 한, 수동채권의 기한의 이익은 상계의 의사표시시점에 포기된 것으로 볼 수 있다.

같은 맥락에서 제495조의 자동채권의 소멸시효가 완성되기 전에 상계할 수 있었던 경우를 판단함에 있어서도 원칙적으로 수동채권의 변제기가 도래하였거나 최소한 상계권자가 기한의 이익을 포기한 경우를 전제로 이해해야 할 것이다. 그런데 시효완성 후 상계의 경우에는 상계의 의사표시가 이미 자동채권의 소멸시효가 완성 된 이후에 이루어진다는 점에서 묵시적으로 기한의 이익을 포

---

39) 그 이외에도 最判 昭和 32(1957)年 7月 19日, 民集 11巻 7号 1297頁 및 最判 平成21(2009)年 4月 14日, 判時 2047号 118頁에서도 간접적으로 이를 확인할 수 있다. 물론 일본의 일부학설은 이러한 판례의 태도가 과불금청구의 특수성을 고려하여 내려진 태도라는 점에서 일본민법 제508조의 상계적상은 상대적상개념은 상대적으로 판단해야 하는 것으로 보기도 한다. 深谷 格, 「民法505条·508条における相殺適状の意義及び時効期間経過前の相殺適状の要否」, 法律時報 86巻 8号, 2015, 123頁; 高橋めぐみ, 「時効期間が満了した債権を自働債権とする相殺」, 商学集志 86巻 4号, 2017, 279頁, 282頁.

40) 最判 平成25(2013)年 2月 28日, 民集 67巻 2号 343頁; 北居功, 前揭論文, 325頁.

41) 일본문헌으로는 日下部真治, 民事法判例研究, 金融·商事判例 1434号, 2014, 10頁 참조.

기한 시점 또한 자동채권의 소멸시효가 완성된 이후라고 볼 수 있다. 따라서 상계의 의사표시에 의해 수동채권의 기한의 이익이 소멸하여 수동채권의 변제기는 도래했을지 몰라도 자동채권은 이미 시효로 소멸한 이후라는 점에서 제492조와는 다르다고 할 수 있다. 이런 이유에서 2016년 판결 또한 (자동채권의 시효가 완성되기 전에) "수동채권의 기한의 이익을 실제로 포기하였다는 등의 특별한 사정이 없는 한, 자동채권의 소멸시효가 완성되기 전에 양 채권이 상계할 수 있는 상태에 있었다고 할 수 없다"고 본 것으로 판단된다.[42] 즉, 판례에 의하면 제495조의 시효완성 후 상계가 인정되기 위해서는 자동채권의 시효가 완성되기 전에 상계권자가 수동채권의 기한의 이익을 포기하였거나 일정한 약정에 의해 기한의 이익이 당연히 상실되어야만 한다.

생각건대 자동채권의 시효가 완성된 이후에 상계의 의사표시에 의해 수동채권의 기한의 이익이 묵시적으로 포기된 경우에는 기한이익의 포기에 의한 수동채권의 변제기 도래 시점에 자동채권은 이미 시효가 완성된 이후이므로 제495조에 의한 상계가 인정되기는 어려울 것으로 판단된다.

2. 자동채권의 소멸시효 완성을 이유로 채무자가 시효원용을 한 후에 시효완성 후 상계가 인정되는지 여부

제495조가 문제되는 경우의 수를 상정해 보면 다음과 같은 네 가지이다. 즉 (i) 상계적상 이후 자동채권의 소멸시효가 완성되고, 채권자에 의한 상계의 의사표시 후 채무자가 시효완성을 주장한 경우, (ii) 상계적상 이후 자동채권이 소멸시효가 완성되고, 채무자의 시효완성의 항변 후 채권자가 상계의 의사표시를 한 경우, (iii) 자동채권이 소멸시효가 완성된 이후에 채무자가 <u>시효완성을 원용하기 전에 상계적상</u>, 채권자에 의한 상계의 의사표시 후 채무자가 시효완성을 원용한 경우, (iv) 자동채권의 소멸시효가 완성되었고 채무자의 시효완성의 원용 후 상계적상, 그 이후에 채권자가 상계의 의사표시를 한 경우이다.

---

42) 시효완성시까지 상계적상이 발생하지 않은 경우에는 자동채권의 시효소멸을 우선함으로써 시효완성 후 상계를 인정하지 않는다. 이는 결과적으로 시효완성 전의 상계적상이라는 요건의 구비를 '상계로의 기대의 보호'의 한계로 설정한 입법자의 의사라고 추단해 볼 수 있다.

그런데 (iv)의 경우에는 판례가 요구하는 제495조의 요건을 충족하지 않기 때문에 크게 문제되지 않을 것이다. 우리 2016년 판결을 통해서도 이는 확인할 수 있으며, 일본의 경우에는 大判 昭和15(1940)年 9月 28日[43] 이래로 판례로 자리잡은 것처럼 자동채권이 소멸시효의 완성에 의해 소멸하더라도 그 전에 이미 상계적상에 있는 경우에는 상계가 인정되나, 완성 이후에 상계적상에 있는 경우에는 시효완성 후 상계를 인정하지 않으므로 (iv)는 논의의 실익이 없다.[44]

한편 (i)과 (ii) 또한 시효완성 전에 제495조의 요건을 구비하였다는 점에서 이견이 없을 것이다. 물론 일반적으로 제495조가 문제되는 경우는 수동채권의 채권자가 채무자에게 권리를 행사하자 채무자가 자동채권에 기하여 상계를 주장하여 항변하면, 채권자가 자동채권의 소멸시효완성을 원용하는 경우, 즉 (i)의 경우이다. 그런데 이 경우에는 자동채권의 시효가 완성되기 전에 상계적상이 인정되었다는 점에서 제495조에 의한 상계가 인정되어 자동채권과 수동채권이 소멸되므로, 채권자가 자동채권의 시효의 완성을 원용한 것이 상계에 영향을 미치지 않는다. (ii)의 경우에는 자동채권의 채권자가 채무자에게 권리를 행사하자 채무자가 시효의 완성을 원용하자 그때 비로소 채권자가 상계하였다는 점에서 시효완성의 원용이 먼저 있었다는 점에 초점을 맞추면 (i)의 경우와 다르게 볼 수도 있으나, 제495조에 의한 시효완성 후 상계는 시효완성 전에 상계적상이 인정된다면 상계를 시효원용 전후 상관 없이 인정하므로 (i)과 (ii)는 다르게 취급할 필요가 없다.[45]

문제는 (iii)을 어떻게 이해할 것인지이다.

(1) 국내에서의 논의 부재

제495조의 취지는 자동채권이 시효소멸하였음에도 불구하고 예외적으로 당해 자동채권에 기한 상계를 인정하여 채권자의 상계의 기대를 보호하는 데 있으므로 그 보호를 재단(裁斷)하는 한계는 상계적상이 발생하는 것이 시효완성

43) 民集 19巻 1744頁.

44) 같은 맥락에서 소멸시효 완성 후에 상계적상(수동채권의 변제기 도래)이 되었고, 채무자가 시효완성을 원용한 경우에도 상계가 인정되지 않을 것이다.

45) 손태원, 앞의 논문, 471면 및 주석민법 채권총칙(4), 614면 이하에서는 시효완성을 원용하였는지를 불문하다고 간단하게 적시하고 있다.

시점까지인가 아니면 시효원용시점인가라는 문제로서 제기된다. 시효가 완성되었으나 원용하기 전에 상계적상에 된 경우에도 시효완성 후 상계를 인정할 것인지에 대해서 국내에서는 이에 대한 별다른 논의가 없다.

(2) 일본에서의 논의

우리와 달리 일본에서는 소멸시효의 효력과 상계의 소급효를 고려하여 상세히 분석하는 입장이 있다[46]는 점에서 이하에서는 일본에서의 논의를 중심으로 살펴보고자 한다.[47]

일본의 경우에는 자동채권이 시효소멸하더라도 상계가 인정되는 경우에도 자동채권이 시효소멸하는 그 기준시점을 어느 시점으로 보아야 하는가와 관련하여, 시계열적으로 (iii)과 (i)이 다르다는 점에서, 양자를 별개로 취급할 것인지와 관련하여 논의가 있다. 특히 이 논의에서는 시효완성지점과 시효원용시점과의 관계를 바라보는 입장—확정효과설로 볼 것인지 불확정효과설로 볼 것인지—에 따라 결론이 크게 달라질 수 있음을 시인한다.[48] 이는 시효완성의 효과를 불확정효과설(정지조건설)의 입장에서 판단한 일본 최고재판소 最判 昭和 61(1986)年 3月 17日[49]과 연결된다.[50]

1) 最判 昭和 61(1986)年 3月 17日

동 판결의 사실관계는 다음과 같다:[51]

> 농지가 매매되어 대금의 지급도 인도도 이미 완료되었으나, 농지의 매매에 필요한 관련법상의 관할관청의 허가신청(농지법 제3조)이 이루어지지 않아 매수인을 위한 소유권이전청구권보전의 가등기가 이루어졌고 그 이후 매수인이 계약상의 지위를 제3자에게 양도하고 양수인을 위해 이전부기등기를 완료하였다. 그 이후 매도인의 상속인이 허가신청협력청구권의 시효소멸[52]을 주장하며 가등기 및 부기등기

---

46) 北居功, 前掲論文, 326頁 이하.

47) 深谷 格, 「民法505条及び民法508条の相殺適状の意義」, 判例セレクト 2013[1](月刊法学教室 401号別册付録), 2014, 19頁에서는 最判 昭和 61(1986)年 3月 17日과의 관계를 해명하지 않은 最判 平成25(2013)年 2月 28日을 비판하기도 한다.

48) 北居功, 前掲論文, 326頁.

49) 民集 40巻 2号 420頁.

50) 高橋めぐみ, 前掲論文, 279頁, 280頁 이하.

51) 참고로 위 사실관계는 北居功, 前掲論文, 326頁을 참조하여 각색한 것이다.

의 말소를 구하였다. 이에 양수인이 소유권의 본등기를 구하는 반소를 제기하였다.

원심은 시효완성시점에 확정적으로 허가신청협력청구권이 시효소멸하였다고 하며 매도인의 본소청구를 인용하였으나, 최고재판소는 매도인이 시효를 원용하기 전에 농지가 비농지화되어 허가를 필요로 하지 않는 상황이 발생한 점을 이유[53]로 원심을 파기환송하였다. 요컨대 동 판결은 "민법 제167조 제1항은 채권은 10년간 그를 행하지 않음으로써 소멸한다고 규정하나, 한편 동법 제145조 및 제146조는 시효에 의한 권리소멸의 효과는 당사자의 의사를 고려하여 발생토록 하는 것이 명확하므로, 시효에 의한 채권소멸의 효과는 시효기간의 경과와 함께 확정적으로 발생하는 것이 아니라, 시효가 원용된 때에 비로소 확정적으로 발생한다고 해석하는 것이 상당하다"고 보았다.[54] 한편 동 판결은 이를 전제로 "농지의 매수인이 매도인에게 가지는 관할관청에 대한 허가신청협력청구권의 시효에 의한 소멸의 효과도 10년의 시효기간의 경과와 함께 확정적으로 발생하는 것이 아니라, 매도인이 위 청구권에 대한 시효를 원용한 때에 비로소 확정적으로 발생한다고 보아야 하므로, 위 시효가 원용될 때까지의 동안에 당해 농지가 비농지화된 때에는 그 시점에 있어서 위 농지의 매매계약은 당연히 효력을 발생하여 매수인에게 그 소유권이 이전한다고 해석해야 하고, 그 후에 매도인이 위 관할관청에 대한 허가신청협력청구권의 소멸시효를 원용하더라도 그 효력이 발생함에 근거가 없다고 보아야 한다"고 판단하였다.

2) 판결에 대한 학설의 분석

원심과 최고재판소는 시효완성 후 원용 전에 매매목적물의 농지가 비농지화 된 사실을 다르게 이해한다. 즉 원심은 확정효과설에 의거하여 시효완성시점에 확정적으로 소멸시효의 효과가 발생함으로써 그 후에 발생한 비농지화라는 사실에 의해서도 매매의 효력이 발생하지 않는 소멸시효의 효과를 복멸할

---

52) 참고로 일본 농지법상의 허가신청협력청구권은 일본민법 제167조 제1항의 소멸시효에 따라 10년의 시효에 걸린다는 것이 판례의 입장이다. 最判 昭和 50(1975)年 4月 11日, 民集 29巻 4号 417頁; 最判 昭和56(1981)年 10月 1日, 判夕 454号 83頁 등.

53) 일본의 판례는 농지 여부의 판단은 토지의 현황에 해당하므로 농지가 비농지화된 경우에는 허가신청 없이 매매의 효력이 발생한다고 본다. 最判 昭和35(1960)年 3月 17日, 民集 14巻 3号 461頁.

54) 이러한 판례의 태도는 最判 平成6(1994)年 9月 8日, 判タ 863号 144頁에서도 유지된다.

수 없다고 판단한 반면에 최고재판소는 불확정효과설(정지조건설)에 의거하여 시효완성시점에 그 즉시 소멸의 효과가 발생하는 것이 아니라, 「시효기간이 만료된 사실은 권리소멸의 요건 중 하나가 충족되었을 뿐인 상태」이기 때문에 시효완성 후 이것이 원용되기 전까지 발생한 비농지화에 의해 매매계약의 효력이 당연히 발생하게 된다고 보았다. 이러한 최고재판소의 판결을 농지매매의 특수한 사실관계로 고려한 것으로 이해할 수도 있으나[55] 위 판결의 태도가 불확정효과설의 근거를 시효를 원용하는 당사자의 의사에서 구하는 점에서, 그 판결의 사정은 폭넓게 시효 일반에 미칠 것이라고 분석하는 견해도 있다.[56] 일부 견해는 확정효과설에 의해서도 위 판결과 같은 결론을 도출할 수 있음에도 불구하고 판례가 불확정효과설을 취한 것에 대해서 의문을 제기하기도 하나,[57] 일반적으로 판례의 입장에 대해서는 시효전반에 걸쳐 불확정효과설을 취한것으로 이해한다.[58] 그렇다면 불확정효과설(정지조건설)에 따라 (iii)과 같이 시효완성 후 시효가 원용되기 전에 상계적상이 발생하여 상계의 의사표시가 이루어진 경우에는 소멸시효가 완성된 후라도 원용 전에 이미 상계에 의해 자동채권을 소멸하므로, 그 후 소멸시효가 원용되더라도 앞선 상계에 의해 소멸된 자동채권의 시효소멸은 인정되지 않는다고 해석해야 할 여지도 있을 것이다.[59] 그러나 상계의 의사표시가 이루어지더라도 명문규정에 의해 상계가 허용되지 않는 한, 나중에 채무자가 시효의 완성을 원용하면 그 소급효는 시효의 기산일부터 효력이 발생하므로 상계시점에 자동채권이 부존재한다는 점에서 상계의 요건을 갖추지 않는 것으로 본다면, (iii)의 경우에는 시효완성 후 상계가 인정되지 않는다

55) 石垣茂光, 前掲論文, 148頁; 柴田保幸, 「昭和六一年判解」, 『昭和六一年度最高裁判所判例解説』, 法曹会, 1987, 175頁(北居功, 前掲論文, 328頁 재인용)에서는 "위 판결은 「실질적으로 고려하더라도 대금 전액의 지급을 받았음에도, 관할관청에 대한 허가신청협력청구권이 10년의 시효에 의해 소멸하였다는 사실만으로, 비농지화한 토지에 대해 사법상의 권리관계가 복멸된다는 것은 불합리하다고 보아, 당해 판결 자체도 매수인이 「본건 매매계약상의 매수인으로서의 의무를 모두 이행하였다는 원심확정의 사실관계 하에 있어서는」이라는 원심이 확정한 사실관계를 전제로 한 사례판단에 지나지 않다고 본다."

56) 松久三四彦, 「判批」, 民商法雑誌 96巻 1号, 1987, 117頁.

57) 金山直樹, 「判批」, 判例評論 438号, 1995, 38頁.

58) 北居功, 前掲論文, 328頁.

59) 이러한 해석의 가능성은 北居功, 前掲論文, 328頁.

는 해석이 가능하다.[60] 만약 제508조의 경우에도 시효의 원용을 전제로 하여 원용 전에 상계적상이 인정되면 시효완성 후 상계를 인정할 수 있다고 본다면, 제508조가 적용되는 외연이 지나치게 넓어질 수 있다.[61]

(3) 검 토

일본과 우리의 경우에는 소멸시효 및 상계의 소급효를 인정하고 있다. 먼저 소멸시효의 경우에는 시효의 기산일로 소급하여 효력이 발생하며(제167조 및 일본민법 제144조),[62] 상계의 경우에는 상계적상시로 소급한다(제493조 제2항 및 일본민법 제506조 제2항). (iii)의 경우에 시효완성 후 상계의 입법취지가 '채권자의 상계에 대한 기대 보호'를 위한 것이라는 점을 고려하면, 소멸시효가 완성되면 원용여부와 관계없이 그 이후에 상계적상이 인정된다 하더라도 상계를 인정할 필요가 없는 것이다. 왜냐하면 시효가 완성된 이후에 상계적상으로 인한 자동채권의 채권자가 가지는 '상계에 대한 기대'는 채무자의 시효완성에 의한 항변에 비하여 더 보호할 가치가 있다고 볼 수 없기 때문이다. 생각건대 시효제도와 자동채권의 채권자의 상계에 대한 기대보호를 적절하게 중용하는 방법으로 시효완성 후 상계 인정여부를 시효기간이 만료되기 전에 상계적상에 놓여 기대를 가지는 자로 국한하는 것이 타당하다고 본다. 일본 최고재판소 및 다수설이 이러한 입장인 것으로 판단된다.[63] 즉 (iii)과 관련하여 最判 昭和 61(1986)年 3月 17日과의 정합성이 문제되기는 하나, 애당초 일본민법 제508조가 예외적인 조항으로서 시효기간이 만료되기 전에 상계할 수 있다는 기대를 보호하기 위한

60) 이러한 분석이 일본 내의 지배적인 입장이며 北居功, 前揭論文, 329頁. 한편 最判 平成 25(2013)年 2月 28日, 判時 2182号 57頁에서도 일본민법 제508조의 시효완성 후 상계가 인정되는 경우와 관련하여 最判 昭和 61(1986)年 3月 17日은 영향을 미치지 않는다고 설시하고 있다.

61) 이러한 우려는 高橋めぐみ, 前揭論文, 281-282頁.

62) 상계의 의사표시가 있는 경우, 채무는 상계적상 시에 소급하여 대등액에서 소멸한 것으로 보게 되므로, 상계에 의한 양 채권의 차액 계산 또는 상계충당은 상계적상의 시점을 기준으로 하게 된다. 따라서 그 시점 이전에 수동채권의 변제기가 이미 도래하여 지체가 발생한 경우에는 상계적상 시점까지의 수동채권의 약정이자 및 지연손해금을 계산한 다음 자동채권으로 그 약정이자 및 지연손해금을 먼저 소각하고 잔액을 가지고 원본을 소각하여야 한다(대법원 2005. 7. 8. 선고 2005다8125 판결 등 참조).

63) 대표적으로 石垣茂光, 前揭論文, 148頁; 高橋めぐみ, 前揭論文, 281頁 이하.

규정이라는 점에서 最判 昭和 61(1986)年 3月 17日를 해석으로 배제할 여지는 다분하다. 물론 일본에서도 最判 昭和 61(1986)年 3月 17日와 最判 平成25(2013)年 2月 28日의 정합적인 이해를 해석만으로 도출하는 것에 한계가 있다는 비판을 고려하여 입법으로 해결하려는 시도가 있었다.64) 예컨대 일본민법 중간시안【3·1·3·27】은 상계의 의사표시와 시효원용(내지 채무자의 이행을 거부하는 취지의 의사)과의 선후관계를 기준으로 하는 안을 제시하였다.65) 즉 중간시안에 의하면 자동채권의 소멸시효가 완성된 경우에도 채무자가 시효의 완성을 원용하기 전에는 상계를 할 수 있도록 하여, 시효완성 후 원용 전에 상계적상이 인정되면 자동채권에 기하여 상계할 수 있도록 하였다.66)

한편 자동채권의 소멸시효기간이 완성된 이후에 상계적상이 되어 채권자의 상계가 인정되지 않음으로 인하여 발생하는 불합리한 결과는 예외적으로 채무자의 소멸시효완성의 항변을 권리남용으로 제한하거나67) 시효의 기산점을 수정하여 시효완성 시점을 늦추는 방안68)을 생각해 볼 수 있을 것이다.

3. 견련성이 요구되는지 여부

쌍방의 대립되는 채권이 동일한 원인에서 발생한 경우와 우연한 사정에 의해 대립되는 채권을 가지고 있는 경우, 그 신뢰의 보호가치는 상대적으로 전자가 크다고 할 수 있을 것이다. 그런 면에서 보면, 전자에 한하여 즉, 두 채권 사이의 견련관계(Konnexität)가 인정되는 경우에 한하여 시효완성 후 상계를 인정하는 것도 가능할 것이다.69) 그러나 동시이행항변권 및 유치권과 같은 견련성을 요건으로 하지 않고 있다는 점, 견련관계는 신뢰 및 기대가능성을 판단하는 하나의 기준일 뿐이라는 점, 오히려 상계적상시에 당사자들은 채권채무가 이미

---

64) 高橋めぐみ, 前揭論文, 283頁.

65) 民法(債権法)改正検討委員会が提案する民法(債権法)改正検討委員会編, 『債権法改正の基本方針』, 商事法務, 2009 참조.

66) 다만 이 제안은 상계의 소급효를 배제하는 제안을 기초로 하기 때문에 상계의 소급효를 인정하고 있는 현행법과는 조화되지 않는다.

67) 北居功, 前揭論文, 334頁.

68) 深谷 格, 法律時報 86巻 8号, 125頁.

69) 실질적으로 Peters/Zimmermann, a.a.O., S. 318에서는 이와 같은 주장을 펼치고 있다.

정산되어 소멸하였거나 추후에 상대방의 권리주장을 기다려 상계를 통해 추후에 정산하겠다는, 더 나아가 정산될 것이라고 기대를 존중하여 시효완성 후 상계를 인정한 것이라는 점 등을 감안하면, 견련관계가 인정되는 채권만으로 제한할 필요는 없을 것이다.

더 나아가 법률의 규정과 무관하게 형평법에 의해 상계를 인정하는 경우(소위 '형평상 상계')에는 대립되는 채권이 동일한 원인으로 하는 계약에서 발생하거나 밀접한 관련이 있는 경우(견련성이 인정되는 경우)에 한하여 상계를 인정한 것[70]과 달리, 법률의 규정에 의한 상계의 경우에는 특별한 사정이 없는 한, 견련성을 요구하지 않는 것이 비교법적으로도 확인이 된다는 점[71]을 고려하면, 제495조는 법률의 규정에 의한 상계라는 점에서 법률에서 규정한 요건에 비하여 더 엄격한 요건인 '견련관계'를 요구해서는 안 될 것이다. 다만 제495조를 유추하여 제척기간이 도과한 채권을 자동채권으로 상계를 하는 경우에는 제495조보다 더 엄격한 요건을 요구하는 것도 가능할 수도 있을 것이다. 따라서 제척기간이 도과한 채권을 자동채권으로 하는 상계의 경우에는 '견련관계'를 요구할 여지가 있다.[72]

4. 소 결

시효완성 후 상계의 허용은 시효제도가 추구하는 법적안정성 및 공익의 보호를 최소침해하면서 권리자의 보호를 위하여 마련된 제도이다. 이런 의미에서 시효완성 후 상계의 인정요건을 어디까지 인정할 것인지는 시효제도와 긴장관계에 놓인다고 할 수 있다. 이는 권리남용과 소멸시효의 관계로 이해할 수도 있

---

70) Andrew Berriman, Classical Equitable Set-Off, 25(2) Bond Law Review 89(2013), 97 ff.; Rory Derham, Some Recent Issues in Relation to Equitable Set-Off, 68 Australian Law Journal 331(1994), 334 f.

71) Christiana Fountoulakis, Set-off Defence in international Commercial Arbitration: A Comparative Analysis, 2011, p.103 ff.

72) 이창현, 앞의 논문, 395면 이하에서는 재판외의 권리행사를 인정하는 상대적 제척기간의 경우에는 제495조를 유추하기 위해서는 견련관계를 요구하는 것에 대해 긍정하고 있다. 일본의 경우에도 제495조를 유추하는 경우에는 견련관계를 요구하는 것이 판례의 입장이라고 보는 견해가 지배적이다. 高木多喜男, 判例評論 231号, 1978, 20頁 참조.

으나 개별규정으로 이를 인정하고 있다는 점에서 적용의 한계설정은 권리남용과의 관계와는 다른 접근이 필요할 것이다.[73] 결국 입법자의 선택은 자동채권의 시효완성 전에 상계적상이 인정되는 경우에 한하여 시효완성 후 상계를 인정하는 것으로 이 문제의 한계를 설정한 것으로 판단된다. 우리 판례 및 일본의 판례 또한 이러한 취지를 고려하여 최대한 명문에 충실한 해석을 하고 있으며, 학설 또한 일반적으로 이러한 판례의 태도를 지지한다. 생각건대 시효완성 후 상계를 인정하는 것은 소멸시효제도가 가지는 존재의의를 간과할 수 없다는 점에서, 그리고 시효제도에 의해 침해되는 권리자를 보호하기 위한 선택이라는 점을 고려하여 엄격하게 해석하는 것이 타당하다고 본다. 그러나 그 엄격성의 추구가 명문에 요구하지 않는 상황까지 요건으로까지 확장되는 것은 타당하지 않다. 예컨대 시효완성 후 상계를 인정하기 위한 요건으로 '견련성'이라는 요건을 충족해야 한다는 주장은 규정 없이 형평법에 의해 인정되는 영미법상 '형평상 상계'의 해석으로는 가능하나, 제495조와 같은 명문규정을 두고 있는 나라에서는 이러한 해석은 지양되어야 할 것이다.

IV. 소멸시효가 완성된 채권을 자동채권으로 하는 소송상 상계의 재항변[74]

소송상 방어방법으로서의 상계항변[75]은 통상 그 수동채권의 존재가 확정되는 것을 전제로 하여 행하여지는 일종의 예비적 항변으로서 소송상 상계의 의사표시에 의해 확정적으로 그 효과가 발생하는 것이 아니라 당해 소송에서 수동채권의 존재 등 상계에 관한 법원의 실질적 판단이 이루어지는 경우에 비

73) 소멸시효와 권리남용(신의칙)의 긴장관계에 대한 분석은 권영준, "소멸시효와 신의칙", 재산법연구 제26권 제1호, 2009, 1면 이하 및 서종희, "신의칙에 기한 소멸시효항변의 제한 및 그 한계", 법학논총 제25집 제1호, 2018, 3면 이하 참조.

74) 제495조와 시효가 완성된 채권을 자동채권으로 한 소송상 상계의 재항변을 함께 검토하는 것에 대한 거부감이 있을 수 있으나 본고에서는 소멸시효가 완성된 채권을 자동채권으로 한 상계에 관한 전반적인 논의를 함께 고찰해 보고자 하는 의도에서 양자를 모두 검토해 보고자 한다.

75) 소송상 상계항변은 피고가 소송 외에서 원고의 청구채권을 수동채권으로 하는 상계의 의사표시를 주장한 사실을 소송에서 항변으로 주장하는 것을 포함하지 않는다.

로소 실체법상 상계의 효과가 발생한다.[76] 한편 피고의 소송상 상계항변에 대해서 원고가 상계의 재항변을 할 수 있을지,[77] 특히 원고가 소멸시효가 완성된 채권을 자동채권으로 하여 상계 재항변을 할 수 있을 것인지가 문제된다. 이에 대해 대법원 2014. 6. 12. 선고 2013다95964 판결에서는 "이러한 피고의 소송상 상계항변에 대하여 원고가 다시 피고의 자동채권을 소멸시키기 위하여 소송상 상계의 재항변을 하는 경우에, 법원이 원고의 소송상 상계의 재항변과 무관한 사유로 피고의 소송상 상계항변을 배척하는 때에는 소송상 상계의 재항변을 판단할 필요가 없고, 피고의 소송상 상계항변이 이유 있다고 판단하는 때에는 원고의 청구채권인 수동채권과 피고의 자동채권이 상계적상 당시에 대등액에서 소멸한 것으로 보게 될 것이므로 원고가 소송상 상계의 재항변으로써 상계할 대상인 피고의 자동채권이 그 범위에서 존재하지 아니하게 되어 이때에도 역시 원고의 소송상 상계의 재항변에 관하여 판단할 필요가 없게 된다. 또한 원고가 소송물인 청구채권 외에 피고에 대하여 다른 채권을 가지고 있다면 소의 추가적 변경에 의하여 그 채권을 당해 소송에서 청구하거나 별소를 제기할 수 있다. 그렇다면 원고의 소송상 상계의 재항변은 일반적으로 이를 허용할 이익이 없다고 할 것이다. 따라서 피고의 소송상 상계항변에 대하여 원고가 소송상 상계의 재항변을 하는 것은 다른 특별한 사정이 없는 한 허용되지 않는다고 보는 것이 타당하다"본다.[78] 그리고 판례는 이러한 법리를, 원고가 2개의 채권을 청구하고, 피고가 그중 1개의 채권을 수동채권으로 삼아 소송상 상계항변을 하자 원고가 다시 위 청구채권 중 다른 1개의 채권을 자동채권으로 소송상 상계의 재항변을 하는 경우에도, 적용한다.[79] 요컨대 우리 판례는 특별한 사정이 없는 한 피고의 소송상 상계의 항변에 대해 원고의 상계의 재항변을 인정하지 않는다. 그렇다면 특별한 사정이 인정되어 상계의 재항변이 인정되는 경우는 언제인가?

---

76) 대법원 2013. 3. 28. 선고 2011다3329 판결.

77) 여기에서의 상계의 재항변에는 원고가 청구채권이외에 피고에게 가지는 별개의 채권을 자동채권으로 하여 소송 외에서 피고가 상계항변으로 주장하는 자동채권을 수동채권으로 하는 상계의 의사표시를 하였다는 사실을 주장하는 것을 포함하지 않는다.

78) 일본 판례 또한 소송상 상계항변에 대한 상계의 재항변을 인정하지 않는다. 最判 平成10. 4. 30, 判例時報 1637号 3頁.

79) 대법원 2015. 3. 20. 선고 2012다107662 판결.

이는 소송상 상계의 항변에 대한 상계의 재항변을 인정하지 않는 정당화 사유를 퇴색시킬만한 '합리적인 이유'나 '구체적 타당성'이 인정되어야만 할 것이다. 이하에서는 먼저 소송상 상계항변에 대한 상계의 재항변을 인정하지 않은 이유를 간단히 살펴본 후 시효가 완성된 채권을 자동채권으로 하는 상계의 재항변을 예외적으로 인정할 것인지를 검토해 보고자 한다.

1. 소송상 상계항변에 대한 상계의 재항변을 인정하지 않는 이유

(1) 국내에서의 논의

국내 통설은 판례와 마찬가지로 소송상 상계의 재항변을 인정하지 않고 있으며,[80] 그 논거는 이하에서 보는 일본과 매우 유사하다. 우리 판례는 소송상 상계항변에 대한 상계의 재항변을 인정하지 않는 이유에 대해 그것을 인정함으로 인하여 발생하는 손실이 그로 인하여 취득한 이득에 비하여 더 크나고 보는 것으로 이해할 수 있다. 즉 우리 판례는 이익을 고량하여 상계의 재항변 여부를 판단한다고 할 수 있다. 판례는 피고의 소송상 상계항변에 대하여 원고가 다시 피고의 자동채권을 소멸시키기 위하여 소송상 상계의 재항변을 하는 경우, 다음 세 가지 이유에서 소송상 상계의 재항변을 인정할 실익이 크지 않다고 본다.

첫째, 법원이 원고의 소송상 상계의 재항변과 무관한 사유로 피고의 소송상 상계항변을 배척하는 때에는 소송상 상계의 재항변을 판단할 필요가 없다('소송정책상의 이유').[81]

둘째, 피고의 소송상 상계항변이 이유 있다고 판단하는 때에는 원고의 청구채권인 수동채권과 피고의 자동채권이 상계적상 당시에 대등액에서 소멸한 것으로 보게 될 것이므로 원고가 소송상 상계의 재항변으로써 상계할 대상인 피고의 자동채권이 그 범위에서 존재하지 아니하게 되어 이때에도 역시 원고의

---

80) 김세진, 앞의 논문, 346면; 김지희, 앞의 논문, 495면; 김상환, "상계 주장의 대상이 된 수동채권이 동시이행항변으로 행사된 채권일 경우, 그러한 상계 주장에 대한 법원의 판단에 기판력이 발생하는지 여부", 대법원 판례해설 제57호, 2006, 484면 등.

81) 참고로 원고의 청구채권이 피고의 상계 항변 이외의 사유로 존재하지 않는다고 판단하는 경우, 법원은 예비적항변인 피고의 상계항변에 대하여 판단을 내리고 있지 않으므로 원고의 상계의 재항변을 검토할 필요가 없다.

소송상 상계의 재항변에 관하여 판단할 필요가 없게 된다(이하 '상계요건 불충족의 이유').[82)]

셋째, **원고가 소송물인 청구채권 외에 피고에 대하여 다른 채권을 가지고 있다면 소의 추가적 변경에 의하여 그 채권을 당해 소송에서 청구하거나 별소를 제기할 수 있다**(이하 '형평상의 이유').

따라서 판례는 피고의 소송상 상계항변에 대하여 원고가 소송상 상계의 재항변을 하는 것을 인정할 만한 이익이 있는 경우, 즉 특별한 사정이 있어야만 상계의 재항변을 인정할 것이다.

(2) 일본에서의 논의

일본 판례[83)] 및 학설[84)]은 다음의 네 가지 이유를 논거로 소송상 상계의 재항변을 인정하지 않는다.

첫째, 소송 외에서 상계의 의사표시가 이루어진 경우 상계의 요건을 만족하고 있는한 이에 의하여 확정적으로 상계의 효과가 발생하기 때문에 이것을

---

82) 이 쟁점은 소송상 상계의 법적 성질 및 실체법적 효과발생시기와 밀접한 관계를 갖게 된다. 즉 소송상 상계 항변에 의하여 상계의 실체법적 효과가 바로 발생한다고 보면(소위 '해제조건설'이며, 이 견해는 다만 소가 취하되거나 각하된 경우 해제조건의 성취로 상계의 의사표시가 복멸된다고 본다), 상계항변을 주장하는 피고의 자동채권은 원고의 청구채권과 대등액에서 소멸하게 되므로 그 이후에는 원고의 청구채권과 별개의 채권으로 상계할 수 없는 반면에 소송상 상계의 항변에 의하여 상계의 실체법적 효과가 바로 발생하는 것이 아니라 법원의 판단이 있어야 비로소 실체법상 효과가 발생한다고 보는 견해(소위 '정지조건설')로 보면, 상계의 실체법적 효과가 발생하기 이전에 하는 소송상 상계의 재항변은 허용될 여지가 있다. 이에 대해 국내 학설은 견해가 나뉘나(김지희, 앞의 논문, 486면 이하), 본고에서는 "**피고의 소송상 상계항변이 이유 있다고 판단하는 때**에는 원고의 청구채권인 수동채권과 피고의 자동채권이 상계적상 당시에 대등액에서 소멸한 것으로 보게 된다"고 판시한 결과론에 초점을 맞추어 판례의 입장을 정지조건설로 보아 전개하고자 한다.

83) 最判 平成10. 4. 30, 判例時報 1637号 3頁 등 다수. 이 판결은 소개하는 선행연구로는 대표적으로 김상수, "피고의 동시이행항변권에 대한 원고의 상계의 재항변 - 일본법을 소개로 -", 판례실무연구 VIII, 2006, 190면 이하; 김지희, "소송상 상계에 대한 상계의 재항변의 가부", 법조 제734호, 2019, 492면 이하; 김세진, "소송상 상계의 항변에 대한 소송상 상계의 재항변의 허부", 법조 제718호, 2016, 331면 이하 참조,

84) 즉 일본의 학설 또한 판례의 입장과 유사한 논거로 소송상 상계항변에 대한 소송상 상계의 재항변을 인정하지 않는다. 長澤幸男, 「訴訟上の相殺の抗變に関し訴訟上の相殺を再抗變として主張することの許否」, 法曹時報 52券 6号, 2000, 175頁 이하.

재항변으로 주장하는 것은 무방하지만, 소송상 상계의 의사표시는 상계의 의사표시가 이루어짐으로써 확정적으로 그 효과가 생기는 것이 아니라 그 소송에서 법원에 의하여 상계의 판단이 이루어지는 것을 조건으로 하여 실체법상 상계의 효과가 생기는 것이기 때문에 상계의 항변에 대하여 다시 상계의 재항변을 주장하는 것을 허용하면 가정 위에 가정이 누락되어 당사자 사이의 법률관계를 불안정하게 하고 심리의 번잡만을 초래하여 부당하다('소송정책상의 이유').

둘째, 원고가 소송물이 채권 이외의 채권을 피고에 대하여 가지고 있는 것이라면, 소의 추가적 변경에 의하여 그 채권을 그 소송에서 청구하든가 또는 별소를 제기함으로써 그 채권을 행사할 수 있고, **가령 그 채권에 대하여 소멸시효가 완성된 경우라도 소송 외에서 그 채권을 자동채권으로 하여 상계의 의사표시를 한 뒤 이를 소송에서 주장할 수 있기 때문에 그 채권에 의한 소송상 상계의 재항변을 허용하지 않아도 특별히 불합리하지 않다**('형평상의 이유').

셋째, 일본 민사소송법 제114조 제2항(필자 주: 우리 민사소송법 제216조 제2항에 해당)의 규정은 판결의 이유 중의 판단에 기판력을 생기게 하는 유일한 예외를 규정한 것이라는 점을 감안하면 동 조항의 적용범위를 무제한으로 확대하는 것은 상당하지 않다(이하 '예외 규정 확대 금지의 이유').

마지막으로, 법원이 피고의 상계항변을 인정하게 되면 피고의 자동채권은 소급적으로 소멸하므로 상계의 재항변을 위해 필요한 수동채권(상계의 항변시 자동채권에 해당)이 존재하지 않다는 이유로 판례의 결론에 찬성한다('상계요건 불충족의 이유').[85]

(3) 독일에서의 논의

독일의 통설은 소송상의 상계항변이 인정되면, 독일민법 제398조에 따라 소급효에 의해 피고의 원고에 대한 채권이 소멸하게 되므로,[86] 소송상 상계 재

85) 宇野 聡, 「訴訟上の相殺の再抗變に関する一考察」, 法と政治 51券 2号, 2000, 827頁.

86) 독일의 통설은 상계의 항변으로 상계의 실체법적 효과가 발생한다고 보는 것이 일반적이다. 따라서 상계의 항변에 의해 피고의 원고에 대한 채권은 소멸되며, 이로 인하여 상계의 재항변을 인정하기 위한 수동채권이 부존재하게 되어 논리적으로 상계의 재항변은 인정될 수 없다. Andreas Möller, Die Prozessaufrechnung, JA 2001, 49, 50 f.; Stein/Jonas/Althammer, 23. Aufl., 2014, § 145 ZPO Rn. 58 ff.

항변의 수동채권이 없는 결과가 발생하므로 논리적으로 상계의 재항변은 인정되지 않는다고 본다('상계요건 불충족의 이유').[87] 그러나 이에 대해서는 상계의 항변만으로 피고의 원고에 대한 채권(상계의 항변시의 자동채권)의 소멸이라는 실체법적인 효과가 발생하지 않았으므로 상계의 재항변을 부정하는 것은 타당하지 않다는 반대견해가 있다.[88] 특히 이 견해는 원고가 소송 외에서 피고가 원고에게 가지는 채권을 변제를 통해 소멸시키거나 상계를 통해 소멸시킨 후 그 사실을 재항변으로 주장할 수 있다면, 소송상 상계의 재항변을 주장하더라도 크게 문제되지 않을 것이므로 오히려 절차적으로 더 우회하는 인상을 준다는 비판을 가한다.[89]

2. 시효가 완성된 채권을 자동채권으로 하는 상계의 재항변을 예외적으로 인정할 것인지 여부

소송상 상계항변에 대해 상계의 재항변을 인정하지 않은 이유는 소송정책상의 이유, 형평상의 이유, 상계재항변 요건 불충족의 이유라는 세 가지라고 볼 수 있다. 따라서 이러한 이유 중 1개 이상이 적용되지 않는 특수한 사정이 있다면 상계의 재항변을 부인할 수 있는 논거 또한 약해진다고 할 수 있으므로 이 경우에는 상계의 재항변을 인정할 수 있을 것이다.[90] 이하에는 어떠한 경우가

---

87) Zöller/Gregner, 29. Aufl., 2012, § 145 ZPO Rn. 12; Musielak/Stadler, 11. Aufl., 2014, § 145 ZPO Rn. 19; Möller, JA 2001, 49, 50; Hans-Joachim Musielak, Die Aufrechnung des Beklagten im Zivilprozess, JuS 1994, 817; Janko Büßer, Die „Flucht" des Beklagten vor der Präklusion seiner Prozessaufrechnung, Jus 2009, 319; Magali Feser, Die Aufrechnung im Prozess - Eine Frage des Zeitpunktes, JA 2008, 525.

88) Johann Braun, Die Aufrechnung des Klägers im Prozeß, ZZP 89(1976), 93, 97 f., 101 f.; Hans-Martin Pawlowski, Die Gegenaufrechnung des Klägers im Prozess, ZZP 104(1991), 249, 269. 즉 이 견해는 기본적으로 상계의 항변에 의해 바로 실체법상 효과가 발생한다고 보지 않는다.

89) Pawlowski, ZZP 104(1991), 249, 268; Staudinger/Gursky(2000), BGB, Vorbem. zu §§ 387 ff, Rn. 35.

90) 어느 경우가 그런 경우인지에 대해서 설시하고 있지 않으나 국내 학설 중 일반론으로 이를 인정하는 견해로는 권혁재, "소송상 상계항변의 법적 성질", 법조 제688호, 2013, 55면; 김지희, 앞의 논문, 499면 이하; 박동규, "소송상 상계의 재항변 가부 및 공동주택 하자관계책임들 상호간의 관계", 민사판례연구 XXXVIII, 2016, 869면 등 참조.

상계의 재항변을 인정할 수 있는 특수한 사정으로 인정될 것인지를 '소멸시효가 완성된 채권에 기한 상계의 재항변'에 국한하여 검토해 보고자 한다.

(1) 피고가 원고의 청구채권의 존재를 명백히 인정하면서 상계의 항변을 한 경우

일종의 예비적 항변으로서 당해 소송에서 수동채권의 존재 등 상계에 관한 법원의 실질적 판단이 이루어지는 경우에 비로소 실체법상 상계의 효과가 발생하는데, 다시 상계의 재항변을 주장하는 것을 허용하면 **가정 위에 가정이 누락되어 당사자 사이의 법률관계를 불안정하게 하고 소송절차를 더 번잡하게 한다는 비판**은 다음의 경우에 부인될 여지가 있다. 예컨대 피고가 상계의 항변을 하면서 수동채권인 원고의 청구채권을 인정하여 예비적 항변의 전제가 되는 수동채권의 존재 등을 법원이 실질적으로 판단할 이유가 없어진다면, 가정 위에 가정이 누락되지 않는다. 즉 이러한 경우에는 상계의 재항변을 인정하더라도 소송정책상 소송절차의 지연 등의 문제가 발생하지 않으므로, 형평의 원칙상 원고를 위해 상계의 재항변을 인정할 필요성이 있다면 상계의 재항변을 인정할 수 있을 것이다.

(2) 피고의 상계권뿐만 아니라 원고의 상계권 행사의 기대권 보장이 필요한 경우

소송상 피고의 상계항변에 대해 원고의 상계재항변을 인정할 만한 실질적인 이유가 있다면 상계재항변을 인정할 수 있을 것이다. 예컨대 원고가 A채권을 청구하자 피고가 A채권에 대해서는 원고에게 가지는 B채권을 자동채권으로 하고 A채권을 수동채권으로 한 상계항변을 한 경우에는 원고가 피고에게 가지는 소멸시효가 완성된 C채권을 가지고 피고의 B채권과의 상계의 재항변을 한 경우를 상정해 보자(의제사안 1). 만약 B채권과 C채권이 견련관계에 있다면 원고의 상계의 재항변을 인정할 수 있을 것이다. 원고가 C채권을 행사하지 않아 소멸시효가 완성된 실질적인 이유는, 견련관계 있는 B채권을 감안하면 양 채권이 상계적상에 달하였을 때 별다른 의사표시가 없더라도 대등액으로 소멸되어 당연히 정산 결제되는 것을 강하게 기대했을 것이므로 이러한 당사자 간의 강한 신뢰를 보호할 필요성은 더 커지게 된다. 물론 원고가 소송 외에서 C채권으로 B채권과의 상계를 한 후, 그 사실을 재항변으로 주장하는 것도 가능할 것이

다. 일본의 판례 또한 원고가 A채권만을 행사하였는데 피고가 B채권으로 상계의 항변을 하자 원고가 청구하지 않았던 C채권으로 상계의 재항변을 한 경우에 원고가 소송 외에서 B채권으로 C채권과의 상계를 주장한 후 이러한 사실을 법원에서 주장할 수 있다는 점에서 상계의 재항변을 인정할 실익이 없다고 설시하고 있다.

생각건대 소송 외에서의 상계를 인정하는 것이 원고와 피고 누구에게도 불합리한 결과를 발생시키지 않은 것처럼 이러한 경우에 제495조에 의한 상계를 원고가 재항변으로 소송에서 주장하더라도 이를 인정한다고 하여 피고에게 불합리하다고 할 수 없다고 본다. 상계는 채권을 담보하는 기능을 할 뿐만 아니라 상계적상시에 당연히 정산되어 소멸될 것이라는 기대를 통해 소멸시효의 완성이라는 불이익이 채권자에게 발생한 경우라면, 채권자 입장에서는 제495조에 기한 상계에 의하여 자신의 채권을 충족시킬 수밖에 없다는 점에서 그 상계가 소송에서 주장된 것인지 소송 외에서 주장된 것인지 관계 없이 인정해야 할 것이다. 만약 원고의 C채권이 소멸시효가 완성되지 않았다면 원고는 C채권을 별소로 제기하거나 소의 추가적 변경에 의해 실현시킬 수도 있으며 아니면 소송 외에서의 상계를 통해 권리를 행사할 수도 있다. 즉 C채권이 소멸시효가 완성되지 않은 경우에는 원고의 상계에 대한 기대권을 상계를 통해 보장하지 않아도 되기 때문에 C채권이 소멸시효가 완성된 경우와 다른 접근을 시도할 수도 있을 것이다.

다음으로 원고가 A채권과 소멸시효가 완성된 C채권을 청구하자 피고가 A채권에 대해서는 원고에게 가지는 B채권을 자동채권으로 하고 A채권을 수동채권으로 한 상계항변을, C채권에 대해서는 소멸시효 완성의 항변을 하자 원고가 C채권을 자동채권으로 하여 B채권과의 상계의 재항변을 한 경우를 상정해 보자(의제사안 2; 물론 B채권과 C채권의 견련성은 인정된다). 이 경우에도 원고에게 C채권을 소송 외에서 상계를 한 후에 그 사실을 재항변으로 주장할 것을 전제로 상계의 재항변을 부인할 수 있을 것인가? 이미 원고는 소송으로 C채권을 주장하였고 그 소송에서 상계의 재항변을 하였다는 점에서 C채권에 대한 권리를 2번이나 행사하였다고 볼 수 있다. 그럼에도 불구하고 소송 외에서 상계를 하지 않는 한 원고의 C채권에 대한 권리행사를 판단할 수 없다는 것에 대해 원고가 관용할 수 있을지 의문이다. 소송으로의 권리행사가 채권자의 가장 강한 의지의 표명이라고 할 수 있는데 그것을 소송 외로 다시 주장하라는 것 자체도 이해가 가지 않으나, C채권을 제495조에 의한 상계 이외에 다른 방법으로는 자기의 채권행사가 불가능한 자에게 소송에서 상계를 주장했음에도 불구하고 소송 외로 하라는 것은 더 이해할 수 없다. 생각건대 의제사안 2의 경우에도 일본최고재판소가 상계의 재항변을 인정하지 않았다고 보기에는 명확하지 않으나, 최소한 이 경우에는 충분히 다른 결론이 도출될 여지가 있다고 판단된다. 더욱이 소송정책적 관점에서 보더라도 이미 원고가 소송상 A채권과 C채권의 존재를 인정하거나 B의 항변을 기초로 하여 법원에 의해 A와 C채권의 존부에 대한 실체적 판단이 이미 이루어진 경우라면 C채권에 기한 상계의 재항변이 가정 위에 가정의 누락 등의 이유로 소송절차를 지연시킨다는 비판으로도 자유로울 수 있다는 점에서 C채권에 기한 상계의 재항변을 인정할 수 있을 것이다.

(3) 피고의 상계충당의 지정권과 원고의 제495조에 기한 상계권의 충돌이 발생한 경우

국내 및 일본의 통설과 판례는 법원이 피고의 상계항변을 인정하게 되면 피고의 자동채권은 소급적으로 소멸하므로 상계의 재항변을 위해 필요한 수동채권(상계의 항변시 자동채권에 해당)이 존재하지 않다는 것을 이유로 상계재항변을 인정하지 않는다. 따라서 의제사안 1 및 의제사안 2의 경우에 법원이 피고의 상계항변을 인정하기 전이라면, 소송 외에서 C채권에 기하여 상계의 주장이 허용될 수 있을 것이며, 상계의 재항변을 인정하지 않더라도 소송 외에서의 상계주장의 가능성이 열려 있으므로 부당하다고 할 수 없다고 볼 여지가 있다.

그런데 의제사안 2의 경우에 피고가 A채권과의 상계항변을 주장한 경우에 그러한 피고의 선택이 타당한지에 대해서 재고할 필요가 있다. 이는 피고가 복수의 채무를 부담하는데, 그중 피고가 상계의 항변을 하면서 복수의 채무 중 하나를 지정할 수 있을 것인지와 연결된다(상계충당의 순서). 우리 민법은 상계충당에 관하여 변제충당의 규정을 준용하도록 하고 있으므로(제499조) 상계자가 지정권을 행사하면 피상계자는 이에 대하여 이의를 제기할 수 없다. 따라서 원칙상 상계자가 선택한 수동채권과의 상계를 인정하는 것이 타당하다. 그런데 만약 제495조의 취지를 고려하여 상계자의 지정권이 피상계자의 상계권 행사와의 이익충돌이 발생하는 경우에도 상계자의 지정권 행사를 최대한 보장할 것인지를 재고할 필요가 있다. 즉 원고의 소멸시효가 완성된 채권을 자동채권으로 하는 상계의 재항변을 보장할 필요가 있다면 상계권자인 피고의 지정권을 배제할 수 있는지를 검토해 볼 필요가 있다. 우리 판례는 지정충당으로 제479조의 충당순서를 배제할 수 없다고 보며,[91] 대법원 2000. 12. 8. 선고 2000다51339 판결에서 "담보권 실행을 위한 경매에서 배당된 배당금이 담보권자가 가지는 수개의 피담보채권 전부를 소멸시키기에 부족한 경우에는 **민법 제476조에 의한 지정변제충당은 허용될 수 없고, 채권자와 채무자 사이에 변제충당에 관한 합의가 있었다고 하여 그 합의에 따른 변제충당도 허용될 수 없으며, 획일적으로 가장 공평타당한 충당방법인 민법 제477조 및 제479조의 규정에 의한 법정변제충당의 방법에 따라 충당**하여야 (한다)"고 보고 있다는 점 등을 고려하면 지정충당이 배제되는 경우를 고려해 볼 수 있다.

생각건대 원고가 소송으로 A채권과 C채권을 주장하였는데 피고가 B채권으로 A채권과 상계의 항변을 한 경우에 그 지정권 행사가 제495조를 몰각시키는 경우라면 당사자의 합의에 의하지 않는 한 배제되어야 할 것이다. 따라서 원고가 피고의 지정권 행사에 대해서 명백하게 이의를 제기한 경우, 즉 C채권으로 상계의 재항변을 한 경우에는 제495조의 권리행사의 적극적인 표명이라고 볼 수 있으므로 그 의사를 최대한 존중해야 할 것이다. 그 의사의 존중은 상계권자의 지정권을 배제하는 방법도 가능할 것이나, 상계권자의 지정권을 인정해 주면서도 원고가 제495조에 기한 상계의 재항변을 한 경우에는 그 상계의 재항변을 인정해 주어 결과적으로 피고의 지정권행사를 배제하는 것과 같은 결과를 가져올 수도 있을 것이다.[92]

---

91) 대법원 2020. 1. 30. 선고 2018다204787 판결.

92) 그런데 이 경우에는 무엇보다도 제495조가 상계권자의 지정권을 배제시키는 조항으로서 의미를 가지는 것인지에 대한 평가를 요구한다. 요컨대 피고의 지정권과 원고의 제495조에 기한 상계권의 충돌문제는 결과적으로 소송 외 상계를 주장할 수 있다는 것이 제495조를 침해하지 않는다고 볼 수 있는 것인가에 대한 검토를 필요하게 한다(이에 대해서는 본고 III. 4(2) 2) 참조).

(4) 피고의 채권과 원고의 채권이 모두 소멸시효가 완성된 경우

의제사안 2의 경우에 피고의 B채권과 원고의 C채권이 모두 소멸시효가 완성된 경우를 고려해 보자. 이 경우에 피고가 B채권과 A채권의 상계의 항변을, C채권의 소멸시효의 완성을 원용한 경우, 원고가 C채권으로 상계의 재항변을 하는 경우에 이를 인정할 것인지가 문제된다. 피고가 제495조에 기하여 B채권을 자동채권으로 하고 A채권을 수동채권으로 하는 상계를 주장한 경우에 특별한 사정이 없는 한 법원은 피고의 상계항변을 받아들일 것이다. 만약 원고가 제495조에 기하여 시효가 완성된 C채권을 자동채권으로 하여 피고의 B채권을 수동채권으로 한 상계의 재항변을 한 경우에는 양자 모두 제495조의 상계권 행사가 충돌하게 되는데, 이 경우에 원고의 상계의 재항변을 인정하여 B채권과 C채권을 모두 소멸시킨다면 원고·피고 모두의 상계권을 인정하였다는 점에서 불합리하다고 할 수 없을 것이다. 피고가 상계의 항변과 함께 C채권의 소멸시효완성의 항변을 하였다는 점에서 법원은 C채권의 소멸시효가 완성되었는지에 대해서 판단할 것이며, 이 상황에서 원고가 그 채권으로 상계의 재항변을 한 경우에 어차피 법원은 C채권과 B채권의 성립 및 시효완성여부를 판단하여야 하므로 분쟁의 일회적 해결 및 소송정책적인 측면에서 보더라도 원고의 상계의 재항변을 인정할 실익이 있기 때문이다.

요컨대 피고의 상계항변과 원고의 상계재항변의 자동채권이 모두 시효가 완성되었고 양자 모두 제495조의 상계의 요건을 갖춘 경우라면 원고의 소송상 상계의 재항변을 인정하여야 할 것이다.

3. 소 결

우리 판례나 통설은 소송정책상 이유 및 형평상의 이유에서 피고의 소송상 상계항변에 대해 원고의 상계의 재항변을 인정하고 있지 않다. 그러나 판례는 피고의 소송상 상계항변에 대하여 원고가 소송상 상계의 재항변을 하는 것을 인정할 만한 이익이 있는 경우, 즉 특별한 사정이 있어야만 상계의 재항변을 인정한다. 생각건대 원고의 상계의 재항변이 시효가 완성된 채권을 자동채권으로 하는 경우, 그 자동채권과 피고의 원고에 대한 수동채권 간에 견련성이 인정된다면 예외적으로 원고의 상계의 재항변을 인정할 수 있는 특별한 사정이 될 것이다.

V. 맺음말

시효의 존재이유로 공익만을 추급한다면 권리자의 권리소멸이라는 침해의 문제를 간과하게 되어 시효제도는 권리자 입장에서는 비윤리적인 색채를 가진 제도로 볼 수밖에 없다.[93] 최소한 채권자 입장에서는 자신의 권리 소멸을 윤리적인 측면에서도 관용할 수 있는 정당화 근거를 제시하기를 요구할 것이다. 생각건대 각국의 시효법은 소멸시효제도에 의해 희생되는 권리자를 배려하기 위해 시효의 진행시점을 늦추거나, 시효의 기간을 장기로 하거나 또는 시효의 정지 및 중단제도 마련하거나, 시효이익의 포기 등을 인정한다. 이는 결국 시효제도와 권리자 보호를 적절하게 중용하고자 하는 입법자의 결단이라고 할 수 있으며, 시효완성 후 상계를 인정하는 것 또한 이러한 중용의 모색으로 바라볼 수 있다. 문제는 권리자를 어디까지 보호할 것인지인데, 이를 위해 시효완성 후 상계를 명문으로 두면서 그 요건을 구비한 경우에만 상계를 인정한 것이다. 판례와 다수설이 위 요건을 엄격하게 해석하면서 자동채권의 시효가 완성되기 전에 상계적상이 인정되는 경우에 한하여 시효완성 후 상계를 인정한 것은, 이는 시효완성 후 상계의 근거를 형평 및 합목적성에서 찾든 당연상계주의의 잔재(상계의 소급효)에 찾든지 간에, 시효제도와의 긴장관계를 고려한 것으로 타당하다.

한편 우리 판례나 통설이 피고의 소송상 상계항변에 대해 원고의 상계의 재항변을 인정하고 있지 않으나 원고의 상계의 재항변이 시효가 완성된 채권을 자동채권으로 하는 경우, 피고의 원고에 대한 수동채권과 견련성이 인정된다면 예외적으로 원고의 상계의 재항변을 인정할 필요가 있다.

---

93) G. Cornu, Droit civil, Introduction, Les personnes, Les biens, 1991, n° 1558. 일본에서 시효제도의 비윤리성을 강조하고 있는 견해로는 遠 藤浩, 「時効の援用権者の範囲と債権者代位権による時効の援用」, 手形研究 319号, 1981, 61頁 이하 참조.

〈참고문헌〉

1. 국내문헌

권영준, "소멸시효와 신의칙", 재산법연구 제26권 제1호, 2009.

곽윤직 편집대표(윤용섭 집필), 민법주해 XI: 채권 (4), 박영사, 1995.

김용담 편집대표(조용구 집필), 주석민법 채권총칙 (4), 한국사법행정학회, 2014.

김진우, "소멸시효와 제척기간", 재산법연구 제25권 제3호, 2009.

명순구, 실록 대한민국 민법 3, 법문사, 2010.

서종희, "신의칙에 기한 소멸시효항변의 제한 및 그 한계", 법학논총 제25집 제1호, 2018.

손태원, "소멸시효가 완성된 차임채권과 임대차보증금반환채권 사이의 상계 내지 공제 가부", 민사판례연구 XL, 박영사, 2018.

송영복, "소송상 상계 재항변 불허 판결로 살펴본 상계충당, 소송의 상계의 해석론", 사법 제36호, 2016.

양창수/김재형, 계약법(제2판), 박영사, 2016.

이동진, "하자담보책임의 제척기간이 도과한 뒤 한 상계의 효력", 법조 제68권 제4호 (통권 제736호), 2019.

이동진, "상계의 담보적 기능", 민사법학 제70호, 2015.

이원/윤정원, "임대차 종료 전 소멸시효가 완성된 차임채권의 상계와 공제", 법과 정의 그리고 사람(2017 박병대 대법관 재임기념 문집), 사법발전재단, 2017.

이창현, "제척기간이 경과한 채권을 자동채권으로 한 상계", 68권 제6호(통권 제738 호), 2019.

2. 해외문헌

高橋めぐみ, 「時効期間が満了した債権を自働債権とする相殺」, 商学集志 86巻 4号, 2017.

磯村哲 編輯[中井美雄 執筆], 『注釈民法(12)』, 有斐閣, 1970.

金山直樹, 「判批」, 判例評論 438号, 1995.

内池慶四郎, 『消滅時効法の原理と歴史的課題』, 成文堂, 1993.

法務大臣官房司法法制調査部監修, 『法典調査会民法議事速記録三』, 商事法務研究会, 1984.

北居功, 「判批」, 民商法雑誌 148巻 3号, 2013.

石垣茂光, 「判評」, 判例時報 2208号, 2014.

松久三四彦,「判批」, 民商法雑誌 96巻 1号, 1987.

深谷 格,「民法505条·508条における相殺適状の意義及び時効期間経過前の相殺適状の要否」, 法律時報 86巻 8号, 2015.

深谷 格,「民法505条及び民法508条の相殺適状の意義」, 判例セレクト 2013〔1〕(月刊法学教室 401号別冊付録), 2014.

我妻榮,『新訂債権総論』, 岩波書店, 1964.

奥田昌道,『債権総論[増補版]』, 悠々社, 1992.

遠 藤浩,「時効の援用権者の範囲と債権者代位権による時効の援用」, 手形研究 319号, 1981.

日下部真治,「民事法判例研究」, 金融·商事判例 1434号, 2014.

潮見佳男,『債権総論Ⅱ[第3版]』, 2005.

中田裕康,『債権総論[第3版]』, 2013.

池田真朗,『新標準講義民法債権総論』, 2009.

平野裕之,『プラクティスシリーズ債権総論』, 2005.

香川崇,「わが国における消滅時効の起算点·停止(三)」, 富山大学経済論集 57巻 2号, 2011.

Martin Asholt, Verjährung im Strafrecht: Zu den theoretischen, historischen und dogmatischen Grundlagen von Bestrafung und Zeit in §§ 78 ff StGB, 2016.

Andrew Berriman, Classical Equitable Set－Off, 25(2) Bond Law Review 89(2013).

Georg Bitter, Vorlesung Schuldrecht Allgemeiner Teil, 4. Aufl., 2018.

Ulrich Büdenbender, Die Verjährung zivilrechtlicher Ansprüche, JuS 1997, 481 ff.

P. Bydlinski, Die Aufrechnung mit verjährten Forderungen, AcP 196, 1996, 276 ff.

P. Bydlinski, Die Aufrechnung: Verjährung, Rückwirkung und § 414 Abs 3 HGB, RdW 1993, 238 ff.

P. Bydlinski, Aufrechnung mit verjährten Forderungen, RZ 1991, 2 ff.

P. Bydlinski, "Die Suche nach der Mitte als Daueraufgabe der Privatrechtswissenschaft", AcP 204, 2004, 309 ff.

G. Cornu, Droit civil, Introduction, Les personnes, Les biens, 1991.

Rory Derham, Some Recent Issues in Relation to Equitable Set-Off, 68 Australian Law Journal 331(1994).

Silvia Dullinger, Handbuch der Aufrechnung, 1995.

Dullinger in Rummel, ABGB, 3 Aufl, 2002, § 1438.

Dr. Ernst Eypeltauer, Verjährung und Aufrechnung, JBl 1991, 137 ff.

Christiana Fountoulakis, Set-off Defence in international Commercial Arbitration: A Comparative Analysis, 2011.

Joachim Gernhuber, Die Erfüllung und ihre Surrogate, 2.Aufl., 1994.

Annette Guckelberger, Die Verjährung im Öffentlichen Recht, 2004.

Heidinger in Schwimann, ABGB, 3. Aufl., 2006, § 143.

Jakobs/Schubert, Die Beratung des Bürgerlichen Gesetzbuchs, Recht der Schuldverhältnisse I: §§ 241 bis 432, 1978.

Law Commission Consultation Paper, No. 151, Limitation of Actions, 6 January 1998

Leupold in Schwimann, TK ABGB, 2. Aufl., 2010, § 1438.

Mugdan, Die gesamten Materialien zum Bürgerlichen Recht für das Deutsche Reich, Band II(1899).

MünchKommBGB/Grothe, 6. Aufl., 2012, § 215.

Frank Peters/Reinhard Zimmermann, Verjährungsfristen. Der Einfluß von Fristen auf Schuldverhältnisse; Möglichkeiten der Vereinheitlichung von Verjährungsfristen, in: Bundesminister der Justiz (Hrsg.), Gutachten und Vorschläge zur Überarbeitung des Schuldrechts, Band 1, Köln 1981.

Alexander Schopper, Aufrechnung bei Fremdwährungskrediten, VbR 2014, 40 ff.

Philippe STOFFEL-MUNCK, La prescription extinctive, Le role de la volonté et du comportement des parties, in Patrice JOURDAIN et Patrick WÉRY, La prescription extinctive études de droit comparé, 2010.

Vollmaier in Klang, ABGB, 3. Aufl., 2012, § 1451 .

Reinhard Zimmermann, Comparative Foundation of a European Law of Set-off and Prescription, Cambridge, 2002.

Reinhard Zimmermann, "ut sit finis litium", -Grundlinien eines modernen Verjährungsrecht auf rechtsvergleichender Grundlage-, JZ 2000, 853 ff.

찾아보기

[ㅎ]

[저자 약력]

서 종 희

연세대학교 법과대학 법학과(법학사)
연세대학교 일반대학원 법학과(법학석사, 민법)
연세대학교 일반대학원 법학과(법학박사, 민법)
전) 국민대학교 법과대학 조교수
전) 건국대학교 법학전문대학원 부교수
현) 연세대학교 법학전문대학원 교수

주요 저서 및 역서
불법행위손해배상청구와 소멸시효, 도서출판 정독, 2023
주석 방문판매등에 관한 법률(공저), 도서출판 정독, 2023
게임법연구 I(공저), 도서출판 정독, 2022
기업공익재단법제연구(공저), 경인문화사, 2022
디지털경제에서 온라인플랫폼과 이용자보호(공저), 세창출판사, 2022
온주 전자상거래등에서의소비자보호에관한법률(공저), 로앤비, 2022
온라인게임 이용자보호와 자율규제(공저), 세창출판사, 2020
2018년도 가족법 주요 판례 10선(공저), 세창출판사, 2019
약관규제법 시행 30주년과 법적과제(공저), 세창출판사, 2018
同性婚や同性パ?トナ?シップ制度の可能性と課題—立法提案と課題(공저), 日本加除出版, 2018
2017년도 가족법 주요 판례 10선(공저), 세창출판사, 2018
2016년도 가족법 주요 판례 10선(공저), 세창출판사, 2017
고령소비자보호(공저), 세창출판사, 2017
온라인플랫폼 기반 소비자거래에서의 소비자문제연구(공저), 한국소비자원, 2016
민법의 이해(공저), 동방문화사, 2014

소멸시효의 기산점과 소멸시효완성의 효과

초판발행 2023년 7월 30일

지은이 서종희
펴낸이 김중용

편 집 심성보·김인숙

펴낸곳 도서출판 정독

경기도 고양시 일산서구 하이파크로 113, 102-204
등록 제406-2014-000093호
전 화 031)924-7203 팩 스 02)718-8554
홈페이지 www.jeongdok.co.kr 이메일 admin@jeongdok.co.kr
ISBN 979-11-6858-140-1 93360

정 가 28,000원